살아있는 순교자들의
쥬빌리 공동체 이야기

지은이   돈 모슬리 Don Mosley
옮긴이   이성하
초판발행   2011년 3월 10일

펴낸이   배용하
책임편집   한상미
등록   제364-2008-000013호
펴낸곳   도서출판 대장간
            www.daejanggan.org
            대전광역시 동구 삼성동 285-16
            전화 (042) 673-7424   전송 (042) 623-1424

ISBN   978-89-7071-207-9

 값 14,000원

살아있는 순교자들의

쥬빌리 공동체 이야기

전쟁의 상처와 인종차별 박해에 맞서 싸운
그리스도인의 감동적인 이야기

돈 모슬리

With Our Own Eyes

The dramatic story of a Christian response
to the wounds of war, racism, and oppression

Don Mosley

with Joyce Hollyday

이 책에 나오는 중앙아메리카 난민들의 가족과 친구들이
여전히 모국에서 폭력의 위협을 받고 있기 때문에
이들을 보호하고자 등장인물의 이름을 바꾸어 사용했습니다.

차례

추천의 글

올 1월 과테말라 도착 2일 차. 우리를 초대한 라틴아메리카 아나뱁 티스트 신학교Semilla측은 우리 일행을 과테말라 시 중심부에 있는 한 쓰레기 하치장으로 안내했다. 쓰레기차들이 구역 내로 차례차례 들어오자 어른 아이 할 것 없이 수많이 사람들이 그 차가 쏟아놓은 쓰레기들을 둘러싼 채 해체하고 있었다. 일부는 후진하는 차에 깔려 죽기도 하고 매장된 쓰레기에서 스며 나온 가스로 인해 질식하기도 하며 급기야 화재가 발생해 수많은 쓰레기장 주민들을 생명을 앗아가기도 한다. 하늘에는 죽음의 냄새를 맡은 수많은 독수리 떼가 청명한 과테말라의 하늘을 뒤덮고, 이 쓰레기장 옆 공동묘지에는 이름없는 영혼들이 번지 없는 민주화를 노래하며 떠돈다. 과테말라는 영원한 봄Eternal Spring이라고 불릴 만큼 하늘이 아름다운 나라다. 이런 나라의 지금 모습은 시체를 찾아 떠도는 독수리 떼와 같이 잔인하고 음울하다. 한 마리의 나비만 봤어도 희망을 노래할 텐데…, 그 아름다운 나비는 어디에도 보이지 않는다.

3주간의 과테말라 체류 중 과테말라의 현실을 보고자 여기저기 돌아다녔다. 빈곤과 기아와 폭력으로 고통받는 사람들을 만났고 과테말라의 민주화를 위해 소리 없는 투쟁하는 의지에 찬 민중들을 보았다. 이 책의 저자인 돈 모슬리의 말처럼, 나는 기독교 평화주의자의 이름으로 과테말라에 왔고, 이들의 고통은 어느덧 내 고통이 되었다. 나는 이들을 위해 살기로 결심하게 된다.

이번 여행 중 평화주의자인 한 친구가 나의 개인적인 변화의 여정에 동참하면서 이 세상에 나와 같은 인간(?)이 또 있다면서 책 한 권을 추천했다. 『국경을 초월한 믿음Faith Beyond Borders』, 저자는 돈 모슬리. 미국으로 돌아오자마자 책을 사서 단숨에 읽어버렸다. 국내에서도 잘 알려진 국제 해비타트 운동의 공동설립자인 돈 모슬리의 정의와 평화를 위한 집짓기 사역 이야기였다. 돈 모슬리와 같이 인류에 대한 애정을 가진 한 사람으로, 한국에 이 책을 번역하기로 하고 출판사를 찾는 중에, 하나님은 일을 이렇게 하시는지, 대장간이라는 기독교 출판사를 알게 되고 돈 모슬리의 첫 번째 책 *With Our Own Eyes*가, 『쥬빌리 공동체 이야기』라는 제목으로 이미 출판 직전에 있다는 소식을 접했다. 나보다 먼저 돈 모슬리의 사역을 국내에 소개하려는 출판사가 있다는 기쁨에 추천사까지 쓰게 됐으니 나로서는 영광이다.

나는 세상의 1/3을 돌아다녔고 유럽과 미국과 캐나다에서 살았다. 한국의 국제화를 위해서 강의했고 글을 썼다. 내 관심의 주 대상은 한국보다 잘 사는 나라였다. 한국보다 잘사는 나라들을 배우고 따라가며 그들과 같이 행동하는 것이 국제화의 참 의미인 줄 알고 홍보했다. 우리보다 못 사는 나라에 대해서는 그다지 관심도 없었고(이런 내가 국내에 있는 외국인노동자들의 인권단체에서 전 시간으로 자원 봉사했다는 것은 순전히 주님의 은혜다). 그래서 아무리 싸도 제3국으로 가는 비행기 이코노미석의 표 값에는 한 푼도 투자하지 않았다. 내가 관련했던 수많은 나라 중에서 '중남미'라는 말은 안중에도 없었고, 나의 다중언어적 창고 안에 스페인어는 없었다.

그런 내가 우연인지, 하나님의 섭리인지 과테말라에 가게 되고 급기야 과테말라의 가난과 동행하기로 결심하게 된다. 여행 중에 사도 바울의 감옥 서신서(특히 갈라디아서)와 헨리 나우웬의 중미 경험담을 담은 『평화로 가는 길*Road to Peace*』이 나의 신앙적 확신을 세우는 데 큰 도움이 됐고, 현재 내가 사는 미국 인디애나로 돌아와서는 돈 모슬리의 경험담을 통해 나의 확신을 공고히 하게 됐다. 이 세상에 나와 같은 동지가 있다는 기쁨으로…. 헨리 나우웬의 말처럼, '기도와 행동은 같이 가야 한다는 것'에는 이의가 있을 수 없었다. 이 『쥬빌리 공동체 이야기』에는 내가 과테말라에서 방문했거나 들었던 많은 이야기가 생생히 전달되고 있다. 마치 내가 그 이야기 속의 일부가 된 느낌이다(아니 그러고 싶다). 그의 이야기에는 비록 니콰라과의 비중이 더 크나 니콰라과나 엘 살바도르나 온두라스나 과테말라는 같은 중남미의 나라들이고 대부분 비슷한 이야기들을 공유하고 있다. 가난과 기아, 폭력과 독재, 무기력한 정부, 차별과 소외, 그리고 교회의 분열.

이 책을 단순한 간증집으로 치부하지 않길 바란다. 한 개인이 잘 믿어 구원받게 되었다는 축복담은 더더욱 아니다. 이 책은 이 세상의 정의와 평화에 맞서 싸우는 21세기 사도들의 희망에 찬 복음서다. 인종차별이 여전한 미국 남부 조지아주 '쥬빌리 파트너'라는 작은 공동체를 통해 하나님이 세상을 향해 어떻게 사역하시는지를 볼 수 있는 전도서다. 하나님이 하시고 인간들이 동참하는 '미시오 데이(missio Dei-하나님의 선교)'의 단면을 돈 모슬리라는 한 신실한 종과 그의 협력자들을 통해 볼 수 있다. 그리고 마지막으로 우리에게 영적으로 도전한다. '하나님이 우리를 위해 예비해 놓으신 기회를 붙잡는 것이 하나님과 올바른 관계를 맺은 자들이 일하는 방식이다'(유진 피터슨의 『메시지』 중, 갈3:8-17) 가라, 하나님의 나라가 이 땅에 오도록 일하라마6:10, 보이지 않는 것들을 증거하기 위해 나아가라히11:1, 이게 참된 믿음이다.'

박 준 형

/ 이異문화 컨설턴트 겸 저자
/ 캐나다 '어린이를 창의적 글쓰기 사회' 설립자
/ 제3국 어린이들의 교육을 돕기 위한 '국경을 초월한 교육(Education beyond Borders)'
　재단 설립추진위원장

서문

　지금부터 읽으실 이 책의 내용은 비단 한 사람의 이야기가 아닙니다. 물론 제 입장에서 이야기를 풀어나가겠지만, 말 그대로 수많은 사람의 이야기입니다. 다른 사람이라면 아마 이야기를 다르게 풀어 나갔을지도 모르겠습니다.

　글의 주인공은 미국 조지아 주 동북쪽에 있는 쥬빌리 파트너라는 국제 기독교 봉사 단체에서 활동하고 있는 분들입니다. 우리는 전 세계에서 모인 방문자, 자원 봉사자, 난민들과 함께 나날이 풍요로운 삶을 만들어 가고 있습니다. 무엇보다 쥬빌리 사역을 위하여 같은 비전을 안고 도전을 감수하는 소수 봉사자야말로 이 공동체를 지속적으로 이어나가게 하는 힘입니다.

　저희는 하나의 대가족이나 다를 바 없습니다. 이들은 나의 자매요 형제들이니까요. 글을 읽다 보면 아시게 되겠지만 저는 이들을 사랑하고 이분들과 삶을 함께한다는 특권에 너무나 감사합니다. 그래서 제 이야기인 만큼 그분들의 이야기이기도 합니다.

　쥬빌리 공동체 안팎을 넘나들며 수고한, 일일이 다 언급할 수 없을 만큼 많은 친구들과 동료도 있습니다. 하지만, 이곳에 다 쓸 수는 없고 몇 명만 소개하겠는데 부디 나머지 분들이 서운하지 않기를 바라면서….

　먼저, 데일 씨와 카니 내쉬 부부는 그들의 리지 산장에서 시작된 한 편의 보잘것없는 글이 이렇게 책으로 만들어지기까지 특별히 격려와 친절을 베풀어 준 사람들입니다.

　또한, 조이스 홀리데이 씨의 도움이 없었다면, 이 책이 끝까지 만들어지지 못했을 것입니다. 저는 3년을 훌쩍 넘는 시간 동안 짬짬이 시

간을 내어 글을 인쇄로 옮기는 일에 주력했는데 바삐 오가는 시간에
나, 혹은 조깅을 하면서 떠오른 생각들을 머리에 담아 두었다가 나중
에 글로 옮기는 일을 하곤 했습니다. 하지만, 저는 글 대부분을 하루의
바쁜 일과가 시작되기 전인 새벽 미명에 썼습니다. 조이스 씨는 그렇
게 짬짬이 모은 저의 글이 책이 되는 데 최종적인 헌신을 한 사람입니
다. 매끄럽고 정결하게 다듬어진 글 모두가 조이스 씨의 수고 덕분입
니다. 비록 이 책을 직접 쓰지는 않았어도 편집자 이상의 역할을 한 사
람이지요.

마지막으로 제 가족에게 깊은 감사를 드립니다. 저희 부부의 아이디
어로 시작된 쥬빌리 공동체를, 그동안 곁에서 기도하고 인내하며 적
극적으로 이끌어 준 아내 캐롤린에게 감사하고 싶군요. 그 당시, 아들
토니, 딸 로빈 저희 네 사람의 유일한 거주지는 이동천막이었는데 그
후 쥬빌리 빌딩의 한 작은 방으로 그리고 드디어 우리만의 둥지인 작
은 집으로 이사를 오게 되기까지 우리 가족은, 그 2년이란 시간을 거
치면서 일구어낸 발전에 함께 기뻐했었습니다. 책을 읽다보면 아시게
되겠지만, 가장 힘든 시간은 여전히 남아 있습니다.

캐롤린, 토니, 그리고 딸 로빈, 감사하고 사랑하오. 만일 사람들이
그동안의 모든 정황에 대해 알았더라면 그대들의 인내가 가능케 한
이 순간에 대해 그들 역시 같은 마음일 거라 생각하오.

조지아 주 코머 시市에서
돈 모슬리

메시아가 오시네

　메디슨 카운티를 넘어서자 어느덧 어둠이 깔리고 있었다. 땅거미 너머로는 붉은 진흙땅이 수 킬로미터에 걸쳐 뻗어있었다. 부활절 저녁, 그 지역의 기독교라디오 방송에서는 헨델의 메시아 전곡을 틀어주고 있었다.

　환희와 기쁨의 선율인 할렐루야 코러스가 내 차 안을 가득 채우는 동안 나는 차창 밖으로 눈을 돌려 동쪽 지평선에 얹혀 있는 오렌지 색의 보름달을 보았다.

　나는 라디오 볼륨을 높이고 이따금 나무 사이사이로 보이는 달을 눈요기 삼아 조지아 동북쪽의 흙먼지 날리는 길을 고속으로 밟으며 발걸음을 재촉했다. 그리고 코머 시市의 단 하나뿐인 신호등 앞에 정차한 후, 토요일 오후임에도 인적을 찾아볼 수 없는 작은 마을을 순식간에 벗어나 '쥬빌리 파트너' 라는 거리 푯말이 가리키는 거리에 들어섰다. 라디오에서는 '내 주는 살아계시고' 라는 곡이 흘러나오고 있었다.

　나는 그 승리의 찬송을 들으면서 길게 뻗은 자갈길을 지나고, 두 개의 호수를 지나서, 모퉁이를 돌았다. 차에서 내리자, 아까 보았던 보름달이 쥬빌리 건물을 훤히 비추고 있었다. 이곳에 오는 것은 언제나 나를 설레게 했지만 달빛과 음률이 이렇게 잘 어울리는 걸 본 적은 일찍이 없었던 거 같다.

열 시간 정도 흘렀을까. 달은 분홍색으로 물들어 새벽 미명의 하늘 속으로 지고 있었고, 쥬빌리 건물에 있는 커다란 종이 울리자 사람들이 깨어 일어나 모여들기 시작했다.

블레이크 오트맨이 누가복음에 기록된 예수님의 부활 구절을 낭독했다. 그리고 부활의 이른 아침에 향료를 가지고 주님을 찾아갔던 성경의 여인들처럼, 우리도 주님의 무덤을 찾아 나섰다. 들판을 가로질러 걸어갈 때, 우리 모두는 기대감으로 벅찼다. 호수의 두 마리 비버만 아니었으면 우리가 지금 팔레스타인이 아니라, 조지아 동북쪽에 있다는 걸 몰랐을 것이다. 그중 한 녀석은 부활절을 축하하기라도 하듯이 꼬리로 물을 튀기고 있었다.

무덤에 도달했을 때 바위 위에 걸터앉아 플루트를 연주하고 있던 천사가 "왜 당신들은 산 자를 죽은 자 가운데서 찾고 있나요?"라며 물었다. 그리고는 우리를 언덕 위로 안내했다.

언덕 정상에서 우리는 우리 손으로 만든 의자에 모여 앉았다. 커다란 나무 십자가 뒤, 태양이 지평선 위로 살짝 고개를 내밀고 있었다. 하늘이 조금씩 밝아오자 우리는 다 함께 찬송을 불렀다. "예수께서 오시네"라는 성가를 부르고, 예수님의 삶과 죽음 그리고 부활에 대해 이야기를 나누었다.

그러던 중 문득, 우리 모두의 시선이 아까 지나왔던 들판 모퉁이로 쏠리게 되었다. 거기엔 밝은 색의 니카라과 풍의 셔츠를 입고 열두 개의 풍선을 손에 쥔 돈 모슬리가 서 있었다. 그가 다가오는 동안에 숲 뒤편의 쥬빌리에선 종이 크게 울렸다. 캐롤린 모슬리가 우리에게 색색의 리본과 굵은 펜을 나누어 주는 동안 돈 모슬리는, 어린이들에게 오렌지 풍선을 나누어 주고 있었다. 그리고 우리는 모두 리본 위에 '부활의 기쁨' 이라는 글귀를 썼다.

내 뒤에는 최근에 보스니아에서 와서 영어를 배우는 중년의 무슬림들이 있었는데 "쥬빌리라는 단어의 철자가 어떻게 되지?"라며 서로에게 물어보고 있었다. 그들이 손에 들고 있는 리본에는 그들을 맞아 준 이 공동체의 이름이 적혀 있었다.

그리고 내 앞쪽에 있던 한나 오트만이라 불리는 여섯 살쯤 되어 보이는 여자아이가 갑자기 의자에서 벌떡 일어나더니 휙 돌아서서 무릎을 꿇고 앉아서는, 의자 널빤지에 크레퍼 종이 리본을 대고 '메시아가 오시네' 라는 글귀를 조심스럽게 적어 넣고 있었다.

우리는 종이 리본을 풍선에 매달았다. 그리고 아이들은 나이가 많은 아이부터 어린 순으로 나란히 줄을 섰다. 크리스 보그만이라는 열세 살된 아이가 풍선을 하늘로 올려 보내면서 "주께서 부활하셨다"라고 외쳤다. 풍선이 하늘로 솟아오르자, 우리는 다 함께 "주께서 다시 사셨다!"라고 외쳤다.

우리는 차례대로 풍선을 하나씩 날렸다. 이어서 미샤 윈터필드라는 네 살가량의 아이가 "주가 사셨다!"라고 외치며 풍선을 날리는데 왠지 날다 마는 게 아닌가. 알고 보니, 차례가 오기도 전에 실수로 풍선을 날려 버릴 것을 염려한 어머니가 아이 새끼손가락에 풍선을 묶어 두었기 때문이었다. 얼마 지나지 않아 모든 풍선들이 키다리 참나무들을 넘어 창공을 향해 날아갔다.

풍선이 우리 시야에서 사라지자, 우리는 모두 다시 쥬빌리 건물 거실로 발걸음을 옮겼다. 거실에 들어서자, 오븐에서 금방 구워낸 것 같은 맛있는 과자 향과 쇼팽의 자장가와도 같은 감미로운 캐논 변주곡이 퍼져나가며, 우리 마음을 감싸주었다.

보스니아 사람들은 바클라바땅콩과 꿀로 빚은 중동의 과자처럼 생긴 꿀과 땅콩이 들어간 빵을 만들었고, 베트남 난민들은 케이크를 만들어서 향기나는 노란색 꽃과 오렌지 색 꽃으로, 그리고 '주님은 살아 계십니다' 라는 문구로 장식했다. 여러 가지 빵들이 식탁을 가득 채웠고 사람들은 먹고 마시며 진심 어린 웃음들을 주고 받았다.

아침 식사 후에는 혼자 잠시 산책에 나섰다. 태양은 뜨거웠으며 이미 하늘 높이 솟아 있었다. 호수에서 물놀이하던 비버들도 낮 동안은 숨어있었다. 풍선의 흔적 역시 어디에도 찾아볼 수가 없었다. 다만, 십자가 그림자에 덮힌 의자 위에 한나 오트만이라는 여자 아이의 '메시아가 오시네' 라는 글귀 하나만이 유일한 흔적을 남기고 있었다. 아마도 굵은 펜의 잉크가 얇은 종이에 스며드는 바람에 글귀가 의자에 묻어난 듯했다.

나는 언덕을 걸어내려와 최근에 심었다는 블루베리 나무밭을 지났다. 그 옆으로는 수탉 녀석들이 날마다 시끌벅적하게 아침을 맞는 닭장이 있었다. 그리고는 "트롤스* 조심!"이라는 팻말이 달린 작은 다리를 건넜다. 그 다리의 나무 널판지에는 벤, 미샤, 한나, 엘리, 크리스, 라헬, 마라 등 쥬빌리 공동체 아이들의 이름이 새겨져 있었다.

다리 너머에는 숲 속의 오두막집 같은 휴게소가 있는데 이곳은 쥬빌리 사람들이 기도하고 휴식하며 글쓰기 위해 이따금씩 찾는 곳이었다. 그리고 그 뒤로는 작은 묘지가 있는 소나무 숲이 나오는데, 그곳은 망명자, 노숙인, 사형 집행 당한 사람들과 같이 대부분 이 땅에서 버림받은 사람들의 영혼들을 기리는 '거룩한 땅' 이라고 부르는 곳이었다. 나무들이, 그리고 작열하는 태양 빛이 그들을 안아주고, 포근히 덮어주고 있었다.

커다란 오두막집 주변에는 각기 다른 크기의 자전거들이 흩어져 있다. 오두막 안에는 돈 모슬리가 대나무와 플라스틱 재질의 검은 천으

---

* Troll, 지하나 동굴에 사는 초자연적 괴물. 우리 말로는 도깨비로 번역 가능함.

로 직접 만들었다는 열기구가 대롱대롱 매달려 있었는데, 그의 첫 작품인 열기구 하나는 하늘 멀리멀리 날아갔다. 급하게 차로 달리며 쫓았어도 잡을 수 없을 만큼 빠른 속도로….

열기구 비행은 쥬빌리에서는 아주 큰 행사였다. 대개 열기구 비행은 바람이 불기 전인 이른 아침에 통처럼 생긴 화덕과 창문형 선풍기를 사용해서 거행되었다.

매달려 있는 풍선을 밖에서 들여다보니 "코머, 당신의 환대와 친절함에 감사합니다. 우리처럼 망명자였던 그분의 이름으로"라는 자필로 쓴 큼직한 명패가 눈에 들어온다. 그리고 문구 바로 아래엔 "쿠바인 39명, 라오스인 30명, 100명의 캄보디아인, 21명의 니카라구안인, 783명의 엘살바도르인, 400명의 과테말라인, 80명의 온두라스인, 14명의 아프가니스탄인, 6명의 아르메니아인, 144명의 베트남인 그리고 60명의 보스니아인" 이런 식으로 사람 수가 적힌 긴 목록이 보인다.

이 명패는 이미 1993년 코머 시의 크리스마스 축제 때, 쥬빌리 공동체의 무대차 뒤쪽에 붙였던 것인데, 그 후로도 수많은 망명자가 이 공동체를 거쳐 갔으니 낡아도 한참 낡은 셈이다. 명패는 그러니까 쥬빌리 공동체의 사명을 말해주는 것이나 다름이 없다. 그리고 그 부르심의 핵심은 다름 아닌 예수 그리스도라고 선포하고 있는 것이다! 소외되고 가난한 자에게 복음을 전하셨고 힘들고 고통 중에 있는 이들을 돌보라고 가르치셨으며 헤롯왕의 노를 피하고자 핏덩이 갓난아기 때부터 애굽으로 망명을 가셔야 했던 망명자 예수, 바로 그 예수님이신 것이다.

명패의 맨 밑에는 좌측을 가리키는 화살표가 있는데, '베들레헴'이라고 표기되어 있었다. 그리고 '애굽'이라고 표기된 화살표는 반대방향을 가리키고 있었다. 그 화살표들은 아들 예수의 탄생 후 요셉과 마리아 부부가 결정의 갈림길에 섰었음을 분명하게 보여주었다. 예수의 출생에 위협을 느낀 권력자들이 예수를 없애려고 아기들을 모조리 학살하기에 이르렀고, 마리아와 요셉은 아들의 목숨을 보전하고자 애굽으로 도망쳐야 했다.

문구를 보면서 이런저런 상념에 빠져 있는데, 쥬빌리 건물로부터 그다지 멀리 떨어지지 않은 곳에서 들려오는 철로 위를 달리는 기차 소리가 적막함을 깨웠다. 코머 시는 동부와 서부를 오가는 주요 화물열차 노선을 따라 자리 잡고 있고, 하루에도 몇 번씩 기차가 지나다니는 곳이다-심지어는 부활절 주일에도 운행한다. 마침 기차 소리에 관한 얘기가 나왔으니 말인데, 한때 쥬빌리 사람들 역시 위험천만한 선택을 해야 했던 시절이 있었다.

남부의 다른 곳 들이 그렇듯, 철로를 사이에 두고 코머 시의 백인과 흑인이 갈라져 있다. 예전에 이 마을은 '면화지대' 북쪽 끝자락에 해당하던 곳인데, 원래 이민자와 노예들의 땅이었다. 쥬빌리 사람들은 지구촌 곳곳의 갖가지 문제들을 떠 안고 있었으면서, 또다시 인종차별과 맞붙어 싸우려고 그 본거지인 메디슨 카운티에 참호를 파고 진지를 구축했다. 한때는 KKK라는 백인 우월주의 집단과 한바탕 붙은 적도 있다. 여러가지 지역 현안에 참여하고, 코머 시에 있는 네 교회에 여러번 참석한 결과, 쥬빌리 사람들은 서로 배척하며 분열된 사람들 사이를 이어주는 역할을 했다.

철로와 연류된 것은 비단 이것만이 아니다. 수년간, 텍사스 주 아말리오 시市에 있는 무기 공장에서 사우스 캐롤라이나 주 찰스톤 시市에 위치한 해군 무기 저장소까지 핵탄두를 운반하는 하얀색의 전용기차가 남부의 작은 마을들을 지나 비밀리에 운행되었는데, 이를 알게 된 쥬빌리 사람들은 동부지역의 추적센터 역할을 했으며, 전 노선에 걸쳐서 항의를 위한 감시망을 결성해주는 역할을 하기도 했다.

쥬빌리 사람들은 언제나 정의와 평화를 위해 앞장섰으며, 스스로 권력자들의 권력에 대항해서 충돌하는 일들도 자주 있었다. 그것이, 생각만 해도 등골을 오싹게 하는 무기운송 전용열차를 추적하려고 한밤중에 씽씽 달려야 하는 일이건, 아니면 전쟁비용을 충당할 세금 납부를 거부하는 것이건, 국경을 넘은 중앙아메리카 난민을 호송하는 일이든지 또는 KKK와 같은 백인 우월주의 집단의 폭력에 맞서는 일이든, 쥬빌리 공동체야말로 세상의 권세보다 예수 그리스도의 부르심이 더 위대함을 생생하게 보여주는 산 증인이다. 고작 32만 평밖에 되지 않는 작은 시골 마을에 있지만, 아마도 이곳만큼 수많은 언어와 문화가 거쳐 간 곳도 지구상에 드물 것이다. 전쟁과 고문을 포함한 모든 폭력의 희생자들이 이곳을 거쳐 가고 있는 쥬빌리 공동체는 악과 정면으로 대면하고 있는 것이다. 이들은 타인을 향한 연민과 자기를 내려놓은 관대함으로, 그리스도에 안에서 흔들리지 않는 믿음을 지켜나가고 있다. 세계 각처에서 온 난민들을 열린 가슴으로 따뜻하게 받아 주었을 뿐만 아니라 태국, 니카라과, 남아프리카 공화국, 보스니아 혹은 이라크와 같은 나라에 직접 공동체 식구를 파송함으로써 혼돈과 분열이 끊이지 않는 곳에 주님의 평화를 전달하고 있다.

쥬빌리 공동체에 관한 이야기는 아마도 사람의 뼛속까지 파고드는 아주 특별한 감동을 줄 것이다. 평신도들이 대가에 상관치 않고 믿음 안에서 살기로 작정할 때 얼마나 위대한 일을 해낼 수 있는가를 직접적으로 보여주는 산 증거물이기 때문이다.

그 믿음이란 비록 우리가 증명할 수 없다 할지라도 부활에 소망을 둔 믿음이며 악과 죽음의 권세를 이기신 예수 그리스도에 대한 믿음이다.

부활절 아침에는 베트남 난민과 봉사자들을 코머연합감리교회에 데려다 주었다. 그리고 나머지 사람들은 제일침례교회를 갔다가 그 다음에는 스프링필드침례교회로 갔다. 예배시간보다 한 시간이나 늦게 도착했는데, 그때까지도 열정적으로 찬양을 드리고 있었다.

돌아오는 길에 코머연합감리교회 앞에서 사람들을 차로 마중하려고 기다리는데 돈 모슬리 씨가 작은 가족공원 묘지에 서 있는 조각상을 향해 가볍게 인사하며 우리에게 말했다. "흑인인권운동하는 천사 같죠?" 아닌게 아니라, 본래 대리석으로 만든 천사였는데, 세월에 찌들어서 거무스름하게 변해있었다. 그리고 마치 1960년도의 무장흑인인권운동단체의 경례처럼 주먹 쥔 손이 위로 향하고 있었다. 돈 모슬리가 우스갯소리로 "아마도 돌 던지기를 좋아하는 어린애가 하늘을 향해 뻗은 천사 손가락을 다 부러뜨린 모양이다"라고 했다.

그리고는 우리를 가족 묘지에서 조금 떨어진 곳에 세워진 작은 묘비로 데리고 갔는데, "묘비의 주인공은 수년 전 코머 시 거리에서 죽은 노숙자였죠"라고 했다. 그를 불쌍히 여긴 공원묘지의 주인이 그를 묻어 주기로 했는데 아무리 생각해도 노숙자를 가족묘지에 묻는 건 적합하지 않다는 생각이 들어서 이곳에 매장했다고 한다.

아마도 그런 차별성 때문에 이 대리석 천사가 주먹을 쥔 것은 아닐까 하는 생각을 해 보았다. 천사가 주먹을 쥐고 반항적인 모습으로 여기에 서 있는 게 옳다는 생각마저도 들었다. 그런 차별을 쳐부수기 위해 '산 순교자'가 된 쥬빌리 사람들 안에도 바로 그런 정신들이 있다. 그들은 천사처럼 그 마음이 온유하면서도 옳은 일에 대해서만큼은 흔들리지 않는 확고한 의지와 신념을 지닌 사람들이다.

무엇보다 그들은 우리가 모두 한가족이라는 사실을 세상에 알리는 사람들이다. 베트남인, 보스니아인, 엘살바도르인, 흑인, 백인, 부자,

가난한 자 할 것 없이 우리가 모두 다 하나님의 자녀라는 사실을 말이다.

이들이 전하는 메시지는 국가보조금으로 살아가는 홀어머니나, 불법 이민자, 소수민족, 그리고 범죄자 등 이런 사람들을 희생양으로 만들려는 정치인과 시민들이 판치는 메마르고도 혹독한 현실에 너무나도 절실한 것들이다. 너무나도 많은 사람이, 사회 병리를 해결하려면 더 많은 구치소를 짓고 집집이 벽을 높여야만 한다고 믿는 이런 세상이야말로, 삶 자체가 타인을 향한 깊은 연민에 뿌리내린 증인들의 이야기가 필요한 게 아닐까.

오랜 세월동안 쥬빌리 사람들은 성경 구절을 주춧돌로 삼아 그들의 삶을 구축해 오고 있는데 그 중 하나가 히브리서 13장 1~2절 말씀이다. "형제 사랑하기를 계속하고 손님 대접하기를 잊지 말라 이로써 부지중에 천사들을 대접한 이들이 있었느니라"

쥬빌리 공동체 사람들은 하나같이 이구동성으로 천사가 이 마을에 다녀갔다고 할 것이다. 그 천사들은 쥬빌리 사람들에게 그들이 어떻게 희생했고, 어떻게 용기를 냈는지 들려주었으며, 그들이 보여준 관대함과 희망은 지치고 힘에 겨워하는 쥬빌리 사람들의 영혼에 향유가 되어 주었다.

쥬빌리 봉사자들은 앞서 간 다른 많은 그리스도인들이 그랬던 것처럼, 사역을 통해 은혜를 주는 것이 아니라 오히려 은혜를 받는다는 사실을 깨달았다. 상호 간에 오가는 사랑의 힘을 말이다.

세상은 계속해서 어김없이 분열되고 단절될 것이다. 그리고 그로 말미암은 수많은 희생양이 생겨날 것이다. 인간을 마비시키며 무기력하게 만드는 지구촌의 온갖 고통 또한 계속 넘쳐날 것이다. 그다음 비극은 또 어디에서 일어날 것인가? 지구촌 어디가 또다시 전쟁으로 찢어지고 기아로 황폐할 것인가 말이다.

조지아 동북쪽 사람들에게 이는 더 이상 질문이 아니다. 악을 가만히 앉아서 지켜보지 않기로 했기 때문이다. 고통을 끌어안고서 역경을 딛고 살아남은 수많은 사람을 보며 힘을 얻었기 때문이다. 그리고 이런 살아 있는 증언들을 통해 우리 또한 용기를 얻어 발돋움하길 바라고 있다.

쥬빌리 파트너로 오게 될 그다음 난민들은 또 어느 나라 사람들일까? 물론 아무도 모른다. 하지만, 이것 하나만은 분명하다. "메시아는 오신다!"

조이스 할리데이

민음의 대가代價

　얼핏 듣기에는 그저, 먼발치에서 어렴풋이 나는 천둥소리 같았다. 나는 온기가 있는 침낭 속으로 기어들어가 달콤한 꿈나라에 좀 더 풍덩 빠져있기로 했다. 그런데 갑자기 우르르하던 소리가 지축을 뒤흔드는 천둥소리로 변했다. 자고 있던 텐트가 흔들리기 시작하자 나는 즉시 텐트 밖으로 뛰쳐나왔다.

　한 아이가 소리쳤다. "아빠, 무슨 일이에요?"

　어느새 나는, 텐트 밖의 냉기가 도는 축축한 풀밭에 서서 소와 송아지 떼가 무사히 피신하도록 손짓과 고함으로 신호를 보내고 있었다. 무리가 저수지를 향해 언덕을 황급히 뛰어 내려가는 동안, 어미 소 한 마리가 텐트 밧줄에 걸려 넘어진 새끼를 기다리느라 주춤하는 것이 보였다. 새끼는 곧, 밧줄에서 다리를 풀고는 꽥꽥거리며 어미를 쫓아갔다.

　"또 한차례의 회오리바람이 지나갔군 그래."

　속옷차림으로 노란 텐트밖에 서 있는 라이언이 말했다. 조금 떨어진 곳에서는 에드가, 전날 밤 걸어 둔 빨랫줄에 칭칭 감긴 몸을 푸는 것이 보였다. 아직 마르지 않는 수영복과 수건들이 진흙탕 여기저기에 흩어져 있다.

"그렇긴 해, 하지만 계속해서 이렇게 아침마다 신경을 곤두서게 하는 저 녀석들은 정말 감당하기 힘들어." 에드가 바로 되받아쳤다. "새벽부터 이런 난동은 참 짜증 나. 아침에 가장 먼저 해야 할 일이 전기 울타리부터 치는 일이 됐으니 말이야. 저 녀석들 이제 좀 가버렸으면 좋겠어."

나는 다시 텐트로 들어와 셔츠와 청바지로 갈아입고 아내에게 말했다. "잠시 산책 좀 다녀오겠소. 이제 해가 막 뜨려고 하는데 미처 들러보지 못한 곳이 아직 몇 곳이 더 된다오. 금방 오리다."

열 살이었던 아들 토니와 여섯 살이었던 딸 로빈은 체구가 작아서, 옆으로 침낭 세 개를 놓고 발밑으로 하나를 더 놓아도 네 식구가 텐트에서 지내는 데는 별문제가 없었다. 전날 밤 아이들은 자정이 가까운 시간까지 모닥불 앞에서 우리와 함께 시간을 보내면서 무척 들떠서 잠을 안자더니, 지금은 모자란 잠을 조금이라도 더 자겠다는 듯 침낭 속에서 마냥 행복해 보인다.

텐트 밖으로 얼굴을 내밀자 태양 빛이 나무 사이를 비집고 들어왔다. 초여름의 동북쪽 조지아 주의 공기는 줄곧 선선했고 밤에는 다습했다. 키가 자란 풀밭에 자리를 튼 거미줄에는 이슬방울이 햇빛을 받아 반짝이고 있었고 지난밤 모닥불 불씨는 계속해서 연기를 피워대고 있었다.

근처 숲에서 밤새 와자지껄하던 쏙독새의 울음이 갈색 앵무새의 유쾌한 노래 소리로 바뀌었다. 경사진 곳을 내려가니 사람의 인기척을 알아챈 수탉 녀석들이 누군가 자기들의 풀밭에 침범했다고 온 동네가 떠나가란 듯 시끌벅적 난리들이었다.

산림 주변을 걷는 동안 기쁨이 파도처럼 넘실넘실 밀려왔다. 드디어 이곳에 온 것이다. 정착할 땅을 찾아 그동안 계획하고 꿈꾸며, 수없이 만나고 답사하러 다녔던 지난 몇년간이 꿈만 같았다. 오랜 시간이 지나서야 코머 시 언저리의 이 아름다운 땅에 오게 된 것이니 말이다. 약 32만평의 대지에는 숲과 초원 그리고 시냇가와 작은 연못도 있었다. 하지만, 처음에는 이웃동네와 공동경작지를 넘어서야 이곳에 올 수가 있었다.

1979년 봄, 코이노니아 파트너 공동체의 친구들로부터 용기를 얻어 세 가족이 이곳에 정착하게 되었다. 어른 여섯과 아이 여섯이 이전에 극소수의 사람들만이 경험했던, 그 개척과 모험의 여정에 들어섰던 것이다. 사실, 우리가 생각한 것 이상의 모험이 우리를 기다리고 있었지만, 그 당시엔 그저 토지에다 건물을 올리고 공사를 시작하는 것 외엔 아무것도 생각할 겨를이 없었다.

'쥬빌리 파트너!' 그 땅에 도착하기 직전에 우리는 마침내 우리의 새로운 공동체 이름을 확정했다.

공동체에 대한 비전이 점점 무르익어 가면서 성경의 희년-유대 역사상, 히브리인들이 이집트에서 탈출하여 가나안 땅으로 들어간 해부터 50년마다 행한 희년禧年에 대한 구절-이 이야기의 화젯거리로 계속 떠올랐다. 우리는 예수 그리스도의 나사렛 회당 사역에 대해 자주 생각해 보곤 했다. 예수께서 선지자 이사야서에 기록된 바를 읽으신 대목인데,

"주의 성령이 내게 임하셨으니 이는 가난한 자에게 복음을 전하게 하시려고 내게 기름을 부으시고 나를 보내사 포로 된 자에게 자유를, 눈 먼 자에게 다시 보게 함을 전파하며 눌린 자를 자유롭게 하고 주의 은혜의 해를 전파하게 하려 하심이라 하였더라"_눅 4:18~19

이 구절에 나오는 "주의 은혜의 해"란 희년Jubilee year을 가리키는 말이다. 이스라엘 역사를 보면 50년마다 죄수를 풀어주고, 빚은 탕감해 주었으며, 가난한 자에게는 재산을 되돌려 주었다.레25장 참조 따라서 희년은, 구약의 선지자로부터 예수에 이르기까지 복음 중심부에 고동치는 하나님의 공평하심과 자비하심을 드러내는 해라고 할 수 있다. 물론 그러한 하나님의 정의와 자비를, 삶을 통해 어떻게 구현해 나갈 것인지에 대해선 아직 잘 몰랐지만, 일단은 오래전 꿈을 지표로 삼기로 했다.

개천이 쥬빌리 토지의 북에서 남쪽으로 약 2km 정도를 길게 가로질러 흐르고 있었다. 그 개천이 숙소인 야영지 부근에 다다라서는 차례로 자리를 틀고 누워있는 세 개의 작은 연못으로 흩어졌다. 나는, 잔물결을 일으키며 물이 흐르는 경치가 보이는 통나무에 걸터앉아 우리를 여기까지 오게 만든 사건들을 회상해 보았다.

사실 조지아 주 아메리커 시市에 인접한 코이노니아 파트너 공동체가 쥬빌리 파트너를 설립하기에는 안성맞춤이었다. 그곳은 이미 약 40년 전에 클레런스 조르단과 몇 사람들이 그리스도인 공동체와 농장을 겸해서 설립한 곳인데, 늘 사람들이 북적이는 곳이었다. 한마디로 코이노니아 파트너는, 소수의 기독교인들이 강하게 믿음 하나를 붙들때 그 어떤 장애물도 극복할 수 있다는 걸 생생하게 보여준 곳이나 다름이 없다.

처음 몇 년 동안 남부 조지아의 이웃 사람들은 이들의 신앙심에 관대하였으며 어떤 이는 존경심까지 내비쳤다. 클레런스 조르단은 거칠게 간 옥수수만큼이나 남부지방의 특성이 강했는데, 이름 있는 집안 출신으로서 대학에서는 농업을 전공하고 신약성서 헬라어로 박사학위를 받은 남침례교의 목사이기도 했다. 또한 그는 이야기를 재밌게 전달하는 은사가 있었고, 재치 있고 유머가 넘치는 성경 교사이기도 했다. 한동안은 여기저기서 설교를 해달라는 요청을 감당할 수 없을 때도 있었다.

하지만, 그는 사람들의 시선을 의식하지 않는 설교를 하기도 했다. 그는 미국이 독일과 일본과의 전쟁에서 승리하고 쾌거를 부를 적에도, 우리 기독교인만큼은 원자폭탄을 떨어뜨리는 대신 원수를 사랑하여야 한다고 외쳤다. 그리고 제2차 대전 후에 누구나 할 것 없이 경제적 붐을 타고 있을 때에도 공동체적 검소함을 추구했던 초대 교회 사람들의 코이노니아를 닮아야 한다고 가르쳤다.

기회가 있을 때마다 그는, 교회들이 흑인, 백인 할 것 없이 인종차별의 문제에 소매를 걷어붙이고 앞장서 싸워야 한다고 설교함으로 가장 큰 자극을 불러일으키기도 했는데, 그것도 1940~50년대에 남부의 백인교회에서 그런 설교를 해댔으니 강대상에서 농장으로 쫓겨나는 신세가 될 것은 불 보듯 뻔한 일이었다.

하지만, 만일 조르단 목사를 비롯한 몇몇 사람들이 단지 부르짖는 것으로 그쳤다면, 사람들은 그들의 말을 무시하고 지나갔을 것이고, 그들은 자기들 일만 하면서 그런대로 평화롭게 살았을 것이다. 그러나 처음부터 코이노니아 파트너는 조르단 목사의 말처럼 '하나님나라를 건설하는 일'에 헌신하는 것을 존재목적으로 삼았었기 때문에 이미 섬터Sumter 지역에서는 '코이노니아'라고 하면, 흑인과 백인이 함께 어울려 예배하고 음식을 나누면서, 오랫동안 이어져 내려온 남부사람들의 고정관념을 깨뜨리는 단체라는 것을 모르는 사람이 없었다.

자연스럽게 이 사실은 KKK백인 우월주의 집단나 WCC민권을 옹호하는 이들에게 경제적 압박감을 부과한 남부지방의 부유층 백인 의회 사람들의 피를 들끓게 했다. 1950년대 후반에는 밤에 복면하고 범죄를 노리는 KKK의 일당과 테러범들에게 코이노니아 파트너는 좋은 먹잇감이었다. 지역 상점들은 코이노니아 파트너와 거래를 중단했다. 코이노니아 파트너와 은밀하게 거래하는 상인들도 있기는 했지만, 그것조차도 위험천만한 일이었다. 이런 일이 몇 년 동안이나 계속됐다. 그 와중에 배짱 좋게 다량의 종자를 팔며 거래하던 상점은, 그 이튿날 밤 아메리커 시내의 모든 유리 창문들을 산산조각 낼 만큼의 강한 폭발물에 의해 파괴 되고 말았다.

이런 위험을 무릅쓰고도 믿음을 위해 꿋꿋하게 버티었던 사람들의 용기는 세상에 감명을 불러 일으켰고, 조르단 목사는 이렇게 설교했다. "말씀이 이론으로만 남아 있는 한, 그리고 우리의 행동으로 성육신화 되지 않는 한, 또한 우리의 실천을 통해서 살아있는 체험으로 번역되지 않는 한 그것은 믿음이 아닙니다. 신학일지는 모릅니다. 그러나 믿음은 아닙니다. 믿음은 자각과 행함이 합쳐진 것입니다. 어느 한쪽만 가지고는 믿음은 성립되지 않습니다." 조르단 목사의 메시지가 더욱 빛을 발하며 사람들 가슴에 울려 퍼지기 시작했다.

조르단 목사는 행할 때는 실제로 믿음을 따라 행했으면서도 그 결과 때문에 두려워서 어쩔 줄 몰라하는 그리스도인들을 용납하지 않았다. 조르단 목사는 "믿음이란 결과에 연연하지 않는 삶"이라고 힘주어 말했다.

아내 캐롤린과 내가 코이노니아 파트너에 처음 오게 된 것은 1970년 여름이었다. 사람들의 공공연한 폭력은 그 무렵 거의 끝나가고 있었다. 조르단 목사는 수개월 전 이미 세상을 떠났는데, 밀러드 풀러라는 이름의, 체구는 약간 여윈 듯하고 젊고 열정적인 변호사의 지도력 아래 공동체는 꽤 빠른 속도로 성장해가고 있었다.

그러고 보면 무수한 사람이 코이노니아를 거쳐 갔다. 그 중엔 60년대 한창 붐이었던 이상적인 사회에 대한 희망을 품고 이곳에 온 사람도 있었고, 베트남 전쟁에 지긋지긋하게 혐오를 느껴 피난 오듯 들어온 사람들도 있었다. 하지만, 대부분의 사람들이, 이곳의 내리쬐는 땡볕과 모기들의 극성, 그리고 힘든 노동을 못견디고 떠났다.

그럼에도, 동역자들이 하나둘씩 생겨나면서 공동체는 점점 견고해졌는데, 우리는 깊게 뿌리 내린 빈곤 문제를 해결할 수 있는 더욱 효율적인 방안부터 연구해 보기로 했다. 노예제도는 이미 남부 전역에 걸쳐, 소작농과 그와 비슷한 경작 조건으로 대체되기는 했으나 농촌 지역에 거주하는 대다수의 흑인들의 주택 수준의 질적 개선에는 별다른 도움을 주지 못했다. 코이노니아 파트너 주위의 초라한 판잣집들 대부분이 사실, 백인들이 돼지와 닭을 기르는 헛간보다도 못한 수준이었다.

1968년에 조르단 목사와 밀러드 풀러는 '사랑의 기금 모으기 운동'에 착수했는데, 이는 새집을 짓는 데 필요한 공사자금을 빌려주기 위한 목적으로 설립된 것으로, 수입이 적은 가족은 이율이나 이자 없이 집 짓는 데 들어간 최소의 비용만 부담하고, 그들이 낸 돈은 다시 리볼빙 펀드금융 기관과 계약을 맺어 일정 비율만 갚으면 연체자로 분류하지 않고 계속해서 돈을 쓸 수 있도록 함 로 들어가 다른 집들을 짓는 데 사용되었다. 역시 파격적인 제안이었다. 반대파들은 수많은 이유들을 줄줄이 대면서, 얼마나 오래가나 두고보자며 별렀다.

기쁨에 들뜬 조르단 목사는 코이노니아 땅 북쪽 언저리에 마흔 채 정도의 주택을 짓고자 토지 구획 작업에 들어갔다. 하지만, 그는 첫 번째 집이 완공되기 6주 전에 심장마비로 그만 세상을 떠나고 말았다. 밀러드 풀러가 감독직을 이어 받았고, 집짓기 프로젝트는 매우 빠르게 진행되었다. 코이노니아 파트너의 후원자들은 비록 멀리 떨어져 있었지만, 이미 중대한 역사의 장이 열리고 있음을 느낄 수 있었고 기부금은 계속해서 쏟아져 들어왔다.

아내와 코이노니아에 도착한 지 얼마 되지 않아서 나는 집짓기 프로젝트의 총감독자가 되었다. 나중에 밀러드와 아내 린다는 3년간 아프리카로 갈 결심을 하였다. 그들이 떠나기 바로 전날 오후에는 언젠가 아프리카에도 이런 집짓기 작업에 착수할 수 있을 거라는 가능성에 대해서 기탄없이 의견을 주고 받으면서 모두 잔뜩 흥분된 마음이 되기도 했다. 그때 밀러드가 소파에서 내다앉으면서 한마디 던졌다. "이거야말로 역사적 사건이 될 수도 있어!"

그도 그럴 것이, 앞으로 2년 안에 이 단순한 프로젝트가 전 세계 도시 곳곳에 수백 채의 집을 짓는 일로 발전하리라고는 그 누가 알았겠는가!

일 년 후 나는 자이레로 날아가서 풀러 가족이 사는 음반다카에서 한달 가량 머물렀다. 그 기간 동안에 훗날 해비타트 휴머니티Habitat for Humanity의 설립계기가 된 최초의 집짓기 프로젝트를 위한 계획입안과 자료조사가 진행되었다. 이듬해에는 라이언과 캐런 카리스 부부도 두 달 정도 인근 마을에 머물면서 두 번째 집짓기에 함께 했다. 지금 카리스는 내가 앉아 있는 언덕에 캠프를 차리고, 해비타트 프로젝트 초창기 만큼이나 미래를 예측할 수 없는 새로운 모험을 감행하고 있다.

그렇게 한참 동안을 회상에 잠겨 있는데, 문득 오늘 할 일을 위해 그만 숙소로 돌아가야 할 시간이 다 되었다. 자리를 털고 일어나니 숲에서 뛰어나온 사슴 한 마리가 길고도 우아한 걸음으로 초원을 껑충껑충 뛰어가는 게 보였다. 다른 쪽 숲에서 등장한 두 마리의 새끼 사슴들이 쫓아오는 동안에, 어미는 발걸음을 멈추고 뒤를 돌아다보았다. 내 앞으로는, 연못 가장자리에서 삐죽하니 자태를 드러내고 나온 짙은 남색의 해오라기가 어미와 새끼 사슴들 곁을 지나 날아가고 있었다. 마치 에덴동산의 일출을 보는 것 같은 느낌이었다.

숙소에 도착하자, 목가적인 풍경에 흠뻑 젖어 있던 내 기분은 라디오에서 꽝꽝거리며 울려 퍼지는 속보들로 산산조각이 나고 말았다. "정부는, 스리마일 섬Three Mile Island, 미국 펜실배니아 주 해리스버그 부근에 있는 섬으로 1979년 이곳 원자력 발전소에서 사고가 일어남이 지역주민들에게 위험하다는 사실을 부인하고 나섰습니다." "호메이니는 퇴위 당한 이란 국왕을 받아들이지 말라고 미국에 경고했습니다." "아나스타시오 소모사 니카라과 대통령은 인권침해에 대한 소송을 무시하면서 자신의 세력이 현재 산디니스타 게릴라 집단을 급격한 속도로 전멸시키는 중이라고 했습니다." "엘살바도르에서는 오늘, 오스카 로메로 대주교가 탄원을…."

아침먹으라는 메리Mary Ruth Weir의 말에 에드가 라디오를 껐다. "자, 이제 소떼들의 시끄러운 질주도 넘어갔겠다, 시끌벅적한 뉴스보도도 한바탕 지나갔으니 편안히 팬 케이크나 좀 드셔요." 메리가 짜증 섞인 투로 말했다. 하긴, 모두 그녀의 심정을 이해 못 하는 바가 아니었다. 이런 원시적인 생활을 하는 동안에도 세상 문제들이 우리 마음에 짐이 되는 것이 참 싫었다. 다행히 얼마 안 있어서, 일에 전념하면서 세상의 문제들을 잠시나마 잊어버릴 수가 있었다.

기나긴 하루가 이틀 사흘 지나면서 어느덧, 이른 아침부터 밤늦게까지 일을 하는 생활이 습관처럼 되어 버리고 있었다. 일단은 에드 위어스 내외와 카리스 내외가 함께 살 2층짜리 집을 먼저 짓기로 했다. 큰 아이들은 카리스 부인의 정원 일을 돕거나 동생들을 돌봐주는 일을 했다. 땅을 파고 망치질을 하고 페인트를 칠하며 뻘뻘 땀을 흘리는 동안에도 조지아의 태양은 사정없이 내리쬐고 있었다. 땡볕이 너무 뜨거운 나머지 잠시 일손을 놓아야 했을 때는 연못에 가서 수영하고 놀았다.

해 지기 전에는 외진 시냇가로 내려가 가족별로 차례대로 돌아가며 목욕을 했다. 모기 녀석들이 극심한 난동을 부리기 시작해서 어느 한 사람이라도 목욕을 하지 못하는 일이 발생하지 않도록 모두가 신경을 써서 시간을 잘 맞추어야 했다.

몇 주의 시간이 흐르면서 어느덧, 개척자가 되었다는 신선함은 시들해져버렸다. 우리 중에는 가끔 달력을 보면서 겨울이 오기 전에 집짓기를 마칠 수 있을까 하는 우려를 내비치는 이들도 있었다.

물론 그때를 생각하면 지금은 웃음이 난다. 아내는 지금도 그런다. "만일 '초원의 집' 미국의 서부개척시대를 다룬 드라마에 나오는 그런 집에 일 년 동안이나 살 거라는 걸 진작에 알았더라면 아마 그렇게 기쁨으로 들뜨진 않았을 거에요"라고. 하지만, 그곳에는 돈을 주고도 살 수 없는 값진 경험들이 분명히 있었다.

아내가 계속해서 말을 이었다. "그다음에 무슨 일이 일어날지 모르는 상황에서 그저 하루하루 연명하는 삶이었지요. 처음 도착했을 때는 물도 전기도 없었답니다. 그래서 물이나 전기가 공급될 때마다 마치 기적이 일어난 것 같았죠. 정말 좋은 경험을 한 셈이에요. 전에는 아주 당연시 여기던 것들에 감사할 수 있었다는 것이 말이예요."

캐롤린과 로빈은 지금도 에드의 딸 던의 열여섯 번째 생일파티를 떠올릴 때마다 입가에 웃음이 번지곤 한다. 그때 마침 형 데이비드가 공사를 돕겠다고 우리를 방문했었는데, 장작난로가 감당할 수 있을 만큼 최대한 많은 양의 물을 데워서 따뜻한 목욕물을 생일선물로 던에게 주었던 것이다. 던은 매우 좋은 나머지 어쩔 줄을 몰라 했다. 안부를 살피려고 우리가 가끔 노크를 하는 동안에도, 너무나도 오랜만에 느껴보는 온수의 맛에 한 시간 동안이나 푹 잠겨 있었다.

여름 중순 무렵에 겨우 반 정도밖에 집을 짓지 못했다. 게다가 은행 잔고는 3만 달러도 안 되었고, 그렇다고 돈벌이가 되는 일자리가 있는 것도 아니고, 다른 일자리를 찾아볼 겨를조차 없었다. 이동 텐트에서 꾸역꾸역 네 식구가 지내는 것도 어느덧 재미로 느껴지기보다는, 밤마다 우리의 불안정한 상황만을 자꾸만 돌아보게 되는 이유가 되었다. 그러면서도 한편으로는 왠지 모르게 모든 일이 다 잘 될 거라는 확신이 있었다. 그러나 코이노니아에서 자신만만하게 얘기했던 '믿음으로 도약하는 삶' 과 실제로 '그 믿음을 삶으로 옮기는 것' 의 차이가 어떤 것인지 알게 모르게 피부로 느껴지기 시작했다.

어느 순간부터인가, "결과에 연연하지 않는 삶"이 맞닥뜨릴 수 있는 상황이 어떤 것인지 우리는 깨닫기 시작했다.

2
쉬었다 가세요
방은 얼마든지 있습니다

아이러니하게도 그런 우리의 연약함과 단절감은 지극히 이성적이고 소심한 믿음을 가진 사람들이 안주하고 말았을 믿음의 차원을 넘어서 좀 더 큰 믿음으로 도약하게 해 준 발판이 되었다.

우리는 지금까지 한 번도, 세상에서 일어나는 일들에 대해 무관심해 본 적이 없었다. 그중에서도 특별히 유대관계를 느낀 사람들이 있는데 바로 동남아시아에서 온 표류난민들Boat people이었다. 들리는 뉴스 보도마다 비좁은 배를 타고 남중국해를 건너려고 몸부림치는 난민들의 슬픈 사연들이 전해졌다. 무엇보다도 그들의 탈출과 고통의 원인이 미국이 일으킨 베트남 전쟁에 있다는 사실은 우리의 마음을 더욱 아프게 했다. 비록 그네들만큼은 아니었지만, 우리 역시 정처 없이 떠도는 삶이다 보니 그들의 심정을 충분히 이해할 수 있을 것 같았다.

1979년 7월 2일 자 「뉴스위크」 잡지의 표지를 장식한 이야기의 제목은 "표류난민들의 절규"였다. 그러나 기사를 읽으려고 페이지를 넘기기도 전에 표지의 사진부터가 마음을 아프게 했다. 갑판도 없는 작은 배를 타고 있는 난민들의 모습이었는데 대부분이 어린아이들이었

다. 배 중간에는 어떤 여인 하나가 앉아 있는데 그 얼굴에 피곤함과 절
망감이 역력히 드러나 있었고, 여자의 무릎 위에는 한 아이가 엄마를
잡아당기면서 울고 있었다.

기사에 의하면 지난 4년간 약 70만 명이 넘는 사람들이 인도차이나
베트남, 라오스, 캄보디아를 포함하는 지역를 탈출했다고 하는데, 거기엔 캄보디
아와 라오스에서 육지로 탈출한 25만 명과, 물이 새는 위험한 배를 타
고 탈출한 인원수까지 다 포함이 된다고 했다. 하지만, 배를 탄 사람
중에서 어림잡아 20%에서 50%가량의 사람들이 바다에서 죽었다고
했다. 미국이 이미 인도차이나에서 온 7,000명가량의 난민을 매달 받
아들이고 있었으나—그들을 받아들이는 기타 여러 나라의 통계숫자를
다 합쳐도 미국이 많았다—지미 카터 대통령은 이민쿼터를 만 명으로
더 늘리기로 하였다. 미국의 난민기구들도 인원수를 늘리자는 제안을
지지했다.

기사를 두 번째 읽는 도중에, 나는 우리가 해야 할 일을 발견했다는,
혹은 그 일이 우리를 찾아왔다는 확신이 섰다.

그러고 보니 성경에 나오는 희년에 대한 말씀 "가난한 자…, 노예된 자…, 짓
눌린 자…" 이 갑자기 새로운 의미로 다가오는 것 같았다. 나는 쥬빌리 공
동체가 그들을 위한 공간이 되길 바란다는 의도가 담긴 한 쪽 짜리 제
안서를 작성했다. 그리고 나를 제외한 어른 다섯 명이 제안서를 돌려
읽는 동안, 홀로 기도할 시간을 찾고자 자리를 떴다.

잠시 후에 다시 건축 현장으로 돌아왔을 즈음에는 카리스 부인이 나
를 맞으려고 뛰어 왔는데, 그녀의 표정으로 보아 내 제안에 흔쾌히 동
의하는 듯 보였다. 그리고 얼마 지나지 않아서 아내와 에드, 부인 메리
루쓰 그리고 라이언이 합석하였고 모두 설레고 들뜬 기분으로 내 제
안에 대해 이야기를 나누었다.

그러자 두 가지 사실이 분명해졌다. 첫째로 그런 프로젝트를 어떻게 감수해 나갈 것인지에 대해서 우리 중 아무도 아는 이가 없었다는 것. 그리고 두 번째는 그럼에도, 그것은 별문제가 안 된다는 것이었다. 우리가 올바른 방향으로 가고 있다는 것을 알고 있었기 때문이다.

그다음 몇 주는 조사하고 계획하는 일로 보냈다. 나는 난민 정착 프로그램이 어떻게 운영되는지를 배우려고 교회 당국자들에게 전화를 걸었다. 옆방에서 나는 요란한 망치 소리와 톱질 때문에 전화 소리를 들을 수가 없어서 조용히 하라고 소리를 질러야 하는 날도 잦았다.

이 일에 대해 좀 안다는 사람 중에는 난민 센터를 설립하고 싶다는 우리의 제안에 아예 묵묵부답인 이들도 있었다. 그 중 어떤 이는 이미 활동하고 있는 난민 기관에 맡기는 게 낫고, 그런 봉사단체 따위는 필요 없다는 말까지 했다. 그러나 대체로 우리는, 주요 교단에서 운영하는 난민 재정착 프로그램의 당국자들로부터 힘을 얻었다. 그들의 조언을 따라서, 첫 난민을 받기에 앞서 우선 어떤 편의 시설들이 필요한지 알아보기 시작했다. 적어도 여섯 개의 건물과 1.6km 정도의 도로 신축, 그리고 800m 길이의 상하수도 설비가 필요하다는 결론에 도달했다. 일은 정말 끝도 없어 보였다. 5월 말까지 들어갈 총비용을 계산해보니, 물론 우리와 자원봉사자들이 무임금으로 일한다는 가정아래 족히 13만 달러가 필요했다. 뿐만아니라, 어림잡아서 2~3만 시간의 노동력이 투입되어야 일을 끝낼 수 있을 것 같았다.

문제가 점점 현실로 다가오자 정말 보통 문제가 아니다 싶었다. 일단, 기독교세계봉사회CWS: Church World Service 의장이며 연합감리회 구제단UMCOR: United Methodist Committee Of Relief의 총 책임자이기도 한 헤리 헤인스 박사에게 조문을 한번 구해보기로 했다. 헤인스 박사와는 이전에도 면담을 몇 번 한 적이 있었는데, 전 세계의 사람들을 돕는 일에 교회가 맡아야 하는 역할에 대한 그분의 비전과 기지機知를 익히 존경하고 있는 바였다. 박사는 기차 화통이라도 삶아 먹은 듯 워낙 목소리가 큰 탓에, 전화통화를 할 때마다 일부러 수화기를 귀에서 조금 떼어야만 했다.

"돈 모슬리씨, 너무나 멋지고 훌륭한 제안이라고 생각합니다." 시안試案에 대해 설명하자 박사는 목소리에 더욱 힘을 주면서 계속 말을 이었다. "당신이 하는 일에 반대하는 주변 사람들의 말에는 귀를 기울이지 마십시오. 이미 세계에는 1,200만 명에서 1,500만 명에 달하는 난민들이 있고 그 수가 날마다 증가하여 우리가 다 도와줄 수조차 없는 상황입니다. 보나 마나 앞으로 그 센터도 수요보다 공급이 훨씬 부족한 상황이 될 것입니다."

"그나저나 박사님, 정말 믿음으로 산다는 게 어떤 것인지 실감이 나기 시작하네요."

"그렇지요. 이미 아신다니 참으로 다행입니다." 박사가 기다렸다는 듯이 말했다. "그렇지 않아도 쥬빌리 식구들이 모두 히브리서 11장 말씀을 좀 더 깊이 묵상해 보시라는 말씀을 막 드리려던 참이었습니다."

"네. 마침 저희도 히브리서 11장 1절로 회보 첫 기사를 장식해야겠다는 생각을 오늘 아침부터 쭉 하고 있던 참이었습니다."

"잘하셨어요. 그러셨다고 하는데 제가 드릴만 한 조언이 뭐 따로 있겠습니까. 그저 행동으로 바로 옮기시라는 것 외엔!"

다른 이도 아닌 헤리 박사처럼 경험 많고 지위도 높으신 분이 그런 말을 해 주시니 우리 모두 물 맷돌 하나로 골리앗을 칠 만발의 준비가 다 된 기분이었다. 여름 내내 열심히 일한 결과가 고작, 아직 미완성된 주택과 새 우물터 그리고 화장실 한 채면 어떠랴. 아직 회보의 첫 기사도 나가지 못한 상황이면 어떠랴. 우편물을 보낼 이들의 명단조차도 없다면 또 어떠랴! 우리는 그만큼 담대해졌다.

코이노니아 파트너와 해비타트 휴머니티의 동역자들이 큰 도움이 되어 주었다. 그들은 후원요청 우편물 발송을 위해 보유하고 있는 사람들의 주소와 명단을 주었고, 덕분에 우리는 첫 번째의 후원요청 서신을 발송할 수 있었다. 그리고 두 번째 서신 부터는 우리에게 직접 연락을 취하신 분들의 주소로만 발송했다.

9월 초순에 드디어 첫 「쥬빌리 파트너 회보」를 발간했다. 회보의 첫 머리말로 故 조르단 목사의 히브리서 11장 1절 번역본을 굵은 글씨로 적어 넣었다.

믿음이란 꿈을 행동으로 옮기는 것이요 보이지 않는 것에 인생을 거는 것이다

또한, 숲과 초원으로 만발한 이 32만 평의 쥬빌리 땅을 이제는, 동남아시아의 난민을 시작으로, 노숙자들의 쉼터로 만들겠다는 사역비전에 대해서도 적었다. 그리고 앞으로 영어교육과 각종 교육 프로그램, 문화적응을 위한 교실을 시행하려는 계획에 대해서도 적었으며, 나중에라도 난민들을 받아줄지도 모르는 교회들과 접촉할 계획이라고 적었다. 동시에, 기부금과 무이자 융자 그리고 자원 봉사자의 도움을 요청하기도 했다.

코이노니아 공동체에서 회보를 발송한 후에 우리는 다시 쥬빌리로 돌아와 공사에 착수했다. 일을 하면서도 머릿속에는 한가지 생각밖에 없었다. 회보를 받아 본 사람들이 과연 어떻게 반응할 것인가 하는 것이었다. 만약에 기대한 만큼 반응이 없으면 그 다음에는 무슨 일을 해야 할지도 전혀 몰랐다. 우리는 애써 침묵하며 이 문제를 하나님 손에만 의탁했다. 그런데 며칠 후 편지 하나가 도착했다. 아마 지금까지 받

아 본 편지 중 가장 감동적인 편지였을 것이다. 편지를 보낸 사람은, 이전에 코이노니아의 일꾼이자 이웃이기도 했으며, 한때 故 조르단 목사를 도와 프루트 케이크^{땅콩과 사탕, 말린 과일을 얹어 만든 케이크}나 우편으로 주문할 수 있는 몇몇 제품들을 개발해 코이노니아 주민들이 불매 운동에서 살아남도록 도왔던 윌리 챔피언이라는 여인에게서 온 편지였다. 후에 그녀와 나는 코이노니아 프로젝트에 함께 참여한 적도 있었다.

그녀는 편지에서 진심으로 우리를 사랑하고 있으며, 난민들을 위한 이 프로젝트가 성공적인 것이 되기를 간절히 기도하고 있다고 했다. 어쩌면 그녀 자신이 노예제 폐지 후 미국 남부에 생겨난 소작인의 가정에서 자랐기에 난민들의 심경을 더 잘 이해할 수 있었는지도 모른다. 따로 기부금을 준 것은 아니었지만, 그녀의 편지는 우리에게 몇천 달러보다도 귀한 것이었다.

그 다음 날, 여섯 통의 편지들이 더 도착했다. 날이 지나면서 계속해서 많은 편지를 받았는데, 채 읽고 답을 할 겨를조차 없을 만큼 많은 편지가 쏟아져 들어오기 시작했다. 우리는 저녁 시간이 되면 식탁에 빙 둘러앉아 차례대로 편지들을 낭독해가며 때로는 웃기도 하고, 때로는 함께 울기도 했다. 그러면서 우리가 알게 된 것은, 많은 사람이 난민에 대해 깊은 동정심을 품고 있지만, 그들을 어떻게 도와야 하는지를 잘 모른다는 점이었다. 이 사실은 우리에게, 앞으로 우리의 손을 잡아 줄 동역자들이 많이 생겨날 거라는 확신을 주었다.

대부분의 편지 속에는 수표가 동봉되어 있었고, 그걸 보면서 우리는 감동을 받았다. 하지만, 아무것도 베풀 처지가 되지 않는 사람들에게서 온 편지는 그 무엇보다도 소중하게 느껴졌다. 어떤 남자는 얼마 전에 사랑하는 아내를 잃었는데 아내가 긴 세월을 병마와 싸우면서 병치레로 많은 돈을 쓰는 바람에 가진 돈이 없으니 대신 아내의 옷가지를 헌납하고 싶다는 편지를 보내오기도 했다. 또한, 짧게는 하루 한두 시간에서 길게는 한 달의 무료봉사를 자원한 봉사자들을 실은 트럭들이 며칠 사이로 연이어 도착하였다. 우리의 작은 야영지는 얼마 지나지 않아 점차 큰 규모가 되었고, 캠프용 트레일러동력 없이 견인차에 연결하여 짐이나 사람을 태워 나르는 차량와 RV레저용 차량들로 붐비었다.

그로부터 몇 개월은 눈코 뜰 새 없이 바빴다. 몇조로 팀을 나누어 기초공사 작업에 혼신의 힘을 쏟았다. 시간에 쫓겨 가면서, 매서운 겨울 날씨로부터 자원봉사자들을 지켜 줄 대규모 공동체 건물의 골조를 올리기 시작했다. 땅 고르기 작업도 하고, 정화조를 파묻고 잡목들을 치우느라 작은 불도저들이 여기저기 분주하게 돌아다녔다. 측량팀은 침실과 학교건물, 놀이터를 지을 땅을 구획했다. 좀처럼 갖기 힘든 휴식 시간이면, 캐롤린과 나는 장차 '난민의 집'이 자리 잡을 곳으로 가서, 측량 표시 막대들 사이를 거닐곤 했는데, 그럴때면 앞으로 몇 개월 후면 아이들이 마음껏 뛰어놀 수 있으리라는 생각에 절로 웃음이 나오곤 했다.

참으로 신기하고 놀라울 만큼, 필요한 때마다 그에 걸 맞는 기술을 가진 사람들이 나타났다. 비명을 지르고 싶을 만큼 힘들때마다, 새로운 에너지를 불어넣는 사람들이 나타났던 것이다. 노스 다코타 주의 후터파 공동체Hutterian Community에서 온 세 사람은 72시간도 채 되지 않은 시간에, 산림에서 난민의 환영소까지 800m나 되는 길을 닦고, 두 개의 송수관 전체를 매설하는 등 우리의 입이 떡 벌어지게 하였다.

이 기간 동안에 우리는 이웃사람들과 좋은 유대관계를 맺기 위한 온갖 노력도 다했다. 코머 시라는 작은 마을에 올 때, 우리는 이 마을도 우리가 코이노니아 공동체 주변의 백인 이웃들에게서 자주 겪었던 긴장관계가 처음부터 있던 마을이라는 정도의 사전지식밖에 없었다. 우리는 마을의 교회에서 예배를 드렸고, 학교 행사에도 적극적으로 참여했다. 그리고 각 교회의 영적 지도자들과 시의회, 그리고 군 위원들과의 특별모임을 요청하기도 했다. 기회가 닿을 때마다, 우리는 우리의 사역과 비전을 상세하게 소개하였으며 한번 방문해 줄 것을 권유하기도 했다.

하지만, 예상한대로 주변 사람들의 시선은 그다지 곱지만은 않았다. 그것도 타지에서 온 사람들이 이 작은 조지아의 공동체에 들어와서 난민 센터나 설립한다니 말이다.

코머는 인구 천명도 안 되는 작은 마을이었으며, 그들 대부분이 대를 이어 살고 있었다. 그러니 이방인에 대해 신경을 곤두세우는 것은 당연했다. 무엇보다 우리가 하고자 하는 이 모든 일들은 이들이 본적도 들어본 적도 없는 생소한 것이었기에 더더욱 그럴 만도 했다.

게다가, 가이아나 지역의 존스타운 대학살(가이아나 북서지구의 인민사원 공동체가 있던 곳으로 베네수엘라 국경 근처에 있다. 종교 집단인 인민사원 공동체는 1978년에 집단의 창시자이자 지도자인 짐 존스 목사가 선동한 913명의 집단자살로 끝이 났다.)에 대한 끔찍한 기억이 사람들의 머리에 아직 생생한 마당에, '생활공동체' communes라는 말에 사람들이 불안감을 내 비취는 것은 지극히도 당연했다.

한날은, 지역의 주요 일간지 기자가 쥬빌리 공동체에 대한 폭로기사를 쓰라는 임무를 띠고 찾아온 적이 있었다. 후에 그 여기자에게 들은 바에 의하면, 나중에 돌아가서 편집장에게 폭로할 만한 것이 아무것도 없다고 보고했는데, 편집장이 자기 멋대로 이야기를 꾸며냈다고 한다.

'기독교 공산주의 집단 정착중' 이라고 신문의 머리기사를 장식한 글귀를 보자 우리는 숨이 멎는 것 같았다. 그렇게 머릿기사로 호들갑을 떨면서 자극적인 제목을 뽑아서 붙였을 뿐, 그것을 뒷받침하는 글은 아무 데도 찾아볼 수가 없었다. 신문을 본 몇몇 사람들이 코머 시청에 전화해서 우려의 목소리를 전달했다고 하는데, 그 중엔 경찰을 동원해서 쥬빌리 공동체를 완전히 봉쇄하라는 요청도 있었다고 한다. 하지만, 정말 다행스럽게도 이웃 사람들은 아무것도 듣지 못한 것처럼 무시하고 넘어갔다. 오히려 몇몇 교회들은 우리를 자기 교회로 끌어가지 못해 안달이었다. 코머 시 사람들의 따뜻함과 관대함에 대해 깊이 감사드릴 따름이다.

봄에는, 건물 건축에 반드시 거쳐야 하는 위생검문 통과를 위해 보건청 사람들에게 연락했다. 이 지역은 특성상 만약 지역 담당자들이 편견이 심한 사람들이라면 우리 일을 충분히 방해할 만한 지역이라는 사실을 잘 알고 있었기에 불안하기 짝이 없었다.

우리는 보건 당국자에게, 세계 방방곡곡에서 온 난민들이 이곳을 반드시 필요로 할 거라는 점부터 명백하게 밝혔다. 그는 잠시 생각을 하는 눈치더니 이 문제를 좀 더 조사할 시간을 달라고 했다. 들어오는 외국인의 수만큼 외래 질병을 옮길 위험성도 그만큼 커지기 때문에 애틀랜타에 있는 윗사람에게 자문을 구해봐야겠다는 거였다.

며칠 후 그는 오수정화 시스템 설계를 들고 다시 찾아왔는데 이는 군청에서 허가가 떨어지려면 반드시 설치해야만 되는 것 중 하나였다. 그의 표정으로 보아 좋은 소식을 가지고 온 것은 아님을 알 수 있었다. 우리 앞에 설계도가 펼쳐지는 순간, 가슴이 철컥 무너져 내리는 것 같았다. 코머 시의 역사상 가장 큰 규모의 오수정화시스템을 지으라는 것이었다. 너비 90cm, 깊이 90cm, 그리고 길이 1.6km로 땅을 파라는 것이었다.

우리는 거의 일 년에 달하는 시간 동안 육체의 한계에 도달해가며 일을 했다. 처음 예정했던 날짜 안으로 난민을 받을 준비가 될 수 있을 것인지를 생각한다는 자체가 고단함으로 느껴질 정도였으니 말이다. 그때가 이미 여름 말이었으니 예상보다 3개월을 넘긴 셈이었다. 그 와중에 연합 감리교회와 루터 교단으로부터는 준비가 언제쯤 끝나느냐는 전화가 빗발쳤다.

그 상황에서 보건 당국 사람들과 말싸움을 할 처지는 아니었다. 그저 "잘 알았습니다. 맞추어 보도록 하지요"라며 미소로 답하는 수밖엔.

그 후 몇 주는 전보다도 더 열심히 땀을 흘렸다. 하루가 멀다 하고 새벽부터 밤늦은 시간까지 불도저와 굴착기, 그리고 임대해 온 트랙터를 바쁘게 움직였다. 두 사람이 번갈아가며 기계를 돌리는 동안 다른 이들은 기름통을 날랐고 손수레를 밀기도 하며 도랑을 메울 몇백 톤의 쇄석들을 실어 나르는 큰 덤프트럭을 감독하기도 했다.

오월 중순이 되어서야 마침내 보건소 당국에 개수로 승인을 요청할 준비가 되었다. 저녁 늦은 시간, 공사판 끝자락에서 작업장을 바라보고 있으려니 앞쪽으로는 1.2km의 도랑이 나란히 뻗어 있고, 각 도랑은 다공 하수관을 감싼 쇄석으로 메워져 있었다. 연결도관들은 거대한 지그재그 모양으로 도랑을 묶고 있었다. 모든 높이가 하수관에 맞춰져 있기 때문에, 그야말로 하수가 통과하여 잘 흘러가게끔 되어 있었다. 미켈란젤로가 시스티나 성당에 새겼다는 벽화조차도 아마 이만큼은 자랑스럽지 못했으리라!

그날 밤에 비가 내리기 시작했다. 천둥번개가 기승을 부려서 다음날 아침은 공사장에 가는 걸 아예 포기해야만 했다. 맥이 쭉 빠져서 하늘을 올려다보고 있는데 3일 연속 번개가 치면서 하늘 궁창에선 폭포수처럼 빗줄기만 쏟아져 내렸다. 마침내 비가 거의 멎었을 때, 우리가 예상하는 장면을 보게될 것 같다는 생각에 가슴을 졸이면서, 우리는 터벅터벅 진흙탕을 걸어 내려 갔다.

설마가 사람 잡는다고 그야말로 아주 형편이 없었다. 모든 도랑이 물로 가득 차 있었고 많은 도랑이 거의 진흙으로 가득 차다시피 했다. 며칠 전에 심혈을 기울여 설치해 둔 연성하수관은 공사장 낮은 편 언저리에 제멋대로 뒤엉켜져 있었다. 도랑에 남아있는 연성하수관은 몇 개 되지도 않았고, 그나마 어마어마한 양의 진흙에 파묻혀 있었다.

난장판이 된 현장을 보니 억장이 무너졌다. 이제 우리의 소박한 꿈도 막다른 골목에 다다랐다 싶었다. "이걸로 끝이야," 낙담한 한 친구가 말했다. "다시 복구하는 건 불가능해."

아무도 그와 다툴 기분이 아니었다. 우리는 빨리 다른 이에게도 이 소식을 전해야겠다 싶어서 부슬부슬 가랑비를 맞으며 무거운 걸음으로 다시 그 길을 걸어서 돌아왔다.

잠깐이었지만 우리 중에 낙심과 패배감이 짙게 깔려 있었다. 그러나 차츰 시간이 지나면서, 우리의 불행보다는 난민들이 당하는 고통에 더 초점을 맞추어야 한다는 쪽으로 생각을 바꾸었다. 바람 불면 날아갈 듯한 배를 타고 바다의 모진 풍랑에서 목숨을 건진 사람들, 북적이는 난민 수용소에서 애타게 우리의 도움을 기다리는 베트남 사람들이 있었다. 그리고 현재 태국에 발이 묶여있는 라오스와 캄보디아 사람들이 있었다. 그들 대부분이 크메르루주Khmer Rouge, 1975~79년까지 캄보디아를 통치하고 대량 학살한 급진 공산주의 혁명 단체의 정권 아래, 어른, 아이 할 것 없이 강제적으로 '대학살 현장'으로 내몰려 지금 우리가 처한 상황과는 비교도 안 될 정도로 끔찍한 삶을 살았던 주인공들이다.

일단 펌프를 빌려 도랑의 물빼기 작업부터 들어갔다. 중장비를 사용하기에는 땅이 너무 젖어 있어서 도랑 속 진흙들은 손으로 퍼냈다. 아주 조금씩 모든 것이 원상태로 자리를 잡아 갔다. 6월 중순에서야 다시 보건 당국의 검열을 받을 준비가 되었다. 보건 당국의 담당자가 급하게 와서 점검하고 갔다. 우리는 마지막 도랑을 안전하게 덮고난 다음에야 안도할 수 있었다. 드디어 끝낸 것이다!

며칠 지나지 않아 카운티 위원들의 월례모임 자리에서 우리의 계획안에 대해 설명할 기회가 생겼다. 내가 말을 마치자, 의장이 말을 꺼냈다. "보건 당국으로부터 그동안의 여러분의 노고에 대해 들었습니다. 아주 정직하고 신실한 사람들이라고 하더군요. 카운티 당국자들을 대표해서 감사의 말씀을 드립니다. 앞으로 제가 도울 일이 있으면 언제든지 말씀해 주십시오."

나는 두 발이 공중에 둥둥 뜬 기분으로 자리를 떴다. 그동안 수년에 걸쳐서 코머의 관청 공무원들과 실랑이 하면서 눈에 보이는 것 그 이상의 것에 대해서 깨닫게 되었다. 난민들을 받기전에 아직 두 달여 동안 힘든 노동을 더해야 했지만, 우리가 제대로 일을 해내고 있다는 사실에 더 이상의 의심은 없었다.

이곳저곳에서 격려의 말들을 전해왔다. 그 중 가장 감명 깊었던 것은 몇 주 뒤에 참석한 켄터키 주 베리어 시에서 열린 '화해의 연대' Fellowship of Reconciliation 전국회의에서 만난 리처드 디츠라는 비서실장의 말이었다. 우리가 난민들을 맞을 준비가 거의 다 되었음을 이미 알고 있던 그는 이사야 54장 2~3절을 설교 했다.

네 장막 터를 넓히며 네 처소의 휘장을 아끼지 말고 널리 펴되 너의 줄을 길게 하며 너의 말뚝을 견고히 할지어다 이는 네가 좌우로 퍼지며 네 자손은 열방을 얻으며 황폐한 성읍들을 사람 살 곳이 되게 할 것임이라

우리는 눈에 보이는 처소만이 아니라 우리 마음속에도, 타인이 쉬었
다 갈 수 있는 공간은 얼마든지 존재한다는 사실을 이제 막 깨우치고
있었다.

3
코머에 온 쿠바인

나는 조용히 전화를 끊고 '코이노니아 하우스'라고 이름 붙인 새 건물의 사무실에서 아래층으로 내려갔다. 때는 1980년 초가을이었다. 쥬빌리 봉사자 몇이 널찍한 부엌에서 이야기를 나누고 있었다. 잠시 침묵이 흐르는 틈을 타, 나는 짐짓 별일 아니라는 듯이 말을 꺼냈다. "그나저나 방금 뉴욕의 감리교단 난민 사무실로부터 전화가 왔는데, 내일 아침에 드디어 열네 명의 사람들이 애틀랜타 공항에 도착한다고 하는군요."

"내일 아침! 아직 방 페인트 작업도 안 끝났고, 잠자리 준비도 다 마무리가 안 됐는데…."

한편으로는 기나긴 기다림에 끝이 왔다는 사실에 마음이 들뜨면서도 꿈이 현실이 되었다는 게 믿기 어려운지 왁자지껄하며 동시에 떠들어 댔다. "이번에 오시는 분들은 쿠바에서 온 난민들이에요. 동남아시아에선 아마 조금 더 있다 올 모양입니다."

그러고 보면 그렇게 놀랄만한 일은 아니었다. 지난봄 이미, 소수의 첫 번째 쿠바 난민들이 약 128km의 공해를 건너 플로리다에 도착했기 때문이다. 카터 대통령은 국제적 인권의 중요성을 강조하면서 소위 '자유선단'이라고 불리는 그들을 열린 가슴으로 맞아 주었으며, 미국 국민들도 그를 지지해 주었다. 하지만, 머지않아 틈새로 새어 나오던 물줄기가 급류로 돌변하고 말았는데, 쿠바의 지도자 피델 카스트로가 망명이야말로 국가 예산을 절약할 좋은 기회로 본 것이었다. 그는 일부러 교도소 수감자들까지 석방해 그들이 미국으로 가게 하였다.

여름 중순에는 십만 명이 넘는 쿠바 난민들로 플로리다가 북적였다. 아시아 난민들을 후원해 주기로 우리와 손을 잡은 기독교세계봉사회 CWS 당국자는 우선 쿠바 사람들부터 좀 어떻게 해 보자고 애걸복걸이었다.

급한 대로 난민 방 두 개를 마무리 짓는 동안 나는 마이애미로 날아가 서쪽으로 32km 정도 떨어진 크롬 수용 센터에서 진행되는 인터뷰 절차를 도왔다. 난생처음 이민국INS까지 와 보게 된 셈이었다. 그곳에서 열발짝 정도 뒷쪽에 철조망이 쳐져 있었고, 그 위에는 가시철망이 얹혀져 있었다. 그 철조망 너머로 더위에 지친 채로 대기하고 있는 천여 명가량의 사람들을 보니 충격을 금할 수가 없었다. 뜨거운 모래밭 울타리 안으로는 나무라던지 풀 같은 것은 전혀 찾아볼 수가 없었다.

난민 대부분이 남자였지만 그 중엔 여자와 어린아이도 많았다. 이들은 몇 개 되지도 않는 커다란 천막이나, 이미 오래전에 문짝이 달아난 2차 세계대전때 사용하던 낡은 비행기 격납고 같은 곳에 몰려 있었다.

무장한 경호원 한 사람이 나를 데리고 게이트를 통과해서는 작은 건물을 가리켰는데, 바로 거기서 쥬빌리 공동체로 오게 될 사람들을 인터뷰하게 되어 있었다. 일단은 난민들이 거하는 곳을 한번 둘러보고 그들과 이런저런 얘기부터 좀 나누고 싶었다. 내 스페인어 실력은 형편없었는데, 곧 사람들이 몰려들었고, 내가 아는 모든 스페인어를 다 동원해야 했다. 그들은 그곳이 밤마다 모기로 들끓어서 아주 죽을 지경이라고 했는데 그보다 더 골치 아픈 것은 주변 습지에 사는 독사들이 천막 안으로 기어들어 온다는 점이었다.

"하지만 세뇨르,스페인 어로 선생님 기다리는 것이 무엇보다 가장 힘듭니다." 한 사람이 입을 열었다. "우리 중 많은 이들이 이곳에 벌써 수개월째 거하고 있거든요. 태양이 작열하는 천막에서 날마다 아무 하는 일 없이 드러누워만 있는 것도 한계가 있습니다!"

인터뷰를 위해 다시 건물 안으로 들어오니 주위에 사람들이 몰려들기 시작했다. 한 남자는 군중을 헤집고 뛰어 왔는데 나이는 50살쯤 되어 보였고 체구는 새까만 나무토막처럼 작고 까무잡잡했으며 얼굴엔 슬픈 기색이 역력했다. 이 남자는 자신을 로돌포 포틸로라고 소개했으며 나와 꼭 얘기하고 싶다고 했다. 알고 보니, 나를 통하면 이곳에서 빠져나갈 수 있음을 알고는 인터뷰 대상자의 명단에 제일 먼저 이름을 올리려고 그렇게 뛰어 온 것이었다.

기독교세계봉사회에서 온 통역관과 함께 자리에 앉자 곧 문이 열렸다. 그리고 제일 먼저 줄을 선 로돌포 포틸로라는 남자가 들어왔고 곧, 그가 그토록 죽기 살기로 이곳을 빠져나가고자 하는 이유에 대해 알게 되었다. 그는 아내가 병으로 드러누운 지 몇 달 후에 아바나Havana, 쿠바의 수도에서 탈출 했다. 쿠바 정부에서 운영되는 보건소에서 준 약은 아무런 효과가 없었지만 그렇다고 아내에게 필요한 비싼 약을 구할 돈이 있는 것도 아니었다. 그리고 대식구를 먹여 살리기에도 급급한 사정이었으니 말이다.

그러던 어느 날 쿠바에서 탈출할 기회에 대해 듣게 되면서 탈출하기 위해서 필사적으로 노력했다고 한다. 일단 미국에 가면 돈을 조금이나마 벌 수 있을 터이니 잠시 가족을 떠나 있더라도 미국으로 가야겠다고 결심했던 것이다. 물론 아내는 자기와 애들을 버려두고 가지 말라고 극구 말렸지만, 아내와 가족을 생각해서라도 반드시 미국으로 가야한다고 고집했다.

그리고는 사람들이 빽빽하게 들어찬 미국행 고깃배에 가까스로 몸을 실었다. 힘들고 지친 여정을 거쳐 마침내 플로리다 땅에 도착했지만, 도착과 거의 동시에 국경 순찰대에게 붙잡혔고 이 수용소로 오게된 것이다. 3개월에 가까운 시간동안, 아내와 자식들을 위해 돌아가야한다고 당국자에게 간청도 해 보았지만, 끝끝내 올무에 걸린 새의 신세를 벗어나지 못했다. 말을 잇는 그의 눈에는 어느덧 눈물이 고였다. "이제는 너무 늦었습니다. 어제 아내가 세상을 떠났다는 말을 들었거든요"라고 했다.

잠시 어색한 침묵이 흘렀다. 나는 진심으로 그를 위로하고 싶었다.

로돌포씨는 마음을 가다듬고 다시 말을 이었다. "하지만, 선생님. 이제는 아이들을 돌봐야 합니다. 그래서 이곳에서 나가는 게 더 절실합니다. 도와주십시오."

나는 내가 할 수 있는 한 최선의 방법을 다 동원해서 쥬빌리에 데려올 사람들 명단에 그의 이름을 포함하겠노라는 약속을 했다. 그는 점잖게 감사의 뜻을 표하고는 방을 나갔다.

그 뒤로 몇 시간 동안 계속해서 탄원을 청취했다. 물론 동정심을 사고자 최대한으로 사정을 미화했을 가능성도 있지만, 그들이 처한 상황들 자체가 모두 마음을 아프게 하는 것들이어서 반드시 이들을 도와야 한다는 사명감은 그 어느 때보다 더욱 강해졌다.

나는 쥬빌리에서 제공하는 프로그램에 가장 적합해 보이는 몇 사람의 이름을 적어서 마이애미를 떠났다. 다시 조지아 북쪽으로 돌아오는 내내 이 일에 하나님이 나와 내 동료들을 선택하셨다는 사실에 무척 감사한 마음이 들었다.

드디어 기다리고 기다리던 날이 왔다. 에드와 나는 밴을 몰고 애틀랜타 공항으로 향했다. 가는 동안, 지난 15개월이라는 시간과 백 명이 넘는 자원봉사자의 땀이 일구어낸 난민의 집이 참으로 뿌듯했고 자랑스럽기만 했다.

우리는 델타 항공사의 DC-9기가 엔진을 끄고 승객을 내리기 위한 계단을 기체에 연결하는 것을 공항 대기실의 큰 유리창 너머로 내다보고 있었다. 어느새 사람들이 탑승구를 빠져나와 대기실로 쏟아져 나오고 있었는데 그들 대부분이 이미 이런 항공여행에 익숙한 중산층의 사람들 같아 보였다.

발걸음이 좀 뜸해지는가 싶더니, 마치 푸른 수염의 해적들Bluebeard's pirates, 프랑스 만화의 주인공 을 연상케 하는 한 무리의 남자들이 걸어 나왔다. 그들은 제각기 갖가지 모양의 콧수염과 수염을 기르고 있었고, 피부색 또한 검은색에서 갈색 그리고 흰색으로 천차만별이었다. 다들 활짝 웃느라 입이 귀에 닿을 지경이었다. 그저 한두 명만이 비행기 멀미에 지쳐 금방이라도 토할 듯한 기색을 하고 있을 뿐이었다.

로돌포씨가 의기양양하게 제일 먼저 나왔는데, 하도 크게 웃고 있어서 치아가 여러개 빠진것이 다 보였다. 그다음으로 에르네스토, 라파엘, 펠리페, 막씨모, 제수스, 율리오 차례로 뒤따라 나왔다. 이들은 신문기사 속에선 익명의 존재들에 불과했지만, 실제로 살과 피를 가진 열 네명의 사람으로 우리 앞에 나타났다.

2시간쯤 길을 달려 커브를 돌아 쥬빌리의 주차장에 들어서니 사람들이 스페인 어로 "BIENVENIDOS 환영합니다"라고 쓰인 큼지막한 푯말을 손에 들고 우리를 반겨 주었다. 그리고 거실에서는 우리의 도착을 알리는 종이 울렸다. 따뜻한 악수와 인삿말을 주고 받는 동안에 모든 긴장감이 사라져 버렸다.

그 후 며칠동안은 쥬빌리 건물 이곳저곳을 둘러보기도 하고, 함께 배구 경기를 하고 다과를 즐기는 일로 보냈다. 코이노니아 하우스에서는 스페인 어와 영어로 첫 예배도 드렸다. 짧게는 몇 주에서 길게는 수개월에 달하는 기나긴 시간을 지옥 같은 이민국 수용소에서 보내야만 했던 사람들은 마치 천국에 왔다는 듯 마냥 행복한 표정들이었다.

며칠 후, 소그룹으로 나누어 일주일에 열여덟 시간씩 집중 영어 교육을 시작했다. 그리고 학습 시간 외에 일상생활에서도 될 수 있으면 영어를 쓰도록 적극적으로 권장하고 장려했다. 앞으로 쥬빌리 공동체를 떠난 후에 영어를 얼마나 잘하고 못하느냐가 그들의 운명을 결정할 것이기 때문이었고, 영어야말로 다른 그 어떤 실력이나 기술보다 중요했기 때문이었다. 그래서인지 모두 강한 열정과 열심을 보였다.

그런데 뭔가를 배우는 일은 비단 그들의 것만은 아니었다. 우리도 많은 것을 새롭게 알게 되었다. 하루는 이런 일도 있었다. 일주일에 하루 이틀 정도는 저녁 시간을 비워 아덴 시내를 구경시키는 게 좋다고 생각해서(아덴은 코머 시에서 약 32km 정도 떨어진 곳에 있는 곳으로 총인구 10만 명가량에 대다수가 조지아 대학 학생들과 임직원이었다) 한 날 모두 아덴 시로 데리고 갔었다. 그리고 2시간 후에 같은 장소에서 만나기로 하고, 길 모퉁이에 기분좋게 내려줬는데, 그것이 불상사를 불러올 줄은 꿈에도 몰랐다. 이 날만큼은 마음껏 자유가 허락되었다고 생각했었는지 다들 울에서 풀려난 망아지가 되어 버린 것이다. 술을 코가 비뚤어질 대로 마셔서 다른 사람은 알아먹지도 못할 스페인 어로 동네 사람과 시비가 붙지를 않나, 지나가는 여대생에게 집적거리지를 않나, 아무튼 난리도 그런 난리가 없었다. 그러니 약속 시간에 약속장소에서 우리를 기다리고 있을 리는 만무했다. 그들을 찾아다니느라 거기서 몇 시간을 보냈다. 뒤지고 뒤지다가 결국 못 찾은

한 사람은 그 다음 날 아덴 시 경찰이 쥬빌리 까지 데리고 왔다.

　그 다음 날 저녁, 어제 벌어졌던 사건 때문에 특별 회의가 있었는데, 그들도 반성하는 모습이 역력했다. 우리는 쿠바인 친구 두 명도 그 자리에 불렀는데 이들은 아덴 시 주민으로 전문직에 종사하며 근 20년을 미국에 거주하고 있었다. 같은 쿠바 사람을 만났다는 안도감이나 호기심 때문인지 난민 친구들은 마음 놓고 질문공세를 퍼부었는데 그 중에는 이런 질문도 있었다. "마음에 드는 여자 엉덩이를 살짝 두드려 줘도 되나요? 만일 그 방법이 통하지 않는다면 어떤 식으로 내가 좋아한다는 걸 표현하면 되죠?" 우리에게는 이 모두가 그들의 문화를 배울 수 있는 하나의 계기였던 셈이다.

　이런저런 사건을 통해서 우리는, 우리의 사명은 비단 봉사 차원에만 국한되어 있는 것이 아니라 두 문화를 잇는 중개자라는 사실을 깨닫게 되었다. 그러고 보니 코머 시에 봉사단체를 세운다는 사실을 지역 주민들에게 알려서 그들을 마음 적으로나마 준비시키는 일에는 충실했었지만, 그 일을 함으로써 우리 자신이 당면하게 될 이런저런 문제에 대한 사전지식이나 이해는 정작 적었던 것 같았다.

　그런데 바로 이때 미국에서 쿠바인들에 대한 대국민적 반발이 일어나서 안그래도 어려운 일들이 더 어려워졌다. 자국의 이익을 위해 교도소 수감자들을 미국 땅으로 내몰다시피 한 카스트로의 치사한 수법에 대한 반발이었다. 게다가 메스컴들은 쿠바 난민이 연루된 사건들은 모조리 눈덩이처럼 부풀려서 보도했다.

　쥬빌리에 온 대부분의 쿠바 난민들은 쿠바에서 수감된 적이 있는 사람들이었다. 하지만, 우리가 아는 바로는 그들의 죄는 지극히 사소한 것들이었다. 몇가지 예를 들자면, 데모를 했거나 공공장소에 독재자 카스트로를 반대하는 낙서를 했다는 게 그들이 수감된 이유였다. 그

중 한 사람은 쿠바 정부가 전화 사용료를 올린 것에 분이 나 홧김에 공중전화 몇 대를 때려 부수었다는 데, 그것으로 그 자리에서 붙잡혀 2년씩이나 철창 신세를 지게 되었다고도 했다.

이런 사실을 듣고 보니 애당초 전과자라는 말 때문에 갖게 되었던 걱정이 끈끈한 연민의 감정으로 바뀌었다. 그들은 쥬빌리 봉사자들이 자기들이 전과자라고 해서 거리감이나 느끼는 사람들이 아니라 오히려 온 힘을 다해서 안식처를 찾아주고 직업을 알선해주는 등 미국에서 둥지를 틀고 살 수 있도록 도와주려는 사람들이라는 것을 조금도 의심하지 않았다. 그런 우리의 노력에 보답이라도 하겠다는 듯 그들은 강한 의지를 보이며 영어를 배웠고 현장학습에도 열심히 참여했다.

우리는 그들을 물심양면으로 도와줄 후원자를 찾고자 동분서주했다. 그러면서 발견한 또 하나의 사실은, 교회마다 시행하고 있는 그 어떤 난민 정착 프로그램보다 우리가 더 유리한 조건을 가지고 있다는 점이었는데, 명단에 적힌 난민 이름과 배경만 보여주면서 한 번도 만나보지 못한 난민을 후원해달라고 성도들에게 기부금을 요청하던 기존 교회와는 달리, 우리는 난민 한 사람 한 사람의 사정에 대해 개인적으로 너무나 잘 알고 있었기 때문에 후원자들을 더 잘 설득할 수 있었다. 우리는 곧, 녹음테이프와 슬라이드 그리고 난민 한 사람 한 사람의 신상에 관한 자료를 담은 소포 꾸러미를 후원해 줄 것으로 기대했던 여러 교회에 보냈다. 그리고 이따금 교회의 대표자 한 사람이나 혹은 더 많은 대표들을 초청해서 난민들과의 만남을 주선하기도 했는데, 그것이 곧바로 후원자와의 만남으로 이어지는 때도 있었다. 그 결과 차츰차츰 쿠바 친구들과 작별하게 되었는데, 보통 한 번에 두세 명씩 후원자를 따라 제각기 길을 찾아 떠났다. 날이 갈수록 심각해지는 쿠바인들에 대한 범국가적인 반발에도 아랑곳없이 일은 순조롭게 진행이 되었고, 얼마 지나지 않아 기독교세계봉사회에서는 24명을 더 받아 달라는 요청을 해 왔다. 물론 우리는 찬성이었다. 남아 있는 난민들과 새로 도착한 24명을 합치니 어느덧 쥬빌리 건물은 대만원을 이루었다. 그래서 봉사자에 비해서 난민들이 너무 많다보니 봉사자 한 명이 거의 두 사람을 맡아야 했다. 바로 그 시점에, 코머 시에 사는 이웃들과의 우정이 아주 심각한 위기에 처하는 사건이 벌어졌다. 일반적으로 쿠바 사람들은 마을 이곳저곳을 다니며 사람 만나기를 좋아하는 사교적인 사람들이다. 그래서 우리도 이 쥬빌리가 그들에게 수용소처럼 느껴지면 안되겠다고 판단했다. 그래서 한 날은, 여기서 약 1.6km 정도 떨어진 코머 시 중심가를 구경하면 좋겠다는 생각이 들어, 사람들과 어울리는 방법을 알려주고 시내로 내보냈다. 그리고 우리는 그들이 돌아올 때만을 조마조마하며 기다렸다. 하지만, 서른 명의 혈기왕성한 쿠바 형제들은 작은 조지아 시내에 일대 여파를 몰고 왔다. 물론 남에게 피해를 주지 않으려고 쿠바 형제들도 최선을 다했지만, 몇몇 주민들이 불만을 호소하고야 만 것이다. 대부분 고충거리는 코머 시 민원처리담당 직원을 통해서 나중에 우리에게 전달되었다. 우리는 언제나 감정이 상한 주민들의 요구사항을 들어주고, 화가 나신 분들과 원만한 관계를 회복하려고 나름대로 온갖 노력을 했다. 이런 상황에 이르다 보니 클리프 야보로 시장市長을 만난 것이 그렇게 감사할 수가 없었는데, 그분은 작년에 코머 시에 온 우리를 물심양면으로 도와주려는 취지에서 일부러 코머 시 경찰차를 타고 우리를 찾아 와 준 고마운 사람이기도 했다. 그는 참으로 신실한 사람이었으며 그의 선심 또한 마음 깊은 곳에서 우러난 것임을 아는 데에는 오랜 시간이 걸리지 않았다. 그는 제일 침례교회 집사로 코머 시 주민들을 섬기는 데 온 힘을 다하고 있었다. 그를 노벨 평화상 후보로 추천해주고 싶을 정도였다. 그러니 만약을 대비해서라도 클리프 시장이 우리 방패와 버팀목이 되어 줄 수 있다는 사실이 얼마나 다행인가. 12월 중순 어느날 밤에, 쥬빌리 봉사자 한 사람이 코이노니아 하우스로 헐레벌떡 달려와서는 "큰 일 났어요! 야보로 시장과 마를린 카르터 경찰이 순찰하고 있었는데 루이스 형제가 그들을 주먹으로 마구 때리려고 했어요!"라며 소리쳤다.

루이스 형제는 따뜻하고 순박한 사람으로 말도 안 되는 죄명으로 쿠바 교도소에서 수년을 보낸 적이 있는데, 그날 마침 가게에 뭘 사려고 오토바이를 타고 시내로 나갔었다. 물건을 사고 쥬빌리로 돌아오는데 뒤에서 경찰차가 경광등을 켠 채로 쫓아오는 것이었다.

"경광등을 왜 켜고 따라오는지 잘 몰랐어요." 그가 말했다.

"그래서 그들이 더 이상은 쫓아오지 못하게 더 빠르게 달렸죠. 깡패가 날 쫓아오는 줄 알았으니까요."

형제가 말한 그 "깡패"란 바로 클리프 시장과 마를린 카르터 경찰이었는데, 카르터도 제일침례교회 교인이었다. 나중에 클리프 시장의 말을 들어 보았다. "오토바이 한 대가 큰 소리로 윙 소리를 내며 시청 앞에서 우회전을 하더군요."

이어 마를린 경찰이 거들었다. "'일단 정지 시켜서 밤에는 오토바이 전조등을 켜야 한다는 말을 해 줘야겠다' 생각해서 경광등을 켰던 거죠. 그런데 더 빨리 달리는 거에요. 아마도 겁에 질렸던 모양입니다."

"오토바이가 쥬빌리 골목 모퉁이를 막 도는 지점까지 따라잡아서 마를린이 가장자리로 유도했어요. 그러다가 잔디에 부딪히면서 오토바이가 미끌어져 넘어졌어요. 이때다 싶어 얼른 차에서 뛰어내렸죠. 그냥 얘기만 좀 해 주려던 것뿐이었는데…. 허허…. 우리는 당신을 해

치려는 사람이 아니라 도와주려는 사람이라는 걸 말해주려고 했던 거거든요. 그런데 그가 영어를 못한다는 사실을 금방 알 수 있었죠. 일단은 우리가 팔목부터 붙잡으니 싸우려는 줄 알았나 봅니다. 한 방 먹이려고 팔을 휘두른 걸 보니 말에요. 물론 주먹만 허공에 날리긴 했지만. 마를린 경찰관은 지금도 그 일을 생각하면 껄껄 웃곤 한답니다.”

클리프 시장과 마를린이 루이스 형제를 쥬빌리에 인계했다. 그런 일이 있었다는 것을 들은 나는 일단 사건의 현장으로 달려갔다. 늘 그렇듯이 코머 시의 단 하나뿐인 신호등 주변에는 클리프 시장의 차가 있었다는 것 외에 특별히 눈에 띄는 사건은 아무것도 없어 보였다. 얘기를 하는 클리프 시장은 여전히 따뜻하고 정중했지만 아무래도 긴장을 많이 한 것 같았다. 우리는 30분가량 이런저런 얘기를 나누었다. 자정쯤 되서야 클리프 시장도 오늘 일이 재미있다고 생각했던지 껄껄대며 웃기 시작했다.

다음 날 오후, 나와 루이스 형제 그리고 다른 몇몇 형제들이 쿠바인 숙소 앞에 나와 있었다. 루이스 형제가 전날 일에 대해 신나게 떠드는데, 그런 일이 있었음에도 콩밥 먹는 신세가 되지 않았다는 사실에 엄청나게 놀라워하고 있었다.

그런데 갑자기 숲 속을 지나 바람을 타고 씽씽 달려오는 코머 시의 경찰차가 눈에 들어왔다. 경찰차가 점점 가까워 질수록 왁자지껄하던 형제들이 갑자기 쥐 죽은 듯 잠잠해졌다.

클리프 시장과 마를린 경찰이 차에서 내렸다. “안녕하세요, 여러분.” 시장이 먼저 인사를 건넸다. “크리스마스 선물을 조금 가지고 왔습니다”라고 했다. 루이스와 형제들은 눈이 휘둥그레져서 멀뚱멀뚱 쳐다보고 있는데, 두 분이 트렁크에서 난민 형제들에게 주려고 가져온 신선한 과일 두 상자를 꺼내왔다. 과일 상자를 땅바닥에 내려놓고는 몇 분간 열심히 손짓 발짓을 해가며 언어의 장벽을 넘어서 자기들의 의사를 전달하려고 애를 썼다.

"일종의 호의의 표시였습니다." 나중에 클리프 시장이 한 말이다. "이렇게 해서라도 우리가 여러분의 적이 아니라 친구라는 것을 표현하고 싶었어요."

그들이 떠난 후, 루이스 형제는 "그나저나 저 사람은 내가 어제 때리려 했던 사람인데 이렇게 과일 상자를 들고 왔네!"라는 말을 자꾸 되풀이 했다.

루이스 형제가 혼란스러워 하는 것을 이해할 만 했다. 화합과 우정을 위해 두 사람의 진실한 크리스천이 보여 준 이 아름다운 선행은 요즘 기독교인들 사이에서조차 찾아보기 어려운 일이었기 때문이다. 그들이 우리에게 보여 준 것은 과일보다도 몇 배나 값진 것이었다.

침례교인들보다 못해보이는게 싫었던 코머연합감리교회에 다니던 친구들도 난민들이 환영받고 있다는 느낌을 받을 수 있는 것이라면 뭐든지 했다. 한동안 난민 형제들은 이 교회에서 예배를 드렸었다. 목사님은 스페인 어를 거의 한마디도 하지 못했지만, 성경구절만큼은 스페인 어로도 낭독하게 했다. 그 단순한 배려 때문에 난민 형제들은 계속해서 그 교회로 발걸음을 옮겼다.

또한, 코머연합감리교회는 성탄절을 2주 앞두고 쿠바인들과 쥬빌리 식구들을 아주 멋있는 회식자리에 초청하기도 했다. 그에 대한 보답으로 우리는, 지금은 '대 성탄절 야외극' 이라고 다들 기억하는 행사에 연합감리교회 성도들을 초청했다. 직접 소품도 만들었고 며칠에 걸쳐 리허설도 했다. 적극적인 쿠바 형제들과 쥬빌리의 아이들이 배역을 맡아서 성탄절 이야기의 장면 하나하나를 직접 재현해 내었는데 공연장소는 보다 극적인 분위기 연출을 위해 칙칙한 건물 안 대신, 머리에

별을 이고 볼 수 있는 야외가 좋겠다고 생각했다.

전선도 깔고 음향 시스템도 설치했다. 길쭉한 대나무 장대 위에 100 와트 전구로 만든 매우 화사하게 빛나는 별 하나도 걸었는데, 별은 자그마한 염소 우리 옆에 있는 호두 나무의 가장 높은 가지 위에서 아름답게 반짝였다. 곳간 내부는 예수님의 구유를 연출하기에 안성맞춤이었다. 날씨도 따뜻했고, 우리가 준비한 것을 공연하는 동안에도 괜찮을 것 같았다. 우리는 거실도 예쁘게 꾸몄다. 천장에는 스무 개의 초를 매달았는데, 유리로 된 전화선 절연체 바로 밑에 다가 하나씩 매달아 놓았다. 그 유리 절연체들은 우리가 쓰레기 더미에서 찾아낸 것들이었다.

하지만, 심술궂게도 정작 무대의 막이 오르는 날은 기온이 뚝 떨어졌다. 행여 관중이 오지 않으면 그동안의 수고가 물거품으로 돌아갈 판국이었는데, 다행히도 우리 감리교 손님들은 여럿이 무리지어서 용감하게 모든 것을 무릅쓰고 와주었다. 기쁘면서도 한편으론 미안한 마음에 연극이 끝나는 대로 재빨리 안으로 모셔서 벽난로 앞에서 김이 모락모락 나는 코코아 한 잔씩을 대접하겠노라고 약속했다. 그러나 거실 내부에 설치해 둔 예쁜 촛대들에 대해서는 한마디도 하지 않았는데 초에 불을 붙이면 그 모습이 너무나 아름다웠기에 깜짝쇼를 위해서라도 나중까지 비밀로 해 두고 싶은 마음에서였다.

쿠바 형제들은 수업 시간에도 각자 자기가 맡은 대사를 연습할 정도로 열심이었다. 어린이들 역시 아주 잘해냈고, 관중은 추운 날씨에도 눈 한 번 떼지 않고 책장처럼 하나둘씩 넘어가는 장면을 지켜보았다. 부모들은 부모들대로 마냥 자랑스럽고 뿌듯했다. 마지막 순서로, 작은 우리 너머에서 별 하나가 반짝였고 우리는 구유에 빙 둘러앉아 '고요한 밤 거룩한 밤'에 이어 '기쁘다 구주 오셨네'를 불렀다. 그리고 그 장면을 끝으로 연극의 막이 내렸다.

그리고는 막이 내리기가 무섭게 모두 거실로 쏜살같이 발걸음들을 옮겼다. 그나마 연극은 성황리에 끝이 났지만, 우리 모두는 오들오들 떨면서 오직 머릿속에는 온통 코코아와 벽난로 생각뿐이었다. 하지만, 거실로 들어서면서 꽁꽁 얼어붙어있던 손님들의 입에서 감탄사가 쏟아져 나오기 시작했다. 스무 개의 촛대가 어두컴컴한 거실 안에서 홀로 별처럼 반짝반짝 빛내고 있었기 때문이었다. 모든 것이 우리가 계획한 대로 척척 맞아 돌아간 셈이었다. 서둘러서 코코아 한 잔씩을 돌렸다. 그러자 갑자기 어디선가 펑하는 소리가 들렸다. 불이 붙고 있던 초 부스러기들이 산산이 부서진 유리 절연체와 함께 바닥에 떨어졌다. 깨진 유리 조각 중에서 큰 것들은 콘크리트에 부딪히면서 더 잘게 부서졌다.

무슨 일이 일어났는지 한동안은 감을 잡을 수가 없었는데 상황을 파악하기가 무섭게 다른 한쪽에서 또 펑하는 소리가 났다. 그제서야 우리가 머리 위에 유리로 된 수류탄 스무 개를 매달아 놓았다는 걸 깨달았다. 우리는 불이 붙은 초와 유리 절연체가 깨져서 떨어질 때 바로 그 아래 서 있었던 것이다.

우리는 가능한 한 신속하게 사람들을 거실에서 나가게 하고 전기 불을 켰다. 사다리를 이리저리 정신없이 옮겨가며 촛불 끄기 작업에 들어갔는데, 한두 개를 제외하고는 성공이었다. 다행히 다친 사람은 없었다. 그리고 바닥을 쓸고 깨진 유리 조각이 들어간 코코아는 버리고, 다시 새로 코코아 한 잔씩을 탔다. 안도와 웃음꽃이 피어나는 가운데 또 하루가 지나가고 있었다.

안 좋은 일들이 생기기 시작한 것은 아마도 성탄절을 며칠 앞둔 무렵이었다고 기억된다. 나중에 동남아시아 난민들이 이곳에 올 것을 대비해서 그들 문화에 대해서도 미리 익히고 이모저모 배우라는 취지로 10월경 서둘러서 라이언과 캐런을 두 달 정도 태국의 난민 캠프에 자원봉사자로 보냈다. 그런데 얼마 안있어 일손이 부족한 상황에서 스물 네명의 또 다른 쿠바인들을 받아들이게 되었다. 그 때문에 우리는 이른 아침부터 밤까지 눈코 뜰 새 없이 일을 해야 했다. 우리는 너무 힘든 일을 너무 오랫동안 감당해냈고, 결국 체력이 고갈되고 말았다.

그때 설상가상으로 난민 형제들에게 엉뚱한 사고들이 꼬리를 물고 일어났고, 건강에도 이상이 생겨서 우리는 거의 일주일 내내 낮으로 밤으로 응급실로 달려가야 했다. 전기톱 사고도 있었고, 심장에 이상이 있는 형제도 있었고, 또 지저스 토레스라는 형제는 천식발작을 일으켰다.

지저스 형제는 미국에 오기 전까지 여러해 동안 천식을 잘 관리했었다. 천식으로 발작까지 일으킨 적은 한 번도 없었는데 미국에 도착하고 나서 불과 몇 개월 만에 증세가 악화된 것이다. 우리는 그를 코이노니아 하우스로 옮겼다. 그리고 우리는 두 번이나 한밤중에 32km 정도 떨어진 아덴병원의 응급실로 그를 데리고 달려가야 했다. 그리고 또 우리는 코머에 사는 우리 지역 의사인 후 박사에게도 그를 보였다. 중국인 의사 후 박사는 형제의 건강 상태를 주위 깊게 지켜봐 주었는데, 그는 코머 시 주민으로 제일 침례교회 성도이기도 했다. 성탄절 어느 이른 아침, 아래층에서 누군가 벽을 두드리는 소리에 잠에서 깨었다. 나는 그가 지저스 형제임을 단번에 알 수 있었다. 급히 뛰어 내려가 방문을 여니 얼굴이 하얗게 질릴 대로 질려서 숨을 헐떡이며 쓰러져 있었다. 빨리 약을 먹이고 진정 시켰다. 30분 정도 지나니 다시 숨을 고르게 쉬면서 정신이 들었다. 왜 약을 옆에 두고도 먹지 않았느냐고 하니 중국인 의사가 준 약이라서 믿음이 가지 않아서라고 했다.

그로부터 3시간쯤 지난 성탄절 아침, 지저스 형제는 결국 심장병으로 세상을 떠났다. 밤새 고통과 싸우다가 심장에 무리가 온 것이다. 후 박사와 앰뷸런스가 급히 달려와서 그를 살리려고 안간힘을 썼지만 이미 때는 너무 늦었다. 후 박사가 핏기가 사라진 몸을 되살려 보려고 끝까지 온 힘을 다하는 동안, 나는 이 얼마나 안타깝고 어처구니없는 죽음인가 생각하며 가슴을 쳤다. 형제가 믿을 수 없다던 그 의사는 지금 이렇게 온 힘을 다해 형제의 심장을 다시 뛰게 하려고 하고 있는데, 중국인이라는 선입견 때문에 결국 자신을 죽음으로 몰고 간 것이다.

이튿날 오후, 에드와 라비와 함께 숲으로 우거진 쥬빌리 마을 언덕에 올라 형제를 묻을 제일 좋은 장소를 찾아보았다. 곧, 양지바른 한 곳을 찾아 형제를 눕혔는데, 머지않아 그 주변이 또 다른 이들의 영원한 안식처가 되리라고는 꿈에도 생각지 못했다. 게다가 그곳이 앞으로 몇 년 내에 사람들의 반발과 노여움을 사는 사건을 가져오는 곳이 될 줄은 더더욱 예상하지 못했다.

그다음 토요일 밤, 지저스 형제의 장례식을 마치고 두세 시간 정도 지나서, 쥬빌리 봉사자들을 소집해서 긴급 모임을 했다. 라이언과 캐런이 태국에서 돌아오기까지는 아직 한 주를 더 남겨두고 있었다. 그러니 봉사자라고 해봤자 에드 부부, 나와 아내 캐롤린, 라비, 이렇게 해서 고작 다섯이었는데, 특히 네브래스카 주 출신인 라비라는 사람은 신장이 무려 190센티나 되는 키다리 친구로 메노나이트Mennonite*신자였으며 지난 가을에 쥬빌리 자원 봉사자로 들어왔다.

식탁에 둘러앉아 서로의 얼굴에서 묻어나는 피곤한 기색을 보고 있

---

* 메노나이트 - 16세기 유럽 종교개혁시기에 유아침례를 반대하며 가톨릭에서 분리된 개신교단

으려니 정말 한계에 도달했구나 하는 생각이 들었다. 우리가 하는 일의 가치에 대해서는 아무도 의심하지 않았다. 우리는 언제나 이 길을 선택한 것이 옳은 결정이었다고 확신했었다. 단지, 모든 것을 쏟아 붓는 만큼 사람들의 삶이 변하지 않는다고 느꼈을 뿐이다. 방법이 잘못되었을 수도 있다는 생각이 들었다.

각자 돌아가며 이에 대한 의견을 내놓았다. 하지만, 어떻게 지속해 나갈 수 있을지에 대해 분명한 답을 내놓는 이는 아무도 없었다. 먼저 서른 명의 난민 형제들을 물심양면으로 도와줄 후원자를 찾는 일이 급선무였지만 쿠바인들에 대한 국민적 반감이 아직 식지 않은 상황인지라 후원자의 수는 날이 갈수록 줄어만 들었다. 모든 것이 혼란스럽다 보니 형제들도 이곳에 오래 남아 있을수록 불안해했고 그로 말미암은 문제들은 더 불거지기만 했다.

좋은 아이디어라 생각했다가도 그게 아니다 싶으면 또 다른 아이디어를 생각해내고 그것도 아니다 싶으면 다시 원점으로 돌아가는 일이 반복되었다. 이 궁지에서 우리를 건져 줄 그 어떤 실제적이면서 모두가 공감할 만한 해결책은 도무지 떠오르지 않았다. 새로운 방법이 아무것도 생각나지 않았다.

그 와중에 에드가 한마디 꺼내는데 이렇다 하게 눈에 보이는 "방법론"을 제시한 것이 아니라서 우리와는 별 상관없는 얘기처럼 들렸다. "그때 코이노니아에 있을 때 얘긴데 한날, 테레사 수녀님 글을 읽은 적이 있는데 특별히 캘커타 사역처럼 힘들고 지치는 사역을 하는 사람들에게 주신 말씀이라는 생각이 들게 한 글이었어. 매일 기도하라고 하시는 거야. 최소한 하루 한두 시간씩, 심지어는 세 시간씩, 힘들수록 더 기도해야 한다고 하시더군."

에드의 말이 끝나기가 무섭게 나는, 누군 그걸 몰라서 이러느냐는 식으로 말했다. "물론 그것도 좋아. 하지만, 지금 우리가 처한 상황에 선 기도할 만큼 시간적인 여유가 없어. 해야 하는 일조차 시간이 없어 서 다 못 끝내는 마당인데."

밤늦은 시간까지 이런저런 의견들이 오가는 가운데 이야기는 한 시 간이나 더 계속되었다. 그래 봤자 결국 그 얘기가 그 얘기였지만 이러 다가 두 손 두 발 다 들기 전에 뭔가 답을 얻어야 한다는 마음에 다들 열심히 졸음을 쫓아내며 앉아 있었다.

결국, 우리는 더 많은 기도밖엔 답이 없다는 결론에 만장일치로 동 의했다. 그리고 부족한 시간을 쪼개서 기도하는 방법은 하루 한 시간 일찍 일어나는 것밖엔 없었으므로 다음 날 아침을 시작으로 모두 한 곳에서 아침 5시 반에 모이기로 결정을 내렸다.

그리고 약속대로 매일 아침 우리는, 아직 어둠이 깔린 쥬빌리 건물 의 거실 한곳에 모여 기도를 드렸다. 통나무로 불을 지핀 벽난로 앞에 빙 둘러앉아 대부분 조용하게 개인 기도를 드렸는데, 가끔 목소리를 높여 기도하는 이도 있었고 회개의 기도를 드리는 이도 있었다. 가끔 은 잠을 이기지 못하고 기도 중 코를 고는 이도 있었지만, 기도 시간이 끝나면 다 같이 손을 잡고 주님의 기도로 기도를 마쳤다. 기도가 끝나 면 각자 숙소로 돌아가서 아이들 학교 갈 준비를 시킨 후 다시 일터로 나갔다.

서서히 변화가 일어났다. 물론 눈에 띄게 어떤 기적이 일어난 것은 아니었다. 그저 기도로 하나님께 매달리는 것만이 우리가 할 수 있는 최선의 선택이라고 믿었기에 부족한 잠을 쪼개고 아침마다 모이는 것 으로 그나마 위로를 삼았을 뿐인데, 그러다 보니 어느덧 우리 마음속 에는 우리는 이제 개개인이 아닌 하나의 공동체라는 사실이 그 어느 때보다 분명하게 자리잡혀갔다. 그러면서 차츰차츰 우리의 힘을 능가

하는 그 어떤 초자연적인 능력이 우리와 함께 하고 있음을 느끼기 시작했다.

하나님이 천둥번개로 말씀을 주신 것도 아니고 벽에 글씨를 써서 어떤 비밀을 알려 주신 것도 아니었지만 고단함이 고단함으로 느껴지지 않았고 문제들 역시 더 이상은 문제로 보이지 않았다. 여전히 문제는 계속 되었지만, 반드시 잘 될 거라는 자신감마저 있었다.

어느 날 난민 형제 중 한 사람이 몇 날 며칠을 신경쇠약으로 고통받고 있음을 알게 되었다. 여러 날을 잠 못 이루고 있었으며 눈은 그 고통을 말해주기라도 하는 듯 잔뜩 충혈되어 있었다. 쿠바에 두고 온 아내와 아이들 걱정 때문이었다. 그렇다고 그를 다시 쿠바로 돌려보내면 그 즉시 당국자에게 붙들려 이미 '낙인 찍혀' 버린 다른 이들과 함께 감옥에 갇히는 신세가 될 것임은 불을 보듯 뻔한 사실이었다.

우리는 매일 새벽과 점심때 잠깐 모여 드리는 기도 시간에 늘 그를 놓고 기도했다. 마침 아내와 새 건물로 막 이사를 했던 때라서 좀 더 신경 써서 돌봐주려고 아예 우리 집으로 이사를 오게 했다. 그런데 어느 날은 한밤중에 그 형제가 방과 벽을 비누로 빡빡 문지르고 있는 것을 보았다. 이야기를 나누면 마음을 안정시키는데 조금이나마 도움이 되겠다 싶어 잠을 청할 수 있을 때까지 둘이서 이런저런 얘기를 나누었다.

우리는 의사의 도움을 받아가면서 그가 정상으로 돌아올 수 있도록 심혈을 기울였다. 그러는 동안에 우리에게 지혜와 능력을 달라고 매일 같이 기도했음은 물론이다. 우리의 노력에 보답이라도 하듯 형제는 빠른 속도로 건강을 회복했으며 게다가 텍사스 주에서는 형제를 지원하겠다는 후원 팀까지 나타나서 일자리도 주고 전문적으로 심리 상담도 받을 길까지 열어 주었다. 나중에 그 형제가 대학까지 졸업하고 미국 생활에 잘 적응하고 있다는 말을 전해 들었다.

1981년 초반에는 형제들이 하나둘씩 삶의 터전을 찾아 떠나 그 숫자가 점점 줄어들기 시작했다. 하지만, 그 가운데 파블로 형제와 라몬 형제를 미국에 정착시키는 문제가 아직 남아 있었다. 그들은 한 쌍의 비둘기처럼 매우 사랑스럽고 상냥한 성품을 가지고 있었지만, 미국이라는 황량한 이국땅에 적응할 수 있으리라는 생각조차 하기 어려웠다. 평생을 하바나 외곽의 작은 농장에서 동생들과 홀어머니를 모시며 살았는데 어쩌다가 '자유 선단'을 잡아타고 여기까지 오긴 했지만, 아무런 기술도 없었고, 우리가 보기에도 마땅한 재주가 전혀 없었다.

파블로 형제는 알콜 중독자였고 라몬 형제는 지능발달이 늦었다. 매일같이 영어 교육에는 열심히 참여했지만, 영어를 배운다기 보다는 단순히 사회 체험 수준에 그쳤다. 수개월 동안 이런저런 노력을 해 보았지만, 영어 문장 하나 알아듣게끔 구사하지 못했다. 물론 그들을 사랑하는 우리의 마음에는 변함이 없었지만, 그들이 쥬빌리의 영구정착민이 되게 하고 싶지는 않았다. "주님, 파블로 형제와 라몬 형제를 위한 후원자를 보내 주소서"라는 기도를 기도시간마다 빼놓지 않았다.

그러던 어느 날, 한 농장주에게 연락을 한번 취해 보라는 말을 들었다. 그는 텍사스 주 오스틴 부근의 작은 마을에서 농장을 경영하는 사람인데 농장에 살면서 황소 사육과 농장 일을 거들어 줄 청년 두 사람을 구하고 있다고 했다. 전화번호를 돌리는 나의 심장이 두 근 반 세 근 반으로 뛰었다. 일이 분가량 이것저것 물어보다가 "찾고 계시는 두 청년이 있기는 합니다만 먼저 솔직히 말씀드려야 할 게 있습니다"라고 했다.

"그래요? 그게 뭡니까?"라고 그가 물었다.

"예. 사실은 파블로 형제는 술을 좋아하고 라몬 형제는 술은 마시지 않지만 그렇게 똑똑한 편이 못 된답니다.”

“난 또 뭐라고. 일하면서 술만 마시지 않는다면 무슨 상관이겠소? 게다가 이 일은 똑똑하지 않아도 얼마든지 할 수 있는 일이라우.”

“그리고 운전도 못 합니다. 아마 트랙터 하나 모는 것도 불가능할 거에요. 제가 아는 한, 기계를 배울 수 있는 능력도 없는 것 같아요.” 밝히는 김에 미리 다 해버리는 게 좋을 것 같아서 아예 다 털어놓을 작정이었다.

“그것도 문제없소이다. 건초 실어 나를 수 있고 삽으로 소똥 퍼낼 수 있으면 그걸로 되지요.”

정작 걸릴만한 것은 그다음 문제였으므로 나는 입술이 바짝바짝 타오르는 것을 느끼며 숨을 죽인 채 조심스레 다시 입을 열었다. “그런데요 선생님. 사실 두 사람 다 영어를 한마디도 못합니다.”

“괜찮아요. 사실 여기 계시는 작업 반장님도 멕시코 사람인데 까막눈이라우.”

“알았습니다. 정말 고맙습니다. 비행기 예약을 마치는 대로 다시 연락드리지요.”

흥분을 애써 감추며 전화를 끊었다. 정말 믿을 수가 없는 사실이었다. 기적이었다. 지금까지 코이노니아 하우스 역사상 축하할 사건들은 많이 있었지만 이만큼 흥분할 일은 일찍이 없었던 것 같았다. 그동안 기도의 능력을 의심하던 형제가 기도는 반드시 응답한다는 사실을 직접 확인할 수 있는 계기까지 되었다. 기도가 어떻게 응답하는지 그 기도의 비밀에 대해 다 안다고 물론 말은 못한다. 그러나 캘커타의 테레사 수녀님만이 아니라 우리에게도 기도가 필요하고 기도는 반드시 응답한다는 것만큼은 그 어느 때보다 분명한 사실이 되었다.

일 년 후 축하할만한 일이 또 하나 생겼다. 파블로 형제와 라몬 형제를 보러 텍사스에 갔을 때이다. 형제들은 그렇게 행복해 보일 수가 없었다. 그들이 얼마나 농장주인의 마음에 들었던지, 쿠바에 남아 있는 가족을 미국으로 데리고 오는 길을 마련해 주었다고까지 했다.

파블로 형제와 라몬 형제, 그들은 더더욱 많은 아쉬움을 남기고 떠났다. 그동안 정말 많은 정이 들었는데 함께 어려움을 통과하고 이리저리 좌충우돌하면서 더 많은 정이 들어서인지 그 아쉬움이 더 진했다. 카스트로 때문에 *los escorrios* "쿠바 땅에서 버림받은 자"였고, 쿠바인에 대해 이유 없는 반감이 있던 일부 미국인에게는 식충이같이 여겨졌던 사람들. 그러나 내가 아는 그들은 사랑과 격려를 주는 말 한마디에 목이 마른 이들이었고 만나는 사람마다 행복을 주고자 애쓰는 사람이었다.

에두아르도라는 이름의 형제는 쿠바에서 9년이라는 세월동안 감금되어 있었는데 다른 형제들 가운데 여기서 가장 긴 세월을 보낸 형제였다. 쥬빌리를 떠나는 날, 다른 이들 못지않게 참 많은 눈물을 흘렸는데 공항으로 떠나면서 "이런 가족을 가져본 지 너무나 오래되었습니다"라는 말을 했다.

작별이란 우리가 생각했던 것 이상으로 힘든 것이었다. 하지만, 마냥 슬퍼할 수만도 없는 노릇이었다. 동남아시아인들이 이미 우리 문을 두드리고 있었다.

4
사도행전 29장을 쓰는 사람들

1981년 초반이었다. 그 무렵 라오스인 여섯과 몽족 가족 몇몇 사람들이 오게 됐다는 말을 들었지만, 정확히 언제가 될 건지는 아무도 몰랐다. 그저 하루하루 조마조마한 마음으로 기다릴 뿐이었다. 아직 그 많은 수의 인원을 받을만한 방이 준비되지 않았기 때문이었다.

그 무렵 이미 라이언과 캐런도 태국에서의 일정을 마치고 난민들과 함께 돌아왔다. 한동안 그들은 태국에서 겪었던 일들에 대해 얘기할 때마다 눈물을 흘리곤 했다. 얘기를 듣는 동안 우리는 아시아의 난민들을 돕는 일을 시작해야 한다는 사명감으로 더더욱 불타올랐다.

쥬빌리에 남은 몇 사람의 쿠바 형제들이 후원자가 나타날 때까지, 동남아시아 난민을 맞이하기 위한 준비 작업에 무언가 도울 일이 있으면 돕겠다고 자청해왔다. 그리고 때마침 '그리스도의 제자' 라는 단체에서 건축노동자 열일곱 명을 자원 봉사자로 보내왔다. 1월달 3주 동안 모두 빠른 속도로 집짓기에 혼신의 힘을 다한 결과, 건물 두 채를 완공했고, 새로운 학교 프로그램을 멋지게 시작할 수 있게 되었다.

난민 재정착 프로그램을 운영하는 전국 곳곳의 사무실에선 여전히 전화가 빗발쳤는데, 어쩌면 숙소가 모자랄지도 모른다는 생각이 들었다. 동남아시아에서 오는 난민 숫자는 지미 카터 대통령이 허용한 숫자보다 훨씬 많았으며, 지원국이 감당하기 벅찰 정도로 늘어나고 있었다. 카터 여사는 이 위기에 대한 세간의 관심을 더 집중시키기 위해 태국으로 가서 난민캠프를 방문해 주기도 했다.

두 번째 건물의 주거 공간에서 작업하는 동안에, 라디오에서는 로널드 레이건 대통령의 취임에 대한 보도가 흘러나오고 있었다. 그때까지만 해도, 우리는 백악관에서 일어난 변화의 여파가 우리 쥬빌리 파트너에 영향을 주리라고는 꿈에도 생각하지 못하고 있었고, 지미 카터 내외분이 나중에, 우리가 라디오를 들으며 작업하던 바로 그 침실에, 손님으로 오셔서 묵게 되리라고는 짐작조차 하지 못하고 있었다.

첫 번째 라오스 가족들이 애틀랜타 공항으로 오고 있다는 전갈이 도착했을 때, 우리는 준비를 마친 상태였다. 그때 여섯 명의 쿠바 형제들은 아직 우리와 함께 머물고 있었는데, 완전히 쥬빌리의 일꾼처럼 생각하고 열심히 일해주고 있었다. 쿠바 형제들도 환영 팀에 껴서 공항으로 가고 싶어 했지만, 차에 자리가 없어서 같이 마중 나가지 못했다. 그 대신 우리가 돌아올 때까지 기다리는 동안에 라오스 사람들이 환영받고 있다고 느낄 방법을 생각해보라고 부탁했다. 쿠바 형제들은, "그럼요, 문제없어요"라고 대답했다.

비행기는 애틀랜타로 오는 도중에 폭풍우를 만났다. 그러는 바람에 난민들이 타고 오는 비행기 편이 두 시간 연착되었다. 태국에서 캘리포니아로, 캘리포니아에서 다시 조지아로 무려 36시간의 여행 끝에, 마침내 난민 일행이 도착했다. 그러나 그들은 웃고 있었고, 정중한 모습을 잃지 않았다. 우리 쥬빌리 직원 중의 한 사람이 전에 태국에서 평화단체의 자원봉사자로 일했었는데, 태국 난민들과 의사소통이 가능했다. 그는 쥬빌리 파트너에 도착하려면 2시간 정도 차를 타고 가야 한다고 난민 일행에게 설명해주었다.

애틀랜타를 떠나서 캄캄한 시골길로 차를 몰고 가면서, 우리는 쥬빌리에 대한 모든 것을 새로 도착한 난민들에게 좀 더 자세하게 설명해주려고 애를 썼다. 그들은 우리가 설명하는 걸 거의 이해하지 못하는 게 분명했지만, 그들은 계속해서 웃어주는 걸로 우리를 신뢰한다는 마음을 전해왔다. 우리는 쿠바에 대해서 한 번도 들어보지 못했을 수도 있지만, 그들에게 쿠바 형제들이 환영해주려고 기다리고 있다고 얘기해주었다.

다른 문화를 서로 이해하는 훈련은 일찌감치 시작되고 있었다. 자정 무렵이 되어서야 우리는 마지막 모퉁이를 돌아서 환영 센터에 있는 어느 숙소 앞에 멈춰 섰다. 여섯 명의 열광적인 쿠바 형제들이 "환영합니다!"를 외치며 앞문에서 쏟아져 나왔다. 라오스인들은 깜짝 놀랐다. 그 쿠바 형제들은 우리가 몇 시간이나 늦게 도착했는데도 인내심을 갖고 기다리고 있었는데, 그러다가 맥주 몇 잔 하면서 시간을 보내는 것도 괜찮겠다는 생각을 했었나 보다. 알코올이 쿠바 형제들의 타고난 사교성을 더 높여주었다. 덕분에 어리둥절해하던 라오스인들을 자기들의 숙소로 순식간에 다 데리고 들어가 버렸다.

라오스 식구들이 탄 비행기를 연착시킨 그 폭우가 쥬빌리 안마당을 진흙탕으로 만들어버렸다. 만면에 웃음을 띤 라오스인이 건물에 들어갈 때면, 어김없이 신발이 문 앞에 가지런히 놓여 있었다. 반면에 만면에 웃음을 띤 쿠바인이 건물에 들어갈 때면, 또 어김없이 새로 난 진흙 발자국이 바닥을 가로질렀다.

며칠이 지나자, 우리는 세 가지 다른 문화의 장벽을 극복하는 각 집단의 선한 의지에 놀라움을 감출 수 없었다. 아이들은 문화장벽 뛰어넘는 데 있어서 최고의 선수들이었다. 라오스에서 온 남자 아이들과 여자 아이들은 매일 부모들이 지켜보는 가운데 덩치 큰 쿠바 친구들과 놀기에 여념이 없었다. 마지막 쿠바 형제들이 쥬빌리를 떠나던 그날, 숙소는 북아메리카 사람의 눈물만이 아니라, 라오스인들의 눈물로 뒤범벅이었다.

곧 우리는 동남아시아에서 도착하는 많은 가족을 데리러 거대한 애틀랜타 공항에 몇 번이나 갔는지, 세는 것을 포기했다. 그러나 그 특권을 포기할 수는 없었다. 라오스 사람이건, 베트남 사람이건, 중국 사람이건, 몽족 사람이건 혹은 캄보디아 사람이건 간에, 우리에게는 너무나 특별한 사람들이었다. 모든 역경을 이기고 살아남았다는 바로 그 단순한 사실만으로도, 그들의 생존능력과 적응력이 탁월하다는 것을 입증하고도 남았다.

우리는 점차로 그들이 얼마나 엄청난 문화적 도약을 한 것인지 깨닫게 되었다. 그들은 난생처음 비행기를 타고 지구의 반을 돌아서, 마침내 우리를 만났던 것이다. 그들 중 대부분은 이전에 수세식 화장실이나 전화기를 한 번도 본 적이 없었다. 그럼에도, 그들은 침착하게 우리를 따라서 에스컬레이터에 오르내리기도 하고, 무빙워크를 사용하고, 사람 대신 컴퓨터로 움직이는 지하철을 타고 한쪽 환승역에서 출발해서 다른 환승역까지 이동하기도 했다.

한 번은 어느 라오스인이 쥬빌리 숲에서 통통한 들쥐를 발견했는데, 난민들은 좋아서 어쩔 줄을 몰라 했다. 다시는 맛보지 못할 거라고 걱정했던 그 맛있는 것이 이곳에도 있었던 것이다. 곧바로 숲에는 온통 나무들 밑동 주변을 작은 삽으로 파헤친 구멍들로 난리가 났는데, 열정적인 사냥꾼들이 남긴 흔적들이었다. 하루는 '정말로 큰 쥐'가 빈 쓰레기 드럼통에 빠졌다는 말이 돌면서 환영 센터는 그야말로 난리법석이 일어났다. 에드는 드럼통을 들여다보았다. 찍찍거리는 주머니

쥐의 화난 얼굴이 보였다. 마음이 썩 내키지는 않았지만, 우리는 사냥꾼들에게 야생동물 사냥 제한조치를 내려야 했다.

이 아름다운 사람들과 더불어 일을 하는 동안에, 우리가 사람들을 돕지만, 오히려 우리가 그들에게 더 많은 것을 받는다고 하는, 테레사 수녀님의 또 다른 말씀이 자주 우리 마음에 떠오르곤 했다. 우리는 처음부터 모든 자원을 가진 사람들이고, 난민들은 오로지 부족한 것 투성인 사람들이라고 생각했던 것이 얼마나 잘못된 것이었는지를 깨닫게 되었다. 여러 번 그리고 거듭거듭 우리는 그들의 겸손과 관대함에 깊이 감동하였다.

매주 쥬빌리에서는 난민들에게 비록 적은 액수이긴 하지만 용돈을 주었다. 그 돈으로 그들은 매주 슈퍼마켓에 가서 먹을 것과 다른 기초 생활용품들을 샀다. 그리고 우리는 지인들이 기부한 헌옷 가지들을 제공해주기도 했고, 난민들에게 한 벌 당 5~50센트에 팔기도 했다.

거꾸로 난민들은 가끔 쥬빌리 직원들에게 감사의 뜻을 표하려고 정성 들여서 음식을 차려주기도 했다. 난민들은 몇 시간에 걸쳐서 음식을 준비했는데, 계란말이, 커다랗게 쌓아 올린 볶음밥, 그리고 그들의 특별한 전통 요리들을 많은 접시에 담아서 내왔다. 우리는 그들이 최대한 아끼고 아낀 돈으로 음식을 장만했다는 것을 알고 있었다. 만찬의 마지막 순서는 언제나, 비록 앞뒤 안 맞는 영어였지만, 공들여 준비하고 연습까지 한 마음에서 우러나온 감사의 말이었다.

쿠바인들에게도 그랬듯이, 우리는 아시아 난민들도 우리 예배에 초청했다. 비록 기독교인은 아니었지만, 대부분 난민이 항상 예배에 참석했다. 우리는 우리의 삶을 통해서 그들이 기독교에 매력을 갖게 되기를 바랐지만, 아무에게도 개종을 강요하지는 않았다. 그러나 오래지 않아서, 우리는 많은 난민이 자국어로 된 성경을 달라고 하고 캐롤린과 다른 사람들이 인도하는 성경 공부에 매주 참석하는 등, 기독교 신앙을 더 많이 배우려고 하는 것을 보게 되었다.

이런 분위기 속에서, 우리는 종종 겸허함을 배우기도 했다. 나에겐 잊지 못할 예배가 있다. 그 예배는 공식 예배는 아니었는데, 먼저 각자에게 종이와 연필을 하나씩 주었다. 그리고 5분 동안 각자가 감사하게 생각하는 것을 그려보라고 했다. 그때가 10월이었는데, 나는 쥬빌리 숲의 형형색색으로 물든 잎들이 감사해서 재빠르게 나뭇잎을 그려 넣었다.

탁자 주위에 둘러앉아서 각자가 그린 것을 다른 사람과 나누라는 말에, 나는 내가 그린 조그마한 그림을 설명했다. 그리고는 탁자 건너편에 있는 여인은 과연 무엇을 보여줄까 기다리고 있었다.

그녀는 천천히 종이를 내 쪽으로 돌렸다. 그것은 한 남자가 다른 남자를 총으로 쏘고 있었고, 여자와 두 아이는 도망치는 장면을 서툰 솜씨로 그린 그림이었다. 그녀는 울면서 설명했다. "라오스에서 태국으로 도망치려다가 어떤 군인에게 붙잡혔습니다. 그 군인은 우리를 모두 죽여 버릴 거라고 말했습니다. 내 남편은 '안돼! 나만 죽이고 내 아내와 아이들은 내버려둬' 라고 말했습니다. 그 군인은 내 남편을 죽이고 우리는 도망치게 내버려 뒀습니다. 나는 그런 좋은 남편을 주신 하나님께 감사합니다."

봉Vong과 라이Ly 가족은 우리가 맞이한 첫 번째 캄보디아 난민들이었다. 그중에 초우 라이라는 이름의 젊은 과부가 있었는데, 부모와 형제들, 그리고 소바트Sovath라는 어린 아들과 함께 살고 있었다. 크메르루주 공산주의자들이 캄보디아를 장악했을 때, 장교였던 초우의 남편은 붙잡혀 간 뒤로 다시는 볼 수 없었다.

크메르루주는 라이 가족이 살던 집을 빼앗고 시골로 내몰았다. 그곳의 논에서 초우는 오랫동안 강제 노동을 해야 했다. 한 번은 여러 달 동안이나, 어린 아들 소바트와 생이별을 해야 했다. "우리 둘 다 힘든 때였어요." 그녀는 그때를 그렇게 회상한다. "아들은 그때 두 살 밖에 안 됐었어요. 아들은 어느새 나를 잊어버렸어요. 내가 아들하고 가족들을 보려고 집에 들를 때마다, 나를 낯선 사람 대하듯 했어요."

1979년 12월에, 초우의 가족은 태국의 난민 캠프로 도망쳤다. "그야말로 허허벌판이었습니다." 수용소 시절을 회상하며 계속해서 말을 이어갔다. "그곳엔 머리 덮을 천막 하나 없었어요. 햇빛을 가리라고 플라스틱 조각을 하나 줬어요. 가족당 물통 하나씩과…. 캠프엔 29,000명이 있었는데, 그 많은 사람이 쓰기에 물은 턱없이 부족했죠. 그리고 먹을 것도 일주일에 딱 한 번만 줬어요."

기독교세계봉사회의 도움으로, 라이 가족과 봉 가족은 캠프를 떠나서 쥬빌리로 올 수 있었다. 그들이 탄 비행기가 캘리포니아로 오는 동안에, 라비와 에드는 위험한 여행길에 오르고 있었다.

우리는 손님들을 실어 나를 버스 한 대가 필요하다고 생각하고, 싼 가격에 파는 버스를 알아보고 있었다. 5천 달러밖에 안 하는 중고 학교 버스를 발견하고 우리는 흥분했다. 그만하면 아주 좋은 조건이라고 생각했었다. 그런데 싼 게 비지떡이라는 것을 아는 데는 불과 몇 주밖에 걸리지 않았다. 아덴시를 왕복하는 데 걸리는 약 64킬로미터 정도만 간신히 뛰었지, 320킬로미터가 넘는 애틀랜타 공항까지 아무 문제 없이 갔다 온 것은 손으로 꼽았다.

해가 질 무렵, 라비와 에드가 그 차를 몰고 공항으로 출발했다. 그런데 연료 미터기는 이미 고장 나 있었기 때문에, 라비와 에드는 차에 기름이 얼마나 남아 있는지 오판하고 말았다. 애틀랜타를 반쯤 남겨두고 차가 섰다. 라비는 운전대를 잡고 에드는 차에서 내려서 버스를 밀어서 정비소까지 가야 했다. 마침 정비소가 가까운 곳에 있었고 길이 내리막길이어서 그나마 다행이었다.

공항에 도착하자마자, 라비와 에드는 대기실 안으로 달려 들어가서 손님들을 찾았다. 초우 라이도 그 일행 중에 있었다. 그녀는 그날 저녁에 있었던 일을 생생하게 기억했다.

"비행기에서 내린 첫날밤 샌프란시스코에 있는 호텔에서, 우리는 여정이 적힌 종이를 펴서 우리가 갈 곳을 찾아봤어요. 조지아로 간다고 적혀 있더군요. 쥬빌리 파트너. 거기가 어딘지 궁금했어요. 아무도 거기가 어딘지 몰랐어요."

"그곳이 부자 동네라는 말을 들었어요. 겁이 났어요. 비행기에서 내렸을 때, 우리는 옷에 'CWS' 기독교세계봉사회라는 딱지를 달고 있었어요. 덕분에 그분들이 그걸 보고 우리를 찾을 수 있었어요. 에드가 우리에게 몸짓으로 신호했었어요."

기독교세계봉사회는 그 비행기에 캄보디아 통역관도 함께 동승시켰었다. 초우는 계속해서 말했다. "그 통역관이 말했어요. '당신들은 버스를 타고 여기서 두 시간을 달려서 코머라고 하는 작은 동네로 갈 것이고, 그리고 거기에 당신 가족들이 들어가서 살 집이 있는데, 숲 속에 있다고, 하지만 걱정하지 말라고, 호랑이는 없다고 했어요' 간단한 설명이었어요."

모두 밖으로 나와서 버스에 올라 자리에 앉았다. 라비는 문을 닫고 시동을 걸었다. 시동이 걸리지 않았다. 통역관은 길모퉁이에 서서 계속해서 캄보디아 사람들에게 손을 흔들어 작별인사를 하고 있었다. 몇 분 동안 배터리 연결선을 확인해보고 여기저기 두들겨도 보더니, 에드는 멋쩍어하면서 통역관에게 새로 온 손님들에게, 아무래도 버스에서 내려서 시동이 걸릴 때까지 버스를 밀어야겠다고, 설명 좀 해달라고 부탁했다. 초우가 웃었다. "통역관은 곧바로 머리를 흔들더니 '자, 여러분 좀 내려 주셔야겠어요. 그리고 첫날부터 죄송하지만, 버스도 좀 밀어주실래요?' 라고 했어요." 아마도 에드에게는 추억거리가 아니었던 것 같다. 그 일을 생각하면서도 웃음이 나지 않는 걸 보면.

"얼마나 피곤했던지요. 직행을 타고 태국에서 캘리포니아까지 단숨에 날라 왔으니까요. 하지만, 젖 먹던 힘까지 다해 버스를 밀었죠."

설령 피곤함에 지쳐 불평했다 치더라도 크메르 어라서 알아듣는 이는 없었다. 잠시 후 버스는 다시 목적지인 쥬빌리를 향해 출발했다.

초우는 그 후 일 년 뒤, 그녀와 함께 탔던 그 키다리 라비가 그녀의 남편이 될 거라고는 꿈에도 생각 못했을 것이다. 더군다나 그로부터 또 몇 년이 지난 후에는 쥬빌리 난민 환영소에서 책임자가 되리라고는 말이다. 그녀는 새 식구들을 맞이할 때면 지금도 가끔씩 쥬빌리 파트너에 처음 왔을 적 애기를 하며 웃곤 한다.

"태국하고 여기의 시간차가 12시간이에요. 그런데 처음엔 그걸 몰랐으니 혼자 시계를 보며 그랬죠. 어? 왜 여긴 아직도 금요일이야? 이렇게 장시간을 비행했는데? 오래 살다 보니 정말 별일도 다 있네!"

기억의 실마리가 줄줄 풀려나는 듯 그녀는 계속 말을 이었다.

"쥬빌리에 처음 도착했을 때 어둠이 깔리고 있었는데 함께 탄 사람들이 그러더군요. '이렇게 나무가 많을 줄이야' 라고. 우리가 살던 곳은 벌거벗은 숲뿐이어서 나무를 보기가 어려웠는데 반대로 이곳은 오히려 너무 울창해서 벌거벗은 곳을 볼 수가 없는…."

"그런데 도중에 버스가 또 멈추는 거에요. 막바지 언덕 하나 남겨 두고 있었는데 거기서 멈춘 겁니다. 버스에서 내려서 낡은 픽업트럭 하나에 올라탔죠. 그 길로 여기까지 오게 되었습니다."

초우의 말은 거기서 끝나지 않았다.

"먼저 머물고 있던 가족들이 있었는데 그들이 이곳을 떠나 어디로 가는지 알 수는 없었어요. 말이 안 통하니 물어볼 수 없었던 거죠. 은근히 걱정이 되면서도 잘 가시라는 인사만 했습니다. 간신히 '만나서 반가웠어요' 라는 인사를 건넸는데 그들이 '걱정하지 말라' 고 했어요. 아마도 숲에서 사는 걸 걱정하지 말라는 소리 같았어요. 그나저나 숲속은 참 조용했습니다. 우리가 살던 곳에선 온통 총소리와 폭탄 터지는 소리뿐이었는데."

"그들이 이렇게 떠나면 다시는 사람들을 못 볼 줄 알았습니다. 그런데 그다음 아침 일어나보니 사람 소리가 나는데 애들이 뛰어다니는 소리였어요. 그래서 그랬죠. '아, 여기 다른 사람들도 사나 보다' 라고. 그런데 어떤 사람이 그래요. 저 사람들 캄보디아 사람들이라고."

"그러고 보니 문득 생각이 들었어요. "아, 태국에서 함께 있던 그들도 여기 왔구나. 다시 이렇게 만나게 되다니. 한편으로 생각하면 참 웃기는 헤프닝이었죠. 세상은 넓고도 이렇게 좁으니 말이에요."

그렇게 해서 일 년에 백 명에 가까운 캄보디아인이 쥬빌리를 다녀갔다. 대학살과 기근으로 가족과 친지를 잃은 사람들이 대부분이었다. 캄보디아에 미국이 떨어뜨린 폭탄이 고통의 발단이었고 그 뒤를 이어 크메르루주 정권으로 이어지면서 캄보디아는 '대학살의 현장' 이 되어 버렸다. 총 희생자 수는 영원한 미스터리로 남겠지만 2차 세계대전 유대인 학살 이후 이토록 많은 희생자를 낸 일은 아마 없었던 것 같다.

나는 특별히, 공씨 가족의 어머니이기도 한 마흔일곱 살이었던 소웁썰크 여사에 대해 개인적으로 깊은 존경심을 느꼈었다. 캄보디아에서 그녀의 남편은 군 엔지니어로 상당히 큰 규모의 프로젝트를 총감독하는 사람이었고, 전쟁으로 팔과 다리를 잃은 군인들에게 직업을 알선해 주는 일을 했다고 한다. 그들 사이에는 여덟 명의 자식들이 있었는데 장남인 빠마리뜨는 대학생이었고 장녀인 카리는, 그들에게 첫 손녀였던 수리의 엄마이자 행복한 주부였고 출산을 앞둔 임산부이기도 했다.

행복해만 보이는 가정. 그러나 그들의 세상이 무너진 그날을 빠마리뜨는 생생히 기억하고 있었다.

"1975년 4월 17일이었습니다. 프놈펜에 있는 우리 집에서 가족 친지들이 다 모이기로 한 날이었어요. 캄보디아 설날 잔치를 하고 있었는데, 밖에서 피 터지게 싸우는 소리가 들리는 겁니다. 그러다가 총성이 멈추더니, 정부군이 항복했습니다. 그리고 바로, 크메르루주 집단이 도시를 장악해 버렸습니다. 악에 바친 그들의 얼굴을 보면서 정말 지옥이 시작되었구나 하는 생각이 들었죠."

크메르루주 정권의 첫 번째 명령은 2백만 이상이 거주하던 프놈펜을 즉시 비우라는 것이었다. 카리의 남편을 포함한 군인들이 모조리 붙잡혔고 결국 총살을 당했다. 카리는 무거운 몸이어서 이동이 불편했으므로 다시 만날 날을 기약하며 딸 수리만 가족에게 부탁하고 홀로 프놈펜에 남았다. 그러나 가족들은 그 후로 그녀의 소식은 듣지 못했다.

남은 가족들은 다른 난민들과 섞여 도시를 떠났다. 주야로 열흘을 걸어 베트남 국경 부근의 어느 작은 마을에 도착했는데 미국인이 떨어뜨린 폭탄으로 움푹 팬 폭탄 자국들이 주변에 수천 개나 널려 있었다. 빠마리뜨의 말에 의하면 적어도 50미터마다 커다란 폭탄 자국이 있었다고 하니 그 수는 실로 엄청난 것이다.

그 후 4년이란 세월동안 공씨 가족에게는 굶주림과 중노동의 삶이 이어졌다. 그들은 태국 국경으로부터 약 80km 정도 떨어진 곳에 있는 바땀방이라는 폐허가 되버린 도시 인근의 작은 마을로 강제 이주

되어서 어른과 아이, 작은아이 이렇게 따로 나뉘어 수용소 생활을 해야만 했다. 어른 아이 할 것 없이 모두 강제 노동을 시켰는데, 2살 난 수리조차도 비료에 쓸 오물을 통에 담아내는 일을 하루에 몇 시간씩 해야만 했다.

빠마리뜨는 바땀방의 건물들을 철거하고, 평야 지대 곳곳에 새 방공호를 만들기 위한 자재들을 배분하는 일을 했다. 아침 5시부터 밤늦은 시간까지 일했는데 먹을 거라곤 한두 수저의 밥과 공사장 여기저기에 흩어진 야채가 전부였다. 한밤중에 일을 끝내고 수용소로 돌아오면 적은 양의 음식을 줬다.

먹는 게 부실하니 기운이 없었다. 그러다 결국, 공사장 지붕에서 떨어져 허리를 다쳤는데 제대로 치료 한 번 받지 못했다. 그들은 살면 살고 죽으면 죽으라는 식으로 몇 달을 고통 가운데 방치했다. 그래도 생명은 끈질긴 건지 기적적으로 몸이 회복되었고 차츰 다시 걸을 수 있게 되었다.

소움 여사의 남편은 고질병으로 고통스러워했는데, 가족을 책임지지 못했다는 괴로움이 더 컸던지 서서히 삶에 대한 의욕마저 잃기 시작했다. 크메르루주로부터 ‘특별훈련’에 참석하라는 통지를 받았을 때 그는 그것으로 가족과 마지막이 되리라는 것을 알았다. 그리고 가족에게 작별인사하고 조용히 떠났다.

베트남이 캄보디아를 장악한 것은 1979년이었다. 소움의 가족에게 달라진 것이 있다면 가족과 다시 살게 된 것뿐이었는데, 그동안의 회포를 풀 겨를도 없이 태국으로 망명하려고 채비해야 하는 부산한 삶이 다시 이어졌다.

3일 연속 바땀방에서 태국 국경에 있는 수용소까지 걸어서 도착하는 게 가장 위험했다. 가족 인원수가 워낙 많았기에 하나로 뭉쳐 오다

가는 들킬 염려가 있어서 네 그룹으로 나누어 와야 했다. 자칫하면 다시는 만나지 못할 가능성도 있었기에 서로에게 작별인사를 해야 하는 것이 무엇보다 가슴 아팠다.

그렇게 다들 뿔뿔이 흩어져 목숨을 부지하기 위한 위태로운 여정에 들어갔다. 밤에는 정글과 논밭을 넘어야 했고 낮에는 수풀 가운데 숨어서 잠을 자야 했다. 나날이 긴장과 공포의 시간이 이어졌지만, 과연 가족들을 다시 만날 수 있을까 하는 염려가 무엇보다 그들을 고통스럽게 했다.

하지만, 죽으라는 법은 없었던 걸까. 모두 무사히 태국 국경까지 도착했다. 자전거를 탄 열일곱 살 빠마리뜨가 여동생 펙모니를 뒤에 태우고 자전거 바구니에는 막냇동생 수리를 태우고 수용소로 들어오는 걸 보니 매우 기뻐서 고함을 지르고 싶었다.

두 달 후에는 적십자에서 운영하는 트럭을 타고 태국의 난민 수용소로 오게 되었다. 거기서 난민으로 등록하고 해외의 후원자가 나타날 때까지 2년이란 세월을 기다려야 했는데, 그동안 영어도 공부하고 용접과 목수 일을 배웠다.

쥬빌리 파트너라는 곳에서 그들을 돕겠다는 소식이 왔을 즈음에는 영어로 답장을 쓸 수 있을 정도로 그들의 영어실력도 늘었다. 답장은 대충 이렇게 썼다.

"우리를 도와주시려는 호의에 감사하며 기대가 큽니다. 부디 언제까지고 전 세계의 저희처럼 이렇게 고통받는 사람들을 도와주시길 바랍니다. 귀하의 아름다운 나라에 속히 가게 되기를 열망하면서…"

영어가 서툴러 죄송하다는 말로 끝을 맺으며 "함께 사는데 불편함을 끼치지 않도록 배울만한 것은 열심히 다 배우겠습니다"라는 약속까지 했다.

세상 사람들 모두가 다 이렇게 순박하다면 얼마나 좋겠는가!

우리는 될 수 있으면 모든 난민들이 미국 문화에 빨리 익숙해지도록 여러 가지 경험들을 하게 했다. 쥬빌리 전용의 운송수단인 노란 통학버스를 타고 현장학습도 하고, 민사재판이 열리는 법정도 가보고, 애틀랜타 산맥의 바위산에도 기어올라보고, 폭포수가 흐르는 북동쪽 산기슭으로 소풍을 가기도 했고, 대학과 기술학교를 탐방하는 등 갖가지 체험들을 하게 해 주었다.

어느 이른 아침에는 새 식구들과 함께 노숙자들에게 아침식사를 제공하는 일을 하기도 했는데, 난민들이 직접 밥 퍼주기 사역에 참여한 것은 애틀랜타 도심의 봉사단체인 '열린문 공동체' 가 설립된 이후 처음 있는 일이기도 했다. 배가 고파 잔뜩 굶주린 허름한 모습으로 걸어 들어온 노숙자에게 김이 모락모락 나는 양식을 퍼주는 캄보디아 난민은 마냥 신기하다는 표정이었다. 궁금증을 참지 못하던 여인 두 사람이 끝내 물었다. "통 이해가 안 되는데, 가난해 보이는 이 사람들은 도대체 누구예요? 미국은 부자나라라고 들었는데 이렇게 가난한 사람들도 있나요?"

난민들이 데리고 온 아이들은 우리 마음에 쏙 들 정도로 자기들의 일을 제대로 해냈다. 별로 노력하는 것 같지도 않은데 마치 머릿속에 녹음 장치라도 달아 둔 것처럼 가르쳐 주는 것마다 기억해냈고, 재잘거리고 깔깔대며 선생님을 졸졸 따라다녔다.

소바뜨에게 가장 흥미로운 화제는 무엇보다 캄보디아 논에 사는 커다란 거머리였다. 적어도 거머리만큼은 자기가 '전문' 이라는 듯이 거만하게 웃으면서, 누가 묻지도 않았는데 거머리를 처치하는 설명을 하곤 했다.

"몸통 가운데를 뚝 잘라요. 그리고 뒤집어서 막대기에 매달고 햇빛에 말리는 거에요." 그 정도면 동남아시아에 사는 거머리들을 모조리 공포에 떨어 달아나게 할 수 있을 것 같았다.

성탄절에는 라이언, 캐런, 라비가 과일과 사탕, 그리고 작은 선물이 담긴 크리스마스 양말 한 켤레씩을 나누어 주었다. 선물을 받는 어린 아이들의 눈동자는 초롱초롱 빛나고 입가에는 환한 웃음들이 번졌다. 아직 세상을 모르는 천진난만한 아이들. 하지만, 그 짧은 삶 대부분을 난민으로 붐비는 수용소에서 지낸 이 아이들에게는 이 작은 선물이 생애 처음 누려보는 '호사스러움' 이었다. 봉사자들이 숙소로 돌아가는 데 한 여자 아이가 졸졸 따라왔다. 그걸 본 다른 아이들도 쫓아왔다. 그러더니 양말에 담긴 선물들을 하나씩 다 쏟더니 봉사자들에게 나누어 주려고 야단들이었다. 이렇게 사랑스러운 아이들을 어떻게 사랑하지 않을 수 있을까?

난민을 후원할 교회를 찾기란 여간 어려운 일이 아니었다. 레이건 행정부가 들어서면서부터는 점점 더 어려워졌다. 일전에 카터 대통령이 늘린 난민 허용 쿼터가 레이건 행정부가 들어서고부터는 거의 반으로 줄었다. 그런데도 교회는 이 문제에 항의하는 게 아니라 오히려 난민을 불청객 취급하는 태도를 보였다.

나는 여러 교회에서 사람들을 개인적으로 설득시켜 보려고 노력했다. 난민들의 빈궁한 상태와 그리스도인으로서의 책임감에 대해 얘기하면서, 공식적인 통계에 따르면 미국인 가구당 연 수입이 캄보디아의 백배나 많다는 말을 해 주기도 했다.

우리가 쥬빌리에서 섬기고 있는 백여명의 캄보디아 남자와 여자들, 그리고 어린아이들을 생각하면 우리의 수입이 백배나 많다는 사실은 더 충격으로 다가왔다. 말로만 듣는 것과 직접 보고 느낀 것은 다른 것이었기 때문이다. 나는 이따금씩 교인들에게, 캄보디아 사람을 만나 우리 한 사람의 수입이 그들 백 명의 수입을 합친 것 만큼 되지만, 우리가 남을 돕지 않는 주된 이유가 미국의 '경제적 압박' 때문이라고 말하는 걸 상상이라도 한번 해 보라고 말했다. 더군다나 소유물을 다른 사람과 나누라는 말씀을 자주 하셨던 자비로운 예수님을 따른다고 자처하는 사람들이 그런 인색한 모습을 보였을 때, 난민들이 그걸 쉽게 이해하지 못하는게 당연하지 않겠는가?

해비타트 휴머니티 운영위원회에 대한 책임과 맞물려서, 조지아의 플레인스에 있는 마라나타 침례교회 강단에서 주일 설교를 할 기회가 생겼었는데, 그 교회는 지미 카터 내외가 다니던 교회였다. 나는 젖 먹던 힘까지 다 내어서, 우리가 정말 주님을 따르는 제자라면 다른 나라에 폭탄이나 떨어뜨리는데 돈을 쓸 것이 아니라 전쟁으로 억울하게 희생양이 된 사람들을 돕는데 그 돈을 써야 한다고 목에 핏대를 올려 가며 설교했다.

설교를 마치자 카터 대통령 내외가 따뜻한 미소를 건네며 다가왔다. "난민을 생각하는 우리 마음만큼이나 그런 마음을 가진 같은 동지를 만난 것 같아 매우 반갑습니다."

이 짧은 대화 이후에 우리는 이전까지 경험하지 못했던 풍성하고 도전적인 동반자 관계를 갖게 되었다.

차츰차츰 전국 방방곡곡에서 후원자들이 하나둘씩 생겨났다. 그 무렵 초우 씨 가족은 애틀랜타 근교로 이사했다. 하지만, 그들은 머지않아 쥬빌리 공동체에 자원봉사자로 지원하고 다시 들어왔다.

"아직 남아있는 캄보디아 난민들이 있잖아요. 그들을 도울 수 있는 사람은 우리밖에 없다는 생각이 들어요. 쥬빌리가 저희를 도와주었듯이 이젠 우리도 누군가를 도와야 할 차례입니다. 우리와 같은 처지에 있는 사람들에게 '나도 한때는 그 자리에 있어 봤어요. 그래서 당신의 마음을 너무나 잘 알아요’ 라며 위로해 줄 수가 있잖아요. 그 말 한마디만으로도 정말 큰 위로가 될 거에요. 그들의 자리에 바로 나도 있었잖아요.”

입가에 미소를 띠며 그녀가 계속해서 말을 이었다.

“이곳 문화에 익숙해지기까지 참 오랜 시간이 걸렸는데 이젠 미국 문화가 아니라 쥬빌리 문화에 대해 배워야 할 차례가 되었네요!”

새로운 언어를 배우는 일은 쉽지 않았다. 그리고 초우는 오랫동안 예전에 다니던 교회를 그리워했다. 난민 시절, 초우와 그 가족들은 태국의 난민수용소에서 그리스도인이 되었다. 그곳에 침례교회가 있었는데, 5백 명 성도를 다 앉히려면 공간이 좁아서 벽을 허문 열린 공간에서 예배를 드렸다.

그러나 아마도 남녀 간의 문화차이에서 오는 어려움이 가장 컸다고 할 수 있다.

“우리나라에서는 남녀가 함께 시간을 보내는 경우는 극히 드물어요. 마주 앉아서 이야기만 해도 사람들의 입담에 오르기에 충분하죠. 결혼도 거의 부모님이 중매하는 식으로 하는데, 그러다 보니 부부가 되는 사람들은 서로에 대해 아무것도 모르고 결혼하죠.”

그러고 보면 그녀의 영어 선생이기도 했던 라비와 그녀가 관계를 발전시켰다는 건 상당히 놀랄만한 일이었다. 하지만, 이런 문화적 차이에도 서로를 향한 사랑은 싹텄다. 1982년 추수 감사절, 그들은 마침내 한 쌍의 부부가 되었다. 물론 예식장은 쥬빌리 건물이었다. 하객으로는 150명가량이 참석했는데 다들 쥬빌리에 온 지 꽤 되는 난민 형제자매들이었다.

정말 여러나라에서 온 사람들이 기쁨의 환성을 지르는 것을 보고 있으려니 3년 반 전, 우리가 야영하던 숙소 주변을 가로질러 질주하던 소떼들에 대한 기억이 떠올랐다―그러니까 우리가 서 있는 바로 이곳 말이다. 그리고 그와 동시에 지금 하객으로 앉아 있는 저 사람들이 3년 전까지만 해도 지구 저 반대편에서 목숨을 부지하기 위해 그리고 가족과 생이별을 하지 않기 위해 몸부림 치던 이들이었다는 생각이 문득 들었다.

그리고 이들과 함께 어우러져서 이곳에 살고 있다는 자체가 특권처럼 느껴졌다. 이런저런 상념에 잠겨 있는데 전화벨이 울렸다. 익히 귀에 익은 음성이 수화기에서 흘러나왔다. 다름 아닌 헤리 헤인스 씨였다. 히브리서 11장이 이루어낸 믿음의 산물을 직접 눈으로 확인하고자 쥬빌리를 방문하고 싶다는 거였다.

그는 조지아 주 북쪽에 있는 연합감리교의 지도자들도 함께 데리고 왔다. 우선 쥬빌리의 새로 지은 여러 건물들을 한번 빙 둘러본 후 난민 형제자매를 만났다. 그리고는 코이노니아 하우스에서 열렬한 환영과 열띤 토론이 이어졌다.

그날 밤 우리 몇 사람은 지역모임을 위해, 아덴 제일 연합감리교회에 들렀는데, 마침 헤리가 설교하기로 되어 있었다. 교회는 무려 7백 명이 넘는 참석자들로 빈틈없이 채워져 있었다. 설교가 끝날 무렵에 헤리가 뜬금없이 회중에 이런 질문을 했다. "사도행전에는 장이 몇 장까지 있습니까?"

그러자 잠깐 머뭇거리듯 하더니 회중이 28장까지라고 했다.

"글쎄요." 라고 말하더니, 헤리가 명랑한 어조로 다시 말했다. "오늘 여러분에게 대단한 희소식을 하나 가지고 왔습니다. 여기로부터 32km 정도 떨어진 쥬빌리 파트너에서 지금 사도행전 29장을 쓰고 있습니다!"

회중석에 앉아 있던 우리는 난처한 생각이 들어서 어쩔줄 몰라하고 있었는데, 헤리는 지금 쥬빌리 파트너라는 공동체가 행하는 일들을 교회도 해야 한다면서 회중 앞에서 쥬빌리를 추켜 세웠다. 우리는 민망해서 어쩔 줄을 몰랐고, 그 교회에 있던 교인들이 아무렇지도 않게 우리를 대해 준 것이 그저 고마울 따름이었다.

예배를 마치고 돌아오면서 우리는 모두 각자 한마디씩 했다. 일부는 헤리의 칭찬에 유난히 거북함을 표현하기도 했다. 하지만, 그의 말이 사실이라는 점에는 동의했다. 그 어느 누가, 지난 수개월간 우리가 직접 보고 듣고 체험한 기적들이 하나님의 역사가 아니라고 말할 수 있을 것인가? 물론 우리가 한 것이 아니다. 우리를 통해서 하나님이 역사하신 것이다. 그러니까 우리가 무대의 주인공인 하나님이 하시는 놀라운 역사를 목격하게 되었을 뿐만 아니라, 우리가 그 놀라운 역사의 동역자가 되었던 것이다.

20세기를 살아가는 우리 그리스도인들은 초대 교회에서 시작되었던 그 역사에 우리도 마땅히 동참해야 한다고 생각해야 할 것이다. 그리고 이런 생각을 끊임없이 되새겨야 할 것이다. 누가의 기록이 끝나는 지점에서 초대 교회의 역사가 끝난 것은 아니기 때문이다. 세상을 감동시키는 이야기는 이곳 쥬빌리에서 끝나지 않는다. 예수 그리스도를 주라 고백하는 모든 열방을 통해 이어지고 이어질 것이며, 그들의 믿음이 행함의 열매로 입증될 것이다.

참으로 생각만 해도 가슴이 벅차오르는 일이었다. 모두 부푼 가슴들을 안고 다시 쥬빌리로 향했다. 그러나 우리는 그때까지만 해도 하나님의 예측할 수 없는 부르심에 대해서 얼마나 더 배워야 하는지, 혹은 우리 앞에 어떤 역경과 고난이 기다리고 있는지 생각지도 못하고 있었다.

5

길을 예비하는 자

"여기까지 오는데 정말 어려웠습니다. 코요테(금품을 받고 난민을 넘기는 악당)들은 우리를 미국까지 데려가 주긴커녕 돈만 빼앗고 달아났어요. 하는 수 없이 우리 여덟 명은 걸어서 미국까지 와야 했습니다. 낮에는 걸었고 밤에는 강을 건넜어요. 여기 숨어서 지낸 지가 벌써 3일째네요. 이젠 돈도 없고 먹을 것도 없고 아무것도 없습니다. 하지만, 목숨 만은 건졌으니 천만다행이죠. 우리 고향 마을에 남은 사람들은 대부분 죽었거든요."

과테말라에서 온 한 젊은 청년이 말했다. 에릭과 나는 그들의 은신처가 있는 텍사스 주 브라운즈빌에서 그와 그의 친구 세 명을 불과 몇 분 전에 만났다. 그리고 지금은 예배당 작은 골목에서, 신경을 곤두 세운 채 곧 같은 마을 출신인 다른 네 명의 청년들이 오기를 기다리고 있다.

때는 1982년 11월이었다. 에릭과 나는, 마침 텍사스 남부에 사는 동료 사역자들의 연락을 받고 리오그란데 벨리에 와 있었다. 지금 수천 명이 넘는 중앙아메리카 난민들에게 어떤 일이 벌어지고 있는지 쥬빌리 파트너가 꼭 봐야 한다며 우리를 불렀던 것이다. 우리는 변호사와

각 교회의 목회자들 그리고 사회 복지사를 통해서 정보들을 수집하느라 동분서주하며 뛰어다녔다.

장로교 목회자 한 사람과 만나 얘기하고 있는데 전화벨이 울렸다. 브라운즈빌에서 80km 정도 떨어진 곳에서 긴급 구조를 요청해 온 어느 성직자의 전화였다. 전화내용으로 보아 에릭과 나는 무슨 일이 일어나고 있는지 대충 짐작할 수 있었는데, 잔뜩 긴장한 네 명의 난민 형제들이 리오그란데 강을 건너서 현재 국경 순찰대의 감시를 피해 숨어 있다는 것이었다. 붙잡히면 곧바로 추방되어 생사를 보장할 수 없는 위험한 처지에 놓일 거라는 것쯤은 우리도 그동안의 경험으로도 이미 잘 아는 바였다.

"아. 그렇군요," 장로교 목사가 잔뜩 긴장한 투로 바로 말을 받았다. "그들이 안전하게 투숙할 수 있는 장소를 알고 있습니다. 어떻게 해서라도 거기까지만 안전하게 올 수 있다면요. 그리고 그 사람들하고 친구인 나머지 네 명도 그곳으로부터 얼마 멀지 않은 곳에 와 있습니다. 루터 교회 사람들로부터 연락을 받았어요. 그나저나 그들을 여기까지 데리고 오는 게 문제인데…. 그런 모험을 무릅쓸 만한 사람이 없으니."

에릭과 나는 서로 얼굴을 쳐다보았다. 솔직히 이런 상황에서는 따져 볼 것도 없었다. 이미 시점이 어떤 정치적 분석을 해보거나 가능성을 따져볼 상황을 넘어섰던 것이다. 당장 우리가 가겠다고 했다. "신부님 잠깐만요." 목사가 미소를 띠며 답했다. "가겠다는 사람이 있습니다."

브라운즈빌로 가는 동안 불안감이 물밀듯이 밀어닥쳤다. 불법 이민자들을 이송한다는 사실이 발각 되기라도 하면 우리 또한 철장 신세가 될 것이 뻔했기 때문이다. 차량마저 빼앗기면 그땐 영원히 묶인 몸이 되고 말 것이었다. 에릭은 한가지 걱정이 더 있었다. 일이 잘못되는 경우에는 변호사 자격을 박탈당할 수도 있었다.

사정을 딱하게 여긴 친구 한 사람이 처음 네 명의 난민 형제를 태울 수 있도록 또 한대의 차량을 빌려 주었다. 그들을 만나자 마자, 우리가 올바른 판단을 내렸다는 생각이 들었다.

"*Gracias senores(그라치아 세뇨레스)*, 감사합니다. 이렇게 우리를 도와주셔서." 십 대쯤 되어 보이는 한 젊은 청년이 말했다. "부디 신의 축복이 있으시길."

그 후 나머지 네 형제가 도착했는데 이들은 입이 귀에 걸리도록 웃으며 얼싸안고 좋다고 했다. 이들은 수 킬로미터가 넘는 거리를 떨어져 있는 동안 서로에 대한 염려와 걱정으로 밤을 지새웠다고 했다. 여덟 명 모두를 차에 태우고, 우리는 임시 숙소로 마련된 예배당을 향해 시내로 출발했다.

형제들은 고속도로를 달리는 동안 그동안 그들이 겪어야 했던 시련과 역경에 대해 이야기했다. 과테말라 중부의 엘 키체El Quiche라는 곳에는 현재 피의 전쟁이 일어나고 있다고 했다. 계속되는 전쟁 한복판에서, 한쪽으로는 과테말라 군대의 포학성에 짓밟히고 또 다른 한쪽으로는 게릴라 무장단체의 횡포에 시달리는 순진한 농부들의 이야기를, 우리는 그 뒤로도 몇 년 동안 듣고 또 들어야 했다.

그중에는 폭탄으로 폐허가 된 집들과 대학살, 고문 그리고 강간에 대한 이야기도 있었다. 사실 형제들은 과테말라 군대와 게릴라 무장집단의 징집 대상이었는데 목숨을 부지하기 위해서, 그리고 순진한 이웃을 헤치지 않기 위해서라도 그곳에서 탈출해야겠다고 마음 먹었다고 했다.

가끔 텍사스 고속도로 순찰대가 눈에 들어올 때마다 온 신경이 쏠렸다. 그런데 소름 끼치게도 순찰대 한 명이 우리 뒤를 따라오는 게 아닌

가. 덜컥거리는 가마솥 마냥 심장이 두근거리기 시작했다. 그런데 고속도로 중심부를 빠져나오는 내내 뒤쫓아 오더니 한두 블록 지나서는 떨어져 나갔다. 얼마나 긴장했던지 다시 형제들의 이야기가 귀에 들리기까지 다시 몇 분이 지났던 것 같다.

그렇지 않아도 형제들은 여기까지 오면서 멕시코 경찰에게 여러 번 물품을 강요당했다. 코요테를 쓴 것도 사실 그 때문이었다. 텍사스 국경을 160km 정도 남겨 놓고 이들은 치근대는 멕시코 경찰들의 등쌀에 질려서 그나마 수중에 있던 돈을 모아 코요테를 고용했는데 안전하게 미국까지 넘겨준다는 전제하에서였다. 그러나 코요테들은 얼마 못가서 도망쳐버렸고, 이들은 돈 한 푼 없이 있는 힘을 다해서 북쪽으로 걸어야 했다.

순찰대의 의심을 덜 사려면 일단 두 그룹으로 조를 나눌 필요가 있었다. 그리고 국경 부근에 있을 것이라고 생각했던 근처 어느 마을에서 정해진 시간에 다시 만나기로 했다. 하지만, 양쪽 다 그 마을을 못 찾았다. 결국, 거의 같은 시간에 두 그룹 모두 리오그란데 강을 헤엄쳐 건너 마침내 이곳 브라운즈빌에 은신하게 된 것이었다.

운전을 하고 오는 동안 어느덧 밤이 깊었다. 우리는 예배당 앞 어둑컴컴한 곳에 차를 세웠다. 그 예배당은 마을 언저리에 있는 작고 하얀 건물이었는데, 쇠사슬로 된 야트막한 울타리가 주변에 쳐져 있었다. 에릭이 이웃집에 열쇠를 가지러 간 동안 우리는 어둠 속에서 숨죽이며 현관 앞에 모여 기다렸다. 그리고 이 형제들과 고난을 함께 할 수 있다는 것이 감사했다.

몇 분 후에, 에릭과 동네 사람 하나가 왔다. 그리고 끓인 콩 한 솥과 토틸라밀로 반죽한 멕시코식 팬케이크로 안에 고기와 치즈가 들어 있음 한 접시도 가지고 왔다. 여러 날 동안 허기로 굶주린 형제들은 재빨리 음식을 먹어

치웠다. 그야말로 며칠 만에 처음 보는 음식이었다.

작별 인사를 하고 차를 몰고 오는 동안, 에릭과 나는 우리가 무엇을 해야 하는지를 발견했다는 확신이 섰다. 대답은 너무도 분명했다. 여기 우리의 도움이 필요한 사람들이 있고, 쥬빌리 파트너에는 도와줄 자원들이 있었다. 우리는 그 대답을 더 많은 사건들을 처리하면서 발견한 것이 아니었다. 우리는 이미 많은 사건들을 처리했다. 비극적인 고난을 겪고 있는 사람들을 직접 만나고 살을 맞대는 체험 속에서 그 대답을 찾았던 것이다.

과테말라의 끈질기고도 장구한 억압의 역사 중에서 가장 최근의 상황은 1954년에 시작되었다. 야고보 아르벤즈라는 민주적으로 선출된 대통령이 토지 개혁에 대한 포괄적인 프로그램을 내 놓았는데 이는 특별히 과테말라 농작 대부분을 소유하고 있는 미국 기업인 '유나이티드 브랜드' 라는 회사를 겨냥한 것이었다. 그 회사는 과테말라의 농업을 좌지우지 할 만큼 엄청난 토지를 소유하고 있었다. 화가 난 유나이티드 브랜드의 회장은 아르벤즈 대통령에게 공산당이라는 오명을 뒤집어 씌었고, 미중앙정보부CIA를 설득해서 우익군사집단을 기술적으로 지원하고 재정후원을 하도록 부추겼다. 그 후 미국 대사관은 신군부 지도자인 콜로넬 카스틸로 아르마스와 협력했고, 아르마스의 통치가 시작되자 두 달 만에 8천 명의 과테말라 국민을 죽이는 대학살이 벌어졌다.

자기네 이권이 보호받을 것을 눈치챈, 2백 개에 달하는 미국에 본부를 둔 다국적 기업들이 군부의 후원을 받으며 과테말라로 몰려들었다. 그들은 소수의 엘리트 지주들과 결탁해서 단 한뼘의 토지도 없는 대다수의 과테말라 국민들을 더욱 처참한 빈곤으로 내몰기 시작했다. 군부가 집권한 지 몇 년도 채 안 되어서 81퍼센트의 아이들이 영양실

조에 걸렸고, 전체 아이들 중 절반 이상이 채 5살이 못되어 죽었다.

과테말라 군인과 경찰은 그 후로도 수년에 걸쳐 차마 입에 담을 수조차 없는 만행을 저질렀는데, 이미 지미 카터 대통령이 대통령으로 취임하기 십여 년 전에도 약 5만 명을 살육하는 대학살을 아무 거리낌 없이 자행하기도 했다.

이 사실에 분노한 카터 대통령이 당장 그만두지 않으면 미국의 군사원조를 끊겠다고 경고했을 때도, 과테말라 정부는 계속해서 도와달라고 말하면서도 자국의 내정에 대해서는 간섭하지 말라고 배짱을 부렸다.

엘살바도르 역시 같은 아픔의 역사를 가지고 있는데 1980년경, 전체 인구의 2% 되는 사람들이 토지의 60퍼센트를 차지하고 있었다. 90퍼센트에 달하는 사람들의 연 수입은 고작 백 달러 정도에 불과했다. 교회 지도자나 노동조합 조직가, 학생 할 것 없이 그 누구든지 불의에 대항하며 개혁을 외쳤던 사람은 조직적인 만행의 대상이 되었다. 정부의 지원을 받는 암살대는 사회 각계각층의 '지도자' 들을 처치하기에 혈안이 되었고, 강간과 고문을 당하고 사지가 절단당한 시체들이 여기저기서 발견되었다.

그해 3월, 산살바도르엘살바도르의 수도의 오스카 로메로 대주교가 주일 설교를 마치면서 정부의 국방부와 군대 그리고 암살단을 향해서 대담하게 호통을 쳤다. "여러분에게 호소합니다. 요청합니다. 그리고 하나님의 이름으로 명합니다. 탄압을 멈추십시오!"

그것이 그의 살아생전 마지막 설교가 되었다. 며칠 후 로메로 대주교는 자신이 가난한 암 환자를 돌보던 병원의 작은 예배당에서 장례 미사를 집례하던 도중에 그 자리에서 암살을 당했다. 그로부터 8개월 후에는 엘살바도르 빈민촌에서 선교사로 활동 중이던 이타 포드, 마우라 클락, 진 도노반, 그리고 도로시 케이즐이라는 네 명의 미국 여성들이 살해되었다.

하지만, 이는 테러로 인한 전국에 걸친 희생자 중 가장 대표적인 경우일 뿐이다. 살바도르의 천주교 인권 사무실의 조사 자료에 따르면 일 년에 만 명에 가까운 정치적 살해가 1970년 말에서 1980년대까지 계속해서 이어졌다고 한다. 대부분의 인명 살인은 정부의 짓이거나 면책특권을 받은 우익 암살단의 짓이었다.

카터 대통령은 임기 말년까지 내내 엘살바도르에 계속해서 군사적 지원을 할 것인가 말 것인가를 놓고 상당한 고뇌에 빠졌었다. 그에 반해 레이건 대통령에게 그 문제는 조금도 애매모호한 문제가 아니었다. 그뿐만 아니라 레이건은, 생계를 위해 일을 해야 하는 동시에 정의를 위한 싸움까지 병행해야 했던 엘살바도르 국민의 경제적 현실 따위는 아예 무시한 채 아무 상관도 없는 개념들을 만들어 내느라 고심했다. 즉, 엘살바도르는 서양이 추구하는 자유와 소련이 후원하는 공산주의가 충돌하는 전쟁터라는 식이었다. 레이건은 당시에 세력을 떨치던 FMLN이라는 마르크스주의 무장 게릴라의 점차 강력해지는 위협에 맞서 싸우는 엘살바도르 정부를 지원하기 위해서 최선의 지원을 하기로 결정했다. 동시에 과테말라를 위한 군사적 지원을 다시 시작하겠다는 열의도 보였다.

중앙아메리카의 정치적 비극이 빚어낸 난민들의 망명에 대해 조금씩 더 알아가기 시작하면서, 쥬빌리는 현재 우리가 가진 시설이라든가 인간 관계들을 최대한도로 이용해서 이들에게 어떻게 하면 더 많은 도움을 줄 수 있을지를 연구해 보기 시작했다. 그 와중에 이민국은 이민국대로 워싱턴 백악관 측으로부터 엘살바도르와 과테말라의 망명자 수를 제한하라는 압박을 받고 있었는데, 돌아가는 정치적 상황으로 볼 때 이해 못 하는 바는 아니었다. 미국은 다른 나라도 아니고 레이건 대통령이 물심양면으로 지원하고 있는 나라 국민이 그 정부로부터 도망쳐 나와서 난민이 되는 것을 달가워하지 않았다.

우리는 이 문제에 가담할지의 여부를 놓고 치열하게 토론했다. "우리가 몸을 던지면 수백 명의 사람을 구할 수 있어. 추방당해서 다시 끔찍한 암살대의 손아귀로 돌아가는 사람들을 구할 수가 있다고!"라며 나는 말했다. 그 후 8년이란 세월동안 1,300명의 중앙아메리카 난민들이 쥬빌리를 거쳐 갈 거라는 사실을 미리 내다볼 수 있었다면, 다들 놀랐을 게 분명하다.

에릭과 나는 텍사스 남부에 있는 동안, 레이건 대통령 정권의 중앙아메리카 정책이 정의를 오용하고 있으며, 그 피해가 막심하다는 사실을 알게 되었다. 중앙아메리카에서 온 수천 명의 난민이 국경을 넘고자 물밀듯이 쏟아지기 시작했고, 임시적인 정치적 난민으로라도 좋으니 제발 받아만 달라고 애원했음에도 보호해 주기는커녕 감옥에 구금시키거나 수용소로 끌고 갔다. 그 후 무더기로 이민국 판사 앞으로 끌려가 심문만 받았다.

거의 대부분 아무런 법적 자문도 없이 진행된 재판이었는데 난민들은 법적인 절차 때문에 겁에 질릴 대로 질리고 너무나 당황하고 혼란스러워 했고, 정치적 망명은 거의 일괄적으로 인정받지 못했다. 그러다 보니 한 달에 남녀노소를 포함한 천여 명의 사람이 추방당했다. 그렇게 추방명령을 받은 난민들은 곧바로 국제 공항을 통해 송환되서 도망쳐나온 바로 그 나라의 정부에게 인계되었다.

중앙아메리카 사람들이 궁지에 빠지면 빠질수록 우리가 해야 할 일도 그만큼 많다는 사실이 점점 더 분명해졌다. 지금까지는 정부의 도움을 얻어 이들을 도왔지만, 이제는 정부와 갈등하던지, 혹은 불법적인 행동도 취해야 하는 상황에 이르렀다는 것을 직감했다.

"주님이 우리에게 무엇을 원하시는가?"라는 질문이 우리 모두의 가슴속에 고동쳤다. 미국 정부와 하나님 말씀에 대한 충성, 이 둘 중 한쪽을 선택해야만 하는 갈림길에 섰을 때 과연 어느 쪽을 선택할 것인가? 과연 믿음 때문에 감옥까지도 갈 수 있을까? 정부에 의해서 쥬빌리 파트너가 문을 닫게 되더라도?

오랜 기도와 수차례에 걸친 긴 회의 끝에 우리는, 어떤 위험을 감수하더라도 이들을 도와야 한다고 결심했다. 그들의 인생이 달린 마당에 우리 목숨과 신변의 문제를 생각할 수는 없었다. 물론 법이 허락하는 하에서 온 힘을 다할 것이었다. 그러나 만일 인간의 법과 하나님의 법이 충돌해야만 하는 시점에 이른다면 어느 쪽을 택할 것인지는 분명히 알고 있었다.

로메로 대주교가 암살당한 지 2주년이 되던 8개월 전 즈음에, 몇몇 교회들이 중앙아메리카 난민들을 위해 그들의 예배당을 피난처로 헌납했다. 그들은 교회라는 말이 뜻하는 가장 본질적인 의미가 무엇인지를 보여주었다. 그들은 미국 정부가 '불법체류자'라고 부르는 떠도는 백성들을 받아들임으로써 미국 정부에 도전했다.

그들은 고통을 접하고, 그 고통을 모른 채 할 수 없어서 결국, 우리가 하던 그 일을 하게 되었던 것이다. 애리조나의 뜨거운 사막에서 난민 몇 사람이 사망했다는 보도가 전해졌을 때, 하버드에서 철학을 전공한 퀘이커 교도Quaker, 개신교의 한 파 이자 목장 주인이었던 짐 코벳 이란 사람과 투산 시에서 장로교를 담임하는 존 파입이라는 목사가 자신들이 무엇을 해야 하는가에 대해서 고민하게 되었다. 그리고 머지 않아 그들은 이 일에 관심있는 사람들이 전국에 걸쳐 있다는 것을 알게 되었고, 그들과 함께 '피난처 운동'을 시작했다.

그 후 3년 안에 미국 전역에 이 운동이 알려지게 되었는데, 그 이유는 주로 불법 이민자들을 몰래 수송했다는 음모로 짐과 파입, 그리고 함께 일하던 사람들이 붙들렸기 때문이었다. 다행히 코벳은 무죄로 풀려났지만, 사건에 연류된 몇몇 사람과 파입 목사는 집행유예로 몇 년을 받았다. 텍사스에 있는 한 피난처에서 일하던 스테이시 린이라는 여성은 179일 징역형을 받고 감옥에서 78일을 살았는데 첫 아이를 출산하기 3개월 전에 가택연금으로 감형되서 풀려나기도 했다. 그녀는 조지아에서 우리와 몇 개월 함께 시간을 보낸 후 난민 사역에 뛰어들었다.

우리에겐 캐나다에도 기꺼이 도움을 줄 만한 사람들이 있었는데, 한때 도망 노예들을 남부에서 캐나다까지 보내는 데 이용했던 예전의 그 '비밀운송작전' Underground Railroad*을 다시 사용해보자는 말이 오고 갔다. 산장에 남아 있는 유물들만 보더라도 쥬빌리가 세워진 이 땅이 19세기만 해도 목화 산출지였음을 알 수 있다. 노예들은 오래전 지금 바로 이곳에서, 북으로 향하는 '자유의 기차' 소리가 들리기만을 기다리며 어둠 속에 서 있었을 것이다.

이 과거의 유산이 우리에게 새로운 비전을 가져다주었다. 2년간 난민들이 미국 내에 정착하는 것을 도왔으니 이젠 거꾸로, 미국을 떠나려는 사람들을 도와야겠다는 생각이 든 것이다.

캐나다 친구들도 기뻐하며 찬성했다. 단, 이 일이 성공적으로 이루어지려면 캐나다 정부의 도움이 필요할 거라고 말했다. 아내와 나는 애틀랜타에 있는 캐나다 영사관에 일단 연락을 취해 보기로 했다. 그리고 이 일의 성패가 영사의 말 한마디에 달려 있는 만큼 어떻게 설득

---

*Underground Railroad - 19세기에 흑인 노예들을 남부에서 탈출시켜 캐나다에 정착할 수 있도록 은밀하게 도와주었던 사람들의 조직을 가리키는 말이다. 이 운동은 1850년~1860년에 가장 활발하게 전개되었는데, 한 해에 3만 명의 노예를 도피시킨 일도 있었다.

을 시켜야 할지 신중하게 계획을 짰다.

영사를 만나러 가는 날, 쥬빌리 건물 주차장을 막 빠져나오는데 에드가 우리를 향해 헐레벌떡 달려오더니 우리를 멈춰세웠다. "정작 막판에 와서 이런 얘길 꺼내서 미안한데…. 사실 영사를 만나는 문제에 대해서 나도 이모저모 생각을 깊이 해 봤거든. 혹시 사무실 말고 밖에서 만나는 게 어떨까 해서 말이야. 아무래도 사무실이 도청당하는 느낌이야."

아내와 나는 서로 얼굴만 쳐다보았다. 만일 그런 말을 한 사람이 에드가 아니고 다른 사람이었다면 미국이 캐나다를 염탐한다는 말을 그저 노이로제 걸린 한 사람의 말이라고 웃어넘겼을지도 모른다. 그러나 에드는 13년 동안이나 워싱턴 D.C 외곽에 있는 국가 안보국NSA에서 일한 사람이다. 그런 그가 헛소리할 리는 없었다.

워싱턴 근교에 있는 이 국가 안보국은 전자통신망을 이용해 전 세계를 정탐하는 것으로 유명한 곳이다. 특별히 에드는 암호화된 정보를 해독하는 일을 했었다. 결혼 전 에드의 아내 메리는 미 중앙 정보국CIA에서 도서관 사서로 일했었다. 이들의 평범하지 않은 인생배경은, 쥬빌리의 촌극 파티에서 늘 사람들을 웃기는 이야깃거리였는데, 돌연 아주 요긴한 경험이 되버렸다.

애틀랜타로 향하는 내내, 아내와 나는 어떻게 해야 할지를 생각해 보았다. 이 시점에서 누군가 이민국에 우리의 비밀을 누설해버리면 모든 것이 물거품으로 돌아갈 것이 뻔했다. 우리가 감방에 가는 것은 둘째 문제였다. 어떻게 하든지 우리 손에 있는 난민 한 사람 한 사람을 안전하게 보호하기 위해서 신중에 신중을 기해야 했다.

영사관에 도착한 우리는 일단 접수인에게 우리를 소개한 다음 조용히 앉아서 인터뷰 차례를 기다렸다. 기다리는 동안 나는, "좀 민감한 일에 대해 의논드릴 것이 있습니다. 그런데 현재 영사님의 사무실이 도청되고 있다는 정보가 있습니다. 그래서 사무실 말고 외부에서 저희를 좀 만나 주실 수는 없겠는지요?"라고 종이에 갈기 듯 적었다.

막 마침표를 찍어 넣기가 무섭게 60대 초반으로 보이는 점잖은 신사 한 사람이 보안검색대 입구를 지나서 우리에게 걸어오는 것이 보였다. 그리고 따뜻한 미소를 건네며 자신을 캐나다 영사 레즐리 스캇이라고 소개했다. 그리고 청사 지하에 있는 자기 사무실로 우리를 안내했는데, 나는 자리에 앉기 전에 아까 쓴 메모를 건넸다. 선 채로 메모를 읽어 내려가던 그는 우리를 한번 흘낏 쳐다보더니 다시 종이로 눈을 돌렸다. 갑자기 바보가 된 느낌이었다. 정작 우리가 온 목적을 말해 보기도 전에 스파이 행위나 들먹이며 아예 찬물만 끼얹은 건 아닌가 심히 두려웠던 것이다.

그러나 아내와 나는 평정을 잃지 않기 위해 그 어떤 내색도 하지 않고 영사의 반응을 기다렸다.

한참을 침묵하더니 영사가 입을 열었다. "좋습니다. 길 건너 커피숍으로 갑시다." 그것으로 캐나다 공관직원과의 첫 대면이 성사되었다. 그것이 그 이후에 이어질 수백 번 만남의 시작이었다.

얼마 지나지도 않았는데 마치 오랜 친구를 만나 대화하고 있는 듯한 기분이 들었다. 스캇은 난민을 위한 우리의 일을 적극적으로 협조해 주겠노라고 말했다. 그뿐만 아니라 우리의 요청이 있을 때마다 기꺼이 쥬빌리까지 와서 난민 한 사람 한 사람을 인터뷰하겠다는 약속까지 했다.

수십 년 동안 이 일을 해 온 외국 관련 업무 전문가가 곤경에 처한 난민들의 형편을 딱하게 여기고 그들을 도와주겠다는 것이었다. 물론 그날 마셨던 커피가 내 일생에서 가장 맛난 커피가 되었음은 말할 것도 없다.

그리고 그는 그 약속을 지켰다. 스캇 영사와 그의 뒤를 이은 캐나다 공관원들이 그 후 8년이란 시간 동안 수십 차례나 쥬빌리를 다녀갔다.

이민 허용 자격으로는 미국이나 캐나다나 똑같은 기준을 적용했는데 곧, 양국이 조약한 난민에 대한 유엔 협약에 기준한 것이었다. 그러나 캐나다는 우리가 넘겨준 난민의 98%를 받아들였던 반면 미국은 일관되게 난민신청자 중에서 3%만 받아들였고, 그것도 엘살바도르인이 신청하면 3% 이하, 과테말라인의 경우는 1% 이하만 난민으로 받아주었다.

1980년대 내내 백악관은 이 국가들의 민주주의는 "발전을 거듭하고 있다"고 공식적으로 인정해주었다. 하지만, 수십만 명의 사람들이 폭력의 소용돌이를 피해 북쪽으로 도망쳐 왔을 때, 미국 정부는 그들이 진정한 정치적 난민이 아니라고 거부했다. 미국 당국은 그 난민들을 어느 당국자가 밝혔듯이, 미국에 와서 '복지카드와 케딜락'을 얻고 싶어하는 '경제적 기회주의자'로 치부해버렸다.

캐나다 공관의 도움으로, 우리는 아노 데 쥬빌리오Ano de Jubileo, 희년라는 프로그램을 운영했다. 캐나다 사람들이 특별히 좋아한 것은 우리가 리오그란데 벨리에서 쥬빌리 혜택 수여자를 이미 선정해 두었다는 점과 그들이 일찍이 영어 교육과 문화 체험에 참여하고 있다는 사실이었다. 또한, 캐나다 공관 직원들이 인터뷰하기 수월하도록 날을 정해서 한 장소에 모아 준다는 점이었다.

이 일을 시작하고 얼마되지 않아서 우리는 엄청나게 많은 사람들을 운송해야 할거라는 생각을 하게 됐다. 거리도 만만치 않았다. 먼저 리오그란데 협곡에서 쥬빌리까지가 1,930km가 넘었고, 쥬빌리에서 캐나다까지가 또 1,600km가 넘었다. 좋든 싫든 간에 버스 사역팀을 자체적으로 꾸려야 했다.

많은 기도와 몇 주의 시장조사 끝에 승객 서른 명을 태울 수 있는 버스 한 대를 샀다. 거의 새것이나 다름이 없었는데 좌석 등받이도 뒤로 제낄 수 있었고 기름도 적게 먹어서 경제적이었다. 일전에 버스를 샀을 때 비하면 매우 잘 된 셈이었다. 특별히 버스 색깔이 참 마음에 들었는데, 빨간색, 주황색, 파란색, 하얀색 이렇게, 마치 멕시코의 한 선물공장에서 칠을 한 것 마냥 알록달록했다. 모두 첫눈에 반했다.

단지 문제가 한가지 있었다. 가격이 무려 31,000달러였다. 그 가격은 거의 우리가 가진 돈 전부와 맞먹었다. 돈도 돈이지만 실제로 더 걱정이 되는 것은 리오그란데 벨리를 넘을 수 있도록 이민국 측에서 허락해 주느냐였다. 몇 개월을 궁리한 끝에 우리는 마침내 결단을 내려야 하는 순간에 직면했다. 버스를 사면 양식을 살 돈이 없었다(우리나 난민이나 굶어야 했다.) 우리는 열심을 다하여 기도하기 시작했다. 쥬빌리의 운명이나 난민들의 운명을 아직 결정하지 못하고 있었다. 한마디로 믿음으로 전진하느냐 아니면 아예 다 포기하느냐였다.

믿음으로 전진하기로 했다. 버스를 사서 쥬빌리로 가지고 왔다. 그리고 바로 장거리 여행을 위한 준비에 들어갔다. 버스 내에 변기를 설치하고 운전기사가 휴식할 수 있는 간이침대도 만들었으며 짐칸도 만들었다.

그리고 텍사스 남부에 있는 친구들에게 연락을 취해서 첫 난민들을 소집하라고 했다. "1월 초에는 조지아로 떠날 준비를 하도록 해." 만반의 준비를 한 우리는 전에는 미처 엄두도 못 내던 일을 감행하기 시작했다. 지인들에게 1,200통의 편지를 보내 경제적 도움도 요청했다.

앞으로 일이 어떻게 풀릴지는 몰랐지만, 휴식이 너무도 절박하게 필요해서 아내와 나는 아이들을 텍사스 북쪽으로 데리고 가서 친척들과 성탄절을 보냈다. 앞으로 해야 할 일들에 대해 잔뜩 긴장하다 보니 누구와 성탄절을 즐길만한 마음의 여유 같은 건 없었다. 나는 긴장을 달래고자 조깅으로 대부분의 시간을 보냈다.

이글 마운틴 호숫가를 따라 달리면서 나는 쉬지 않고 기도했다. 그러면서 마음의 안식을 찾아보려고 애썼지만, 여전히 쉼을 찾을 수는 없었다. "아버지," 하고 불렀다. "주께서 표적을 찾는 이들을 꾸짖으셨던 거 잘 압니다. 하지만, 최소한 저희가 옳은 선택을 했다는 것쯤은 알고 싶습니다. 이 난관을 더 이상은 극복할 힘이 없습니다."

기도를 마치기가 무섭게 마치 사람의 목소리처럼 분명한 음성이 들렸다. "달리기를 멈추고 하늘을 보아라." 나는 달리기를 멈추고 바로 그 자리에 섰다. 갑자기 바보가 된 느낌이었다.

그리고 하늘을 보는데 숨이 딱 멈추는 줄 알았다. 30분 전에 조깅하러 나올 때는 하늘에 먹구름이 잔뜩 몰려 와 있었는데, 지금은 구름 한 점만 떠 있었다. 그 구름은 내 머리 위에 떠있었고, 길고 가느다란 구름이었는데 남쪽에서 북쪽 지평선으로 뻗어 있었고 그 끝이 캐나다 쪽을 향하고 있었다. 나머지 하늘은 정말 깨끗하게 맑았다.

하나님 음성이라는 데 조금의 의심도 들지 않았다. 나는 여전히 구름에서 눈을 떼지 못한 채 이것이 세실 B. 드밀*이 만든 어떤 영화의 한 장면이 아니라 실제라는 것을 확인하고 또 확인했다. 만일 하나님께서 보여주신 것을 온전히 다 이해했다면, 아마 나는 길 한가운데서 기절을 했을 것이다. 하지만, 그분은 내 마음을 기쁨과 안식과 확신으로 가득 채워 주셨다. 나는 정신이 나간 사람처럼 크게 웃으며 길 한가운데에서 뛰며 소리쳤다. "하나님, 감사합니다. 감사합니다. 하나님!"

아노 데 쥬빌리오 프로그램에 참여할 첫 번째 난민들을 만나러 가는

---

*세실 B. 드밀 - 십계, 삼손과 데릴라, 왕중왕 등을 만든 영화감독.

며칠 동안은 날이 잔뜩 흐렸다. 장소는 몇 달 전 에릭과 함께 여덟 명의 과테말라 난민 형제들을 만났던 바로 그 버려진 교회였네. 거기엔 다섯 가족이 와 있었고 그 중엔 다섯 명의 예쁜 아이들도 있었다.

그들 서로에게도 첫 만남이었다. 쥬빌리의 프로그램을 제안 받았을 때부터 서로 신경을 곤두세우고 있었다는 것을 느낄 수 있었다. 수년간 그들은 이웃에서 첩자 노릇을 하는 사람들 때문에 시달렸었다. 그러니 이제 이 낯설고도 신기한 난민을 위한 프로그램에 참석해서 자신들이 시범케이스가 된다는 것은 그들에게는 특별히 더 위험한 결단이었다.

그러나 우리는 곧 하나님의 도움을 간구하며 찬송과 기도를 올렸다. 그리고 쥬빌리 파트너의 모습과 앞으로 쥬빌리에서 제공하게 될 프로그램에 대해서 슬라이드를 보여주며 설명했는데, 끝날 무렵에는 긴장했던 마음들이 신뢰로 바뀌었다. 내 무릎에 걸터앉은 아이들은 나의 우스꽝스러운 스페인 어에 깔깔대며 웃느라 손에 들고 있던 코코아를 흘리기도 했다.

온통 환희와 기쁨으로 넘친 밤이었다. 여러 달에 걸친 계획이 드디어 현실이 된 것이다. 살기 위해 목숨을 걸었던 용감한 스물네 명의 사람들, 이들에게 나는 어느덧 깊은 정을 느끼고 있었다. 무슨 수를 써서라도 우리는 이들을 캐나다 땅까지 안전하게 인도할 생각이었다.

며칠 후 나는 이민국의 지역 책임자인 할 볼딘을 만났는데, 이 남자는 리오그란데 밸리에 있는 수천명의 목숨을 손아귀에 쥐고 있다고도 할 수 있을 만큼 막강한 권력을 가지고 있었다. 매달 천 명에 달하는 추방당하는 사람들 역시 이 사람 손안에 있었다. 나는 짐 라우쉬와 함께 갔는데 이 사람은 독실한 기독교 신자로 남을 도와주려는 마음만큼이나 이민법에 박학다식한 변호사였다.

나는 할 볼딘이라는 이 유력한 사람이 대체 어떻게 생긴 사람일까 궁금해하면서 그의 사무실로 향했다. 짐이 할을 보자마자 그의 어깨에 손을 얹고 말했다. 그만큼 가까운 사이라는 게 조금은 놀랍기도 했다. "아침에 이렇게 시간을 내줘서 정말 고맙네. 그건 그렇고 최근에 낚시 갈 시간은 좀 있었나?"

"아니, 너무 바빴어…." 짐의 이런저런 염려에 대해 할은 마음을 열고 따뜻하게 답례하였다. 두 사람의 안부 인사가 오가는 걸 들으면서 나는, 할 자신도 자기가 하는 일에 그다지 만족하지 않고 있다는 걸 짐작할 수 있었다. 나라 정책이 그러하니 어쩔 수 없이 따르고 있을 뿐이라는 눈치였다. 그러다 보니 이민 정책에 돌팔매질을 해대는 국민의 비난을 한몸에 받는 것도 그의 몫이었다. 미국인들은 대다수는 아니지만, 많은 사람들이 겉으로는 추악한 정책을 비난했지만 속내로는 은근히 동조를 표하고 있었다.

짐에게 쥬빌리 공동체에 관해 설명을 들은 할은 최소한 한두 가족은 추방에서 면제될 수 있을 거라는 말을 했다. 그러나 그는 쥬빌리에서 난민들을 '통제' 할 수 없을 거라고 노골적으로 회의적인 입장을 보였다. "캐나다까지 저 사람들을 인도하긴 여전히 어려울 거요. 저 사람들은 기회만 생기면 토끼 떼들처럼 도망갈게 뻔하거든요. 중앙아메리카 사람들이 원하는 건 딱 한 가지입니다. 어떻게 해서든 미국 땅 밟아서 돈 많이 버는 거죠. 그러니 우리는 정말 쓸데없는 짓을 하는 겁니다. 하지만, 이번 한 번만은 그냥 바보 되는 셈 치지요. 아마 머지않아 내 말이 무슨 뜻인지 곧 아시게 될 겁니다."

한 시간 후, 모든 준비를 다 마치고 난민들을 이민국으로 데리고 왔다. 지문을 찍고 서류를 작성하고 아노 데 쥬빌리오 프로그램에 참석하는 동안 미국에 사는 데 지장이 없도록 서류상 모든 준비를 마쳤다.

이 일을 시작으로 닫혀있던 문이 활짝 열려버렸다. 그 후 몇 달 동안 우리는 그 열어젖힌 문이 닫히지 않게 단단히 붙들고 있었고, 그 열린 문으로 난민들은 새로운 삶을 찾아서 캐나다로 마치 밀려드는 강물처럼 흘러들어갔다.

쥬빌리에서는 잔치가 벌어졌다. 이민국의 장애물을 넘었다는 사실만이 아니라 미국 전역에서 흘러들어오는 기부금으로 경제적인 문제 또한 해결이 되어가고 있었기 때문이다. 1월 중순경 새로 사들인 버스에 몸을 싣고 텍사스를 떠날 무렵에는 5백 명 이상이나 되는 사람들이 기부했고, 기부금은 그 후로도 계속해서 들어왔다! 그 버스가 다시 텍사스로 돌아오기도 전에, 버스 값을 치를 정도가 아니라 앞으로 몇 달간 프로그램 운영에 필요한 경비까지 다 채워졌다.

한때는 하나님의 손에 모든 것이 달렸다는 말에 의심이 일기도 했었지만, 그런 의심은 이미 오래 전에 없어졌다. 우리가 하나님께 도움을 구했을 때, 하나님은 대답해 주셨다. "내가 여기 있느니라!"

위스콘신 주에서 온 맥스와 낸시 라이스라는 두 사람이 버스 양면에 '아노 데 쥬빌리오' 라고 굵직한 글씨로 새겨 넣는 일을 도와주었다. 1월의 매서운 날씨 속에서 우리는 버스 옆에 모닥불을 피워놓고 버스 표면과 우리 몸을 녹여가면서 페인트 칠을 했다. 그 후 삼 년도 안 되어 맥스와 낸시는 우리를 더 적극적으로 돕고자 아예 쥬빌리로 이사를 하였다.

글씨가 다 마르기도 전에 우리는 차에 시동을 걸었고 자원 봉사자들이 버스에 몸을 실었다. 쥬빌리의 큰 종이 힘차게 울려 퍼지는 동안, 우리는 미끄러지듯 길을 달려 텍사스로 향했다. 쥬빌리가 시야에 안 보일 때까지 손을 흔들었다. 드디어 아노 데 쥬빌리오의 문이 열릴 참이었다.

6

아노 데 쥬빌리오

5일 후, 첫 번째 중앙아메리카 난민들을 환영하기 위해서 다시 한 번 쥬빌리의 종소리가 울려 퍼졌다. 엘살바도르에서 스물네 명의 남자와 여자 그리고 어린아이들이 도착했다. 코이노니아 하우스에서 쏟아져 나온 쥬빌리 사람들은 이들을 환영하기 위해 언덕을 달려내려왔다. 장장 서른 시간 동안 길을 달려온 난민들과 자원봉사자들은 이미 녹초가 되어 있었다. 하지만, 환영하러 나온 사람들에 대한 답례로 엘살바도르 난민들은 손뼉을 치며 환호했다.

우리는 그들이 여기에 도착한 것이 갑자기 이루어진 기적이 아님을 알았다. 이들에게 기적이란, 너무도 간절하고도 절박한 인간적 현실이었다. 그들 중 일부는 이미 3년 전부터 엘살바도르에서의 그 끔찍한 현실로부터 벗어나려고 몸부림쳤으며, 그 후 말할 수 없는 고통 속에서 살아야 했다. 그리고 그 난민들 중 대다수는 이 버스를 타기 바로 직전까지도 추방과 수감의 위험에 놓여 있었다.

하지만, 이제는 마음을 놓을 수가 있었다. 쥬빌리 프로그램에 참석하는 동안 미국 어디를 가든지 신분이 보장된다는 것을 문서로 확인받았기 때문이다. 이제는 다리를 쭉 뻗고 잘 수 있게 되었다. 그들의 얼굴에 번지는 환한 미소들이 '정말 그렇다' 고 말하는 것 같았다.

며칠 후 이들은, 각자 자기 이야기를 털어놓기 시작했다. 그들은 지난날을 회상하면서 힘없는 자들의 죽음과 고문, 신체의 절단 그리고 아직 가시지 않은 공포에 대해서 말했다. 그리고 그들은 흔적 없이 사라진 친척들과 야간 체포 그리고 이웃 간의 총격전에 대해서도 말했다.

한 젊은 여인은 2년 전 외국에서 온 남편이 그녀를 내팽개치고 갔는데, 내분이 급속도로 거세지자 자기만 살겠다고 도망을 쳐버린 것이다. 6개월 후 그녀는 핏덩어리 어린 딸과 함께 엘살바도르 북쪽으로 피신해야 했다고 한다. 몇 개월에 걸친 도주 중 그녀는 멕시코 경찰에게 붙잡혔고 결국 감옥에 갇히는 신세가 되고 말았다. 감옥에서는 다시 남쪽으로 송환되서 강제로 과테말라 국경을 넘게 되기 전까지 반복해서 경비원들에게 강간을 당해야 했다.

그럼에도, 마음속에는 다시 탈출하고야 말겠다는 용기가 솟았다고 했다. 그때 그녀는 자신을 강간한 경비원의 아이까지 임신한 상태였다. 다시 몇 달을 걸친 도주 끝에 그녀는 멕시코 북쪽의 어느 가정집에 도착할 수 있었는데, 그녀는 그 집에서 가정부로 일해 주는 조건으로 몇 주 동안 숨어 지낼 수가 있었다. 그리고 마침내 어린 딸아이를 머리에 이고 리오그란데 강을 넘었다. 그리고 그녀를 불쌍히 여긴 어떤 사람이 그녀를 근처 수녀원으로 데려다 주었다. 그리고 얼마 지나지 않아 둘째 딸이 태어났다. 그 후 이 세 모녀는 수녀원에서 몇 달을 지냈고, 마침내 쥬빌리 버스에 함께 타게 된 것이다.

이야기를 하는 그녀의 얼굴은 고단한 인생 탓인지 실제 나이보다 몇 살이나 더 들어 보였다. 그러나 그녀의 무릎에 앉은 어린 딸 멜리사는 어머니가 멜리사와 언니를 이곳까지 안전하게 데리고 오기까지 어떤 위험을 감수해야 했는지도 모른 채 마냥 즐거운 표정으로 손을 입에 넣었다 뺐다 하며 방긋방긋 웃었다.

그로부터 하루 이틀이 지나면서 우리는, 이 용감한 분들과 친해졌다. 영어 수업에 들어와서 새로운 언어를 배우느라고 고생도 했고, 아이들은 서로 어울려서 열심히 놀았고, 예배 시간이면 모두 함께 모여서 우리가 누리고 있는 모든 것에 대해서 하나님께 목소리 높여 감사드렸다. 영어와 스페인 어로 번갈아가며 "주께서 사셨네!"를 부르느라 억양이 많이 우스꽝스럽긴 했지만, 그것은 분명히 우리의 마음속에서 우러나온 찬송이었다.

두 달 후에 우리는 일리노이 주의 에반스톤에 있는 기독교 단체인 레바 플레이스 펠로우쉽Reba Place Fellowship 에서 온 형제들이 우리가 시작한 난민 사역을 보강하기 위해서 '난민운송계획' Overground Railroad 프로그램을 시작하는 것을 보고 감동을 받았다. 그들은 전국적으로 수백 개의 교회를 포함하는 연결망을 구축했다. 그들은 운전 자원봉사자들을 중단없이 계속해서 남부 텍사스로 보내서, 거기서 '합법적인' 난민들을 운전 자원봉사자들이 속한 공동체로 데려가서 그곳에서 난민들의 캐나다 입국 협상이 완료될 때까지 난민들을 머물게 했다.

데이비드 잔젠이라는 사람이 총괄적으로 이 일을 감독했는데 창조적인 아이디어와 끈기가 넘치는 이 사람은 지하실의 작은 공간을 사무실로 쓰며 이 모든 일을 감당했다. 남부 텍사스를 처음 방문한 후에 그가 던진 말은 당시에 우리 모두가 느꼈던 생각을 표현해주는 것이었다. "마치 부엌에 난 구멍으로 떨어져서 우리 지하실 그늘진 곳에 사람들이 가득 모여있는 것을 발견한 느낌이었어요. 차라리 보지 않았더라면 모를까 사람들이 그러는 것을 본 이상 마치 아무 일도 없던 것처럼 일상생활로 돌아가는 것은 불가능했습니다. 선택은 두 가지였죠. 마음을 독하게 먹고 그들을 내쫓아 버리든지 아니면 하나님이 우리에게 주신 사람들이다 생각하고 가족으로 삼는 것, 둘 중 하나였습니다.”

쥬빌리는 은혜가 넘치고 용기 있는 사람들로 넘쳐났다. 그리고 그들은 자기들의 경험을 우리에게 들려주었다. 그들 중 대부분은 우리가 이해하기 어려울 정도로 난관을 극복한 이들도 있었다.

페레즈 씨 가족은 미국으로 건너오기까지 참으로 극적인 여정을 거쳐야만 했다. 공사장 책임자로 일했던 후앙과 그의 아내 도라와 다섯 아이는 함께 한때는 엘살바도르에서 풍족하고 여유가 있는 삶을 살았다고 했다. 교회 봉사도 열심히 했으며 주위에 친구들도 많은 행복한 삶이었다.

그런데 후앙이 총책임자로 일하던 회사에 노조가 결성되자, 후앙의 가족들은 엘살바도르의 폭력의 소용돌이에 휘말리게 되었다. 노동자들의 공격에 대한 반격으로 경찰이 치고 들어와 기관총을 쏘아대며 공사장에서 일하는 사람들을 수십 명이나 살해했다. 그리고 그에게는 엘살바도르 군대에 협력하라는 압력이 있었지만 끝까지 거부했다고 했다.

그 결과 후앙은 직장을 잃었고 택시 운전사로 전락했다. 어느 날 은닉되어 있던 기관총과 군 물품들이 나중에 그의 이웃 집에서 발견되었는데, 며칠 후에는 소총을 소지한 두 남자가 택시에 올라타서는 인적이 없는 곳으로 그의 택시를 몰아갔다고 한다. 정말 기적적으로, 가는 곳마다 사람들이 있었다. 후앙은 만일 아무도 없는 외진 곳이었다면 그 역시 총살을 당했을 거라며 회고했다.

그야말로 삶이 한쪽은 숨고, 한쪽은 찾아내 죽이는 죽음의 게임이 되버렸다. 그가 이쪽 은신처에서 저쪽 은신처로 도망다니는 동안에 무장한 남자들이 총격했는데, 여섯 번이나 아슬아슬하게 살아남았다고 한다. 1983년 5월에는 아내와 아이들을 데리고 벨리즈Belize, 유카탄 반도 남동부에 있는 영국 연방 내의 독립국로 도망을 쳤다. 생계를 위해 생전 들어 보지도 못한 일도 했다. 아내는 노상에서 토틸라를 만들어 동네 아이들에게 팔았다. 그 와중에 예전에 남편과 함께 일하던 택시 운전사들이 고문당하고 살해당했다는 소식이 들려왔다. 설상가상으로 벨리즈 정부는 이들에게 벨리즈를 떠나라는 압력을 가했다.

결국, 그들은 미국으로 와야겠다는 결심을 하게 되었고 정치적 망명을 신청했다. 일단 두 조로 나누어 떠나는 것이 안전하겠다는 생각에, 아내와 두 아이를 먼저 보냈다. 비록 잠깐의 이별이었지만 작별이란 너무나 감당하기 어려웠다.

나흘 후 후앙은 아내가 미국에 무사히 잘 도착했다는 소식을 들었다. 그리고 그는 서둘러 나머지 아이들을 데리고 멕시코를 경유해서 미국으로 가는 버스에 몸을 실었다. 거기까지 오는 여정이 얼마나 악몽 같았으면 쥬빌리에 도착하고 석 달이 지난 시간까지도, 그의 가족들은 이 일에 대해서 말할 때마다 눈물 없이는 이야기를 하지 못했다.

어느 날, 멕시코의 마타모로스 시|Matamoros, 멕시코 타마울리파스 주 북부의 시에서 열 살 난 알베르토가 일행을 놓쳐버렸다. 아이는 함께 있었던 사람들을 찾느라고 이리저리 뛰어다니며 야단이 났었고, 일행은 또 일행대로 아이를 찾느라 미친 듯이 뛰어다녔다고 한다. 후앙은 거듭해서 알베르토를 찾았다고 생각하고 아이의 이름을 부르면서 달려가 보았지만, 그때마다 매번 알베르토가 아니어서 허탕만 쳤다. 악몽 같은 여덟 시간이 지난 후 일행은 버스 터미널에서 아이를 찾았다.

어둠이 내리자 그는 리오그란데 강을 건넜다. 그는 열세 살배기 아들 안토니오에게, 동생들을 먼저 타이어의 튜브에 태워 강을 건너게 하라는 신호를 보냈다. 아이들이 맞은편 강둑에서 쓰레기 더미에 엎어졌을 때, 알베르토도 넘어져서 다리에 깊숙히 패인 상처 생겼다. 알베르토의 출혈이 너무 심해서 후앙은 임시방편으로 지혈대를 만들어 무릎 위를 감았다.

"약이라곤 아무것도 없는데 어쩌지?"

그때를 회고하며 그가 말했다. "너무나 갈급한 마음에 하나님께 우리를 도와달라고 기도했는데, 주님께서 곧바로 치료해 주셨어요! 갑자기 출혈이 멈췄어요."

녹초가 된 그와 아이들은 강 언저리 수풀에서 잠시 쉬었다. 미국 국경 순찰대의 탐조등이 그들이 쉬는 자리 바로 머리 위를 비추면서 앞뒤로 움직였고, 설상가상으로 모기떼마저 이들을 괴롭게 했다. 겁에 질린 아이들은 공포로 울음이 터질듯하면서도 울음소리를 내지 않으려고 숨을 죽였다.

도주는 곧 다시 시작되었다. 순찰대의 탐조등을 피해 독사들이 우글거리는 들판을 지났다. 그러나 또 다른 강이 그들을 가로막고 있었다. 그들은 그 강도 건넜다. 그리고는 새벽까지 쓰러져서 잠을 잤다. 후앙은 이 상황에서 긴장하지 않도록 마음을 가다듬었다.

"길에 적힌 표시판들이 전부 스페인 어로 된 걸 보고 깜짝 놀랐어요. 공동묘지의 비석에도 중앙아메리카 사람들의 이름들이 적혀 있더군요."

안타깝게도 그가 건넌 두 개의 강은 각기 다른 강이 아니었던 것이다. 몸서리치게 하는 이 끔찍한 현실을 깨닫기까지는 오랜 시간이 걸리지 않았다. 그들은 리오그란데 강을 두 번 건너 다시 멕시코 땅으로 왔던 것이었다! 설상가상으로 밤새 강물이 불어난데다가 급류가 거세지는 바람에 다시 건너기엔 불가능했다.

절망감으로 기진맥진했지만, 그는 기도했다. 정해진 시간에 무사히 도착하지 못한다면, 아내가 충격을 받을 것이라는 걸 알고 있었다. 그 와중에 아내는 아내대로 아이들과 남편을 찾고자 다시 멕시코 땅으로 건너가고 싶은 충동과 싸우고 있었다.

우여곡절 끝에 후앙은 어느 노인을 들에서 만났는데, 그 노인이 이들을 측은하게 여긴 나머지 먹을 것을 주고 잠잘 수 있는 곳을 마련해 주었다. 알고 보니 노인의 사위가 코요테였다. 그 사위가 강물이 어느 정도 잠잠해지자 이들이 강을 건널 수 있게 도와주었다. 그 대가로 후앙은 가지고 있던 돈을 모두 주었다.

마침내 그들은 텍사스 땅까지 무사히 도착했다. 그리고 몇 시간 후 아내와 아이들을 다시 만날 수 있었다. 일생일대의 최고의 기쁜 순간이었다.

로사라는 여인에게도 이 못지않은 드라마 같은 이야기가 있다. 그녀는 키가 크고 약간 마른 체형으로 아주 총명한 여인이었는데 그녀의 눈이 그것을 말해주고 있었다. 그녀를 처음 본 순간부터 나는, 그녀의 영리함과 유머감각 그리고 넘치는 활력이야말로 절망 가운데서도 그녀를 지켜 준 힘이었으며, 그것이 하나님을 향한 굳센 믿음을 가능케 했음을 짐작할 수 있었다.

"제가 엘살바도르를 떠나올 때, 제일 먼저 한 일은 저를 하나님의 손에 맡기는 것이었어요"라며 그녀는 말문을 열었다. 그녀는 단지 교사라는 이유로 범죄인으로 몰려야 했다. 그녀의 부친은 ANDES라고 하는 교직원노동조합에 가담했었는데, 그 때문에 그는 엘살바도르 정부와 우익 암살단의 눈에 체제전복세력으로 낙인 찍혔다. 결국, 부친과 다른 일부 교수들은 국가 보안대에게 붙잡혀서 한 달간 감옥에 수감되었다. 그의 부친은 고문과 심문을 당했다. 그리고 어떤 이들은 총살을 당했다.

석방 후에도 그녀의 부친은 국가 보안대로부터 계속해서 죽여버리겠다는 협박전화와 편지를 받았다고 한다. 어느 날은 새벽 1시경, 누군가 무섭게 문을 두드리는 소리에 잠이 깨었는데 복장을 위장하고 복면을 쓴 한 무리의 군인들이 문밖에 서서 창문과 문짝을 두들기고 있었다고 한다. 로사는 문으로 가서 지금 아버지가 집에 계시지 않다고 했는데, 그들은 아랑곳없이 문을 젖히고 쳐들어와서는 침실에 숨어 계시던 아버지를 질질 끌고 잡아갔다고 했다. 그들이 먼저 붙잡아 온 이웃 사람 몇 명도 함께 끌려 갔다.

날이 밝자 어떤 이가 소식을 전해 왔는데 산살바도르에서 몇 킬로미터 떨어진 일로팡고 호수 연안에 많은 시체가 둥둥 떠다니는 걸 보았다는 거였다. 그 말을 들은 로사는 이웃 사람들과 함께 급히 달려가서 가족들을 찾아서 확인했다. 그녀의 아버지는 심하게 고문을 당한 후에, 밧줄로 목이 졸려서 사망하셨다.

그 일이 있은 후 곧바로 로사도 괴한으로부터 죽음의 협박을 받기 시작했다. 아버지가 돌아가신 후 그녀와 남편이 친척들과 함께 거처하던 아버지의 집 대문에 누군가 페인트로 죽이겠다는 글을 써놓았던 것이다. 어느 날은 군용 지프를 탄 이가 찾아와서 그녀의 활동을 예의 주시하고 있다고 말했는데, "로사, 두고 보겠다"는 협박을 남기고 떠났다고 했다.

그 후 로사의 남편은 차 사고로 부상을 당했고, 설상가상 지진으로 산살바도르 대부분이 파괴되었을 때, 그들이 살던 집도 예외가 아니었다. 부부는 신변의 안전을 위해 당분간 친척들이 배려해 준 비좁은 공간에서 뿔뿔이 흩어져 지내야 했는데, 로사는 조카 집으로 이사했다.

　하지만, 그녀는 여전히 추적을 당했다. 한번은 군인이 현관문으로 걸어 들어오는 동안 집 뒤쪽 창문을 넘어 어린 딸과 함께 가까스로 몸을 피했는데, 당시 로사는 둘째 아이를 임신 한 지 8개월째 되는 몸이었다. 일이 이렇게까지 되고 보니 이제 더 이상은 지체할 수 없다고 생각했다. 더는 엘살바도르에 남아 있을 수가 없었다.

　로사는 탈출 계획을 짜려고 남편을 만나는 데 가까스로 성공했다. 그런데 아쉽게도 남편은 그 다음 날 응급 수술을 받으러 병원에 가야만 되었다. 그래서 로사는 남편이 기운을 되찾고 몸이 어느 정도 회복되기까지 숨어있기로 했다. 그런데 정부의 첩자에게 다시 발각되고 말았고, 아이와 남편은 남겨두고 혼자 떠나라는 협박을 받았다.

　"어디로 가는지도 모른 채 무작정 떠났습니다." 지난날을 회고하면서 그녀가 말문을 열었다. "발길이 이끄는 대로 가는 수밖에 없었어요. 사랑하는 두 사람을 남겨두고 그들을 어떻게 언제 다시 만날지조차 몰랐지만, 아니 나 자신조차 어떻게 될지 모르는 상황이었지만 그냥 떠났습니다. 엘살바도르를 떠나는 그 순간부터 하나님께서 동행해 주시길 기도했습니다."

　그로부터 여러 날이 걸려 마침내 리오그란데 강에 도착을 했다. "정말 두려웠습니다. 수영도 못하는데다가 임신해서 무거운 몸이다 보니 익사할거라고 생각했어요."

　그녀는 브라운즈빌에서 약 48km 정도 거슬러 올라간 상류지역에서 가까스로 건너왔다. 그녀는 북쪽의 가파른 강둑을 기어올랐는데, 다행히도 거기엔 국경 순찰대가 보이지 않았다. 진흙탕이 된 젖은 몸으로 메스키트 나무 숲 속에 숨어 사람 소리가 나기만을 기다렸다. 마음 같아서는 당장에라도 길 밖으로 나가 도움의 손길을 요청하는 신호라도 보내고픈 마음이 굴뚝같았지만, 누군가를 찾았다고 해도 그를 믿어서는 안된다는 것도 잘 알고 있었다.

그녀는 하는 수 없이 고속도로를 건너서 수로가 잘 정비된 널찍한 채소밭을 가로질러 걸었다. 웨슬라코 라는 작은 마을의 건물들과 급수탑이 멀찌감치 보이는 곳까지만 어떻게 해서든 가볼 작정이었다. 그러나 머릿속으로는 그곳으로 가려고 했지만, 몸이 허락질 않았다. 마을로 걸어가는 동안 분만의 진통이 찾아온 것이다.

"제발 하나님. 안전한 곳에 도착할 수 있을 때까지 몇 시간만 더 허락해 주세요"라고 기도했다. 하지만, 진통은 점점 더 심해지고 잦아졌다. 그녀는 허둥대지 않으려고 이를 악물고, 리오그란데 강에서 3km 정도 떨어진 야자수 나무 숲까지 계속해서 걸었다. 그러다가 진통이 더 이상은 참을 수 없어서 지저분한 도로 옆에 있는 숲에서 걸음을 멈추고 말았다.

"더는 참기 어려웠어요. 하나님께 모든 걸 맡기기로 했습니다. 그러자 문득 차 한 대가 보이는데 어떤 여자분이 내리는 거에요. 그 여자분이 저를 도와주셨어요. 저녁 8시경이었던 거 같은데 길가 수풀에서 아이를 낳은 거지요. 제 생명과 아이의 생명을 위해 기도했습니다. 그 여자분이 딸아이라고 했어요. 건강한 아이라고 했습니다. 하나님께 얼마나 감사했던지요."

출산을 도와준 친절한 여인은 그날 밤 로사와 아기를 보살펴 주었다. 다음 날 아침에 그 여인이 농부 가족 한 사람을 찾아 주었는데, 그 가족이 한동안 거처하며 지낼 수 있는 곳을 제공해주었다. 그 후 로사가 기운을 되찾고 몸이 회복될 때까지는 이웃 교회에서 돌봐 주었다.

마침, 그 교회 사람들이 쥬빌리에 대해 알고 있었다. 로사는 쥬빌리의 난민 프로그램을 통하여 캐나다로 가기로 마음먹었다. 그녀를 측은히 여긴 한 변호사는 캐나다에 이민할 수 있다는 말도 해 주었는데, 남편과 큰아이가 이민을 오려면 또다시 3년이 걸릴 거라고도 했다.

"안 들은 것만 못하다 싶었을 만큼 슬펐지요. 하루가 멀다 하고 일이 터지는 엘살바도르에서는 3일도 너무나 긴 시간이었으니까요. 3년은 영원이나 마찬가지였습니다. 그래서 기적을 위해 기도했습니다. 그런데 정말 기적이 일어난 거에요. 남편과 큰아이가 미국 땅까지 탈출에 성공했고, 난민들을 돕는 사람들의 도움으로 우릴 만나게 되었으니까요."

로사가 가족과 함께 쥬빌리에서 지내는 동안, 캐나다 영사관은 그들의 캐나다 이주를 허락해 주었다. 로사는 조금의 거리낌도 없이 외쳤다. "이 모든 걸 허락하신 하나님께 감사합니다. 하나님께서 절 도우셨습니다. 오늘날 나와 내 아기를 있게 한 도움의 손길을 주신 하나님께 너무나 감사합니다!"

아노 데 쥬빌리 프로그램이 시작된 지 6개월, 정말 기적과도 같이 모든 일이 수월하게 진행되었다. 쥬빌리에 온 처음 세 그룹의 난민들이 캐나다 영사관의 허락을 받았다. 사람들이 하나둘씩 캐나다로 떠날 무렵이 되었을 즈음엔 친구를 보내는 아쉬움에 밤이 깊도록 현관에 앉아 기타 줄을 두드리는 날들이 많아졌다. 고국을 등지고 이국땅에 온 이들을 따뜻한 가슴으로 보듬어 안은 자원 봉사자들과의 로맨스도 이곳저곳에서 싹을 틔웠다.

캐나다라는 새로운 땅으로의 출발은 목숨을 위해 위험을 감행하고 달려온 지난날의 수고에 비로소 마침표를 찍는 일이었다. 마침내 이제는 추방의 두려움이나 암살단의 공포에서 벗어나 살 수 있게 된 것이다. 그리고 아이들은 친구들의 부모가 '불순세력'에 대한 정보 따위나 넘겨주려고 하는 정보원 일지도 모른다는 염려없이 친구들과 마음껏 어울려 놀 수 있게 되었다.

우리는 처음 세 그룹인 72명의 난민을 토론토 공항까지 데려다 주었다. 거기서 대부분이 앨비타 주의 에드먼턴 시로 가는 비행기로 갈아탔다-에드먼턴은 모국보다 북극점이 더 가까운 곳이었다.- 누군가가 그랬다. "여기 정말 추워요. 하지만, 엘살바도르로 돌아가서 총 맞아 죽는 것보다 추위를 견디는게 더 나아요. 그러니까 우리 염려 일랑 마세요."

캐나다 영사인 친구 스캇이 책임자 몇 사람을 동행하고 오타와 시로부터 우리를 보기 위해 쥬빌리 파트너로 날아왔다. 함께 온 두 사람은 우리가 시행하는 이 프로그램이 너무나 마음에 든다면서 앞으로도 기대된다고까지 했다. "계속해서 잘해 보십시오." 책임자 중 한 사람이 말했다. "도움이 될 수 있는 한 어떻게 해서든 우리도 돕겠습니다."

그러나 이게 끝이 아니었다.

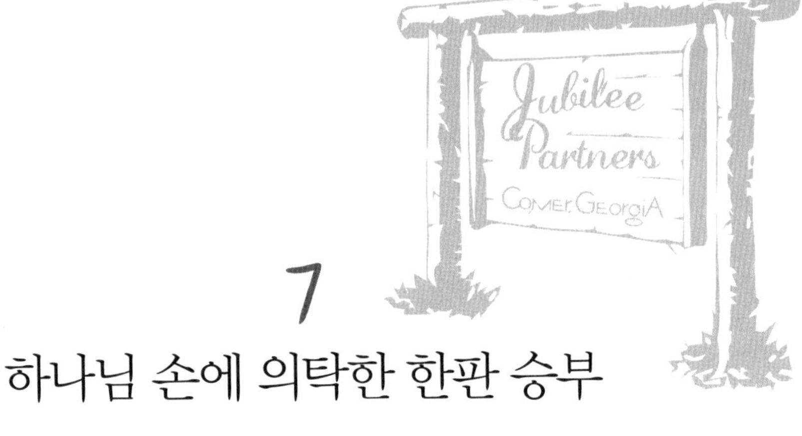

7

하나님 손에 의탁한 한판 승부

1983년 7월 말쯤에 3일 동안을 쉬지 않고 운전해서 세 번째 그룹의 난민들을 캐나다로 데려다 주고 쥬빌리로 돌아왔다. 그날 밤늦게 전화벨이 울렸다. 피로에 짓눌린 나는 기어들어가는 목소리로 전화를 받았다. 수화기에서 들려오는 음성은 텍사스 남부에 우리가 새로운 대표자로 파견한 리차드와 루스 프리슨 부부였다. 그런데 좋은 소식이 아니었다. 에드와 라이언도 다른 방에서 통화하는 소리를 들었다.

리차드와 루스의 목소리에서 불안감이 느껴졌다. 나도 모르게 몸에 전율이 오는데, 떨리는 몸을 어떻게 할 수가 없었다.

레바 펠로우십에서 온 프리슨 내외는 며칠 전에서야 리오그란데 벨리에 도착을 했다고 한다. 이들 부부는 이런 일이 난생처음이었고, 이민국 직원들을 포함해서 주위 모든 사람들과 좋은 관계를 유지하기를 바라는 마음으로 도착했었다. 하지만 상황은 전혀 다르게 돌아갔다.

이민국에서는 이미 깨져버린 협력관계가 회복되기 어려울 거라는 강한 암시를 던졌다. 1월경에 우리를 도와주겠다고 약속을 한 이민국장에게 며칠 전 전화를 거니 통화조차 할 수 없다고 거절당했다. 비서가 "지금은 너무 바쁩니다"라고 딱 잘라 말했다.

연이어 부하 직원이 좋지 않은 소식을 전했다. "현재 백악관 측으로부터 중앙아메리카 사람들이 미국으로 들어오지 못하게 하라는 압박이 쏟아지고 있습니다. 여러분이 이행하고 있는 난민 프로그램이 그들에게 희망과 용기를 줘서 북쪽으로 오게 부추긴다는 겁니다." 그는 난민들의 합법적인 여행 서류를 만들기 위한 시간 약속을 잡을 기회도 주지 않고 전화를 끊어 버렸다.

그리고 프리슨 부부는 할링겐에서 이민국 직원들을 처음 만났던 일이 끔찍했다고 말했다. 프리슨 부부가 엘살바도르인 세 가족을 데리고 예정된 인터뷰 자리에 갔다고 했다. 그리고는 프리슨 부부는 이민국 직원들이 그들 중 다섯을 체포해서 추방시키려고 데려가는 모습을 절망 속에서 지켜볼 수밖에 없었다고 했다.

루쓰는 둘 다 임신한지 몇 개월씩된 젊은 부인들이 남편들과 헤어지던 모습을 설명하려다 그만 울음을 터트리고 말았다. 여자와 남자를 구분해서 각기 다른 교도소 구내로 곧 압송했다고 했다. 우리는 이미 그곳에 여러번 가 본 적이 있어서 그 참담한 상황을 충분히 상상할 수 있었다.

난민들은 그곳을 '목장'el Corralón이라고 불렀다. 잘 어울리는 명칭이었다. 사람을 송아지 떼처럼 몰아 두었기 때문이다. 꼭대기에 가시 철조망이 쳐진 높은 담장이 여러 구획들을 나누고 있었고, 각 구획 안에는 철제 간이 침대가 층층이 놓여 있었다. 남부 텍사스의 열기 속에서 사람들은 느릿느릿하게, 그리고 멍하니 수용소 안에서 이리저리 왔다 갔다 하기만 했다. 어떤 날은 너무 많은 사람을 커다란 천막 속에 집어넣는 바람에, 오후의 뜨거운 열기를 견딜 수 없을 만큼 힘들기도 했다. 운 좋은 그중의 몇 사람은 북쪽으로 서있는 건물의 비좁은 그늘 밑을 차지했다.

약 90m 정도 떨어진 곳에서, 여자들도 작은 우리 안에 비슷한 모습으로 떼지어 수용되어 있었다. 이들 대부분이 남편과 아이들과 떨어진 사람들이었는데, 가족들과는 전혀 접촉할 수 없었고, 이미 추방이 되었는지 알 수조차 없는 상황 가운데 있었다. 하지만, 이민국 직원은 이들을 자발적으로 출국시키려는 목적으로 자주 써먹는 수법을 계속해서 써먹고 있었는데 배우자와 아이들이 이미 추방당해서 비행기에 몸을 실었다고 다른 가족들에게 거짓말을 하는 것이었다.

아이들은 리오그란데 벨리 부근에 있는 여러 장소에 수용되어 있었다. 이민국은 리오그란데 벨리의 일부 마을과 협약을 맺고 아이들을 지역 교도소의 남은 공간에 수감시켰던 것이다. 이 협약 때문에 지역 교회와 난민 지원 단체들이 관심을 기울이기 시작했고, 저항의 움직임이 시작되었다. 아주 드문 경우이긴 하지만, 종교 사업가 중에 아이들에게 살만한 거처를 마련해 주는 이들도 있었는데, 이들 덕분에 보다 인간적인 환경을 아이들에게 제공해 줄 수 있었다. 며칠 후에 수감되어 있는 아이들 중에서 나이가 제일 어렸던, 슬픈 기색이 역력하고 두려움에 떨던 16살 된 아이를 만난 곳도 바로 이 집에서였고, 우리는 그 아이를 위해서 보석금을 지불했다.

프리슨 부부는 현재 수감되어 있는 사람마다 5천 달러라는 보석금이 걸려 있다고 말했다. 우리는 어떻게 해서든지 돈을 마련해서 이들을 풀어주기로 결정했다.

"조금만 더 기다려 봐요. 최대한으로 서둘러서 텍사스로 가겠습니다. 그리고 엘살바도르 사람들이 이송되는 경로를 놓치면 안됩니다. 이민국 사람들에게 지금 보석금을 가지고 가는 중이라고 서둘러 전해 주시길 부탁합니다."

전화를 끊는 순간, 우리 사역은 또 다른 중요한 문턱을 넘고 있었다.

하지만, 한참 후에야 그것이 어떤 것인지 비로소 알 수 있었다. 한 걸음 한 걸음, 우리의 삶은 난민들의 삶과 점점 더 깊이 한데 얽히고 있었다.

말이 떨어지기가 무섭게 우리는 쥬빌리 버스에 몸을 싣고 텍사스 남부로 달리고 있었다. 변호사인 에릭도 우리와 동행 했다. 이런 상황에 그의 법적 자문이야말로 참으로 유용하게 쓰일 수 있었다. 버스를 타고 오면서 이런저런 시나리오를 가지고 상황을 연출해 보았다. 난민들을 최대한으로 방어하려면 일어날 가능성이 있는 사건들에 대해 미리 연구하고 답을 구해 놓으면 도움이 될 거로 생각했기 때문이다.

당시에 텍사스 남부와 애리조나 주에서 사역하던 우리 동료들에게 이민국의 거센 압력이 쏟아졌다. 당장 이 일을 그만두라는 것이었다. 실로 콩밥 먹을 가능성마저 코앞으로 닥쳐온 셈이었다. 중앙아메리카에서 일어나는 폭동이나 난민 망명에 대해 아는 미국인의 수도 날이 갈수록 증가했다. 상황은 난민들에게 유리한 쪽으로 돌아가고 있었다. 목숨을 부지하기 위한 이들의 숨 막히는 투쟁이 미국인들의 관심을 사기 시작한 것이다. 그러나 여전히 이민국만큼은 이들의 정치망명에 대해 눈 하나 깜짝 안 하고 모든 것을 정치적 갈등으로만 보는 레이건 정책을 그대로 반영하였는데, 소련의 공산주의의 위협에 대비하지 않으면 국가의 미래가 위험하다는 게 그 핑계였다.

지구촌의 지정학적 계산법에 따라서 백악관의 정책이 만들어지는 동안, 바로 그 정책들에 의해 삶과 죽음이 결정되는 사람들을 만나고자 우리는 어느덧 텍사스 남부에 와 있었다. 우리는 곧장 ‘목장’ 으로 난민들을 만나러 갔다. 이민국 사람들과 한참 실랑이를 한 후에야 보호소에 구치되어 있는 임신 중의 두 여성을 만날 수가 있었다.

그들은 임신 탓에 일주일 내내 몸이 아팠는데 간간이 밥만 조금 먹을 수 있었을 뿐, 구치소에서 주는 음식은 입에 댈 수조차 없었다. 게다가 남편과 아이들이 엘살바도르로 추방되었나 싶어 온갖 염려로 가득 차 있었다. 그래서 우리는 남편들은 추방되지 않았고 90m 쯤 떨어진 곳에 현재 감금된 중이며, 그들을 석방하고자 온 힘을 다하고 있다고 위로를 했다.

에릭은 이른 오후 경 이민국 판사를 만나러 갔는데 5천 달러인 보석금을 천 달러로 내려 줄 수 없겠냐고 호소해 보기 위해서였다. 나머지 우리는 서류 양식을 작성하고 간부들을 만나는 등 이리저리 뛰어다녔다. 애쓴 덕분인지 일과종료 무렵에 두 임산부의 가족 전원을 석방 시킬 수 있었고, 이민국 주차장에서 가족이 상봉하는 기쁨을 맛보았다. 열여섯 살 소년은 두어 시간쯤 일찍 석방이 되어 이미 거기서 가족을 기다리며 환하게 웃고 있었다.

젊은 남편과 아내들은 서로 부둥켜 껴안고 기쁨의 눈물을 흘렸다. 수고에 대한 보람이 가슴에 파도처럼 넘실거렸다. "주의 영이 내게 임하셨으니… 포로된 자에게 자유를, 눌린자를 자유롭게 하고…"라는 쥬빌리의 구호가 그 어느 때보다 의미심장하게 다가왔다. 그때 나는 또 다른 난민 수백명이 주차장 너머의 높은 철조망 뒤에서 우리를 조용히 바라다보고 있다는 것을 깨달았다.

"저기, 할링겐에 기가 막힌 멕시코 식당이 하나 있는데…"라며 에드가 제안했다. 어느덧 해는 뉘엿뉘엇 자취를 감추고 있었다. "제대로 식사다운 식사라도 한번 대접하자!"

모두 차 두대에 나누어 타고 시내까지 갔다. 임신한 여인들의 몸이 너무 꽉 조이지 않게 조심조심 하면서 차 문을 겨우 닫았다. 새로운 친구들과 좁은 차를 함께 타고 가느라고 우리 모두는 땀에 절어 힘들었지만, 우리가 정말로 인간애를 나누고 있다는 생각이 들었다.

할링겐을 향해 가무잡잡한 메스키트콩과의 관목 나무와 가지가 많은 배나무 숲을 가로질러 달리면서 "주의 영이 내게 임하셨으니… 포로 된 자에게 자유를, 눌린자를 자유롭게 하고…"라는 아름다운 말씀이 머리에서 계속 맴돌았다.

다음 이틀간은 첫날 못지않게 분주하고 길게 느껴졌다. 35명의 난 민이 쥬빌리로 가고 싶어 했다. 그리고 쥬빌리로 가는 길에 휴스턴에 들러서 또 다른 네 가족을 태우고 가야 했다. 버스가 미어터지더라도 한 사람도 빠짐없이 태워야 했다.

감당하기 어려운 심각한 문제들이 계속해서 불쑥불쑥 나타났다. 이 민국에서 더는 개입하고 싶지 않다는 연락이 온 것이다. 그들을 설득 해 보려고 전화를 수도없이 했으며 대기실에서 오랫동안 버티기도 했 다. 우리는 난민들을 미국에서 한 사람이라도 더 내보내기 위해 난민 들을 돕고 있는 거라고 주장해보기도 했다.

이민국 지역 책임자는 더 이상은 얘기하고 싶지 않다고 했다. 그래 서 나는 바로 그 아랫사람을 만나서 온 힘을 다해 다시 설득해 보기로 했다. 일전에 난민들을 캐나다까지 데리고 가는 것이 보통 골치 아픈 일이 아닐 거라고 나에게 말한 적이 있었지만, 난민 모두 무사히 캐나 다까지 이주하였으며, 차라리 난민들을 쥬빌리로 데리고 가는 것이 추방하는 것보다는 이민국으로서도 시간적이나 경제적으로 부담이 안 될 거라고 말했다.

"그런데 말이죠. 모슬리 씨. 쥬빌리 프로그램이 너무 효과적이라는 게 문제입니다. 그러니 이들이 캐나다로 가면 다른 이들도 용기를 얻 고 밀려들 거란 얘깁니다. 그렇게 되면 감당할 수 없어진다는 거지요. 그러니까 허락할 수 없는 겁니다!"

우리의 모든 설득 작업은 수포로 돌아갔다. 하지만, 법이 허용하는 난민에 대한 모든 권리를 다 받아내겠다는 우리의 끈질긴 주장에 끝내 이민국 사람들도 차츰 꼬리를 내렸다. 앞으로 인터뷰 때문에 난민들을 이민국으로 데리고 오는 위험을 감수하지 않게 되었다. 대신 각종 양식을 작성했고 미국에 정치적 망명을 신청해서 이민국에 접수했다. 우리 곁에서 조언을 해준 변호사들 도움이 무엇보다 컸다. 법적으로 우리가 난민들을 대신해서 서류를 제출하면, 이민국 직원들이 접수해야 할 책임이 있다는 걸 우리가 알아버렸던 것이다. 서류를 하나씩 건네는데 그들의 얼굴이 붉으락푸르락했다.

출발 예정일을 하루 앞두고 우리는 프리슨 씨 집에 모여 상황을 집계해 보기로 했다. 그야말로 아주 중대한 시점에 놓여 있었다. 이민국은 신문보도나 우리와의 직접적인 대면을 통해 난민들을 돕는 쥬빌리 사람들이 결국은 교도소에 갇히는 신세가 될 것이라고 지속적으로 협박하고 있었다. 그 협박이 허언이 아니라는 것은 남부 텍사스와 애리조나에서 곧 확인되었다. 그곳에서 난민들에게 쉼터를 제공해주던 동료들이 어려움을 겪었다.

우리는 몇 시간에 걸쳐서 기도 한 다음에 이 상황을 되짚어 보았다. 우리 신변은 둘째 치고 어리석게도 난민들을 너무 큰 위험에 노출시키는 것은 아닐까? 우리 프로그램을 선택한 사람들이 다른 난민들에게 본보기로 보여주기 위해서 험악한 취급을 당해야 하는 희생양이 되는 것은 아닐까? 그리고 난민사역을 시작하면서 늘 따라다니던 질문이 있었다. "진정으로 우리가 하나님의 뜻을 따르고 있는가? 아니면 타인에게 영웅으로 보이고자 불순한 동기가 추호라도 섞여 있는가?" 그리고 결정적으로, 과연 이들을 위해 감옥이라도 갈 각오가 되어 있는가?

밀고 나가기로 했다. 이튿날 아침 우리 중 일부는 난민가족들을 불러 한 장소에서 만나기로 계획을 짰다. 나머지 사람은 버스 안에 매트리스를 깔아서 자리가 없는 사람들이 편하게 누울 수 있도록 했다.

다음날 아침, 날은 밝았지만 머리 위에는 어두컴컴한 비구름이 짙게 깔려 있어서, 안그래도 긴장된 마음을 더 오그라들게 만들었다. 지그재그로 움직이는 버스를 타고 리오그란데 벨리를 빠져나갔다. 부근에 은신해 있던 난민들의 가족들이 하나둘씩 나타날 때마다 그들을 차에 태웠다. 아침나절이 되어서야 모두 태울 수 있었다. 서른 명은 자리에 앉았고, 버스 바닥에 누운 일곱 명, 운전사까지 이렇게 해서 모두 서른여덟 명이 버스에 올랐다. 우리는 이들에게 그동안 있었던 일과 앞으로 감행해야 할 위험에 대해서 자초지종 설명을 하면서 지금이라도 늦지 않았으니 떠나고 싶은 사람은 떠날 수 있다고 말해 주었다. 한 사람도 없었다. 프리슨 씨 내외가 길 모퉁이에서 작별의 손을 흔드는 것을 보면서 우리는 그렇게 고속도로에 올라 북쪽으로 내달리기 시작했다.

텍사스 주의 남쪽 경계선은 실제로는 두 개였다. 리오그란데 벨리가 공식적인 경계선인데, 길이가 너무 길어서 국경 순찰대에 발각되지 않고도 비교적 쉽게 건널 수 있었다. 그러나 기름진 골짜기 북쪽에 아주 넓은 황량하기 그지없는 황무지 지대가 가로 놓여 있었다. 그 황무지 지대의 대부분은 킹 랜치라고 하는, 세계에서 가장 큰 방목장에 속했다. 이곳은 방울뱀과 선인장의 나라였다. 거대한 덤불지대와 가시투성이 배나무가 메스키트 나무와 한데 엇갈려 밀집해 있었기에 걸어서 간다면 길을 헤치고 나가기가 어려울 정도였다.

이 천연장벽은 국경을 넘는 이들에겐 그야말로 장애물이었다. 리오그란데 벨리 북쪽으로 160km 정도 뻗어있는 고속도로 검문소는 그야말로 미 국경 순찰대가 또 하나의 국경으로 삼을 만한 최적의 조건을 갖춘 셈이었다. 북쪽으로 향하는 모든 차들은 반드시 이 검문소를 거쳐야만 했고 함께 탄 모든 사람들은 시민권을 제시해야만 했다. 신문에 보도된 바에 따르면 이 일대에다 전기 감지장치를 흩뿌리듯 흩어놓아서 걸어서 통과할 수 없게끔 하여 놓았다고 했다. 그게 사실인지 떠도는 얘기인지는 물론 우리 관심 밖이었다.

살든지 죽든지 아무튼 사리타 시 남쪽으로 8km 근방에 위치한 검문소에서 승패가 기다리고 있음은 분명한 사실이었다. 77번 고속도로를 달리면서 긴장감은 더욱 고조되었다. 모두 말문이 막혔다.

내가 운전석에 앉아 있다 보니 경치가 제일 잘 보였다. 뇌운雷雲이 점점 더 짙어지더니 휘몰아치는 것이 보였다. 소년기를 텍사스에서 보낸 나는 이런 날씨에 토네이도가 발생한다는 것을 알고 있었다.

아나나 다를까, 검문소를 16km 정도 남겨놓은 곳에 오자 창공으로부터 깔때기 모양의 구름이 고속도로 서쪽으로 하나둘씩 내려앉는 것이 보였다. 사람들을 불러 보았다. 우리는 그저 멍하니 네 개의 깔때기 구름이 마치 거대한 손가락이 땅을 더듬거리며 찾듯이 좌우로 흔들거리며 아래로 하강하는 걸 지켜만 보았다. 나는 계속해서 달렸다. 그리고 토네이도가 내 앞을 강타할 조짐을 보이면 즉시 유턴해서 피해갈 생각이었다.

드디어 검문소가 눈에 들어왔다. 국경 순찰대 건물 옆으로 한 줄로 늘어선 차량과 빛을 내며 돌아가는 노란불과 바리케이드가 한창 검문이 진행 중임을 말해 주었다. 검문소가 가까워 올수록 숨이 멎는 것 같았다. 내 평생에 이렇게 많은 국경 순찰대 차량을 본 적이 없었다. 적어도 열두 대 정도의 녹색차량이 즐비하게 대기하고 있었다. 차창에 가로막대를 친 순찰대의 버스도 보였다. 불법 이민자들을 '목장'으로 수송하려고 준비된 차량이었다.

마지막 순간에 차량을 되돌리고 싶은 충동이 나도 모르게 밀려왔다. 이들을 다시 은신처로 돌아가게 하고 모든 시도를 포기하고 싶었다. 토네이도는 우리 머리 위 높이, 그리고 우리 왼편에서 따라오고 있었는데, 그 모습이 마치 다른 세계에서 우리를 굽어보는 것 같았다.

우리 앞으로는 차량이 한 대도 없었지만, 바리케이드에 가까워져 오자 나는 서서히 속력을 늦추었다. 군경들의 차량이 우리 주위에 정차하고 있어서, 총을 소지한 수색대원들이 버스를 에워쌀 것으로 예상했다. 그런데 한 사람도 나타나지 않았다.

검문소는 차량을 훤히 내다볼 수 있도록 구석구석에 창문들이 있었다. 검문소 내부에는 방마다 불이 켜져 있었는데 무슨 이유인지 사람은 한 사람도 보이지 않았다!

우리는 계속해서 검문소를 살펴 보았다. 몇 초 후 우리는 바리케이드를 통과했고, 활짝 열린 고속도로로 방해받지 않고 들어섰다. "글로리아 아 디오스!Gloria a Dios" 조용하게 숨죽이며 있던 우리 난민들이 갑자기 크게 웃으며 하나님께 감사드렸다. 우리는 이게 도대체 어떻게 돌아가는 일인지 몰라서 어리둥절 했다. 그러나 우리는 이 일이 너무나 고맙고 감사했다.

"세뇨르Señor" 엘살바도르 난민 한 사람이 입을 열었다. "이스라엘 사람들이 홍해를 건너올 때 기분이 어땠는지 이제 알 것 같습니다!"

속도를 좀 더 밟으면서 나는, 혹시 무슨 일이 있는지 궁금해서 시야에서 점점 멀어지는 검문소 광경을 백미러로 들여다보았다. 그러나 십여킬로미터를 달려오는 내내 주위로는 선인장과 잡목밖엔 없었다. 그 많은 차를 타고 검문소를 통과하던 그 많은 수의 사람들은 다 어디로 갔던 것일까?

영원한 미스터리로 남을 사실이었다. 그 후 수개월간 우리는 난민들을 가득 태운 버스를 몰고 검문소를 통과하면서 몇 번이고 같은 길을 왕복했다. 간혹 순찰대원들이 서류상 기록되지 않은 승객을 찾아내기 위해서 샅샅이 뒤지는 차량 뒤에 서기도 했다. 하지만, 우리 차례가 될 때마다 중앙아메리카 난민들로 가득한 우리 차량에 올라탄 순찰대원들은 험하게 인상을 한번 그으며 버스 안을 쭉 돌아보고 무사통과라며 손을 흔드는게 고작이었다.

물론 이따금씩 우리 서류도 검토하기는 했지만 그런 일은 아주 드물었다. 검토를 한다 해도 보통 잔소리 몇 마디로 끝났다. "당신들이 하는 일은 솔직히 득보다는 해가 됩니다. 제발 정신차리고, 당신들이 이 중앙아메리카 사람들을 돕는 것 때문에 얼마나 많은 문젯거리를 만들고 있는지 생각 좀 해보시오." 그러나 그중에는 윙크하면서 "이런 일을 해주셔서 감사합니다"라며 따뜻한 격려의 말을 건네는 이도 있었다.

그로부터 수년 동안, 단 한 사람도 버스에서 내려야 하는 일이 없었다. 설령 잡혀간 사람이 있었다 할지라도 곧 보석금으로 풀려나 쥬빌리로 돌아왔다. 아노 데 쥬빌리오 프로그램에 가입했던 사람 중에 한 명도 추방된 적이 없다.

지난 8년 동안 60번이라는 횟수를 검문소를 왕래했으니 검문소 통과도 어느덧 하나의 일상이 되어 버렸다. 이 어려운 시기를 통해서 우리는 하나님을 신뢰하고 또 우리를 하나님의 사람으로 신뢰해주는 이 아름다운 가족들, 그러니까 우리의 가족들과 생사고락을 함께 하고자 했을 때, 실로 하나님께서 우리와 함께 하셨다는 것을 배울 수 있었다.

8

죽음의 문턱을 넘어

최대한 많은 이들을 구출해내려고 쉬지않고 일하는 동안, 빠른 심장의 고동소리처럼 그렇게 한 달이 지나고 여러 달이 지났다. 우리는 몇 주 간격으로 쥬빌리와 리오그란데 벨리 사이를 왕래했다. 보석금으로 풀려난 첫 다섯 난민은 캐나다까지 무사히 도착했지만, 어느덧 보석금만으로는 도울 수 없는 위기에 처한 사람들이 점점 갈수록 늘어갔다.

밝은 색깔의 쥬빌리 버스는 우리가 직접적인 도움을 줄 수 없는 일반 범죄자들에게도 희망의 상징이 되었다. 이민국에서 굳이 막지 않는 한 우리는 '목장'의 천정같이 높은 울타리 밖에 쥬빌리 버스를 정차해 둘 생각이었다. 그걸 본 수감자들이 친구가 곁에 있다는 걸 알고 위로를 삼기를 바랐기 때문이다. 아노 데 쥬빌리오라는 프로그램을 운영하는 쥬빌리 파트너 사람들이 가까이 와 있다는 소문은 순식간에 퍼져 나갔다. 난민들의 가슴엔 희망이 싹텄고 우리는 더욱더 온 힘을 다해서 이들의 사정을 법정에 호소해 보기로 했다.

그러나 이민국 판사는 보석금 조건을 한층 까다롭게 만들어서 웬만해서는 쉽게 풀려나지 못하게 하였다. 대부분 한 사람당 수천 달러에 달하는 액수였다. 이 정도 액수면 난민들에게는 수백만 달러나 마찬가지였다. 난민들에게 이런 돈이 있을 리는 만무했다. 그들 친구 중에도 이런 돈을 가진 이는 없었다.

그러므로 죽음으로부터 탈출하고자 하는 삶의 경주는 사실 '목장'에서부터 시작되는 셈이었다. 법정은 난민들이 정치적 망명을 신청하는 이유가 정말 정치적 고문과 핍박 때문인지 아니면 숨은 다른 뜻이 있는지 그 여부를 가리는 심리hearing를 열었다. 정말 그 이유라면 미국 헌법상 망명 조건이 되고도 남는 것이었다. 우리는 되도록 많은 심리에 참석하였다. 이들이 하나라도 더 추방시키기 위해 갖은 애를 쓸수록 우리는 더욱 미친 듯이 뛰어다녔는데 그중에서도 특히, 본국으로 추방되면 사형을 당하거나 상상할 수 없는 고통을 당할 거라고 여겨지는 사람을 구제하는데 더욱 미치광이가 되다시피 했다.

마리오라는 청년도 그 중 하나였다. 엘살바도르 땅을 밟는 즉시 그는 암살대의 수중에 들어가서 바로 처형될 것이 뻔했다. 그는 이미 노동조합의 지도자로 활동한 적이 있는데다가, 암살기도를 몇 번이나 아슬아슬하게 피해간 적까지 있는 인물이기에 더했다. 그에게 떨어진 보석금은 무려 4천 달러나 되었다. 판사는 한 푼도 깎아 줄 수 없다고 했다. 어떻게 해서든지 풀려나고자 발버둥을 칠 것을 눈치 챈 이상 보석금을 더 올리면 올렸지 깎아 주지 않는 것은 당연지사였다. 코이노니아 친구들에게 도움을 요청하는 수밖에 없었다. 마리오는 다른 누구보다 더 딱한 사정이니 더 각별한 도움이 필요하다고 했다.

마리오에게 중대한 아침이 왔다. 그를 도울 수 있는 모든 법적인 수단은 이미 다 바닥이 난 상태였다. 확성기로, 그날 모인 사람 가운데 추방될 60명의 명단을 불렀다. 한 사람 한 사람의 이름이 불리자 대기하고 있는 사람들 사이에서는 긴장감이 점점 더 고조되었다. 60명의 명단을 다 부르자 추방 면제를 당한 사람들 사이에서 크게 안도의 숨을 내쉬는 소리가 들렸다.

그런데 바로 그 순간 기겁할만한 일이 일어났다. 61번째로 마리오의 이름을 부른 것이다. 이제 생을 위한 몸부림침도 여기서 끝이라고 생각하면서 그는 서서히 법정 입구를 향해 걸어나갔다. 그런데 거기 코이노니아에서 온 라이언과 프리슨 내외가 서 있는 것이 아닌가! 그것도 4천 달러라는 보석금을 손에 들고서 말이다. 코이노니아가 한 발짝도 늦지 않고 와 준 것이다.

나중에 우리는 로베르토의 얘기를 들으며 추방당한 사람들이 당할 고통이 우리가 상상하는 것 이상으로 끔찍하다는 게 거짓이 아님을 알게 되었다. 큰 키에 마른 체형을 가진 다소 준수한 용모의 로베르토라는 형제는 온유한 성품의 소유자로 얼굴에 늘 웃음을 띠곤 했었다. 하지만, 그의 눈에는 수많은 역경을 거쳐 온 슬픈 삶의 흔적들이 역력히 드러났다.

고교 시절에는 원주민들을 돕는 일을 하던 과테말라 시의 산카를로스 대학생들과 알고 지냈는데, 그 일에 흥미를 느낀 로베르토는 원주민들의 문맹퇴치를 위해 읽고 쓰는 법을 가르칠 뿐만이 아니라 약과 양식을 나누어 주며 농작물 생산을 돕기도 했다.

그러자 주변 부농들의 입담에 오르기 시작했는데 의심의 눈초리를 보낸 그들은 학생들이 공산주의 사상을 부추기는 정치활동을 하고 있다고 거짓으로 고발하기에 이르렀다. 그들을 경계하라는 소리가 퍼졌다. 처음에는 알듯 모를 듯 번져나갔지만, 점차 시간이 지나면서 더 직접적인 엄포로 변하기 시작했다.

어느 날 학생 지도자 두 명이 사라졌다. 며칠 후 그들은 형체를 알아볼 수 없는 시체가 되어 인근 공공장소에 버려졌는데, 검은 색 손바닥

문양과 '암살대'Escuadrón de la Muerte라는 문구가 적힌 종이가 시체에 박혀 있었다. 일부 학생들은 기겁하며 공포에 떨었지만, 로베르토를 포함한 학생 대부분은 다시 일에 착수했다.

그로부터 몇 달 후, 로베르토와 여럿이 모여 회의를 하고 있는데 기관총으로 무장하고 복면을 쓴 남자들이 문을 박차고 들어와서는 리더 중 두 사람을 강제로 끌고나갔다. 그리고 그들은 나머지 학생들을 강제로 자리에 앉힌 다음에 최루탄을 터트리고는 방문을 잠그고 가버렸다.

이 일이 있은 후 학생들은 그 여느 때보다 더욱 가난한 이들의 권리 옹호를 위해 앞장서야겠다는 아주 '정치적인' 결정을 하게 된다. 로베르토는 하루 종일 아티틀란 호수 부근의 산마테오 마을 외곽에서 농작물 프로젝트를 도왔다. 고속도로 순찰대에게 수차례 심문도 당했다. 어떤 때는 구타로 엄지손가락이 골절되기도 했고 발길질을 당해 허리를 다치기도 했다.

로베르토가 일하고 있던 마을에 군대가 쳐들어왔다. 이들은 일부 마을 사람들을 죽였으며 집을 불태웠다. 군인들이 로베르토의 집을 몇 차례 찾아오기도 했지만, 그때마다 다행히 집에 없었고, 가까스로 몸을 피할 때도 있었다. 당장 미국으로 도피해야겠다고 생각했다. 그러지 않으면 죽임을 당할 것이 뻔했기 때문이다.

로베르토의 어머니는 북미 사람으로 그녀의 부모님은 유나이티드 과일 회사에 종사했었다. 그녀는 로베르토가 다섯 살이었을 때 그를 버렸으며 로베르토는 그 후 과테말라인 가족에게 입양되었다. 그리고 그녀는 곧장 미국으로 귀국해 버렸다. 출신배경 때문일까. 로베르토는 이 사실을 알고 있었고, 그래서 미국으로 오겠다는 결심을 비교적 쉽게 할 수 있었다. 9년 동안 닥치는 대로 여기저기서 일을 하면서 시민권자가 되길 기다렸다. 어머니가 약간의 도움을 주긴 했지만, 시민권 신청서는 거절을 당했다.

그는 과테말라로 추방당하면 자기는 위험에 처하게 될거라고 이민국 사람에게 끈질기게 호소도 해 보았지만, 이민국은 아랑곳하지 않고 그를 과테말라로 돌려보냈다. 미국 정부의 지원을 받는 국제 경찰 공조 시스템의 일원인 과테말라 국제 경찰에게 곧바로 공항에서 붙잡혔다.

추방된 다른 이들과 마찬가지로 로베르토 역시 미국에서 불법체류를 하다가 추방당한 자라는 낙인이 찍혔다. 과테말라 경찰 당국에 비상이 걸렸다. 그들은 그 다음 날 아침까지 로베르토를 공항에 붙잡아 두면서 지문을 체취하고 사진을 찍었고 여러 시간에 걸쳐 심문했다.

세관을 거쳐 출구로 나오면서 공항 위쪽을 보니 수십 명의 사람들이 그를 내려다보고 있었다. 그중에는 분명히 그가 바깥으로 나오기만을 기다리고 있는 요원이 섞여 있었을 것이다. 유리문을 통과해 가족과 친지를 마중 나온 군중의 틈새를 빠져 나와서 공항 밖으로 안내하는 층계를 서둘러 내려갔다. 공항을 빠져나와 재빨리 걸었지만 결국, 대기하고 있던 암살대원을 비켜가진 못했다.

포드 자동차가 그 옆으로 바짝 틀더니 총을 찬 몇 명의 남자들이 차에서 뛰어내려서 로베르토를 붙잡았다. 가장 걱정했던 일이 결국 현실이 된 것이다. 그 후 2주라는 시간 동안 밤낮으로 당한 고문은 차마 말로 할 수조차 없었다. 로베르토는 이 때의 일을 또렷하게 기억했다. 독방에 감금되어 외부와의 접촉이 일체 차단되었으며 음식도 먹지 못했고, 잠도 거의 재우지 않았다.

몸이 쇠약해질수록 심문은 가혹해졌다. "지금 손잡고 일하는 자가 누구냐? 미국에선 뭘 했지? 과테말라로 돌아온 이유는 무엇이냐? 너

공산당원이지?"

　엄지 손가락을 등 뒤로 해서 발가락과 묶어 놓고 기관총으로 위협하며 외딴곳으로 끌고갔다. 심문에 대한 답변이 시원치 않다고 생각한 그들은 의식불명이 될 때까지 때렸다. 그러다가 그가 죽었다고 생각한 암살단원은 시체를 과테말라 인근의 쓰레기장에 버렸다.

　아무 거리낌 없이 이렇게 시체를 가져다 버리는 일은 과테말라의 폭압적인 정부체제를 보여주는 가장 끔찍하고 대표적인 증거나 다름이 없었다. 과테말라 시는 태평양을 향해 흐르는 깊은 협곡을 중심으로 몇 개의 구역으로 나뉘어 있었다. 협곡의 하나는 쓰레기 처리장 심장부 역할을 했다. 줄줄이 늘어선 노란색의 쓰레기 운반 트럭이 폐기장 높은 벽을 지나 협곡의 끝자락으로 쓰레기를 운반했다.

　이 벽들 사이에 과테말라에서 가장 가난한 수천 명의 사람이 일하고 살고 있었다. 그들 대부분이 여성이고 아이들이었다. 말똥가리 떼들이 날아다녔고 허기로 굶주린 수척한 개들이 먹이만 있으면 달려들 기세로 쏘다니고 있었다. 이곳의 주민들은 맨손으로 트럭에 올라가서 쓰레기를 끌어내렸다. 그리고 쓰레기를 끌어내리면서 계속해서 쓰레기 중에 먹을 만한 것이 없는지 유심히 찾았다. 조금이나마 손동작을 늦추기라도 하면 금방 말똥가리들과 개들에게 먹이를 뺏겼다. 너무 못 먹을 정도로 음식이 상하지만 않았으면 플라스틱 용기나 가구를 소각시키는 불에 튀겨 먹기도 했다. 그리고 재활용할 수 있는 금속조각이나 플라스틱은 따로 분리해 두었다가 매일 오후 트럭을 가지고 폐기장으로 오는 지역 상인에게 팔았다.

　폐기장에서 일하는 사람들은 문명이 발달한 과테말라 시 한가운데의 이 냄새 나고 추한 곳에서 자신들만의 문화와 생존 기술을 갖고 있었다. 과테말라 사람들은 이들을, 마치 자신들이 24시간 버리는 쓰레기처럼 언제든지 처분할 수 있는 존재로 여겼다. 아이들을 포함한 이들 대부분은 이 끔찍한 환경을 견디기 위해 본드를 흡입하거나 다른 방법을 사용해서 자신들의 감각을 무디게 만들었다. 그들은 협곡의 가장자리에 있는 쓰러질 듯 말 듯한 작은 판잣집에서 살았는데, 이 판잣집은 때로는 폭우에 쓸려 내려가거나 지진으로 무너지기도 했다. 어떤 때는 밑이 보이지 않는 깊은 물 속으로 사람이 집과 함께 쓸려 내려가기도 했는데, 말 그대로 쓰레기 더미와 한 덩어리가 되어 둥둥 떠다니기도 했다.

이 쓰레기장은 암살대원에 의해 살해된 희생자들의 시체를 버리는 곳으로 유명한 곳이었다. 암살단 조직들은 색 유리창을 한 포드 브롱커와 지프를 타고 와서는 협곡 끝자락에 피투성이가 된 시체를 내버리고 가곤 했다. 아무도 그런 이들에게 따지거나 접근하는 이는 없었다. 그들이 떠나면 폐기장에서 먹고사는 사람들은 시체에서 한줄기의 호흡이라도 느껴지는지 확인해 보곤 했다. 이들은 거의 죽어가는 사람을 살리는 데는 전문가들이었다.

로베르토의 경우가 그랬다.

의식이 돌아왔을 때는 이 사람들의 판잣집에 누워 있었다. 온몸은 타박상과 베인 자국 투성이었다. 이들이 마실 물을 주었다. 뭔가 삼킬 수 있는 기력을 회복했을 때는 비록 빈약한 음식이긴 했지만 먹을 것도 주었다.

로베르토는 여전히 기력이 없었지만, 얼마 후 양부모를 찾아 나섰다. 이웃 사람 말에 의하면 며칠 전 경찰이 집으로 쳐들어와서는 양 아버지를 심하게 구타했고, 나머지 가족들은 현재 숨어 있는 중이라고 했다.

로베르토를 숨겨 주는 것이 위험천만의 일임을 뻔히 알면서도 이웃 사람들은 그가 다시 기력을 되찾을 수 있도록 며칠간 거처할 곳과 양식을 주었다. 그리고 버스표를 살 돈을 주면서 서둘러 이곳을 떠나라고 했다. 그로부터 3개월 후 로베르토는 리오그란데 벨리를 건너 텍사스 땅까지 들어오게 되었다.

하지만, 24시간도 못 되어 미국 국경 순찰대에게 발각되어 붙잡혔다. 그리고 추방이 되면 살아남지 못할 거라며 미친 듯이 호소했지만, 곧바로 추방 심리가 시작되었다. 그러니까 프리슨 내외를 만난 것이 바로 그 시점이었다.

프리슨 부부는 추방당했을 경우에 목숨이 위태로운 사람들이 누구인지를 가려내기 위해 수백 명의 난민들을 일일이 한 사람 한 사람씩 신중하게 인터뷰 하는 부담스런 일을 맡고 있었다. 늘 우리가 감당할 수 있는 숫자보다 훨씬 많은 사람의 이름이 명단에 올라오곤 했다. 라이언은 쥬빌리 대표로 모든 결정을 내려야 하는 막중한 책임을 안고 있었다. 때때로 정말로 고통스러운 결정이었지만 일단은 보석금 액수가 적은 사람들을 먼저 선택해야만 했다. 우리가 가까스로 목숨을 건진 이들과 함께 지구 반대편으로 향하는 동안 겁에 잔뜩 질린 많은 남자와 여자들은 여러 명씩 무리지어 암살대원의 손아귀로 넘겨지는 비행기에 몸을 실어야 했다.

수개월이 지난 후에야 그동안 난민들을 보석금을 내고 빼내온 것이 어떤 일이었는지를 깨닫게 되었다. 쥬빌리 운영비 수천 달러가 보석금으로 묶여 있었던 것이다. 보석으로 풀어주는 제일 첫째 조건은 일단 그들이 미국을 떠나는 거였다. 물론 이민국 판사가 원한 바는 그들이 다시 중앙아메리카로 돌아가는 거였다. 그러나 우리는 캐나다를 택했다. 캐나다 땅으로 건너올 적마다 우리는 난민들이 미국 땅을 떠났다는 사실을 증명하는 증명서를 이민국에 제출해야만 되었다. 그로부터 몇 주가 지나면 보석금을 되돌려 주었는데 정말 상상 밖의 일이었다.

어느 저녁인가, 쥬빌리에서 예배를 드리면서 바울과 실라가 감옥에 갇혔던 부분을 읽게 되었다. "한밤중에 바울과 실라가 기도하고 하나님을 찬송하매 죄수들이 듣더라 이에 갑자기 큰 지진이 나서 옥터가 움직이고 문이 곧 다 열리며 모든 사람의 매인 것이 다 벗어진지라"행 16:25~26

우리에게 이 말씀은 너무도 생생하고 적절한 말씀이었다. 왜냐하면 우리는 끊임없이 '목장' 으로 달려갔으며, 갇힌 자를 자유케 하는 그 '떨림' 을 맛보았기 때문이다. 우리 중에서 새로운 아이디어 하나가 구체화되기 시작했다. 가능하다면 대규모의 '탈옥사역' 을 해보자는 것이었다.

먼저 "바울과 실라의 순환식 보석 기금"이라는 명칭을 만들어 기금을 마련한다는 공고를 띄웠다. 지원자들에겐 무이자로 돈을 빌려주는 조건을 걸었고 우리는 이 돈으로 줄줄이 대기하고 있는 난민들을 석방하겠노라는 제안을 했다. 일단 난민들이 캐나다 땅만 밟으면 보석금은 다시 우리에게 돌아올 것이고, 우리는 다시 그 돈으로 나머지 사람들을 석방하는 데 쓸 생각이었다.

기금이 흘러들어오기 시작했다. 그 중엔 훌륭한 아이디어라고 칭찬하는 편지를 동봉한 사람들도 있었다. 오래지않아 10만 달러라는 거금이 모였다. 로베르토를 놓고 몇 주를 협상한 끝에, 우리는 바울과 실라 기금에서 7천5백 달러를 보석금으로 낼 수 있었다.

그리고 하루에 한 사람이라도 더 석방해 캐나다 땅을 밟게 하려고 매일같이 분주하게 뛰었다. 난민들이 아노 데 쥬빌리오 프로그램에서 교육을 마치는 속도보다 돈 들어오는 속도가 더 빨랐기에 광범위한

'난민운송계획' 연결망을 통해서 들어오는 다른 난민들에게도 보석금을 제공할 수 있었다.

이민국 당국은 점점 더 일을 늦게 처리하는 방법을 택했다. 그들은 난민들이 캐나다에 도착한 이후에도 보석금을 아주 천천히 돌려주는 전략을 썼던 것이다. 몇 주면 되던 것이 몇 달까지 걸렸다. 어떤 경우에는 관련 행정부처에서 어떤 루트로 서류가 처리되고 있는지 파악까지 해가면서, 수차례의 편지와 전화로 몇 년이나 연락을 한 후에야 보석금을 돌려받는 때도 있었다. 하지만, 이 모든 것에도 '포로된 자를 자유케하는' 사역은 나날이 놀라운 현실로 실현되고 있었다.

파블로도 이 프로그램을 통해서 안전하게 데리고 올 수 있었다. 과테말라 출신의 순회 설교자였던 파블로는 우리의 기금에 대해서 듣기 오래전부터 바울과 실라 이야기를 통해서 힘을 얻었다고 했다. 파블로는 마야의 후손이었는데, 큰 믿음과 열정이 넘치는 사람이었다.

그는 다른 한 사람과 함께 수년 전 과테말라 정부의 대학살의 끔찍한 장소이기도 했던 엘 키체에서 멀리 떨어진 마을과 외곽지역에서 설교 했다. 당시는 잠시 폭력이 잠잠하던 시기였다. 파블로는 그것을 복음을 전할 수 있는 하나님이 주신 기회로 삼았다. 그의 아버지는 그를 바보라고 늘 핀잔했으며 복음 전하는 일로 어떻게 벌어 먹고살겠느냐며 늘 빈정거리기 일쑤였다. 그럴 때마다 파블로의 대답은 늘 한결같은 것이었다. "아버지는 이해하시지 못해요. 전 돈을 보고 이 일을 하는 것이 아니라 그들을 사랑하기에 하는 것입니다. 무엇보다 이 일이 하나님이 기뻐하시는 일이라고 생각해요."

그러나 머지않아 모든 사람들이 설교자들을 노골적으로 피하는게 보였다. 파블로와 그의 동료가 마을에서 마을로 걸어다니며 영적인 가르침을 베풀고 예배를 진행할 때마다, 게릴라들은 이들의 뒤를 따라다니며 전단을 뿌렸다.

게릴라들은 곧 더 노골적으로 협박을 가하기 시작했다. 전단지 하나에는 손으로 쓴 경고가 있었다. "조심해라. 계속해서 설교하고 다니는 건 스스로 문제 속으로 뛰어드는 것이다. 말을 듣지 않고 고집 부리다간 그땐 네가 고집부린 대가를 받게 될 것이다. — EGP" 빈민촌에서 활동하는 게릴라 집단을 뜻하는 약자

다른 경고성 메모도 계속해서 나타났는데, 점점 더 강경해져만 갔다. 파블로와 일행은 어떤 정치적 음모를 품은 것으로 보일 만한 말은 일부러 피했지만, 게릴라들은 여전히 이들에게 세뇌를 당한 지역 주민들이 결국 과테말라 정부에 대한 저항세력에 동조하지 않게 될 것이라고 생각했다. 일단 크리스천이 되면 더 이상은 무장 투쟁에는 관심을 갖지 않게 될 것으로 생각한 것이다.

하지만, 이들 순회 설교자들은, 사도행전에 나오는 바울과 실라와 다른이들이 겪었던 핍박을 들어 주민들이 믿음의 결의를 다질 수 있도록 함께 기도하며 용기를 북돋아 주었다. 그들은 결코 협박과 위험 앞에서 물러서지 않겠다고 결심했다.

그때 파블로 일행을 안내하는 일을 하던 두 명의 지역 주민이 자경단Civil patrol에 붙잡히는 일이 발생했는데, 자경단이란 다름 아닌 게릴라로부터 마을 주민들을 보호하기 위해 정부군에서 조직한 집단이었다. 안내원 일을 하던 사람들은 심한 고문과 심문을 받았다. 심문관들은 파블로 일행이 사람들에게 정부군을 배반하고 게릴라에 가입하도록 부추기는 일을 도왔다는 죄목으로 안내원들을 고발했다.

그 중 한 사람은 심히 구타를 당한 상태로 돌아왔지만, 다른 이는 돌아오지 못했다. 심한 고문 탓에 사망한 것이 틀림이 없었다. 살아 돌아온 안내원은 파블로와 일행에게 그 지역을 떠나라고 애원했다. 파블

로와 그 친구도 이제는 그들이 게릴라들만이 아니라 자경대에게도 쫓기는 신세가 되었다는 것을 알고 있었다. 때문에 그들은 서둘러서 몸을 숨겼다.

파블로는 한 가지 어려운 결정을 내려야 했다. 과테말라 시 근처에 있는 집으로 다시 돌아간다고 해도 위험에 처하긴 마찬가지였기 때문이다. 그는 고국을 떠나기로 했다. 아내와 한 살에서 다섯 살밖에 안된 아이들은 파블로가 미국에서 자리를 잡을 때 다시 합치기로 하고, 그때까지 안전하게 기다리고 있을 줄로 생각했다. 가족에게 편지를 써서 마음을 담대히 먹고 기도하며 기다려 달라고 부탁했다. 그리고 미국에 도착하자마자 다시 연락하겠다고 약속했다.

한 달여의 여정 후 드디어 파블로는 남 텍사스 땅을 밟았다. 거기서 쉴 수 있는 곳도 찾았다. 기쁨에 들떠서 전화 수화기부터 들었다. 하지만, 가족을 남겨 두고 먼저 떠나기로 한 결정이 이런 불상사를 가져올 거라고는 미처 생각지 못했다. 아내는 '실종' 되었고, 장모가 세 아이를 데리고 있었다. 장모는 누군가와서 자기들을 해치기 전에 빨리 돌아오라고 파블로에게 애원 했다. 게릴라 집단으로부터 당장 파블로가 돌아오지 않으면 가족의 목숨이 위험할 거라는 경고를 받았던 것이다.

파블로는 아이들을 구하기 위해 즉시 출발했다. 하지만, 리오그란데 벨리를 채 건너기도 전에 마타모로스에서 멕시코 경찰 당국에 붙잡혀 심한 매를 맞았다. 설상가상으로 파블로는 아무것도 모른다고 극구 부인했지만, 파블로에게 공격당한 적이 있다고 확신하는 경찰이 있었다. 그러자 더 심한 핍박이 가해졌다. 일단 경찰은 파블로를 마타모로스 시 리오그란데 강의 남쪽에 위치에 있는 한 주택에 감금을 시켰다. 그 후 탐피코에 있는 감옥으로 이송이 되었고 나중엔 리오그란데 강 남쪽으

로 약 640km 떨어진 파판틀라라는 작은 마을의 구치소로 또 이동이
되었다.

이제 완전히 묶인 몸이 된 파블로는 그렇게 서서히 잊혀갔다. 한 달,
두 달 세월이 지나면서 파블로는 온통 가족에 대한 염려로 감옥에서
풀려나기만을 기다렸다. 간수들이 종종 구타하기도 했는데, 손가락이
부러지는 일도 있었다. 시간이 지날수록 점점 먹는 것도 적게 주었다.
그는 7개월 동안 독방에 감금까지 되었는데 그중 마지막 석 달은 물과
간간이 주는 토틸라 외엔 아무것도 먹을 것을 주지 않았다. 굶어죽기
일보직전이었다.

"아이들을 위해서, 그리고 이 고통에서 살아남는 힘을 달라고 쉬지
않고 기도했습니다." 그때를 회고하며 훗날 쥬빌리 사람들에게 말했
다. "이러다가 정신을 잃을까 봐 두려웠습니다. 하나님께 매달리면 매
달릴수록 눈물이 터져 나왔습니다."

"하루는 기도하다가 눈을 들어 위를 보니 저를 찾아 온 어떤 사람이
서 있더군요. 그는 긴 머리카락에 흰 옷을 입은, 키가 큰 남자였습니
다. 그분이 저에게 이렇게 말했습니다. '파블로, 이젠 울지 마라. 여기
서 곧 나가게 될 것이니까.' 그리고는 그냥 사라졌습니다."

"그래서 교도관에게 물었지요. '방금 날 찾아온 사람이 누굽니까?'
라고. 그랬더니 '정신 나갔군' 하면서 정신병자 취급을 하더군요. '이
봐, 앞문이 저렇게 철저히 잠겼는데 오긴 누가 왔단 말이야. 당신을 찾
아온 이는 아무도 없어.'"

"저는 정말 제가 미쳤다고 생각했습니다. 그런데 일주일 후에 정말
어떤 남자 두 사람이 절 찾아왔는데 파판틀라 시 북서쪽으로 10여 킬
로미터 정도 떨어진 포자 리카 데 히달고라는 작은 마을에서 온 사람
들이었어요. 그분들이 저에 대한 얘기를 듣고 먼젓번에도 왔었다고

하는데 면회를 거절당했다고 하더군요. 그래서 계속해서 기도하면서 면회를 신청했다고 합니다. 결국 교도관이 들여보내 주었다고 합니다. 그들이 절 찾아왔을 무렵에는 제 건강 상태가 말이 아니었습니다. 굶어 죽기 거의 직전이었죠. 교도관이 저를 고문할 때, 팔 한쪽을 주삿바늘로 찔렀는데 거기에 염증도 생겼습니다. 하지만, 절 면회 온 사람들은 걱정하지 말라면서 곧 풀려나기를 기도하고 있다고 했어요. 며칠 후 그들은 어떤 서류 하나를 들고 다시 찾아왔는데 저를 석방하라는 통지문이었습니다. 아마도 절 풀어내기 위해 누군가에게 뇌물을 준 것 같았어요.”

이들 새 멕시코 친구들은 파블로를 포자 리카 데 히달고로 데리고 갔다. 거기서 몇 달간 머물 수 있는 곳을 마련해 주었고, 그 기간 동안에 파블로가 건강을 되찾을 수 있도록 돌봐주었다. 그리고 파블로가 회복되는 동안에 과테말라로 가서 세 아이를 데리고 와 주었다.

그 후 파블로는 아이들과 함께 리오그란데 강을 건너려고 시도하다 브라운즈빌 근처에서 국경 순찰대에 붙잡혔다. 아이들은 보호소로 붙잡혀 갔고 파블로는 ‘목장’에 감금되었다. 이제 추방당할 위기에 놓이게 된 것이다. 하지만, 그의 기도는 다시 응답이 되었다. 파블로는 전율을 느꼈다. 하나님이 이번에 보내신 ‘천사’는 바로 리차드 프리슨이었다. 그리고 몇 주 후 귀가 입에 걸리도록 함박웃음을 지으며 하나님을 찬양하면서, 이 강인한 전도자는 드디어 쥬빌리에 도착했다. 바울과 실라의 순환식 보석기금으로 감옥에서 풀려 난 것이다.

하지만, 그 기쁨도 잠시였다. 캐나다로 가는 마지막 출국 허가를 기다리는 동안 과테말라에 남은 그의 아버지는 타인을 향한 아들 파블로의 사랑과 헌신에 감동한 나머지 양심의 가책을 느끼고는 과수원에서 재배한 과일을 바구니에 담아 이웃에게 돌리는 일을 시작했다. 그러던 중 아버지가 자주 지나다니던 역에 대기하고 있던 헌병 눈에 띄고 말았다.

어느 날 그의 시체는 길가에서 발견되었다. 시신 부근에는 살인자가 떨어뜨린 게 분명한 군용 허리띠가 떨어져 있었다. 통곡하던 파블로의 누이는 곧장 허리띠를 들고 군부대로 달려갔다. 그리고 군중 앞에서 허리띠를 흔들어 보이며 소리쳤다. "당신은 살인자들이야. 내 순진한 아버지를 죽인 살인자들이란 말이야!"

군 당국은 아무 대꾸도 하지 않았다. 그리고 몇 주 후에는 그녀의 시체마저 아티틀란 호수 부근에서 발견되었다. 당시 시카고에서 이 비보를 전해 들은 파블로는 너무 충격을 받은 나머지 몸에 병이 생겨서 잠시 동안 병원에 입원해야 했다.

마침내 캐나다에 도착한 파블로는 아내의 행방을 추적하였다. 국제 사면 위원회에 도움을 요청해 보기도 했다. 그리고 라미로 데 레온 카르피오 과테말라 인권 협회장을 만나 보기도 했는데, 이분은 과테말라 전前 대통령이셨다. 라미로 인권 협회장은 아내는 지금쯤 이미 사망했을 것이므로 별 도움을 줄 수 없다는 말만 했다.

하지만, 그는 희망을 버릴 수 없었다. 최근에 그와 통화했을 때는 한 달간 금식을 하면서 아내에 대해 말씀해 주십사 하나님께 기도했다는 말을 들었다.

파블로는 중앙아메리카에서 핍박받는 많은 목회자 중 한 사람일 뿐이다. 십여 년 전쯤, 그러니까 1977년 봄에 엘살바도르에서는 정부에 의해서 가톨릭 성직자를 핍박하는 대대 캠페인이 벌어졌는데, 그 당시 여덟 명의 성직자가 국외로 추방당했고 두 명이 순교했으며 남은 이들은 심한 고문을 당했다. "애국자가 되어라. 성직자를 죽여라"라는 문구가 적힌 악질적인 전단들이 나돌았다.

기독교세계봉사회는 그 후, 미국 전역의 교회들이 수년간이나 게시했던 포스터를 하나 만들었다. 그 포스터에는 얼굴엔 피로가 가득한 미소를 띠고 품에는 아들을 안은 한 중앙아메리카 청년의 사진이 실려 있었다. 그 사진 밑에는 이런 제목이 붙어 있었다. '난민도 당신과 똑같은 사람입니다.' 이 포스터를 본 수천 명의 사람들은 이 사진 속의 남자에게 무슨 일이 있었는지 궁금해 했을 것이다.

포스터의 주인공인 프란시스코라는 이름의 남자는 1985년 봄 가족과 함께 쥬빌리에 왔다. 그는 한때는 오스카 로메로 주교의 신임을 얻은 엘살바도르의 젊고 총명한 성직자였다. 1976년 여름에는 로메로 주교의 비서가 되었으며 몇몇 지역에서 교구 사제로 섬겼다. 바로 그 당시가 엘살바도르의 부유층과 가톨릭 교회 간의 갈등이 가장 급속도로 커져가던 시점이었는데 프란시스코는 점점 비중이 높은 공적인 역할을 맡게 되었고, 로메로 주교와 여행하는 일도 잦아졌다.

로메로 주교는 1977년 2월, 바티칸으로부터 대주교로 임명되었다. 그로부터 3주 후에 국민 투표가 거행되었는데, 결국 부정선거 시비가 일어나고 말았다. 2월 27일, 만여 명의 사람들이 산살바도르 자유의 광장에 모여 부정선거에 저항하는 시위를 벌였다. 그러자 자정이 조금 넘은 시간에 방위군들이 군중들을 공격해서 백여 명의 군중을 학살하고 수많은 부상자를 냈다.

동트기 전, 프란시스코는 로메로 대주교를 태우고 산살바도르로 달렸다. 자유광장에는 방위군들이 미친듯이 핏자국을 씻어내려고 했는데도, 두어 시간 전쯤 벌어진 대학살의 증거를 볼 수 있었다.

프란시스코는 산티아고 데 마리아 교구로 돌아가, 미사를 집전하면서 학살 사건에 대해서 있는 힘을 다해 고발했다. 그 교구는 로메로 대주교가 바로 직전에 목회하던 곳이었다. 그는 점점 심각해져만 가는 일련의 사건들에 점차 더욱 깊이 개입하게 되었다. 그중 하나가 세뇨라 델 펙이라는 지주와의 싸움이었는데, 그는 가난한 사람들로부터 지역의 상수도권上水道權을 빼앗아서 독점하려는 의도를 품고 있었다.

이 싸움이 진행되는 도중에 아구일라레스에서 사역하던 로메로 대주교와 프란시스코의 동료이기도 한 루틸로 그란데 신부가 습격당해서 살해당한 사건이 일어났는데, 자유 광장에서 대학살이 벌어진 지 2주 후인 3월 12일이었다. 고인이 된 친구를 기리며 슬픔에 잠긴 로메로 대주교는 이제 더 이상은 소극적이고 보수적이기만 한 교회 지도자가 아닌, 가난한 이들을 위한 대변자가 되어야겠다는 단호한 결심을 하게 된다. 이 때의 로메로 대주교의 감동적인 설교와 용기는 훗날 전 세계적으로 알려지게 된다.

로메로 대주교가 활동의 범위를 넓혀갈수록 자연히 프란시스코의 목숨도 점점 위태해져만 갔다. 그야말로 매일의 삶이 위험의 연속이었다. 그를 사랑하고 아끼는 교인들이 잠복하고 있는 사람들에 대한 정보를 흘려줘서 잠복습격을 피한 적도 많았다. 도로변에서 순찰대원에게 수도 없이 붙잡혀 몸을 수색당하기도 하고 협박과 구타를 당하기도 했다.

5월 초에는 그동안 세뇨 델 펙 지주의 재산을 수호하던 방위군에게 심하게 구타를 당해 보름간을 병원에 누워 있는 신세가 되었다. 군인들은 프란시스코에게 빈민을 위해 계속 떠들어 대면 '쥐도 새도 모르게 제거해 버리겠다' 고 협박했다.

암살대 조직의 우두머리이기도 한 어느 부유층의 의사는 오르덴 ORDEN이라고 불리는 우파의 준군사 조직에게서 "프란시스코를 제거하라"는 지시를 받았는데 자신이 정말 게릴라에 속한 사람인지 확인해 보려는 의도였다고 했다. 하지만, 그는 프란시스코의 친구가 되었고, 자신은 게릴라에 속한 자가 아님을 깨닫게 되었다. 그는 프란시스코 암살을 거부하고, 하루라도 서둘러서 망명하라고 설득시켰다.

프란시스코는 미국에서 8개월을 보낸 후, 그에 대한 협박이 좀 잠잠해졌길 바라며 다시 엘살바도르로 돌아가기로 했다. 그는 1978년까지 성직자로서의 사명을 다 했다. 성경공부를 인도하고, 직업훈련과 헌 옷 가지 나누어주기, 건강 교육에 관심을 쏟았으며, 현 사회의 문제점들을 토론하는 시사회를 열기도 했다.

그는 가톨릭 구호 조직인 CARITAS와 함께 필요한 사람들에게 밀, 기름에, 그리고 우유를 나누어 주었다. 그러던 중 또다시 '위험인물'로 낙인이 찍혔다는 말이 들려왔다. 지역 교구민들을 상대로 한 빈민촌 사역과 대학에서 철학을 강의한다는 게 그 이유였다.

프란시스코는 1978년에 수차례에 걸쳐서 위험 때문에 주교 관구를 떠나서 다른 나라로 갈 수 있도록 허락해 달라고 청원했었다. 하지만, 지역 주교들은 허락하지 않았다. 하지만 12월에는 결국 사역의 위험 때문에 프란시스코가 사제직을 포기하기에 이르렀다. 대중들의 눈에서 사라짐으로써 문제들로부터 피하고 싶었던 것이다. 그러나 프란시스코의 대중적인 인기 때문에 서로 대립하고 있는 양쪽 진영의 지도자들이 자기들 편으로 프란시스코를 끌어들이려고 나서는 일이 벌어졌다.

1980년 5월, 그는 실비아라는 여인과 결혼을 했는데 그녀는 우술루탄이라는 마을에 사는 부유층 집안의 딸이었다. 그녀의 친척 중 한 사람이 대통령궁의 경호실장이었다. 그 중 로베르토 디 어비손이라는 또 다른 친척은 세간에 이름은 공개되지 않았지만 암살대의 리더였다. 하지만, 실비아는 가족들에게는 정치적 측면에서 반역자나 다름이 없었다. 프란시스코와 결혼함으로써 최후의 연결고리를 끊었던 것이다. 1980년 말 어비손은 프란시스코에게 12월 10일까지 엘살바도르를 떠나지 않으면 죽임을 당할 거라는 전갈을 보내왔다. 프란시스코는 휴스턴으로 날아왔고 한 달 후 아내 실비아와 다시 만났다.

이제 다시는 엘살바도르로 돌아갈 수 없는 것만큼은 분명한 사실이 되었다. 그래서 프란시스코와 실비아는 아이들도 쥬빌리로 데리고 왔다. 그로부터 수개월 후, 마침내 이들 모두는 안전하게 캐나다에 정착했다.

9
계속 질주하는 믿음

쥬빌리 사역을 하면서 그동안 우리를 계속해서 달리게 한 힘은 난민들의 담대함과 굳건한 믿음이라고 해도 과언이 아니다. 오직 하나님만을 깊게 신뢰했던 그들의 믿음은 늘 우리를 감동시켰다. 그중 아르만도 형제 역시 모험의 굴곡을 여러 번 넘겼는데, 그가 보여준 믿음의 신실함은 우리에게 특별한 도전을 주었다.

젊은 시절, 아르만도 형제는 과테말라 엘리트층의 특권을 누린 사람이었다. 형제 열두 명이 모두 대학출신이었을 뿐만이 아니라 다들 전문직에 종사했다.

아르만도 형제는 의사였다. 인턴으로 있을 적에는 과테말라 시 북쪽 지방의 산기슭에 사는 마야족 사람들을 돌보는 일을 하기도 했는데 이들은 과테말라 총인구의 대부분을 구성하는 민족이었다. 아르만도는 이들을 정말로 사랑했다. 아르만도는 의사 면허를 취득한 이후에도 다른 의사들과 같이 도시에서 풍족한 삶을 추구하는 대신, 아내와 함께 다시 산기슭으로 돌아가 마야족 사람들을 위해 봉사했다.

가족들의 반대에도 그는, 이들 원주민에 대한 과테말라 정부의 핍박을 염려하며 점점 관심을 두기 시작했는데, 상황이 상황이니만큼 어떤 정치적 활동을 통해 항거할 수는 없었고, 의료봉사를 하는 것으로 원주민들에 대한 관심을 나타냈다. 하지만, 그런 은밀한 관심조차도 과테말라 지방 관리들의 의심을 사기에 충분했다.

아르만도는 사명감으로 이들을 섬겼다. 그들이 사는 외딴 마을로 가려면 장시간을 비탈진 산길을 오르내려야 하는 일도 잦았다. 조수가 그를 도와 의료장비와 구급약을 가지고 갔다. 시간이 흐르면서 이런 아르만도의 관심과 배려에 감동을 받은 마야족 사람들은 점차 마음을 열고 그를 신뢰하기 시작했다. 어느덧 아르만도와 그의 조수는 그 지역의 생활상에 대해서만큼은 가장 잘 아는 외부인이 되었다.

예상대로 아르만도의 의료봉사활동은 과테말라 군대의 눈길을 피해갈 수는 없었다. 처음에는 아주 자연스럽게 접근해오더니 점점 더 노골적으로 아르만도를 추궁하기 시작했다. 그들은 마을 청년들의 이름을 달라고 했고, 그 중에서 누가 인근 정글에 숨어있는 게릴라에 대해서 호의적으로 생각하고 있는지, 혹은 게릴라들을 실제로 돕고 있는지 실토하라고 집요하게 추궁했다. 아르만도는 의사로서의 직업적인 특수성을 핑계로 아무런 정보도 내주지 않았다.

그러던 어느 날, 아르만도와 그의 조수는 군인 몇 사람과 맞닥뜨렸는데, 그 군인들은 그 지역 군대 책임자의 인내심이 바닥이 났으니까 당장에 정보를 내놓으라고 윽박질렀다. 아르만도는 그들의 협박이 두렵긴 했지만 절대로 그 어떤 정보도 누설할 수 없다고 단호하게 잘라 말했다.

군인들이 아르만도의 조수를 붙잡았다. 한 사람이 그의 머리에 총을 가져다 대고는 "네가 협조하지 않으면 어떤 꼴을 당하게 될지 보여주지!"라며 소리를 질렀다.

아르만도는 자기 팔로 조수를 감싸 안으며 동시에 군인들을 밀쳐 내려고 몸싸움을 했다. 그러나 그들은 조수의 머리에 총구를 대고 그대로 방아쇠를 당겨 조수를 죽였다. 조수의 몸은 경련을 일으키며 떨더니 아르만도의 품에서 서서히 죽어갔다.

"협조하지 않으면 너나 네 가족에게 어떤 일이 벌어질지 잘 생각해!"라며 군인은 계속해서 윽박질렀다. 피투성이가 된 조수를 끌어 안고 있는 아르만도를 길 한복판에 남기고 "곧 다시 올 테니 그때까지 잘 생각!" 하는 말을 던지고 사라졌다.

그 다음 며칠 동안 아르만도와 그의 아내는 그동안 정들고 가까워진 사람들을 저버려야 하는지, 자기들만 살겠다고 도망쳐야 하는지를 놓고 수도 없이 얘기 했지만 혼란스러울 뿐이었다. 무엇보다도 그들의 세 아이, 예쁘고 어린 두 딸과 어린 아들 아르만도 쥬니어의 안전이 염려스러웠다. 그들 가족은 서로 친밀하고 사랑했다. 아르만도는 가까운 거리로 진료 갈 때마다 아들과 함께 가기를 좋아했다.

환자를 보고 있던 어느 날이었다. 누군가가 갑자기 문을 박차고 들어오더니 "군인들이 선생님의 아들을 잡아갔어요. 아이를 번쩍 안더니 마구 달려갔습니다!"라며 소리쳤다.

아르만도는 사무실에서 뛰쳐나가서 현장으로 달렸다. 그는 있는 힘을 다해서 쫓아갔고, 아이의 울부짖는 소리가 들리는 곳까지 따라잡았다. 아르만도는 납치범을 따라잡았고 안간힘을 써서 납치범의 손에서 아들을 빼았았다. 다행히도 납치범은 무기를 소지하지 않고 있었고, 그 즉시 모퉁이를 돌아서 사라져 버렸다.

안도의 한숨을 쉬며 눈에 눈물이 가득 고인 아르만도는 무슨 일인가 호기심에 가득 찬 군중을 뒤로하고 아이를 꼭 붙들고는 다시 병원으로 향했다. 이제 더는 망설일 이유가 없었다. 그는 대기하던 환자들을 돌려보내고 환자 기록부까지 다 태웠다. 병원문도 닫았다. 그로부터 몇 시간 후 그는 가족을 데리고 과테말라 시로 향했다.

하지만, 위험에서 벗어났다고 생각했던 것도 잠시였다. 과테말라 군인들은 곧 친척들에게 찾아가서 아르만도의 행방을 뒤지기 시작했다. 그때까지만 해도 아르만도는 아예 망명을 해야 한다는 것까지는 생각하지 않고 있었다.

아르만도는 그나마 그들을 숨겨줄 친척들이 많아서, 다행히도 이집 저집 몰래 도망 다닐 수 있었다. 어느 날 그는 두고 온 물건이 있어서 택시를 타고 형 집으로 갔다. 집 근처에 이르렀을 때, 아르만도는 경악했다. 군용 트럭이 형의 집 앞에 주차되어 있었고, 군인들이 형의 집을 포위하고 있었다.

그는 기사에게 계속 달리라고 했다. 택시가 집을 지날 때, 아르만도는 택시 뒷좌석에 바짝 엎드려서 몸을 숨겼다. 택시 유리창으로 바깥을 겨우 엿볼 만큼만 고개를 쳐들었는데, 군인들이 형의 집으로 난입하는 것을 보았다. 그 뒤로 아르만도는 서둘러 가족을 데리고 짐을 챙겼고 과테말라를 떠나게 된 것이다.

의사 면허가 있었기 때문에 의료 컨퍼런스에 참석한다는 것을 빌미로 하니 캘리포니아까지 오는 데는 별문제가 없었다. 동료들은 그가 멕시코 땅을 지나 피신할 수 있도록 도와주었고 그 후 영원처럼만 느껴지던 긴 시간이 지난 후에는 가족과 재회하고 쥬빌리까지 올 수 있었다.

아르만도는 시인이었고, 감수성이 풍부한 사람이었다. 여기까지 오기까지 그동안 겪었던 고초에 대해 이야기하는 아르만도의 눈엔 늘 눈물이 고이기 일쑤였다. 훗날 그는, 가족과 함께 무사히 온타리오에 정착했다. 내가 마지막으로 아르만도에게서 들은 바로는, 의사 자격증을 따기 위해 분주하다고 했다.

페드로는 비폭력을 실천한다는 것이 그저 말로만 되는 것이 아님을 몸으로 보여준 형제다. 그는 그런 신념 때문에 그의 젊은 시절에 값비싼 대가를 치러야 했다.

쥬빌리 파트너에 온 사람들 대부분은 장성한 어른들이었고 가족이 있는데 페드로는 독신이었다. 그것도 슬픔이 가득한 열여섯 살 청소년이었다. 쥬빌리 교육 프로그램에 참석하지 않는 날은 줄곧 나무 밑에서 혼자 기타를 치고 나즈막한 목소리로 노래를 부르면서 시간을 보내곤 했다. 어느 날 나는 그의 곁으로 다가가 엘살바도르에서 있었던 일에 대해 물어보았다.

"저의 엄마는 아주 거룩한 분이셨어요"라면서 말문을 여는 페드로의 눈엔 눈물이 그렁그렁했다. "어머니는 늘 성경을 읽으셨고 우리와 함께 매일 밤 기도를 드리셨어요. 어머니는 특별히 산상수훈을 좋아하셨지요. 우리는 이웃을 사랑해야 하며, 특히 원수를 사랑해야 한다고 말씀하신 주님의 가르침을 우리에게 자주 읽어 주셨어요."

열다섯 살 되던 때 강제로 군대에 징집되었던 일에 대해서도 이야기했다. 그의 남동생 역시 그 후 바로 징집 되었는데 두 형제가 같은 부대에 배치 되었다.

"남동생과 저는 수개월에 걸친 군사교육을 받았습니다. 그 후 게릴라들이 들끓는 산중에서 순찰을 돌게 되었지요. 우리가 서로 힘을 합쳐서 게릴라들을 죽이지 못하면, 군인들이 우리를 죽이겠다고 했어요. 일 년 후에는 저를 순찰대의 책임자로 세웠는데 나머지 애들은 저보다 훨씬 나이가 어렸습니다. 거기엔 제 남동생도 있었지요. 나무와 덤불로 가득한 산속에서 우리는 발자국 소리를 죽여가며 아주 조용하게 순찰을 돌았어요. 그런데 앞을 보니 게릴라가 등을 제 쪽으로 돌리고 서 있는 겁니다. 아마도 저 나무 꼭대기쯤 되는 거리였을 겁니다"

라며 근처의 나무 하나를 가리켜 보였다.

"저는 즉시 그에게 총부리를 겨누고 방아쇠를 당기려고 했습니다. 그런데 그때 어머니 말씀이 생각나는 거였어요. 원수를 사랑하라는 말씀 말에요. 총을 쏠 수가 없더군요. 저는 총부리를 내리고 그만 여기서 떠나자고 아이들에게 손짓했습니다."

"그런데 그걸 게릴라가 들은 겁니다. 그러더니 빙빙 돌면서 마구잡이로 총을 쏘아대는 거에요. 아마 제 동생이 제일 먼저 총에 맞아 죽은 것 같았습니다."

"우리 중 몇몇은 다행히도 몸을 피했지만 저는 발목을 총에 맞아서 뛸 수가 없었어요. 다른 애들도 총을 쏘기 시작했어요. 게릴라가 쏘는 건지 아이들이 쏘는 건지 분간이 가지 않을 정도였죠. 몇 분 정도 걸려 겨우 얼마 정도를 뛰어 왔는데 발목에 통증이 너무 심한 나머지 더 이상은 뛸 수가 없더군요. 차라리 그 자리에서 죽으려고 수류탄을 꺼냈어요. 그때 장교님이 지프를 타고 달려오더니 어리석은 짓을 그만두라고 고함을 쳤어요. 그분도 가슴 쪽에 총알을 맞아 심하게 피를 흘리고 있었어요."

"제가 지프에 올라타자 헬리콥터를 탄 구조대원이 있는 곳으로 가려고 장교님은 최대한 속력을 냈어요. 어렵게 거기까지 도착했는데 장교님은 차를 멈추고 운전대에 기대시더니만 끝내 숨을 거두고 말았습니다."

페드로는 감정을 추스르느라고 잠시동안 가만히 앉아 있었다. 그리고 다시 천천히 말을 이었다. "그 일이 있은 후 그들은 내게 군대를 떠나도 좋다고 했습니다. 하지만, 집에 돌아온 지 3주 정도 되었는데, 군대에 가담했었다며 나를 죽이겠다는 협박 편지가 날라 오더군요. 군대도 제가 원해서가 아니라 강제로 끌려간 것인데, 이제는 게릴라들이 저를 죽이겠다는 거였어요.”

“두 번의 경고장이 날라 오자 저는 두어 달 동안 엘살바도르를 떠났습니다. 미국까지 몸을 피하긴 했는데 다시 추방을 당했지요. 낙담은 말할 수 없었지만 떠나 있는 동안 향수병이 너무 심했었기 때문에 그냥 엘살바도르에 남아 있기로 했습니다. 어머니 집에서 조금 떨어진 다른 곳에 숨어서 말이지요. 그런데 며칠 만에 또 경고장을 받았는데 24시간 내로 엘살바도르를 떠나지 않으면 그땐 정말 날 죽이겠다는 거였어요.”

“그날 늦은 저녁, 어머니 집으로 달려갔습니다. 그리고 자초지종을 말씀드렸어요. 어머니는 바로 떠나라고 하셨습니다. 그래서 바로 떠났습니다.”

페드로는 한동안 가만히 있었다. 그리고 다시 입을 열었다. “지금 심경 같으면 그저 어머니와 함께 있었으면 좋겠어요.”

내가 자리를 뜨자, 그는 다시 기타를 당기며 노래를 부르기 시작했다. 사연을 들은 후에야 이 젊은 청년이 그토록 슬퍼 하는 이유를 이해할 수 있었다. 나는 그저 알고만 있었을 뿐, 그것을 지키기 위해서 아무런 대가를 치르지 않았던, 바로 그 예수님의 교훈을 이 젊은 청년이 그토록 한결같이 진실하게 따르고 있었다는 것이 나를 부끄럽게 했다.

우리의 믿음을 되돌아보게 하는 원수 사랑을 몸소 실천한 형제는 또 있었다. 캐나다 영사 측은 좌파든 우파든 정치적인 양극단에 속했던 사람들에게는 좀처럼 망명 허가를 주지 않았기에 아노 데 쥬빌리 프로그램 해당자를 선별하는데 우리 역시 각별한 주의를 기울이지 않을 수가 없었다. 그러면서도 정말 우리의 판단이 옳은 것인지 확신할 수 없을 때도 있었다. 일단 쥬빌리 프로그램 수혜자 자격이 되는 난민들은 인터뷰 준비까지 시켜서 캐나다 측으로부터 망명 허가를 받아내는 것이 우리가 하는 일 중 하나였다.

라비 불러라는 형제는 자기의 경험담을 털어놓았다. "캐나다 영사 측이 자주 써먹는 질문 중의 하나가 무엇인 줄 아세요? '다른 사람들에 비해 당신이 더 많은 핍박을 받았다고 생각하느냐?' 이겁니다."

"난민들에게 물어보면 하나같이, '아뇨, 모두 똑같은 위험에 처해 있습니다' 라고 하죠. 몇 번을 물어도 똑같은 대답뿐입니다. 그런데 만약에 영사 측에 그렇게 말하면 '그래요? 그럼 당신은 난민이 아니군요. 거기 남아서 핍박받는 수십만 명의 사람들과 당신 처지가 뭐가 다르다는 겁니까? 그러니 망명을 허락해 주어야 할 이유가 없는 겁니다' 라고 합니다."

"난민들에게 '그럼 모국에서의 삶은 어땠나요?' 라고 좀 더 캐묻고 들어가면 '총알이 수시로 집집이 뚫고 다녀서 아예 이부자리 밑에 몸을 숨기고 자야 했습니다' 라는 말을 하곤 합니다."

"그러면 우리가 그러죠. 자 사정이 이런데 남들보다 더 위험하지 않았다는 말은 무의미한 것 아닙니까?"

"그럼 또 그들이 그럽니다. 어쨌든, 다른 사람들도 다 침대 밑에서 잔 건 맞잖아요!"

"제가 어떤 사람을 도와 주었는데, 그 사람이 엘살바도르에서 했던 일을 생생하고 자세하게 모든 것을 설명할 수 있게 준비하는 걸 돕는 일이었어요. 그런데 그 사람 말에 의하면, 매주 토요일 밤이면 그 사람에게 명단이 들어온다는 거예요. 이렇게 말하더군요. '우리는 명단에 적힌 사람들 집의 문으로 가서 노크를 합니다. 만약에 문을 열어주면 그냥 그 사람을 데리고 가서 우리 윗사람에게 넘겨줍니다. 만약 문을 열어주지 않으면 문을 부수고 들어가죠. 그래서 그 사람을 찾아내면 죽어버립니다.' 암살대 조직원이었던게 분명한거죠."

"전 계속해서 궁금하지 않을 수가 없었어요. 이 자가 왜 나에게 이런 말들을 하는가 하고 말이죠. 그래서 물어보니까 그러는 겁니다." "난 바로 이런 이유로 캐나다에 가야 합니다. 누구보다 더 절실하다고요. 내가 그동안 한 짓을 보세요. 나야말로 정말 떠나야 합니다. 만일 추방이라도 당하는 날엔 날 제일 먼저 죽일 거라고요. 내가 다른 사람보다 더 절박한게 바로 그것 때문입니다."

"그동안 암살 명단에 오른 사람들 얘기를 수도 없이 많이 들어왔지만, 스스로 암살 명령을 수행한 일을 낱낱이 자세하게 이야기 하는 사람과 얼굴을 맞대고 앉아 있는 것은 또 다른 충격이더군요."

"얘기를 마치고 그와 함께 학교 건물로 다시 발걸음을 옮겼습니다. 영어 수업이 진행되고 있던 모양인데 아마 잠시 쉬는 시간이었던 거 같아요. 꼬마들이 엄마 아빠 주위를 뛰어다니면서 놀고 있었어요. 어른들도 아이를 번쩍 들어 올려 짓궂은 장난을 치기도 하고 신이 난 아이들은 깔깔대며 웃었지요. 방금 저에게 이 모든 사실을 털어놓은 청년이 이 광경을 본 겁니다. 그는 먼 산을 보면서 눈가에 머금은 눈물을 훔쳐 냈어요."

"그러면서 뭔가를 크게 실감하는 것 같은 눈치였는데 아마도 '내가 그동안 저지른 일이 정말 끔찍한 것이었구나!' 라고 생각하는 듯했어요. 비록 말로 표현하진 않았어도 분명히 그의 내면에선 어떤 일이 일어났던 것 같습니다."

"지금 쥬빌리에 와 있는 사람 중에 서로 적대적인 입장에 섰던 사람들이었다고 하더라도, 그와 똑같은 심경을 가진 사람들이 많을 거로 생각해요. 모국에 계속 남아 있었으면 아마도 세뇌를 당해서 영웅심 하나로 서로 죽이는 걸 아주 당연한 듯 믿고 살았을 텐데, 정작 여기

와보니 그것이 한참 잘못된 일이라는 걸 깨닫게 된 거죠. 하지만, 실제로 쥬빌리에 와 있는 사람들 대부분은 그저 이편도 저편도 될 수 없는 꼼짝할 수 없는 곤경에 지나지 않았던 이들입니다."

"그렇지만, 그중엔 쥬빌리 공동체의 도움을 받으려고 온갖 거짓말로 속인 이들도 간혹 있었을 겁니다. 그리고 여기서 지내는 동안 그동안 적개심을 품었던 사람들의 또 다른 모습을 보는 기회가 되었다고도 생각합니다. 그들은 같은 교실에 앉아 영어 수업을 들었고 한 식탁에서 밥을 먹었고 예배도 같이 드렸습니다. 그러면서 점점, 과거에 저지른 만행이 얼마나 잔인한 것인지를 깨달으며 양심이 쓰린 아픔을 느꼈을 거라고 봅니다."

1989년 말, 엘살바도르의 전쟁은 더 극심해졌다. 산살바도르에서는 게릴라와 정부군 간의 전투가 도시 전역에서 벌어졌다. 일주일 만에 천 명이 넘는 사망자가 생겨났다.

특별히 세간의 관심을 끈 사건은 예수회 소속 사제 6명이 중앙 아메리카 대학교 내에서 살해당한 일이었다. 불과 3년 전만 해도 지진 피해자들을 돕고자 이곳 쥬빌리 공동체에서 구호품과 물자를 보내며 바로 그 사제들과 이야기를 나누었었는데, 그들과 이야기를 나눈 바로 그 자리에서 몇 미터 떨어지지 않은 곳에서 이렇게 비참한 일을 당한 것이다. 이 비극은 우리에게는 사랑하는 가족의 죽음처럼 아픈 것이었다.

게릴라 집단의 '11월 공격'은 살바도르 군대에 의해 격퇴 되었다. 물론 거기에는 미국의 절대적인 군사력 지원이 있었다. 그 와중에 목숨을 위해 도피하는 사람들이 늘어났다. 30~40만 명에 달하는 중앙아메리카 사람들이 멕시코로 갔고, 그 중 많은 난민들이 미국까지 가려고 했다고 한다.

두어 달쯤 전에는 미 국경 순찰대와 이민국이 새로운 보안 강화 정책을 리오그란데 강 주변에서 실시하기 시작했다. 그 새로운 정책을 '3-D 프로그램'이라고 불렀는데, '추적Detect, 감금Detain, 추방Deport'이라는 뜻이었다.

이 프로그램은 잘 먹혀들었다. 감금과 추방이 줄을 이었다. 아무리 강력하게 보호를 요청해도, 살바도르인에게는 단 한건의 정치 망명도 허락되지 않았다. 그럼에도, 모든 난관을 뚫고 미국으로 들어가는데 성공하는 난민들의 숫자는 늘어만 갔다. 난민들은 필사적이었다.

미국은 엘살바도르의 위기를 군사적으로 해결하고자 매년 게릴라 한 사람당 5만 달러를 부패한 엘살바도르 정부에게 보냈다. 폭력이 평화를 가져다 줄 거라는 맹목적인 신념에 빠지지만 않았어도, 그런 엄청난 대가를 치루지 않고도 얼마든지 인간적인 해결책을 찾아낼 수 있었을 것이다. 더욱 안타까운 것은 서로 싸우고 있는 양쪽 모두 연평균 수입이 5만 달러의 1~2%에도 못미쳤다는 점이다.

미국 정부와 이민국에 대응하기 위한 방책으로 우리 쥬빌리 파트너는 리오그란데 강 부근에 쥬빌리 봉사자 수를 늘렸고 난민을 선별하는 인터뷰 절차를 위해 또 하나의 인터뷰 장소를 열었다. 1990년 한해는 일 년 동안 그 어느 해보다 많은 수의 사람들을 인터뷰하는 기록을 세우기도 했다. 지원자가 너무 많은 나머지 경쟁률이 25대 1이나 되었다.

날이 갈수록 불어만 가는 사람들을 만나면서 처음 이 사역을 시작했을 때와는 달라진 사실 하나를 발견하게 되었는데, 지원자 대부분이 본국에 처자를 두고 온 가장이라는 점이었다. 처음엔 이 점이 무척 의아스럽기만 했다. 본국에 남아 있는 가족들이라고 해서 이들보다 덜 위험한 것도 아니기 때문이다. 그리고 그전에 쥬빌리로 온 난민들과 마찬가지로 이들 역시 가족을 사랑하는 마음이 덜하지는 않았을 것이기 때문이다.

우리는 점차 그 이유에 대해 알게 되었다. 우선, 멕시코에서 체포되는 난민들의 수가 날이 갈수록 늘어간다는 사실이었다. 1월과 2월 두 달 사이에 리오그란데 강 건너편 마타모로스 시에서 감금된 사람들 숫자는 그전에 붙잡힌 사람 수를 다 합친 것보다 더 많았다. 그러다 보니 이들 중앙아메리카 사람들을 가해하는 멕시코 정부의 인권침해 사건도 자연히 늘었다. 이를 주시하던 국제 사면 위원회와 인권 보호국은 이런 상황을 고발하기 이르렀고 이는 곧, 미국 신문의 머리기사를 장식하는 단골 기사가 되었다.

멕시코 국경 순찰대와 이민국이 체포한 중앙아메리카 난민들은 마타모로스 시에 있는 작은 방에 무더기로 수감되었다. 한 번에 백 명에 달하는 남자들을 억지로 좁은 곳에 밀어넣다보니, 공간이 너무 협소해져서 앉을 수도 없었다. 여자와 아이들은 창문 하나 없는 창고 같은 곳에 감금되기도 했다. 들리는 말에 의하면 추방되기까지 2주라는 시간을 여기서 보내는 이들도 있었다.

하지만, 더한 위험을 무릅쓰고라도 미국으로 가겠다고 할만큼 절박한 남자들이 여전히 많았다. 그러나 가족을 데리고 움직인다는 것은 상상도 할 수 없을 만큼 어려운 일이었다. 그래서 먼저 가서 정착하고 그 후에 아내와 아이들을 데리고 오는 쪽을 택한 것이다.

멕시코 정부가 무역협정 조인에 대한 욕심 때문에 난민들을 더욱 강하게 탄압하는 것이 확실해졌다. 미국 정부가 북미자유무역협정을 체결하는 대가로 멕시코가 북쪽으로 흘러드는 난민들을 더욱 확실하게 제지해달라고 요구했기 때문이다.

처음에 미국 당국자들은 미국을 대신해서 이민자들을 축출하라고 멕시코 정부에 압박을 가한 사실을 적극적으로 부인하고 나섰다. 하지만, 결국 이민국 직원들이 멕시코시티에서 '국경수비작전' Operation Hold the Line을 지휘해왔다는 사실이 만천하에 드러났다. 이 작전에는 멕시코 연방 사법 경찰과 이민국 직원을 훈련하는 일도 포함됐다. 그리고 멕시코와 중앙아메리카 지역에서 근무하는 이민국 직원들 중 일부는 정보 취합 작전에 가담하기도 했다.

그러던 와중 난민 사이에서 그리고 잇따른 보도에 의해서 미그라(멕시코 이민국)의 만행이 날이 갈수록 극심해진다는 말들이 돌기 시작했다. 작게는 좀도둑질에서 강간, 심지어 살인까지 저질렀다. 마치 미그라라는 이름표만 달면 온갖 만행을 다 저질러도 된다는 식이었다. 미국의 실제적인 지시가 있었는지는 분명치 않다.

1990년 봄, 어느덧 아노 데 쥬빌리 프로그램도 막이 내릴 시간이 왔다고 생각했다. '11월 공격' 이후 최고조에 달했던 엘살바도르 난민 수도 줄어들기 시작했다. 과테말라와 엘살바도르에선 암살대의 만행과 군사조직의 활동이 어느정도 뜸해졌다. '국경수비작전' 도 먹혀들었다. 멕시코를 통해서 미국으로 들어가는 난민이 거의 사라졌다. 캐나다는 캐나다대로 분위기가 보수적으로 돌변해서 난민들을 대하는 국민들의 태도가 예전에 비해서 덜 호의적이라는게 확연해졌다.

우리 프로그램에 들어온 남편들이 뒤에 남기고 온 본국의 아내들과 아이들에 대한 우리의 염려는 자연히 커져만 갔다. 남편의 신분 덕에 가족들은 난민 신분을 획득할 수 있었다. 그래서 남편들은 가족들을 캐나다로 데리고 가고 싶어했다. 그러나 현실적으로 엘살바도르와 과테말라 여기저기에 흩어져 있는 아내들을 한데 모아서 아이들과 함께 캐나다로 가는 것은 거의 불가능한 일이었다. 게다가 캐나다는 기본적으로 환영하는 분위기가 아니었다.

5월에 우리는 250명이 조금 여성과 아이들을 쥬빌리로 데리고 오기로 작정 했다. 그렇지 않고서는 이들이 다시 만날 기회를 갖는다는 것은 거의 불가능했다. 짐 코벳과 데이비드 잔젠 두 친구가 이 일을 위해 쥬빌리로 와 주었다. 우리는 이 어려운 일을 어떻게 처리하면 좋을지 방법을 물색하며 함께 고민했다.

캐나다 측에선 그동안 가족 상봉을 위해 예치해 두었던 기금이 이미 바닥이 난 상태였지만 유독 애틀랜타의 캐나다 영사 측만은 진심 어린 동정을 표하며 우리를 배려해 주었다. 물심양면으로 온 힘을 다해 도와주겠다는 약속까지 했다.

그 와중에 우리는 리오그란데 벨리로 향했다. 나는 캐나다가 난민 망명을 막을 때까지 최대한으로 난민 수를 늘려야겠다는 생각에서 쥬빌리 프로그램을 거쳐 가는 난민 수를 처음 열다섯에서 스물다섯 명으로 담당건수를 늘려야겠다는 말을 했다.

이 일은 쥬빌리 직원들이 반드시 감당해야 하는 운명과도 같은 일이었다. 우리 중 어떤 이는 일주일에 70시간 일을 해야 하는 사람도 있었다. 강한 신념으로 불타올랐던 나는 열 건을 더 맡겠노라고 자원했다. 접수면접은 보통 몇 시간씩 걸리는 작업이었다. 물론 모든 인터뷰를 결국 다 마치긴 했지만, 심지어 하루에서 이틀까지 걸리는 적도 있었다. 인터뷰를 한 캐나다 영사 측은 스물다섯 건 전부를 통과시켰다.

그날 밤 나는 꿈을 꾸었는데 우리가 일전에 추방 위기로부터 구한 열 명의 난민들이 한 방에 서 있는 꿈이었다. 그들은 중앙아메리카 사람 특유의 수줍어 하는 웃음을 띠며 내게 말했다. "돈 선생님, 정말 감사합니다!" 꿈속에서도 내 가슴은 나를 통하여 이 모든 일을 감당케 하신 하나님에 대한 사랑과 감사로 넘쳐흘렀다.

그런데 그때 꿈에서 나는 눈을 돌려 우리 집 위층 창문에서 바깥을 내다보았는데 여자들과 어린아이들이 우리 집 앞마당 여기저기 흩어져 캠핑하는 모습을 보고 깜짝 놀랐다. 옷가지를 잔뜩 쌓아 둔 채 그들은 모닥불 옆에 빙 둘러앉아 있거나 서 있었다. 모두 하나같이 말 한마디 없이 내 창문만 물끄러미 쳐다보고 있었다. 남편, 그리고 아버지를 다시 만날 날만을 고대하며 기다리는 것이었다.

250명의 여성과 아이들. 그 꿈은 그 후 이들의 가족 재회를 위해 끈질기게 싸웠던 14개월 동안 내 기억을 한 번도 떠난 적이 없었다.

우리는 이미 캐나다에 정착한 수십 명의 난민들과 미국에서 난민 운송 프로그램에 참여하고 있던 동료에게 난민 가족 재결합 프로그램에 관한 서신을 하나 띄웠다. 이 프로그램에는 위험이 따를 수 있는데, 특히 엘살바도르나 과테말라 정부에서, 혹은 어떤 경우에는 게릴라들이 이 가족들이 도피하려는 것을 알아챌 경우에 특히 위험할 수 있다고 언급했다. 하지만, 멕시코나 미국이나 캐나다 정부가 힘을 합쳐서 우릴 도와줄 것으로 기대한다고 힘주어 말했다. 그리고 우리는 이 가족들의 난민 지위 승인을 서둘러 진행해 달라고 부탁했다. 그렇게 하겠다는 답변을 보내오는 사람들의 숫자가 빠르게 증가했다.

9월에 나는 플레인스에 있는 카터 전 대통령의 자택에서 내외 분을 만났다. 그리고 한참 동안을 함께 뛰었다. 땅콩 밭이 길게 뻗은 흙먼지 날리는 거리를 뛰면서 난민 재결합 프로그램에 대한 제안을 슬그머니 내비쳤다. 카터 대통령은 대찬성이었다. 그분은 직접, 워싱턴에 있는 진 맥나리라는 이민국장에게 서신을 띄웠다.

11월에 나는 샌안토니오에서 리차드 카실라스라는 이민국 지역국장을 만났다. 그는 전혀 예상치 못한 반응을 보였다. "멕시코 정부의 적극적인 협조와 워싱턴 이민국으로부터 확실한 지시가 없는 한 손대기 싫다"면서 딱 잘라 말하는 것이었다. 나는 양국으로부터 머지않아 좋은 소식이 있을 것이라며 그를 설득했다.

나흘 후 나는 멕시코 시와 엘살바도르로 갔다. 은신처도 물색하고 산살바도르에서 위험을 감수하고라도 여자들과 아이들을 본국에서 내보내는 일을 도와줄 사람을 찾는 것이 목적이었다. 유일하게 예수회(이들에게 하나님의 축복이 함께하시길)에서만 기꺼이 협조해 주겠노라고 했다. 그들은 이 일에 전적으로 동의해 주었다. 그때 마침 불과 몇 백미터 밖에 떨어지지 않은 중앙아메리카 대학교 캠퍼스에서는 그곳에서 살해당한 예수회 사제들의 일주기를 기념하는 종소리가 울리고 있었다.

12월 초에는 여러 경로를 통해서 멕시코의 수상을 만날 기회가 있었다. 호두나무로 벽면을 장식한 널찍한 사무실에 앉아 있던 그는 전화벨이 쉴 새 없이 울리는 분주함 가운데서도 우리에게 깊은 감사를 표했다.

구티에레즈 바리오스 수상은 쥬빌리 파트너 사람들에겐 언제든지 귀빈 대접을 해 드릴 것이며, 여자들과 아이들을 데리러 가는 버스가 멕시코를 무사히 통과해서 국경을 넘을 수 있도록 온갖 배려를 아끼지 않을 거라는 약속을 했다. 아울러 그의 보좌관에게 "무엇이든지 필요하신 대로 도와 드리세요"라는 말도 덧붙였다.

워싱턴 이민국에 연락해서 당시 진행중이던 일에 대해서 설명했는데, 그쪽에서는 여전히 "캐나다에서 허락이 떨어지기까진 어렵겠습니다"라는 대답뿐이었다.

나는 "문제없습니다"라고 했다. "캐나다 영사 측과 이 일을 놓고 열심히 추진하고 있거든요."

"그런데 별로 달라진 게 없군요"라며 이민국 직원이 냉소한 말 한마디를 또 던지면서 "준비가 되는 대로 워싱턴에서 캐나다 영사와 다 같이 한번 만나지요"라고 했다.

12월 중순, 맥나리 이민국장은 지미 카터 전 대통령의 서신에 답장했는데, 대통령 측으로부터 서둘러 답장을 보내라는 독촉전화가 있은 후였다. 그는 답장이 늦어서 너무나 죄송하다는 사과와 함께 캐나다 측에서 전적으로 협조해줄지 의문이라는 염려를 비추었다. 하지만, 맥나리 국장의 마지막 말은 고무적이었다. "쥬빌리 파트너 사람들은 현재까지 훌륭하게 해냈습니다. 그동안 해오신 사역만 보더라도 증명이 되고도 남습니다. 그래서 만남을 주선해 주셨으면 합니다."

12월 19일, 나는 워싱턴에 있는 캐나다 대사관에서 무례하기 짝이 없는 직원 한 사람을 만나게 되었다. 내가 입을 열기도 전에 20분 동안 내게 강의를 했다. 우리에게 협력할 의사가 전혀 없었다.

그 사이에 맥나리 이민국장을 대신해서 이민국의 추방 담당 국장이 한쪽으로 와서 앉았다. 반대의 벽이 아주 높다는 걸 제대로 확인했다. 가장 절망적인 말이 그의 입에서 나왔다. "보시다시피 말입니다. 돈 모슬리 씨. 캐나다 정부가 협조하길 원치 않는다면 이민국으로선 어떻게 도와 드릴 방법이 없습니다."

나중에 안 사실이지만 이 사람은 애틀랜타 소재 이민국에서 워싱턴으로 발령 받은 사람이었다. 그 사람이 그 사실을 감추지는 않았지만, 그는 쥬빌리 사역에 대해서 모르는 바도 아니었고, 우리가 이민국의 정책에 대해 공공연하게 반대한다는 것도 잘 알고 있었다. 캐나다 측에서 '악역'을 맡기로 한 것이 분명했다. 덕분에 이민국은 미국 전 대통령에게 '안된다'고 말하지 않아도 되었던 것이다.

하지만, 카터 대통령은 이번에는 캐나다 수상, 브라이언 멀로니 씨에게 서신을 띄워 문제를 해결해보려고 했다. 그런데 멀로니 수상에 대한 국민의 비호감도는 난민들에 대한 비호감만큼이나 캐나다 전역에 만연한 상태였다. 1991년 4월, 수상은 카터 대통령에게 직접 정중하게 편지를 써서 왜 거절할 수밖에 없는지에 대한 설명을 했다. 그리고 "쥬빌리 파트너 사람들이 구출해내지 않으면 목숨이 위태롭다고 생각하는 중앙아메리카 가족들이 있다면, 지방마다 캐나다 영사관이 있으니 일단 그쪽에 알려서 상황을 한번 검토해 달라는 부탁을 해 보는 방법도 좋을 것 같습니다"라는 말을 덧붙였다.

우리는 그가 일러준 대로 한번 해보기로 했다. 하지만, 결과는 좋지 않았다. 멕시코 시와 과테말라 지역을 담당하는 캐나다 영사 측은 난민들에게 인터뷰를 받으러 오면 캐나다로 망명하는 걸 성의있게 도와주겠다고 했다. 캐나다 영사가 과테말라로 갔을 때, 그에게 인터뷰하러 갔던 난민들이 피살당했다. 그리고 시체는 과테말라 시에 있는 캐나다 영사 사무실 앞에 버려졌다.

우리는 수많은 이들 중에 형편이 가장 딱한 가족들을 구출해서 캐나다로 이주시키는 일에 또 몇 개월을 보냈다. 캐나다 측의 협조가 없어서 중앙아메리카로부터 캐나다까지 밀입국을 시켜야만 했던 세 가족도 있었다. 갖은 위험 속에서 여자들과 아이들을 피신시키는 일을 하던 멕시코 시의 동료는 멕시코 정부로부터 경고장을 받았다고 했다. 네 번째로 구출하려던 가족은 유난히 박해를 받았던지라 캐나다 측이 요구하는 대로 순응하면 조금의 동정심이라도 살 수 있지 않을까 싶어서 그렇게 하기로 했다. 그러나 그런 행운은 없었다. 엘살바도르에서 멕시코까지 밀입국해서 한 달 동안 체류할 수 있는 비자까지 얻었는데 캐나다 당국에서 서류 절차를 진행하지 않아서 밴쿠버까지 갈 수 없게 된 것이었다. 멕시코 당국은 불만을 내비쳤지만 한 달 더 체류 자격을 연장해 주었다.

우리 측에서 빗발치게 보낸 팩스와 전화에도 캐나다 측은 여전히 묵묵부답이었다. 이들의 태도에 화가 날 대로 난 멕시코 측은 하는 수 없이 한 달의 기간을 더 연장해 주었다. 캐나다 측은 이들의 비자 유효기간이 코앞에 닥치고 나서야 허가서를 보냈다.

몇 개월 후 난민들은 사진 한 장을 보내왔는데 산과 꽃들이 만발한 캐나다의 브리티시 컬럼비아를 배경으로 찍은 사진이었다. 행복에 겨운 한 남자가 아내와 큰딸의 어깨에 손을 얹고 환하게 웃고 있었다. 그리고 사진 뒷장에는 서명과 함께 이런 글귀가 적혀 있었다. "사랑합니다. 그리고 잊지 않겠습니다."

그러나 각 국의 입장은 여전히 변함없이 분명했다. 그동안의 노력에도 아랑곳없이 나머지 가족들을 재결합시키는 일을 결국은 성사시키지 못한 것이다. 이제 우리가 쓸 방법은 다 동원된 듯했다. 하지만, 꿈에서 본 여자들과 아이들은 아직도 기다리고 있다. 그동안 기다리던 아내가 목숨을 잃는 일이 적어도 두 건 이상 있었다.

쉰 여덟 번의 텍사스 왕래와 수차례의 캐나다 왕래로 그간 40만 킬로미터나 뛰었으니 아노 데 쥬빌리 버스도 이미 낡은 고물이 되어 버렸다. 그러던 차에 메인 주에 사는 찰리 브라운 씨가 40명 정도를 태울 수 있는 새차 한 대를 쥬빌리에 기부했는데, 그 덕분에 리오그란데까지 가는 마지막 두 번의 여행을 할 수 있었다.

이제 우리의 낡은 버스도 보내 줄 때가 되었다. 우리는 마지막으로 다 함께 버스에 올라타서 노래를 부르며 그동안 버스와 함께 동고동락하던 시절을 이야기하는 시간을 가졌다.

토네이도의 기적부터 국경 순찰대와 수없이 씨름했던 일들을 회고해 보았다. 찜통더위 속에서 도로를 달리던 일, 매서운 추위 속에서 긴 겨울밤을 달리던 일, 그리고 난민 형제가 느닷없이 기타를 꺼내 노래를 부르는 바람에 루이지애나 휴게소에 있던 사람들 모두 합창하던 일. 그 밖에도 좌충우돌한 이야깃거리들이 많다. 역사에 길이 남을만한 사건도 하나 있었다.

1987년 7월 초에 있었던 일인데, 텍사스 남부에서 돌아오는 길이었다. 갑자기 버스의 전기 장치에 문제가 발생했다. 그래서 할링겐과 휴스턴에 있는 정비소에 갔다. 정비는 마쳤는데 문제가 계속해서 발생하기 시작했다. 혹시나 하는 마음에 베터리 저장고를 열어 보았다. 그랬더니 베터리는 이미 풍선처럼 부풀어올라 폭발하기 직전 상태였다. 이곳 저곳 손보는 동안에 서른 명은 마냥 기다려야 했다.

다시 버스에 올라타고 이제 아무 문제 없겠지 하고 달렸다. 그런데 해가 지자마자 전기 장치가 완전히 고장나 버렸다. 전기가 나간 상태로는 도저히 그 밤을 버틸 수가 없을 것 같아서, 서비스센터에 가서 베터리를 충전하기로 했다. 하는 수 없이 50~80km 정도를 달리다가 헤드라이트의 빛이 가물가물해진다 싶으면 다시 멈출 곳을 찾았다가 베터리를 충전하는 일을 반복하곤 했다.

그 와중에 두 사람만 빼고는 봉사자 전원이 복통을 느꼈다. 이젠 더 자주 정차를 해야 하는 상황이 벌어진 것이다. 라이언의 얼굴이 핏기가 가시면서 핼쑥해졌다. 그러다가 기운을 점점 잃더니만 결국은 미시시피의 주유소에서는 풀밭을 엉금엉금 기다시피해서 화장실을 갔다.

그 다음 날인 7월 4일은 미국의 독립 기념일이었다. 테리가 운전을 하고 알라배마 주 몽고메리 시를 지나 I-85번 도로를 타고 조지아로 향하던 중이었다. 그녀는 기름을 좀 넣어야겠다고 하면서 고속도로 출구로 빠졌다. 속력을 서서히 늦추면서 출구를 도는데, 전기 장치 때문에 엔진에 이상이 온 것이다. 핸들도 잘 움직이지 않았고, 브레이크도 먹히지 않는 상태가 되자 테리는 버스를 통제할 수 없었다. 그녀는 도움을 요청하며 사람들을 불렀다. 테리가 힘껏 브레이크를 밟는 동안 나는 핸들을 붙잡고 지나가는 차들을 피해 버스를 움직여 보려고 애를 썼다.

우리는 차선을 살짝 벗어나서 중앙분리대로 튀어 올라섰는데, 뒤따라 오던 차들이 우리를 간신히 비켜갈 만큼 아슬아슬하게 도로에서 벗어났었다. 즉 반대편 도랑에 빠지는 걸 간신히 피했지만, 차들이 내달리는 왼편 도로를 향해서 돌진했던 것이다. 우리 때문에 깜짝 놀란 수많은 운전자들을 뒤로하고, 무사히 트럭 휴게소까지 다다랐다.

통증이란 오히려 이럴 땐 축복이었던 것 같다. 라이언은 너무 고통스러운 나머지 무슨 일이 벌어지고 있는지조차 모르는 눈치였다. 숨을 한숨 돌리며 미친 듯이 마구 뛰는 심장을 진정시키고 있는데 라이언이 휘청거리면서 자리에서 일어서더니 이렇게 물었다. "속에서 또 넘어올 것 같은데 내릴 때 되었어?"

이런저런 일들을 회고하는 동안 감정이 북받쳐 올랐다. 비록 이젠 고물이 되어 버렸지만, 그동안 많은 이들에게 희망을 주었던 쥬빌리 버스는 추억의 마스코트와도 같은 것이었다.

떠나보내기가 정말 힘들었다. 하지만 쥬빌리 버스는 이제 다른 사명을 위해 다른 이의 품으로 떠났다. 우리는 니카라과에 있는 동료들에게 기부하기로 했다. 그들은 이미 폐차 직전이 되다시피 한 차량을 재활용하는 특별난 기술을 가지고 있는데다 버스를 아주 유용하게 쓸 수 있었을 터이기 때문이다. 쥬빌리 파트너에서 이전에 봉사하던 사람 두 명이 그곳까지 몰고 가 주었다. 거기야말로 쥬빌리 버스의 정착지로 가장 좋겠다는 생각이 들었다.

10
니카라과로 가다

큼지막한 트럭 하나가 흙먼지 날리는 외딴 도로변을 지나 니카라과의 잘라파 시로 달리고 있었다. 나는 운전수 옆자리에 서서 차 지붕 뚫린 곳으로 상체를 내밀었다. 근래에 땅을 판 흔적이 있는지 길 앞쪽을 면밀히 살펴볼 작정이었다.

최근 들어 이 도로변에 지뢰를 깔았다는 사실은 매우 불쾌하기 짝이 없었다. 트럭 기사는 내가 트럭 지붕을 두드리면 정차하라는 신호로 알았다. 이 기름진 계곡은 온두라스 영토와 경계선을 이루고 있었는데, 지뢰를 매설한 '콘트라' 라고 하는 미국의 지원을 받는 반군들에게는 천국 같은 곳이었다. 콘트라 반군들은 몇 달에 걸쳐 잘라파 계곡을 '해방' 시켜서 니카라과 땅에 발판을 마련하려는 싸움을 계속하고 있었는데, 콘트라와 콘트라를 지원하는 워싱턴에게 원주민이 억압적인 정부에 반발하고 일어난다는 구실을 만들기에 이보다 더 좋은 것이 없었다.

하지만, 그것은 사실과는 한참 멀었다. 거의 백 년 전 일어난 한 사건이 오늘날 니카라과 역사의 중대한 한 시점으로 몰고 온 것이다. 1900년도 초반, 미국은 니카라과 대통령을 퇴출하고 꼭두각시 정부를 세웠다. 미국산 과일 기업과 광산업계의 이익을 보호하는 동시에 미군의 군사 기지로써 니카라과가 언제든지 희생할 수 있게 하자는 취지였다. 미 해군은 1911년부터 1933년까지 니카라과를 점령했는데, 철수 전에 아나스타시오 소모사 가르시아가 지휘하는 방위군을 설립했다. 소모사 왕조는 그 후 서반구半球 역사상 가장 잔혹했던 정권이 되었다.

소모사 왕조 중 세 번째이며 마지막으로 니카라과를 통치한 인물이었던 아나스타시오 소모사 디베일은 1967년 권력의 자리에 올랐는데, 나라가 빈곤으로 허덕일 때에도 5천억 달러에 달하는 어마어마한 부를 축적해 놓고 있었다. 니카라과 경작지의 절반과 농산물의 40퍼센트를 소유하고 있었던 소모사는 미국 기업들이 토지를 사유화해서 니카라과의 노동력을 착취하기에 적합한 조건을 만들어 주었다.

그는 온갖 만행과 위협으로 불평등을 더 극대화 시켰다. 방위군의 고문과 대학살은 전국적으로 확산 되었다. 미국의 권력과 자본이 뒷받침해 준 소모사 체제는 수년간 굳건한 반석처럼 흔들림이 없었다.

하지만, 1979년 7월 드디어 극적인 변화의 물결이 일기 시작했다. 여러 곳에서 지원을 받던 산디니스타 민족 해방 전선FSLN이 니카라과의 수도인 마나과에 승리의 쾌거를 부르고 들어오면서 소모사 정권을 퇴위시켜 버린 것이다. 산디니스타라는 이름은 1930년에 미 제국주의와 해군에 맞서 싸운 어거스토 체사 산디노라는 사람의 이름에서 딴 것이었다.

산디니스타 민족 해방 전선은 무장투쟁과 동맹파업 그리고 비폭력 행렬을 선도하는 캠페인을 벌였다. 인권 문제에 대한 카터 대통령의 관심은 소모사 정권을 전복시키는 데 큰 몫을 했다. 하지만, 무엇보다도 그 승리는 니카라과 국민들의 승리라고 부르는 것이 맞다.

산디니스타는 수십 년간 전통처럼 내려오던 소수 엘리트층에게만 속한 특권을 폐기 처분했다. 그들은 우선 니카라과 대다수 국민의 삶의 질을 향상하는데 최선의 노력을 다했다. 산디니스타는 자신들의 이름의 출처인 산디노가 관심을 기울였던 문맹퇴치 문제를 해결하고자 했다. 처음 6개월 만에 40퍼센트 하던 문자해독율을 88퍼센트까지 끌어올렸다. 보건의료 시설에도 관심을 기울인 결과 유아 사망률이 현저하게 내려갔으며 소아마비도 사실상 사라졌다.

이 모든 것들이 쥬빌리 파트너 사람들에겐 그저 어렴풋하게만 전달되었다. 아내와 나는 산디니스타 사람들이 마나과에 들어오기 일주일 전쯤에 쥬빌리에 있었는데 조그마한 트랜지스터 라디오를 통해 이 사실에 대해 듣게 되었다. 하지만, 베트남 표류 난민들의 상황을 지켜보면서 첫 주택을 짓기 바빴고 송아지 떼가 밟고 지나간 텐트를 뜯어고 치느라 앞으로 이 일이 우리에게 미칠 영향력이라곤 생각해 볼 겨를조차 없었다.

워싱턴의 입장에서도 소모사의 정권 몰락은 그동안 중앙아메리카를 좌지우지하던 미국의 지배력이 심각한 타격을 받았다는 것을 의미했다. 그러나 1981년 레이건 대통령이 취임하면서부터 산디니스타 사람들과 손을 잡은 카터 전 대통령의 민주적 교섭 역시 종지부를 찍어야만 했는데 이를 증명이라도 하듯, 레이건 정부는 니카라과에 대한 모든 원조부터 끊었다.

레이건 대통령은 할리우드의 노동조합을 주무르던 방식으로 주 정부 정책에서 국가정책으로 발판을 넓혀 나갔다. 반공주의야말로 그가 추진하고자 했던 비전의 핵심이었고, 이를 중심으로 외교 정책을 펼쳐 나갔다. 그는 산디니스타 사람들을 암 같은 존재라고 불렀는데, 이들이 미국에 직접적인 위협이 될 뿐만 아니라 공산주의와 국제적 테러를 박멸하겠다는 그의 비전에 이들이 도전과 위협을 가한다고 여겼기 때문이었다.

레이건 대통령과 그의 보좌관들은 백악관에 들어오기 전부터 니카라과 혁명은 가능한 한 빨리 뒤집어져야 한다고 결정했었다. '산타페 문건'으로 널리 알려진 보고서에 따르면 중앙아메리카와 카리브해를 '미국의 취약점'으로 언급하고 있다. 그 보고서는 니카라과 내전을 미국의 방비 체제를 무너뜨리고 전 세계적으로 공산화를 확산시키려는 소련의 시도에 지나지 않는다는 레이건 대통령의 견해를 내비치기도 하였다.

산디니스타를 축출하려는 미국의 관심이 고조되고 있을 무렵 아직 니카라과에서는 내전이 한창 진행되고 있었다. 미국은 해답이 방위군에 있다는 판단을 내렸다. 방위군인 대부분은 소모사 정권 몰락 후 온두라스로 도망을 갔는데 미국의 재정적 지원과 무기지원이라면 이들을 얼마든지 다시 불러모아 산디니스타 정부를 위협할 수 있을 거라고 판단한 것이다. 고문 수법에 능숙한 아르헨티나 사람을 포함해 미중앙정보국CIA과 미군 전문가들은 이들을 훈련시켰다. 소모사 정권 때 쓰던 테러 수법을 그대로 적용해서 이들 '반혁명주의자', 혹은 콘트라 반군들은 니카라과를 습격하기 시작했다.

이에 대해 레이건 대통령은 니카라과를 겨냥한 비밀공작은 단순히 니카라과에서 엘살바도르의 게릴라 집단으로 무기가 흘러들어 가는 것을 막으려는 움직임에 불과하다고 주장할 뿐이었다. 1982년 12월, 미 의회는 '볼랜드 수정안'을 통과 시켰고, 그로부터 몇 개월 후에는 볼랜드-자블록키 법을 통과시켰는데, 이 정책은 산디니스타를 축출하는데 미 재정을 사용하는 것을 막는 법안이었다. 반혁명주의자들을 '자유를 위한 투사들'이라고 주장하면서 레이건 대통령은 법안을 업

신여기며 조롱했다. 이는 수년 후 이란-콘트라 스캔들이 터진 뒤에야 세간의 화젯거리가 되었다.

쥬빌리 파트너에 있던 우리들은 리오그란데 벨리에서 네 번째로 싣고 나온 난민들을 통해서 나카라과에 대한 이야기를 들을 수 있었다. 이들이 바로 극적으로 토네이도와 맞닥뜨렸던 바로 그 난민들이었다. 다른 민족들과 다름 없이 이들과도 정이 빨리 들었다. 특별히 관심을 끈 가족이 있었는데 아버지는 꽤 사교적이었고 어머니는 무척이나 상냥한 분이었으며 네 명의 자녀 역시 상당히 매력적이었다. 다른 중앙 아메리카 사람들과 다를 바 없이 이들도 옷이라곤 입은 옷가지가 전부였으며 작은 손가방과 두서너 개의 소지품이 전부였다.

어느 날 내가 그 아버지에게 아리따운 수가 놓인 니카라과 전통 셔츠구아야베라 guayabera가 참 멋지다고 말을 건넸다. 그는 환하게 웃으며 셔츠를 벗더니 "그럼, 이거 당신 가지세요"라고 말했다. 그리고 그는 아주 정중하게 이렇게 말했다. "우리 가족에게 베푸시는 은혜에 이렇게라도 보답할 수 있다는 게 기쁩니다."

우리가 이 가족과 니카라과 사람들에게 느낀 호감만큼이나 크게 깨닫게 된 사실이 있었는데, 이들의 사정은 이전 과테말라 사람이나 엘살바도르 사람들과 현저하게 다르다는 점이었다. 알고 보니 내게 서슴없이 셔츠를 벗어준 사람은 방위군에서 장교로 있던 사람이었다. 그러므로 소모사 정권이 무너지기 직전까지 순진한 시민들을 학살하던 군대를 지휘하고 조종하던 인물일 가능성이 컸다.

이민법은 망명을 신청하는 모든 이들에게 망명자 본국의 정치적 상황과는 무관하게 개개인의 사정을 심사숙고해서 망명허가를 내리도록 규정하고 있지만, 니카라과인들을 대하는 그들의 태도만 보더라도 현실은 전혀 딴판이었다. 왜냐하면, 1980년 초반에서 중반 사이 엘살바도르 신청자 중 겨우 2퍼센트에서 3퍼센트만이 망명 허가를 받았고 (리오그란데 벨리 법정에선 한 사람도 받지 못했음), 과테말라인들은 1퍼센트의 반도 못 미치는 숫자만 허가만 받았다. 반면에 니카라과 신청자 중에서는 3분의 1에 달하는 숫자가 망명 허가를 받았다. 무엇보다 중요한 것은 나머지 3분의 2에 달하는 사람 중에 추방당한 이가 거의 없었다는 사실이다.

이민국 사람들은 자신들이 백악관의 정책을 이민법에 충실하게 반영하고 있음을 누구보다도 잘 알고 있었다. 그들은 노골적으로 법률을 무시하면서 니카라과 사람 추방을 거절했다. 추방당하면 산디니스타 사람들에게 죽임을 당할 거라고 우길 뿐이었다. 한쪽에서는 엘살바도르와 과테말라로 수천 명의 남자, 여자, 아이들이(사실 그 숫자를 이루 다 열거할 수 없음) 추방당하고 있었는데, 이들이야말로 미국의 원조를 받는 자들에게 학살될 위험성이 아주 큰 사람들이었다.

지미 카터 전 대통령이 인권의 중요성에 대해 강조했던 것과는 달리, 레이건 정부의 국외 정책 부서가 내놓은 지시는 인권문제는 아예 거론조차 하지 말라는 게 전부였다. 인권 문제가 '또 다른 미국의 이익'에 대해 결정하는데 '방해가 되거나 지연시키는' 요인으로 작용하도록 해서는 안 된다는 것이었다. 국무부의 인권부서 총책임자로 레이건이 임명한 사람은 엘리옷 아브람이란 남자였는데, 그는 국민들이 줄을 지어서 탈출하고 그 난민들이 미국으로 몰려들게 하는 나라들은 '형편없는 나라들'이라고 공공연하게 비난하던 사람이었다.

백악관 측은 늘 공식적 발표를 통해 엘살바도르와 과테말라의 인권 침해에 대한 보도들은 과장되고 있다고 주장했다. 이에 대해 아브람 인권 국장은 현재 엘살바도르에 일어나는 모든 혁명적 활동들은 산디니스타의 영향 때문이라고 주장했다. 미국이 직접 훈련해서 재정지원까지 하는 군대에 의해 박해와 고문을 당하는 이들이 날이 갈수록 점점 늘어만 간다는 소식이 우리에게 들려오는데도 백악관과 국무부 측은 뻔뻔하게도 오히려 그 정반대가 진실이라고 주장했다. 중앙아메리카에서 어떤 일들이 벌어지고 있는지를 증명할만한 근거가 우리에겐 얼마든지 있었고, 아니 아예 우리 손에 쥐고 있었음에도 미국의 대통령이라는 자나 그의 보좌관은 우리에게 거짓말을 하고 있었다.

엘리옷 아브람이 어느 날 공개석상에서 이렇게 공언했다. "인권 운동을 하는 여러 사람에게 물어봤습니다. 그런데 그들 중 아무도 저들이 박해받고 있다는 사실을 증명할만한 자료를 내놓지 못했어요." 사실상 레이건 정부는 국제 사면 위원회나, 미국 인권 감시 위원회, 미국 자유 인권 협회, 혹은 남부 텍사스에 있는 쥬빌리 봉사자들을 통해 그동안 여러 증거 자료들을 이미 확보해 놓은 상태였다.

쥬빌리에는 레이건 정부의 허위성을 드러낼 만한 신빙성 있는 막대한 양의 자료가 쌓여 있었다. 스페인 어를 구사하는 봉사자들이 지난 8년 동안 리오그란데 벨리에서 수천 명의 난민을 인터뷰한 기록도 있었다. 개인 면담을 통해 난민들의 사정을 연대순으로 기록한 장문의 서류들이 있는데, 그것들은 교차확인 되거나 가능한 모든 수단을 통해 입증하고 또 사적, 공적으로 수집한 자료를 통해서 근거를 제시할 수 있는 신빙성 있는 것들이이었다.

그럼에도, 레이건 정부는 계속해서 엘살바도르와 과테말라를 옹호하면서, 니카라과에 대해서는 강하게 비난했다. 우리는 현재 중앙아메리카가 돌아가는 상황을 직접 주시해야겠다는 필요를 느꼈다.

1983년 6월, 우리는 에드를 노스캐롤라이나의 동료들이 조직한 대규모 파견단의 일원으로 포함시켜서 니키라과로 파송했다. 니카라과를 떠나기 전 파견단은 잘라파라는 작은 마을을 방문했는데 오지에 있는 그 마을은 온두라스와 근접해 있어서 콘트라 반군들의 공격을 받기에 쉬운 곳이었다.

파견단은 니카라과에 불과 나흘밖에 체류하지 않았지만, 그것만으로도 니카라과에서 벌어지고 있는 일에 대한 공식적인 주장을 교정하기 위해서는 모종의 노력이 필요하다는 결단을 내리기에 충분한 기간이었다.

집으로 돌아오던 중에도 이 피곤에 지친 여행자들은 밤 늦도록 토론을 거듭했는데, 그 토론의 자리에서 '평화를 위한 증인' Witness for Prace 이 발족되었다. 그때까지만 해도 평화를 위한 증인이 니카라과의 전쟁지대에서 끊임없이 기도하고, 비폭력을 준수하면서 레이건 행정부의 니카라과에 대한 피의 보복을 저지시키는 아주 특별한 역할을 하게 되리라고는 아무도 생각하지 못했다.

그로부터 8개월 후인 1984년 2월, 나는 평화를 위한 증인과 화해의 연대Fellowship of Reconcilation 양쪽의 후원으로 구성된 조사위원회의 공동 대표 자격으로 잘라파로 떠났다. 1915년에 창설된 화해의 연대는 국제적인 종교 평화 기구였다. 현재 미국에만 만 오천 명의 회원이 있는데, 그 당시 나는 부의장으로 있었고 1984년에서 1986년까지는 의장으로 섬겼다.

파견단을 이끌어 달라는 요청에 나는 흔쾌히 "알았다"라고 답했는데, 그 대답 때문에 그 이후로 수일 동안 심각한 갈등을 끌어안고 씨름해야 했다. 내 인생에서 이 시점은 눈의 비늘이 벗겨지고 세상의 악이 이전 어느 때보다 분명하게 보이기 시작한 때라고 할 수 있다. 뉴욕의 나약Nyak에서의 어느 잊지 못할 9월의 늦은 저녁, 하루 종일 걸린 화해의 연대 실행위원회 회의를 마치고 당시 의장이었던 메리 에벌린 수녀와 함께 허드슨 강변 끝자락의 공원 벤치를 향해서 걸어가고 있었다. 커다란 달이 물에 비취고 있었고, 주변의 풍광은 아름다웠다. 그러나 우리는 아주 심각한 이야기를 나누고 있었다. 주께서 세상에 보여 주셨고 또 그것을 위해 죽으셨던 평화를 위해서라면, 그리고 주안에서의 믿음이 요구한다면 진정으로 기꺼이 목숨을 버릴 수 있는가라는 질문을 우리 자신에게 묻고 있었다.

인류의 역사가 시작된 이래로 전쟁터로 향하는 사람들은 누구나 목숨을 잃을 가능성을 안고 가야 했다. 평화 유지를 위해 전쟁이 일어난 곳으로 나가는 내게도 그 질문은 예외일 수 없었다. 메리 에벌린 수녀와 나는 목숨을 던져야 할 상황 앞에서 정말 그럴 수 있을지 장담할 순 없었지만, 주께서 부르신다면 기꺼이 그럴 수 있기를 소망했다.

그 후 몇 주가 지났지만, 펜실베이니아 주의 포코노 산기슭의 커크리지 휴양소와 연구센타에서 평화사역자를 위한 휴양회에 참석하면서도 나는 이 생각을 떨쳐 버릴 수가 없었다. 함께 야영하던 사람들은 거기서 전화 한 통을 받았는데 니카라과 의사이면서 침례교 목사이기도 한 구스타보 파라욘의 전화였다. 그 전화가 있기 며칠 전 미국이 그레나다(서인도 제도의 섬나라)를 공격했다는 말을 들었다.

파라욘은 "니카라과 역시 언제라도 침략해 올 가능성이 있어요"라고 하면서 "하나님을 위해서라도 우릴 좀 도와주십시오"라고 호소했다. 그 자리에서 우리는 즉시 저항에 대한 서약을 체결했다. 미국이 니카라과를 침공할 경우 우리는 대규모 대중 저항 운동에 적극적으로 뛰어들 뿐만아니라 독려하기로 했는데, 그 저항에는 지역의회 사무실 점거 농성과 워싱턴 D.C.에서 대규모 시위를 하는 것이 포함되었다. 그리고 그 후로는 전국적인 네트워크망을 이용해 우발적으로 생길 수 있는 사태를 대비해 부수적인 계획을 세웠다.

커크리지에 있는 동안 일기장에 적어 옮긴 "자기 십자가를 지지 않는 자는 아무도 내 제자가 될 수 없다"는 누가복음 14장 27절 말씀은 이런 나의 심경에 너무나 깊이 다가오는 말씀이었다. 당시 나는 예루살렘으로 향하는 바울과 동일한 입장에 처해 있었다. 앞에 놓여 있는 상황에 대해 아무것도 알지 못했으며 내 믿음을 시험하는 일이 닥친다면 그땐 어떻게 할 것인지에 대한 확신조차도 없었다.

"내가 그토록 애통해하는 이 세상의 악은 큰 희생 없이는 극복될 수 없다는 걸 안다. 그리고 다른 사람들이 나를 대신해서 희생하고 있는데, 내가 물러설 수는 없다. 그러나 하나님께서 도와주셔야 한다. 나는 아직도 완전하게 '나에 대하여 죽지' 않았다. 나는 지금 이 순간에도 여전히 탈출구를 찾고 있다.… 니카라과에서 총에 맞아 죽고 싶지 않다. 순교자가 되는 것에는 관심이 없다. 그러나 예수의 제자가 되고 싶다. 내 삶에서 하나님의 뜻을 좇기 위해서 모든 것을 바친 사람이 되고 싶다."

"그로 인해 어떤 고난을 당한다 하더라도, 심지어 죽는다 하더라도 그것은 하나님의 손에 달린 것이다. 이 크나큰 위기의 때에 나는 하나님의 뜻을 발견했다. 그리고 나는 기꺼이 하나님의 뜻을 행하기로 굳게 마음 먹었다."

1984년 2월 4일, 나는 다른 열일곱 명의 사람들과 니카라과의 마나과에 내렸다. 마나과에서 호텔까지 오는 동안에도 미국이 언제든 침략하고 들어올 거라는 걸 이미 시민들은 감지하고 있다는 걸 알았다. AK-47소총과 무기를 지닌 사람들이 곳곳에 보였다.

마나과로 가는 길에 우리는 엘살바도르의 산살바도르에 잠깐 들렀는데 거기엔 다량의 무기들이 즐비해 있었다. 눈에 띌 정도로 긴장하고 있는 산살바도르 군대는 갖가지 총을 차고 있었다. 그들이 두려워하는 가장 무서운 적은 바로 산살바도르 국민이었다. 마나과에선 군인, 시민 할 것 없이 모두 총을 지니고 있었다. 보통, 총은 총집에 넣어서 군인들이 어깨에 두른 채 지니고 있었는데 이는 적군이 생각보다 멀리 있다는 걸 암시해 주고 있었다.

그러나 우리의 눈을 가장 휘둥그레 한 사건은 도심 내부의 모든 공터나 마당들이 벌집무늬의 참호들로 가득했다는 점인데, 창문엔 모래주머니가 쌓여 있었고 도시 전체의 중요 지역들은 임시변통으로 만든 바리케이트들이 설치되어 있었다.

회의 중간중간에 어디든지 자유롭게 가고 싶은 곳을 다닐 수 있었는데, 우리는 니카라과 국민들이 산디니스타에 호의적이든 적대적이든 관계없이 자신들의 정치적 입장을 기탄없이 표현하는 것을 볼 수 있었다. 새 정부에 대해 반감을 품기보다는 오히려 찬성하는 쪽이었다. 레이건 대통령이 말한 바와는 달리 이들은 결코 주눅 들은 '노예'가 아니었다. 오히려 혁명이 일구어낸 결실에 대단한 자부심을 느끼고 있었으며 이런 나라를 미국이 왜 자꾸 무너뜨리려 하는지 모르겠다는 표정들이었다.

시찰이 거의 끝나갈 무렵에 우리는 북쪽의 전투지역인 잘라파에 가보기로 결정했다. 다행스럽게도 순조롭게 트럭을 타게 되었고, 해가 지기 전 어느 작은 마을에 도착할 수 있었다. 매우 원시적이면서 진기한 곳이었다. 그러나 길에 매설된 지뢰를 조심하여 발을 내디뎌야 하는 긴장감 때문에 힘들었다.

그 다음 날 우리 일행 중 일부가 평화를 위한 본격적인 투쟁을 위해 지나가는 차를 얻어타고 십여킬로미터 떨어진 테오테카신테라는 작은 마을을 향해 달렸다. 이 고장은 온두라스 국경으로부터 불과 수백 미터 정도 떨어진 곳에 있었다. 적의 침략을 받기에 너무 쉬운 조건을 가진 곳이었다. 가옥 대부분은 총알이 뚫고 간 자국과 박격포로 거의 폐허가 되어 있다시피 했다. 하지만, 마을을 사랑하는 주민들이 여전히 그 마을을 지키고 있었다.

평소보다 심장이 훨씬 더 빠르게 뛰는 것을 느끼면서, 우리는 마지막 바리게이트에서 산디니스타 군인들에게 우리가 이느 길로 갈건지 얘기하고, 가시 철조망이 쳐진 담장을 기어올라서 양측이 대치하고 있는 들판으로 걸어갔다. 거기에서 우리는 "우리는 평화를 위해 기도합니다"라고 쓰인 깃발을 펼쳐 들었다. 아마도 그 들판 한 가운데서 30분 정도 서 있었던 것 같다. 한 번은 이쪽을 향해 섰다가 다음에는 다른 편을 향해 서면서, 우리는 성경구절을 읽었고 찬송을 부르고 돌아가며 큰 소리로 기도 했다. 이런 상황에서 하나님께 올리는 간구란 그 어느 때보다 애절하고 간절했음을 우리 자신도 느낄 수가 있었다.

가끔씩 어떤 위험 요소는 없는지 살피기 위해서 콘트라 반군쪽의 깊숙한 정글을 훑어보기도 했다. 예배를 드리는 동안에 서로 대립하고 있는 사람들에 대한 깊은 연민의 정을 느끼게 되었다. 이들 중 대다수는 스스로 원해서 싸움을 하는 것이 아니라 어쩔 수 없이 휘말려든 사람들이었다. 그러므로 똑같은 인간이지만 미국 시민인 나에게는 국제적으로 영향력을 끼치는 힘이 있다는 사실 자체가 부담스럽게 느껴지기까지 했다.

나는 기독교 평화주의자의 이름으로 니카라과에 왔다. 그러나 나는 내가 믿는 바에 대해서 그다지 많은 대가를 치루지는 않았다. 니카라과 혁명이 성공할 수 있었던 이유 중의 하나는 저항 운동에 기독교인들이 적극적으로 참여한 것이었다. 내가 여기 온 이유 중 하나는 비폭력의 문제에 대해서 면밀하게 조사해보고, 또 갈등에 휘말린 사람들이 무장 투쟁과 예수님의 가르침을 어떻게 조화시킬 수 있었는지를 알아보는 것이었다.

그러나 내가 열대의 뜨거운 태양 아래 섰을 때, 그것은 이쪽저쪽 할 것없이 전쟁하고 있는 양쪽 모두의 지칠대로 지친 남자들, 그마저도 대부분이 십대아이들인 이 남자들 사이에 섰을 때, 내가 엉뚱한 사람들에게 잘못된 질문을 던지고 있다는 생각이 들었다. 순간 엄청난 충격을 받았다. 내가 씨름해야 할 진짜 문제는 어떻게 해야 이 서로 죽고 죽이는 끔찍한 상황을 내가 바꿀수 있느냐는 것이었다.

잠시 후 우리는 깃발을 말아서 다시 테오테카신테 마을을 향해 걸었다. 담을 넘는데 한 작은 체구의 여인이 우리에게 뛰어 오더니 자기 집에 잠깐 들렀다 가라고 우리를 초청했다. 그녀를 따라가서 그 집에 들어가 보았다. 니카라과의 여느 뒷마당과 다를 바 없이 그녀의 집에도 방공호가 있었다. 여기저기 둘러보는데 아이들이 물끄러미 우리를 쳐다보았다.

"전 카르멘 구티에레즈라고 해요"라며 여인이 자신을 소개했다. "아까 공터에서 기도하시는 걸 보았어요. 기도해 주신 것 너무 감사합니다."

"별말씀을요"라며 우리 중 한 사람이 답을 했다. "우리 나라 때문에 이 고통을 당하고 계시는데, 저희가 용서를 빌어야 마땅합니다."

여인은 전혀 아니라는 듯 손짓하며 "여러분이 전쟁을 도발한 사람들이 아니라는 것쯤은 압니다. 그러니 사과하실 이유는 없어요." 곧 그녀의 뺨에 눈물이 흘렀다. 그러면서 몇 달 전에 지금 우리가 서 있는 이 자리에서 있었던 비극적인 사건을 말해주었다.

아이들이 마당에 있었는데 맞은 편 쪽에서 박격포 공격이 있었다고 했다. 첫 번째 박격포가 마당 언저리에서 폭발했고, 카르멘과 아이들은 그 자리에 쓰러졌다. 정신을 차려서 최대한 빨리 방공호 안으로 뛰어들어갔는데 네 살배기 딸 수야파가 보이지 않더라는 거였다.

　방공호에서 나와 보니 어린 딸의 몸은 이미 포탄의 파편에 맞아 잘려나간 상태였다고 했다. 흐느끼며 다시 방공호로 돌아와 나머지 아이들을 부둥켜안고 거기서 3일의 긴 시간을 보냈는데 공격은 계속 되었고 어린 딸의 몸은 그녀의 머리맡에 있었다. 이야기를 마친 그녀는 딸의 시신이 있던 자리에 놓아둔 작은 꽃다발을 가리켰다.

　말없이 서 있던 우리의 얼굴에도 어느덧 눈물이 흘러내렸다. 어떤 말도 할 수 없었다. 하지만, 내 안에선 이루 말로는 표현할 수 없는 무언가가 요동치기 시작했다.

11

짓밟힌 정의

그날 니카라과에서 있었던 일은 내게는 개인적으로 극적인 일이었다. 그전까지만 해도 중앙아메리카에서 일어나는 전쟁에 대한 나의 관심은 방관자 수준에 지나지 않았기 때문이다. 이 가여운 어머니와 함께 울고 있던 그 순간, 문득 수야파를 포함한 이 귀여운 아이들이 마치 내 자식처럼 느껴졌다. 이들의 고통은 어느덧 내 고통이 되었다.

지난 몇 년 동안 한 번도 읽지 않았던 이사야서의 말씀이 갑자기 강하고도 또렷하게 떠올랐다.

정의가 뒤로 물리침이 되고 공의가 멀리 섰으며 성실이 거리에 엎드러지고 정직이 나타나지 못하는도다 성실이 없어지므로 악을 떠나는 자가 탈취를 당하는도다 여호와께서 이를 살피시고 그 정의가 없는 것을 기뻐하지 아니하시고 _사 59:14~15

나는 깜짝 놀랐다. 마치 거대한 스피커들을 통해서 방송되는 것처럼 내 마음에 이 본문 말씀이 또렷하게 들렸기 때문이다. 그리고 이 말씀이 당시 내가 목격하던 그 상황을 너무나 잘 설명해주고 있다는 사실에 충격을 받았다. 뿐만 아니라, 이 말씀을 적용해야 하는 바로 그 사람은 레이건 대통령도, 미 중앙 정보국도 아니고 콘트라 반군도 아닌 나 자신이라는 것을 문득 깨닫게 되었다. 나야말로 '공의' 가 멀리선 것을 완벽하게 보여주는 사례였기 때문이다.

이 말씀은 잘라파의 조그만 호텔로 돌아오는 길에도 내내 머릿속을 떠나지 않았다. 호텔에 도착해서 나는 급하게 성경을 꺼내 그 구절을 찾았다. 그리고 이 짧은 구절을 보고 충격을 받았다.

여호와께서 이를 살피시고 그 정의가 없는 것을 기뻐하지 아니하시고 사람이 없음을 보시며 중재자가 없음을 이상히 여기셨으므로 _사 59:15~16

테오테카신테 마을의 작은 뒷마당에서 겪었던 체험은 내 일생에서 가장 중요한 전환점 중의 하나가 되었다. 그 후 수년간 나는 몇 번이고 니카라과를 방문했다. 중앙아메리카를 여행하는 사이 사이에, 니카라과에 대한 우리 정부의 잘못된 정책 때문에 벌어진 끔찍한 결과를 사람들에게 알리기 위해서 미국 내에 있는 수백 개의 도시에서 500여 차례가 넘는 강연을 했다.

니카라과에서 2주를 보낸 후 우리 파견단은 온두라스의 테구시갈파 지방으로 가는 비행기에 몸을 실었다. 우리를 기다리고 있던 미 당국자들로부터 사전 브리핑이 있었다. 그 중 한 사람은 존 네그로폰테 대사의 무관이었다. 네그로폰테와 일부 미 당국자들은 베트남 남쪽 지방에서도 함께 손을 잡고 일을 한 사람들이었다. 대사관의 홍보 팀장이기도 한 한 여인이 위원회를 총관할하고 있었는데, 여인은 악의가 없이 매우 순진하게 보였다.

우리를 초청한 주최측의 우호적인 태도는 전혀 예상하지 못했던 것이었다. 그런데 우리는 곧 우리가 모욕당하고 있다는 걸 알게 되었다. 우리를 불러놓고 진실에는 다가가지 못하도록 선을 그어놓고 있었던 것이다. 한 동안 우리는 마치 그들이 던져주는 정보를 알게되서 고마워하는 것처럼 재빨리 받아적었다. 그러나 거짓말이 꼬리에 꼬리를 무는 것을 보고는 더는 입다물고 있을 수 만은 없었다.

치밀어 오르는 감정을 다스리며 근거 없는 사실들을 너무 쉽게 말할 때마다 한 사람씩 번갈아가며 항의했다. 홍보팀장인 여인은 그 와중에서도 줄곧 미소를 잃지 않았는데, 우리가 잠깐 오해하고 있는 것일 뿐이며 곧 모든 오해가 풀릴 거라고 확신하고 있는 것같은 표정이었다.

그때 한 당국자가 이렇게 말했다. "우리가 반대하는 건 다름이 아니라 니카라과의 해안상륙거점이라는 걸 아셨으면 합니다. 무력으로 중앙아메리카 전체를 장악하려는 공산주의자들이 주둔하고 있는 곳이지요. 얼마 전에 니카라과가 대량의 탱크 공격으로 온두라스를 치고 들어가려고 했었습니다. 그것을 미국이 막아서 저지 했었습니다."

"금시초문이군요. 그런데 대량이라뇨?"라고 내가 물었다.

"말 그대로 여러 대의 탱크라는 뜻입니다. 미국이 저지하지 않는 한 그들은 러시아에서 들여온 온갖 무기들로 그들이 선택한 모든 나라들을 곧바로 쓸어버릴 수 있는 준비가 되어 있어요."

"국경 쪽에는 현재 탱크가 몇 대나 되는데요? 한 백 대쯤 됩니까?" 나는 계속해서 물었다.

"음, 아마 그 정도까진 아닐 거에요."

"그럼 한 열 대?"

"네. 아마 그쯤 될 겁니다"라고 얼버무렸다.

고작 열 대의 탱크를 가지고 국경을 휩쓸어 온두라스 산기슭까지 점령할지도 모른다는 발상은 우스꽝스럽기 짝이 없었다. 일단 화제를 돌렸다.

무관은 전략을 약간 바꿨다. "잘 알고 계시듯이 정작 경계해야 할 건 소련이 공급한 무기들을 엘살바도르의 공산주의 반역자들에게 날라 대는 니카라과 사람들입니다."

우리는 뒤통수를 맞은 것처럼 정신이 번쩍 들었다. 이것이야말로 산디니스타에 대한 군사적 행위를 감행하기 위해서 레이건 대통령이 국회 앞에서 자기 정당화를 위해 밥 먹듯 인용하던 것이 아닌가? 우리는 좀 더 자세한 설명을 부탁했다.

"니카라과 혁명이 있은 후 아주 잠깐 몇 개월 동안 그런 일이 있던 걸로 저희는 알고 있습니다." 우리 중 한 사람이 말했다. "그런데 카터 행정부의 압력이 있은 후 니카라과가 그 일을 그만 둔 걸로 알고 있습니다. 모든 무기 운반은 선박운송으로 이루어지는데, 그러려면 뻔히 다 보이는 해상을 80km나 건너가야 하고, 그렇게 되면 엘살바도르에 현재 설치된 미국의 장비에 잡힐테고, 그렇지 않으면 온두라스의 경계를 넘어가는 수밖에 없는데, 혹시 선박운송에 대한 분명한 증거를 갖고 계신가요?"

"물론입니다!" 무관은 기다렸다는 듯 바로 말을 받았다. "바로 며칠 전 엘살바도르로 가는 트럭 한 대를 체포한 적이 있는데, 트럭 벽면에 백 개의 기관총을 숨겨서 온두라스로 넘어가려던 니카라과에서 온 트럭이었습니다."

언젠가 뉴욕 타임즈에서 그런 기사를 읽은 적이 있긴 했지만 벌써 2년 전의 일이었다. 다시 한 번 우리는 그 무관에게 하나하나 되짚어 물었고, 결국 그는 2년 전 그 사건 외에는 다른 발각된 사례가 없다는 것을 인정하고 말았다. "어이, 세월 참 빨라, 안 그래?" 자리에 앉아있던 미국측 참석자 한 사람에게 그가 말을 던졌다.

그렇게 한 시간이 지났다. 그 얼빠진 무관이 주도하는 모임에서 사람들은 이 문제에서 저 문제로 이어가면서 부정확하고, 무의미하고, 아무 상관도 없는 진술들만 늘어놓기 바빴다. 홍보팀장은 토론이 진행되는 내내 우리 쪽 테이블에 비스듬히 기대고 앉았는데 미국에서 온 뛰어난 사람들과의 대화를 뒤에서 지켜보는 것이 즐거운 듯 보였다. 그러다가 제대로 한 번 폭발했다.

그 무관은 온두라스 국민들이 미군들을 아주 많이 사랑하고, 온두라스에 와 있는 것을 고마워 한다고 말하면서 우리에게 신나게 허풍을 떨었다. 우리는 우리가 온두라스에서 만났던 몇몇 사람들의 말과는 전혀 다르다고 대답했다. 그랬더니 한 발짝도 물러서지 않고, 그건 대수로운 일이 아니라고 무시했다.

"어디를 가든 불만을 품은 사람 한둘은 있기 마련이지요. 보아하니 그런 사람들을 만나신 것 같군요. 사실 베트남 사람이나 이 사람들이나 별로 다를 게 없어요. 우리가 베트남에 처음 갔을 때에도 그들은 우리를 별로 안 좋게 생각했습니다. 시간이 지나 우리에 대해 알게 되면서 우리를 좋아하게 된 것이죠."

홍보팀장인 여인은 그 무관에게 손짓하더니 복도에서 잠깐 얘기 좀 하자고 했다. 토론이 열리는 장소에서 3~4m 정도 떨어진 거리라 말이 다 들릴 정도였는데, 그녀가 갑자기 호되게 꾸짖었다. "그따위 엉뚱한 소릴랑 다른 곳에 가서 해!"

며칠 후 나는, 해비타트 휴머니티Habitat for Humanity, HFH의 대표인 밀러드 풀러에게 편지를 써서 니카라과에도 집을 짓자는 제의를 했다. HFH의 창설 멤버인 나는 이미 여러 도시에 주택을 지었는데, 이번 역시 다를 바 없이 제안이 통과되는 대로 즉시 니카라과로 날아가

돕겠노라고 했다.

지미 카터 전 대통령 또한 이 프로젝트에 지대한 관심을 두고 계시므로 그분을 니카라과로 직접 초청할 기회가 될 것이라는 말도 덧붙였다. 놀랍게도 밀러드에게 보낸 편지가 도착하는 날 카터가 조지아의 HFH 현장을 방문했다. 밀러드는 점심식사 자리에서 카터에게 직접 편지를 건네면서 어떻게 생각하시는지 여쭈었다고 했다.

"추진하도록 하세요"라며 아주 반기는 표정으로 말씀하셨다고 한다. "저도 관심이 있습니다. 돈 모슬리 씨가 니카라과에서 돌아오는 대로 그곳 상황에 대해 들어 보도록 하지요."

1984년 3월 말, HFH의 부회장으로 있던 밥 스티븐과 나는 니카라과에서 참으로 바쁜 나날들을 보냈다. 주택이 들어설 만한 건설 공사 현장 몇몇 곳을 탐사하면서 여러 사람을 만났고 처음으로 구스타포 파라욘과 긴 얘기도 나누었다.

파라욘과의 상의 후 우리는 니카라과의 최서단 지역인 게르만 포마레|German Pomares의 가장 가난한 마을에 첫 주택을 올리기로 했다. 그나마 전쟁에서 살아남은 집들은 잎으로 지붕을 이고 진흙과 나뭇가지로 벽을 바른 초가집이나 마찬가지였다. 야생동물들이 제멋대로 드나들었으며 집안은 아궁이 불 연기로 까맣게 그을려 있었다.

사람들은 짐승들에게 먹일 사료를 담던 푸대 같은 것으로 집에서 직접 만든 해먹을 기둥에 묶고 그 위에서 잠을 잤는데, 밤중에 잠든 사이 뱀이 기어오르지 못하게 하려고 높이 매달아 놓았다. 나도 이 원시적인 침대에서 하룻밤을 잤는데 바로 내가 누운 자리 밑에서 돼지와 거위의 싸움이 터졌다. 돼지가 소리를 지르고 거위가 꽥꽥거리며 난동을 피우는 바람에 나는 침대에서 곤욕을 치뤄야 했다. 얼마나 기겁했던지 다시 잠을 청하기까지 한참이 걸렸다.

4월 초순, 나는 아내와 밥과 함께 조지아 주 플래인스 시에 가서 카터 전 대통령 내외를 자택에서 만났다. 현상한 지 얼마 되지 않는 사진 꾸러미와 화젯거리를 잔뜩 가지고 갔다. 니카라과에서 보고 겪은 모든 일에 대한 그분들의 지대한 관심과 겸손은 우리를 감동시켰다. 사진을 꺼내자 로잘린 여사는 침실로 가서 안경을 가지고 오시더니 나와 함께 거실 바닥에 앉아 사진 한 장을 유심히 들여다보셨다.

"제가 바로 알고 있는지는 모르겠는데"라며 한마디 꺼내시면서 "콘트라 반군이라면…. 우리 쪽이죠?"라고 물으셨다.

"내 쪽은 아니라오!"라며 카터 전 대통령이 얼른 말을 받으셨다. "저쪽 레이건 쪽이지."

헤어질 때가 오자 카터 전 대통령은 "제가 어떻게 도와 드리면 되지요?"라고 물으셨다.

뭐라고 답을 해야 좋을지 몰랐다. 나도 모르게, 카터 전 대통령께서 기자 회견을 열어서 레이건 정책을 비난하면 어떻겠느냐는 말을 했다.

"아마 신문 한 귀퉁이에도 실리지 않을 걸요"라며 씁쓸한 웃음을 지으셨는데, 재선거에 떨어지면서 당신의 영향력이 현저하게 약해졌다는 걸 알고 계시다는 표정이었다.

대신에 HFH 이사회에 참석해 주기로 약속하셨다. 그리고 자신은 그저 이름만 있는 형식적 구성원이 아니라 프로젝트에 적극적으로 참여하고 싶다고 하셨다. 밀러드는 계속해서 카터 전 대통령을 끌어들이려고 갖은 애를 다 써왔는데, 이번 이사회에서 그 결실을 보는 듯 했다. 카터 전 대통령의 적극적인 참여는 HFH를 미국에서 가장 유력한 구제 단체로 만드는 데 큰 몫을 했다. 그뿐만 아니라, 카터 전 대통령에 대한 국민의 인상뿐만 아니라 전 세계에 대한 그의 영향력까지 바꾸어 놓았는데 물론 그것까지는 예측하시지 못했을 것이다.

그다음 주, 카터 전 대통령 내외는 애틀랜타 컨스티튜션Atlanta Constitution 이라는 신문에 실린 아주 긴 인터뷰 기사를 보고 흐뭇했다. 지난번에 우리가 카터 전 대통령 내외를 만나서 나누었던 이야기들이 실려 있었기 때문이다. 우리가 로잘린 여사께 전한 말씀 한 마디 한 마디가 글 한 자 빠지지 않고 다 적혀 있었고 거기에 대한 로잘린 여사의 부연 설명까지 있었다. 카터 전 대통령 내외는 이제 니카라과에 대해서만큼은 전문가가 다 된 듯했다. 그후 카터 내외는 니카라과를 여러 차례 방문하는 동안 니카라과 사람으로부터 직접 니카라과에 대해 배우게 되었다.

1985년 가을, 카터 전 대통령은 쥬빌리 파트너에서 이틀동안 HFH 이사회와 직원들이 좀 휴식 시간을 가지면 좋겠다는 제안을 해 오셨는데 쥬빌리 공동체만이 줄 수 있는 분위기 속에서 HFH의 비전과 근본 설립 목적에 대해 다시 한 번 돌이켜보자는 취지였다. 날짜는 1986년 1월 초로 잡았다. 몇 주 동안 50여 명 정도의 특별손님을 위한 준비로 정신이 없었다.

경호실에서는 보안 문제를 치밀하게 점검하고자 매우 숙련되고 날렵한 요원 한 사람을 보냈다. 그들은 카터 전 대통령 내외가 묵으실 난민환영센터에서 도로까지 새로운 전화선을 매설하라고 했는데, 우리는 전화선을 설치하는 도중 우발적으로 상수도관 여기저기를 잘라버리는 실수를 범하고 말았다.

자원 봉사자들은 회의들이 열릴 도서실과 사무실 건물을 마무리하느라 이리저리 분주했는데 그들도 이런저런 문제에 부딪히곤 했다. 손님들이 오시기 바로 몇 시간 전에 도서관의 판유리를 깨뜨린 것이다. 우리는 서둘러 사람을 보내어 40km 떨어진 건축자재 가게에 가서 새 유리를 사오도록 했다. 유리를 들어 막 끼우려는데 인부가 너무 긴장한 나머지 미끌어져 넘어지는 바람에 유리는 또다시 산산조각이 되었다.

처음 의도했던 바와는 상관없이 실내 장식은 촌스럽게 하기로 결정했다. 건물엔 응급 상수도 시스템을 설치했고, 거실의 전망 창은 폴리에틸렌 종이로 덮었다. 실내조명은 철사 끝에 전구를 매달아 불을 밝혔다. HFH 사람들은 이 모든 상황을 훌륭한 유머라고 받아들였다. 이런 촌스러운 모습이야말로 자기들이 전 세계에 이렇게 최소 비용을 들여서도 집을 지을 수 있다는 걸 논의하기에는 아주 완벽한 환경이라는 것이었다.

둘째 날 저녁에 중앙아메리카 난민들에 대한 우리 사역 전반을 소개하는 기회가 있었다. 60명 정도 되는 인원이 도서관에 모였다. 카터 전 대통령은 편하게 바닥에 앉으셨다. 내가 즐겨 써먹던 주제로 일단 분위기를 띄어야겠다고 생각하고, 자기들의 교회 건물이 성소, 즉 피난처라고 주장하는 많은 그리스도인들이 정작 난민들을 위해서 교회를 피난처로 제공할 권리를 포기하고 있다고 단호하게 비판했다.

"법을 깬 것은 성도가 아닙니다. 미국 정부 쪽입니다. 1980년도에 만든 난민 법안은 이들이 미국에서 망명 허가를 받을 수 있도록 정당한 기회를 주어야 한다고 명시하고 있어요."

"그래요 맞습니다!"라며 앉아 계시던 카터 전 대통령이 거드셨다. "제가 그 법안에 서명한 것은 망명 신청을 하는 사람들을 보호하자는 차원이었습니다. 현 미국 정부는 이 중요한 법안의 문구와 정신까지 모두 어기고 있습니다!"

잠깐 쉬었다가 나는 다음 주제로 넘어갔다. 과연 자신들의 주장에 대해서 저런 확신에 찬 말을 할 수 있는 법률가가 얼마나 있을까 궁금했다.

그 다음 날 회의가 끝날 무렵 즈음 카터 전 대통령은 지방 신문 기자에게 불법 입국자 보호 운동을 적극적으로 지원한다는 말씀을 하셨다. 비록 그것이 미국 정부에게 도전하는 일이 될지언정 믿음과 양심을 따라 선한 일을 하는 것이 '기독교인의 마땅한 의무'라고 하셨다.

그 후 수년 동안 카터 전 대통령과 여러 번 당신 자신이 겪은 딜레마에 대해 얘기를 나눈 일이 있었다. 그는 대통령 취임식 때 만인 앞에서, 그 어떤 경우에도 미국의 헌법을 중시할 것이라고 약속한 것과 하나님의 법과 인간의 법이 충돌하는 상황에서는 하나님의 법을 우선시해야 한다는 신념 사이에서 올가미에 걸린 느낌이었다고 했다. 연말에는 직접 휴스턴으로 날아가 존 파입 목사에게 불법 입국자 보호 운동을 위해 써 달라며 만 달러의 인권 기부금을 건넬 만큼 그 문제에 적극적이었다.

쥬빌리에 있는 동안 카터 전 대통령은 내게 니카라과에 가보고 싶다고 말씀하셨다. 그로부터 나는 다음 며칠간 니카라과에 있는 열두 명 이상의 핵심인물과 주요기관에 대한 파일을 만들었다. 카터 전 대통령 내외는 1986년 2월까지 며칠 더 기한을 연장해서 한 사람 한 사람을 다 만났다.

귀국 후 카터 전 대통령은 내게, 개인적으로 그가 막후에서 거의 성사단계까지 갔었던 극적인 이야기를 들려주었다. 다름아닌 니카라과와 주변 지역의 역사의 흐름을 바꿀 수도 있고, 수천 명의 목숨을 살릴 수도 있는 휴전에 대한 것이었다.

미 의회는 콘트라 반군을 지원하려고 1억 달러라는 역사상 가장 많은 액수의 세출 예산을 계획하고 있었는데, 때는 1986년 6월이었다. 아르투로 크루즈라는 자가 콘트라 반군을 대표하는 대변자로 부상했다. 카터 전 대통령은 코스타리카에서 비밀리에 두 차례에 걸쳐서 그를 만났다. 그리고 산디니스타가 요구사항들에 동의해주면 콘트라 반군에 대한 모든 미국의 원조를 받지 않겠다는 사실을 공적으로 발표해 달라고 그를 설득시켰다. 여기에는 그를 포함한 모든 반대파 지도자들이 니카라과의 민주적인 절차에 참여하도록 허용하는 것과 산디니스타가 교회와 언론매체에 적용한 제한조치를 해제하는 것도 포함하고 있었다. 그렇게만 된다면 카터 전 대통령과 콘트라 반군들은 즉각 휴전을 선언할 수 있게 되는 것이었다. 멕시코와 파나마 베네수엘라 그리고 콜롬비아 등 소위 '콘타도라 그룹' Contadora Group, 중앙아메리카 위기에 대한 방안을 찾고자 형성된 단체의 지원 또한 받게 될 것이었다.

카터 전 대통령은 산디니스타에게 요구할 구체적인 사항들을 작성하는데 많은 밤을 보냈다. 마나과로 날아가서 몇 시간 동안 니카라과 대통령인 다니엘 오르테가와 면담했다. 오르테가 니카라과 대통령은 카터 전 대통령의 요구에 동의하긴 했지만 다른 여덟 명의 국가 평의회 장관들도 카터 전 대통령을 만나고 싶어했다. 장관들은 요구내용이 잔뜩 담긴 서류를 건네면서, 일단 카터 전 대통령의 사안에 잠정적으로 동의하지만, 공식적인 발표가 있기까지 좀 더 생각할 시간을 달라고 했다.

파라욘 선생 가족과 만찬을 나눈 카터 전 대통령은 니카라과에 세운 해비타트 휴머니티의 첫 프로젝트를 보려고 길을 나섰다. 마나과로부터 서북쪽으로 두 시간 정도 걸리는 거리였다. 가는 내내 휴전 협정이 잘 되어 가고 있다는 사실을 생각하니 힘이 솟는 듯했다. 캐러밴을 타고 오르테가 대통령과 서지오 라미레즈 부통령, 미구엘 디에스코토 외무장관 그리고 니카라과 몇몇 장관들이 내리쬐는 태양 아래서 50개에 달하는 해비타트 휴머니티의 프로젝트를 시찰하고 있었다.

쥴리 놉과 짐 그리고 사라 혼스비 같은 HFH 스태프들이 마을 사람들과 함께 고위급 인사들을 맞아 주었다. 쥴리와 사라는 나와 오랜 친구이기도 한데, 한때 그들이 이곳까지 오는 걸 도와주기도 했다. 모두 독실한 주님의 제자들이며 '결과에 연연하지 않는 삶'을 몸소 실천하며 사는 친구들이다.

강연 후 카터 전 대통령은 마을 사람들이 나무를 자르고 벽돌을 놓는 일을 거들었다. 그리고 일행은 다시 마나과로 돌아왔고, 카터 전 대통령은 산디니스타가 휴전 협정에 동의해 주기를 바라며 기도할 뿐이었다. 하지만, 안타깝게도 이들은 그다지 반갑지 않은 소식을 전했다. 심사숙고 하고 있으니 좀 더 생각할 시간이 필요하다는 거였다.

카터 전 대통령은 미국으로 돌아오면서도 여전히 희망을 버리지 않았다. 레이건 정부에 대항할만한 힘이나 지원 하나 없는데 이 상황에서 우리 쪽의 제안을 짓밟는 것은 치명적인 실수를 범하는 일이라는 것을 그들이 모를 리 없다는 걸 잘 알았기 때문이다.

카터 전 대통령은 플레인즈 자택으로 돌아가는 대신 애틀랜타에서 뉴욕으로 갔다. 그리고 유엔 사무총장인 자비어 페레즈 쿠엘라를 비밀리에 만났다. 그리고 콘도라 그룹에 속하는 나라의 대통령들에게 직접 연락을 취해서 그들이 적극적으로 나서서 공개적으로 휴전을 지원하도록 독려해 달라는 부탁을 했다. 이는 레이건 정부의 예상되는 반응 때문에 우물쭈물하는 산디니스타 사람들을 어느정도 보호해주는 방편이 될 수도 있는 일이었다. 페레즈 사무총장은 그러겠다고 약속을 하고 답이 오는 대로 연락을 주겠다고 했다.

그로부터 며칠 후 유엔 사무총장으로부터 카터 전 대통령에게 연락이 왔다.

"그쪽 대통령들에게 찬성을 얻지 못했습니다." 카터 대통령은, 혹시

레이건 측의 반응이 두려워서 아예 연락조차 하지 않은 건 아닌가 하는 의구심부터 들었다. 왜냐하면, 유엔에 가장 많은 재정적 지원을 하는 나라가 미국이었으며 현재 미국으로부터 아무런 재정을 받지 못하는 상태였기 때문이다.

그 후 카터 전 대통령은 나에게 신중하게 작업하되 모든 인맥을 다 동원해서라도 산디니스타가 휴전을 재검토할 수 있게 자극해달라고 부탁했다. 그리고 협상에 도움이 된다면 당장 하던 일을 그만두고라도 지구촌 어디든지 달려오겠다는 약속을 했다. 하지만, 유감스럽게도 거의 다 성사될 뻔했던 일은 더 이상 진전되지 않았다. 때문에 최소한 만여 명의 불필요한 죽음과 수년간의 파멸을 막지 못했다.

그 와중에 레이건 대통령의 산디니스타에 대한 집착은 날마다 더해갔다. 어느 기자회견에서 그는 텍사스의 할링겐이라는 도시는 니카라과에서 차로 겨우 이틀이면 갈 수 있는 거리라고 했다. 그러니까 니카라과의 침공 가능성을 내포한 말이었다.

하지만, 내 가슴을 무엇보다 아프게 한 것은 갈등을 부추기는 몇몇 기독교 지도자들의 태도였다. 레이건 대통령은 그를 악담하는 이들에게 신임을 얻으려고 '종교와 민주주의를 위한 연구소'라는 곳에서 온갖 자료들을 끌어다 댔는데, 그 연구소는 리차드 니하스나 마이클 노박과 같은 사람들이 보수적인 쪽으로 과장된 정보와 잘못된 정보들을 쏟아내는 곳이었다.

그뿐만 아니라 방송 전도자이기도 한 팻 로버트슨 목사는 온두라스에 있는 콘트라 반군의 기지를 찾아가 그들이 하는 일을 장려하는 설교를 했고 미국으로 돌아와서는 그들을 위한 모금운동을 하기도 했다. 게다가 콘트라 반군지원의 핵심적인 인물로 세간에 이름이 막 알려지기 시작한 올리버 노스라는 사람은 자신이 미 의회에서 받는 핍박은 주의 제자들이라면 당연히 받는 것이라며 은근히 자기 의로움을 내세우기도 했다.

우리는 가난한 자에게 희망을 주셨고 억압된 자에게 공의를 베푸셨으며 고통 가운데 있는 사람들에게 평안을 주셨던 그 주님의 발자국을 따라가고자 온 마음과 뜻을 다했다. 무엇보다 1986년 가을에 일어난 판타스마Pantasma, 니카라과의 북쪽 비극을 목격하기 전에는 '저는 자를 걷게하는' 사역이 얼마나 중요한지를 미처 실감하지 못했다.

12

엎치고 덮친 난관

1986년 10월 20일의 이른 아침, 열일곱 명의 기자와 목사 그리고 해비타트 휴머니티 지도자들이 애틀랜타 공항에서 만났다. 그때 나는 니카라과로 파견할 또다른 팀을 인도하고 있었다. 델타항공 비행기가 서서히 애틀랜타 공항에서 멀어지면서 내가 스튜어디스에게 오렌지 주스 한잔을 주문하던 그때, 남쪽으로 2,400km 떨어진 곳에서는 낡은 트럭 한 대가 흙먼지 날리는 도로를 힘겹게 달리고 있었다. 니카라과 북쪽에 있는 지노케가라는 작은 마을로 가고 있던 중이었다.

51명의 사람이 안간힘을 써서 트럭에 올라탔지만, 많은 사람이 선 채로 있어야 했다. 위험천만스럽게도 어떤 이는 트럭지붕에 자리를 잡고 앉았고, 어떤 이는 트럭의 화물칸 난간에 앉아 있었다. 아이들과 중년의 여인들은 시장에 내다 팔 곡물 포대 위에 앉아 있었다. 트럭에 탄 사람 대부분은 트럭이 울퉁불퉁한 곳을 넘을 때마다 위태롭게 흔들렸는데 그럴 수밖에 없었던 것이 사람들은 비오는 날 덮개를 치려고 설치해 놓은 머리 위로 지나가는 아치형 파이프를 붙잡고 있었기 때문이다.

트럭을 타고 가는 사람들은 이 지역에 콘트라 반군 일당이 많다는 것을 알고 있었다. 그것은 지난 5년 동안 그들의 삶을 늘 따라다니는 현실이었다. 불과 3개월 전, 이 트럭과 비슷한 트럭 하나가, 지금 달리는 이 길에서 북쪽으로 48km 정도 떨어진 곳에서 지뢰 위를 지나고 말았다. 그 사고로 서른네 명이 목숨을 잃었는데, 어린 아이들도 많이 포함되어 있었다. 이 도로를 달린다는 것 자체가 위험을 각오해야 하는 것이었지만, 그렇다고해서 달리 뾰족한 수가 있는 것도 아니었다.

그 트럭에 탔던 사람 중에 전쟁의 참혹함 너머의 미래의 희망을 간절히 바라보던 한 사람이 있었다. 판타스마 마을에서 온 열아홉 살된 카르멘 피카도라는 소녀는 수줍음이 많았다. 환하고 아름다운 미소로 얼굴이 밝게 빛나는 그녀는 이제 곧 결혼하게 될 예정이었다. 그래서 결혼준비를 위해 오늘 트럭을 타고 지노테가로 가는 중이었다.

비좁은 트럭 안에는 카르멘 말고도 결혼한 언니 크리스티나도 있었다. 크리스티나의 남편 되는 아만시오 산체스라는 사람은 판타스마에 있는 한 개신교 교회를 섬기는 서른 살의 목회자였는데 믿음도 몸도 강건한 사람이었다. 아만시오 목사는 평화를 위한 철야기도를 위해 지노테가로 가는 중이었다. 큼지막한 갈색 눈과 장난기 어린 웃음을 띠고 기운이 펄펄 넘치는 일곱 살 난 딸 엘다를 포함해서 산체스 목사의 자녀 몇명도 함께 트럭에 있었다.

트럭이 도로변을 쿵쾅거리며 달리는 동안 어느덧 어둠이 걷히고 새벽이 되었다. 아만시오 목사는 후안 리소라는 동료 목사와 최근에 있었던 지뢰로 인한 비극적인 사건에 대해 이야기를 나누었다. 두 사람은 트럭 오른편 뒷바퀴 쪽에 서 있었다. 6시 45분경 그쪽 바퀴가 강력한 지뢰에 부딪혔다. 그러자 트럭 안에 탔던 사람들은 온 세상이 폭발해서 날아가는 듯한 충격을 받았다. 지뢰가 터지면서 길에는 1m 깊이의 구덩이가 생겼고, 트럭의 윗부분이 부서지면서 사람들은 내동댕이

쳐지고 파편들이 여기저기 나뒹굴었다.

"너무나 갑작스레 일어나는 바람에 처음엔 고통도 느끼지 못했어요." 훗날 아만시오가 말했다. "하지만, 후안은 아픈 표정을 지으면서 쓰러졌어요. 비틀거리면서 트럭의 가장자리를 붙잡았어요. 그런데 다리가 움직이지 않았습니다."

아만시오는 겨우 겨우 기어서 트럭을 빠져나와 땅바닥에 누웠다. 그때까지도 얼마나 크게 다쳤는지 몰랐기 때문에 계속해서 일어서려고 했다. "안되더군요," 그리곤 이렇게 말했다. "아래를 내려다보니까 무릎 밑으로 오른쪽 다리 절반이 잘려나갔더군요."

그 폭발 사고로 네 사람이 그 자리에서 죽었다. 그리고 지노테가의 병원에 도착하기 전에 두 사람이 더 죽었다. 43명이 중상을 입었고 그 중 12명은 다리 한쪽이 절단되거나 두 다리를 모두 잃었다.

서서히 주변의 처참한 모습을 파악한 아만시오는 누운 채로 기도를 올렸다. "하나님, 도와주세요. 제발 저희를 도와주세요!"

몇 주 후 그가 이런 얘기를 들려주었다. "기도를 드리는데 무언가 정말 놀라운 일이 일어났어요. 평안이 물밀듯이 밀려오는 겁니다. 하나님의 사랑이 절 감싸 안는 걸 느꼈어요. 마치 거대한 폭풍이 부는 가운데 강한 나무 안에 둥지를 틀고 몸을 피한 작은 새처럼 말입니다!"

앞으로 닥칠 일을 생각하면 아만시오에게는 없어서는 안 될 평안이었다. 그의 가족은 두 개의 병원으로 나뉘어서 이송되었다. 엘다는 2주간이나 의식불명이었다. 다리 하나는 무릎 밑으로 잘려나갔고, 다른 하나는 여덟 군데나 부러졌다.

카르멘은 두 다리를 다 잃었다. 자연히 결혼식은 없던 일이 되었다. 그녀의 약혼남은 그 후론 찾아오지 않았다.

니카라과에 파견 팀이 도착했을 무렵, 신문들은 온통 참사에 대한 기사들로 가득 했다. 그 트럭 참사는 우리의 나머지 일정만이 아니라 수년 간의 쥬빌리 사역에 지대한 영향을 주게 되었다.

파견 팀 중 몇 사람이 아만시오를 만났다. 그 중 한 사람이 허락을 받고 엘다의 처참하게 망가진 작은 몸을 사진으로 찍었다. 사진은 여정 내내 우리 마음을 무겁게 했다.

며칠 후 우리 일행은 미라도 티스카파라는 노천 레스토랑의 긴 테이블에 모여 앉았다. 그곳은 기가 막히게도 마나과 중심부에 있는 화산 분화구의 가장자리에 자리 잡고 있었다. 분화구를 가로지르면 마나과 군대가 오랫동안 점령하고 있는 마나과에서 가장 높은 지점이었다. 그곳은 1979년 소모사 정권 몰락 후 소모사가 헬리콥터를 타고 도망친 곳이기도 했다. 거기엔 소모사 정권의 악명높은 감옥인 '엘 치포테'가 있었는데, 그 지하에서는 고문이 자행되었던 것으로 유명하다.

우리 앞에는 병원에 누워 있는 엘다의 모습이 담긴 커다란 사진 한 장이 놓여 있었다. 그녀는 근육이 수축된 상태에서 혼수상태에 빠져 있었다. 우리에게 거둬들인 세금으로 무기나 사들여서 이런 만행이나 저지르는 콘트라 반군을 지원한다는 사실에 우리는 분노와 좌절, 그리고 부끄러움이 뒤섞인 감정을 느꼈고 분위기는 엄숙하기만 했다.

"저기 봐, 토마스 보르헤야!" 누군가가 고함을 치며 말했다.

분명히 니카라과 수상이 우리 테이블 옆자리로 걸어오는 게 보였다. 그가 산디니스타의 창설자로서 유일하게 니카라과에 살아남은 거의 신화적인 인물이라는 걸 우리는 이미 알고 있었다. 그는 니카라과를 주도하는 지도자 중 가장 불가사의한 인물이었는데, 어느 날은 말과 행동으로 심오한 기독교적인 사랑을 말했다가도, 바로 다음 날 극단적인 마르크시즘을 추종하는 자로 돌변하는 사람이었다.

무엇보다도 그는 동료 피델 카스트로를 닮아 열정적인 말솜씨에 입담이 좋은 사람이었다. 그러니 열일곱 명의 백인 외국인이 한 테이블에 둘러 앉은 것을 보고 그냥 지나칠 리가 없었다. 따뜻한 미소를 건네며 니카라과에 와서 고통의 현장을 직접 목격해 주는 것에 감사까지 표했다. 과장된 몸짓을 해가면서 입에서는 쉴 새 없이 말들이 쏟아져 나왔다.

보르헤는 프란 워렌이라고, 코이노니아에서 온 우리 중 가장 나이가 많은 사람 옆에 서 있었다. 우리쪽 통역관이 그의 말을 통역하는 사이에 보르헤는 프란의 백발 서린 머리 위에 키스하고는 "당신은 정말로 제 어머니를 닮으셨군요. 당신이 정말로 사랑스럽습니다"라며 혼잣말로 중얼거렸다. 그러다가 순간 그의 시선이 병원 침대에 누워있는 엘다의 사진에 꽂히더니, 갑자기 그의 눈이 노기를 띠며 우리 머리 위로 팔을 휘저으면서 분노의 몸짓을 해대기 시작했다.

"당장 미국으로 돌아가서 국민에게 이걸 보여주고 전하십시오. 바로 이게 레이건이 하는 짓이라고 말입니다. 순진한 수천 명의 이곳 사람들이 이런 고통과 죽음을 당하고 있다고요! 레이건이라는 자는 이토록 힘없고 작은 나라가 뭘 어쩐다고 이런 만행을 저지른단 말입니까? 국민을 다 합쳐도 미국의 대도시 하나의 인구만도 못 될 이 작은 나라를! 우리는 미국인 보다도 훨씬 가난한 사람들입니다. 레이건이 텍사스에서 미국이 니카라과의 침공의 위협 앞에 놓여있다는 말을 할 때 그걸 사실이라고 믿는 당신들은 과연 제정신이었습니까? 어떻게 그 말을 믿는 거죠? 하긴, 영 틀린 말은 아닙니다. 우리는 미국을 칠 거에요. 하지만, 탱크와 무기를 써서는 아닙니다. 당신네 군대가 우리쯤은 한 방에 날려 버릴 수 있을 테니까요. 다만, 선善으로 무너뜨릴 겁니다. 가서 전하세요. 우리는 싸움을 원하는 사람들이 아니라 용서하고 사랑하길 원하는 사람들이라고 말입니다."

얼마나 열정적으로 말을 하는지 레스토랑에서 식사하고 있던 사람들은 음식 먹을 생각도 하지 않고 그의 연설에 매료되버렸다. 그리고 갑자기 "이런다고 뭐가 달리지겠어?"라고 말하기라도 하듯이 두 손을 떨구더니 그 자리를 떠나려는 듯 몸을 휙 돌렸다. 그러다가 갑자기 멈춰서서 프란의 머리에 한 번 더 키스하며 "당신이 정말 사랑스럽습니다"라는 말을 또 했다.

니카라과에서의 마지막 날 밤, 그동안 보고 들은 모든 일들이 계속해서 생각나서 나는 잠을 이룰 수가 없었다. 새벽 4시경, 기도해야겠다는 강한 충동이 일어났다. 그 충동을 애써 무시하고 잠을 청하고 있는데, 이런 말이 내 마음에서 울려 왔다. "일어나서 지금 기도하거라. 무언가 놀라운 일이 생길 것이다. 기도하지 않으면 아주 중요한 기회를 놓치게 될 것이다." 나는 그 즉시 일어났다.

어둠 가운데 옷을 챙겨 입으려고 하는데 코이노니아에서 온 동료 레이 록웰도 마침 옷을 입으려고 하고 있었다. 우리는 서로 아무 말도 하지 않았다. 나는 아래층의 작은 건물로 내려갔다. 레이도 조용히 내 뒤를 따라나왔고 내 반대편에 앉았다. 어둠이 걷히고 새벽이 되기까지 우리는 각자 조용히 기도를 했다.

그것을 계기로 '평화롭게 걷기' Walk in Peace 라는 캠페인이 시작된 것이다. 해가 뜰 무렵에는 너무나 많은 생각이 떠올라서 노트에 다 받아 적을 수도 없었다. 새로운 프로젝트의 초안이 잡히기 시작하자 어느덧 피로함도 달아났다. 레이는 여전히 기도 중이었다. 우리는 여전히 서로에게 한마디도 하지 않았다. 해가 뜨기 시작하자 종이에 적은 내용을 레이에게 설명했다. 우리의 기도에 응답하신 하나님께 감사하면서 우리는 서로 쳐다보며 웃었다.

나는 구스타포 파라욘 선생에게 전화를 걸었다. 의사이며 목사이기도 한 파라욘 선생은 동시에 니카라과 복음주의 교회 협회CEPAD의 지도자였다. CEPAD는 니카라과의 대부분의 개신교 교단의 핵심적인 봉사 기관의 역할도 하고 있었다. 1972년 마나과의 대지진 후 결성된 이 협회는 전 세계적으로 그 사역을 인정받고 있었다.

"파라욘 선생님," 나는 흥분된 어조로 말을 꺼냈다. "엘다가 혼수상태에서 회복되면―분명히 그럴 거라고 믿어요― 그녀가 미국에 왔으면 합니다. 다리 수술도 받고 현재 우리 정부 때문에 니카라과 사람들이 어떤 고통을 받고 있는지 미국인에게 직접 증언해 주었으면 합니다."

"아주 좋은 생각이십니다"라고 그가 말했다. "그런데 가족들도 함께 데려가 주실 수 있는지요? 지노테가와 마타갈파에 있는 두 병원에서 어제 밤늦게 그들을 만나고 오는 참입니다. 아만시오와 카르멘도 함께 갈 수 있다면 더 좋겠다는 생각이 듭니다."

일행이 아침식사 자리에 모였을 때, 나는 이 새로운 프로그램에 대해 언급했다. 우리 주변에 일어나는 이런 참사들에 대해 구체적으로 대응할 수 있는 방법을 찾았다는 것에 다들 만족스러워 하는 표정이었다.

귀국하는 길에 온두라스에 잠깐 들렀다. 우리는 이미 니카라과에서 전쟁이 국민들에게 어떤 짓을 저지르고 있는지에 대해서 직접 목격했고, 그것만으로도 충분했다. 하지만 나는 우리 동료들에게 그 전쟁의 반대편에 선 사람들과 직접 이야기를 해볼 기회를 만들어주고 싶었다.

나는 온두라스에 있는 콘트라 반군의 본부 지도자들 중 몇 명과 만날 기회를 마련했다. 만나기는 했지만 분위기는 어색하고 뭔가 비현실적일 수밖에 없었다. 왜냐하면 워싱턴의 공식 입장이나 콘트라 반군들의 공식 입장은 그때까지도 콘트라 반군이 온두라스에는 없다는 것이었기 때문이다. 그들의 공식 입장은 콘트라 반군들이 니카라과의 일부를 '해방' 시켰으며, 뿐만아니라 니카라과의 영토를 완전히 통제하고 있다는 것이었다.

물론 이 모든 게 소설 같은 이야기라는 건 만인이 알고 있었다. 그럼에도, 콘트라 반군 지도자 중 한 사람이 던진 첫 마디는 "아무에게도 우리가 만나는 장소를 말해선 안 되오. 알아들었습니까?"였다. 후에 우리측 기자 중 한 사람은 신문에 "중앙아메리카 모처"라고 애매모호하게 실어 놓았다.

예정된 시간에 라 론다 호텔 정문에 스즈키 지프 한 대가 우리를 맞으러 왔다. 우리 중 여덟 명이 그 차에 구겨 탔고 나머지 여덟 명은 택시를 타고 따라갔다. 한참 동안을 테구시갈파 거리를 교묘하게 방향을 바꾸며 돌아다니더니, 시내에서 어느 정도 벗어난 시골 지역으로 들어가서, 결국 철통같이 경비하고 있는 시설로 들어갔다.

어느덧 어둠이 내리고 있었다. 조명등의 빛이 가시철조망이 쳐진 높은 담장 위에서 아래 쪽을 비추고 있었다. 무장 경호원이 손짓하며 우리 차량을 통과시킬 때, 미국은 오늘이 할로윈Halloween이라는 것이 문득 생각났다. 하지만, 소름끼치고 긴장되던 그 순간은 할로윈의 그 어떤 무시무시한 놀이와도 비교할 수조차 없을 것 같았다.

그로부터 두 시간 후 우리는 카를로스와 아델라 이카사라는 사람을 만났다. 카를로스는 콘트라 반군 중에서 가장 큰 하부 조직인 '민주민족전선'의 대변인이었다. 아델라는 홍보위원장이었다. 이야기가 오고 가는 내내 그들은 줄담배를 피워대면서 아주 열정적이었다. 그들은 콘트라 반군의 행위가 정당했으며, 영웅적이고 성공적이었음을 열심히 강조했다.

"우리 군대가 공산주의로부터 나라를 해방할 날도 이제 얼마 남지

 쥬빌리 공동체 이야기

않았어요. 이제 니카라과 사람들이 쌍수를 들어서 우리를 환영할 날이 곧 올 겁니다."

이카사는 정말 온 힘을 다해 최근에 니카라과에 발생한 사건들에 대한 자신들의 설명을 우리에게 납득시키기 위해서 몇 번이고 되풀이하는 노력을 아끼지 않았다. 그들은 정말 열심을 다했다. 그러나 우리는 이미 참사 현장을 목격했고, 콘트라 반군들의 만행에 대해 직접 목격한 사람들과 얘기까지 나누었다는 점에서 유리했다. 콘트라 반군들은 다른 나라 국민들 사이에서 좋은 평가를 받지 못하고 있었다.

얼마 전 판타스마에 일어난 참사에 대해 이야기하자 "우리는 니카라과 도로에 지뢰를 매설한 적이 없습니다"라며 카를로스가 딱 잘라 말했다. 계속 추궁하자 그들은 오히려 사실과는 어긋나는 말만 늘어 놓기 바빴는데, 한 번은 니카라과의 군사 전용 도로에만 지뢰를 매설 했다고 하다가, 금새 군인들이 나르기엔 지뢰가 너무 무거운 것이라 절대로 그런 적이 없다며 횡설수설하였다. 그러더니 아마도 니카라과 군대가 자기 국민들을 죽이려고 지뢰를 매설 해놓고는 콘트라 반군들을 욕먹게 하고 있는지도 모른다고 주장했다.

로스라는 미 대사도 분개하면서 동일한 비난을 했는데 산디니스타가 콘트라 반군의 차량을 저지하고자 도로에 지뢰를 묻어 놓았다는 것이다. 실상은 콘트라 반군은 차량이 거의 없었다. 다들 알고 있듯이 콘트라 반군들은 정글에서 작전을 폈기 때문에 걸어다녀야 했다.

아델다는 니카라과에서 보낸 유년시절에 대해 이야기했다. 그녀는 면화 재배를 하던 부유층 집안의 아홉 남매 중 하나였다. 아버지는 미국 사람이었으며 소모사 정권의 강력한 지지자였다. 그녀의 가족은 사랑이 넘쳤으며 독실한 종교인들이었다. "가족들은 지금은 중앙아메리카와 미국에 뿔뿔이 흩어져 살고 있습니다." 서글픈 목소리로 말했다.

　콘트라 반군이 당치도 않는 오해를 잔뜩 받고 있다고 우리를 열심히 설득시키면서 카를로스는, 마흔여덟 명의 콘트라 반군 지도자 중 마흔여섯 명이 이전에 소모사 정권의 방위군 장교들이었다는 미 상원의 주장을 완강하게 부인했다.

　"아마 3퍼센트도 안 될 겁니다"라고 했다. 그리고 우리에게 확신을 심어주자는 생각인지 또 말을 이었다. "한때는 FND에도 그쪽 출신들이 몇 명 있긴 했지만 추적해내서 총살시켰습니다."

　면담이 끝나자 아델라는, 테구시갈파 시 외곽까지 우리 일행 중 여덟 명을 태워 주겠다고 했다. 거기까지만 가면 택시를 불러서 호텔까지 가면 되었다. 나는 시원한 바람이 부는 현관에서 차가 도착하기를 기다렸다. 기다리는 동안 아델라와 개인적으로 다시 몇 마디 나눌 기회가 생겼다.

　"아델라 씨," 내가 먼저 말을 걸었다. "오늘 당신이 해 준 얘기에 대해 두 가지 드릴 말씀이 있습니다. 하나는, 당신이 니카라과를 떠나온 이후로 저는 거기에 몇 차례나 더 갔었습니다. 다른 건 몰라도 이것만은 분명히 말씀드릴 수가 있는데, 니카라과 사람들이 콘트라 반군들을 해방군으로 환영하려고 기다리고 있다는 당신의 주장은 틀렸다는 것입니다. 물론 그중에는 그렇게 생각하는 사람들도 아주 없진 않겠지요. 하지만, 거의 모든 사람들은 이미 당신네 군인들을 두려워하고 있습니다. 그러니까 당신네 군대가 잔학 행위를 하면 할수록 당신들은 환영받지 못할 것입니다."

　"그런데 유년시절을 이야기하실 때, 그리고 이 끔찍한 전쟁 때문에 가족들과 뿔뿔이 헤어졌다는 말을 하셨을 때 당신의 아픔이 고스란히 전해지더군요. 전 전쟁 때문에 겪는 아픔에 대해 잘 알고 있습니다. 전

개인적으로, 니카라과 국민 모두가 미국과 소련의 권력싸움에서 희생양이 되었다고 생각합니다. 그 점이 너무나 안타깝고 슬픕니다. 미국때문에 빚어진 모든 고통에 대해 사과의 말씀을 드리고 싶습니다.”

나를 쳐다보던 아델라는 한참을 아무런 말없이 서있었다. 나는 이 콘트라 반군의 대변인이 내 말에 어떤 반응을 보일 것이라고 전혀 기대하지 않았다. 그런데 갑자기 그녀의 눈에 눈물이 가득 고였다. 그리고 한참 동안 어색한 침묵이 흐르고나서, 그녀는 겨우 입술을 떼었다. “절 위해 기도해 주세요. 저도 당신을 위해 기도하겠습니다.” 그리고는 서둘러 안으로 들어갔다.

그날 저녁, 이런 끔찍한 고통을 유발시킨 저 경계선 너머의 사람까지 내가 불쌍히 여기게 되리라고는 나도 생각하지 못했었다. 문득 에베소서 6장 12절의 말씀이 생각났다.

우리의 씨름은 혈과 육을 상대하는 것이 아니요 통치자들과 권세들과 이 어둠의 세상 주관자들과 하늘에 있는 악의 영들을 상대함이라

아만시오와 가족이 지뢰 사고를 당하기 2주 전, 극적인 사건 하나가 또 있었다. 이 사건은 그 어떤 것보다 세간의 관심을 불러 모았을 뿐 아니라 니카라과를 겨냥하는 레이건 정부의 결심까지 뒤바꾸어 놓은 대대적 사건이 되었다.

니카라과 국민이라면 미국에서 온 비행기들이 콘트라 반군들에게 무기를 실어 나른다는 것쯤은 다 알고 있었다. ‘중립법’ 1930년도 미 의회가 통과시킨 법령으로 특별히 유럽의 전쟁에는 더 이상은 가담하지 않겠다는 미국의 서약은 미국과 전쟁을 하지 않은 나라에 미국 군대가 먼저 침공하거나 준비하는 일을 범죄로 명시하고 있었다.

레이건 정부 측은 결단코 무기를 운반한 적이 없다고 주장할 뿐이었다. 하지만, 국가 안전 보장 회의의 정치군사분야의 차관이며 대통령 자문인 이기도 한 올리버 노스가 최소한 1년여 동안 콘트라 반군에게 도움이 된다고 판단한 것은 무엇이든지 마음 내키는 대로 제공했다는 사실은 이미 널리 알려진 사실이었다. 그는 미 의회가 CIA의 반란지원을 전격 중단한 1984년부터 콘트라 반군 계획을 지휘 감독 했었다.

남루한 모습을 한 십대 밖에 되지 않은 니키라과 병사가 지대공地對空 미사일로 니카라과 남쪽을 날아가는 C-123 수송기 한 대를 격추시키기 전까지, 니카라과 정부는 미국이 개입하고 있다는 직접적인 증거를 갖고 있지 못했다. 미사일에 맞은 수송기가 폭발하면서 세 명의 미 공군이 목숨을 잃었다. 유진 하센푸스라는 조종사만이 낙하산을 타고 목숨을 건졌는데 니카라과 군대에 발견되었고 그 후 몇 주 동안 전 세계적으로 토픽감이 되었다.

하센푸스 조종사에 대한 재판이 열린 날은, 산체스 가족을 미국으로 데려오기로 결정한 날과 같은 날이었다. 하센푸스는 자기가 알고 있는 모든 지원작전에 대해서 증언하려고 작심한 것처럼 보였을 정도로 열심이었으니, 그만한 증언자가 따로 없었다. 그 스스로 이미 열 번이나 무기를 실어 날랐다는 사실도 고백했다. 하지만, 줄곧 미국 중앙정보국을 위해 그런 일을 하는 줄로 생각했다고 한다. 그것도 그럴 것이 그의 고용주는 중앙아메리카와 동남 아시아에서 비밀리에 작전을 수행하던 CIA 사무소로 드러난 마이애미에 있는 '남부항공'과 주소가 동일한 '연합항공서비스'였기 때문이다.

"온두라스의 아과카테라는 공군 기지로 가서 무기와 총탄을 싣고 그걸 니카라과까지 실어 나르는 일을 했죠. 그리고 그것들을 콘트라 반군들에게 주는 겁니다."

워싱턴의 엘리옷 아브람 국무부 차관은 이 모든 게 다, 공포와 두려움에 질린 니카라과인들이 허위로 꾸며낸 사실들이라며 반박했다. 하지만, 시간이 흐르면서 최소한 그가 알고있는 바에 한해서는 하센푸스의 말이 참이라는 사실이 드러났다. 레이건 정부의 니카라과 공작이 아주 위험한 것으로 드러난 것이다.

그 해 11월 15일, 하센푸스는 니카라과 법정에서 30년형을 선고받았다. 한 달 후 나는 산체스 가족의 미국행을 위해 그들을 면담할 소수의 기자단과 함께 다시 니카라과로 돌아갔다.

지노테가에서 인터뷰를 마친 후 나는 잠시 쉬려고 도시 중심가에 있는 작은 광장으로 걸었다. 허리가 굽은 작은 체구의 한 니카라과 여인이 나를 보더니 환하게 웃어주었다. 얼마나 환하게 웃던지 이가 다 빠진 게 훤히 드러나 보일 정도였다. 얼핏 보니 50살 정도인 거 같았는데 더 들어 보이기도 했다.

그녀와 잠시 얘기를 나누었다. 6개월 전 그녀의 남편은 콘트라 반군에 납치 당해서 '산 너머' 어떤 곳으로 끌려갔다고 했다. 그런데 죽은 줄만 알았던 남편이 지금으로부터 3주 전쯤에 살아서 다시 돌아왔다고 했다.

"남편이 없는 동안 사는 게 말이 아니었죠." 여인이 말했다. "하지만, 자비를 베풀어 주신 하나님께 감사한답니다. 제 남편은 정말 좋은 사람이거든요."

얘기하는 동안 남자 한 사람이 다가오더니 물었다. "당신, 미국에서 왔죠?" 그렇다고 하자 그가 계속해서 물었다. "하센푸스가 오늘 석방이 되서 곧장 집으로 돌아갔는데 어떻게 생각하시나요?"

"아직 그 얘긴 듣지 못했는데요. 상당히 놀라운 일이군요! 하긴, 니카라과 정부가 그를 석방한 것도 이해 못 하는 바는 아니지요. 미국과의 관계회복을 생각한다면 말입니다. 하지만, 이 문제에 대해 니카라과 사람들이 분명히 들고일어날 겁니다. 콘트라 반군에게 무기나 실어 나른 사람을 석방했다는데 분개하지 않을 사람은 없을 테니까요."

"아뇨, 제 생각엔 다들 좋아할 것 같은데요?"라며 여인이 말했다. 듣던 남자도 고개를 끄덕였다.

"솔직히 말씀드리자면 전 잘 이해가 안 되는데요. 어떻게 니카라과 사람들이 그 일에 동의할 수 있다는거죠?"

다소 의구심에 가득한 표정을 지으며 여인이 답했다. "이제 곧 성탄절도 다가오는데 가족들 품으로 돌아갈 수 있다는 게 그 사람에겐 얼마나 다행스러운 일이예요."

누가 들어도 뻔히 화를 낼만한 얘기에 노여움은커녕 동정심을 표하는 이런 순진하고 정 많은 사람들을 나는 한 번도 만나본 적이 없었다. 미국인이라면 어땠을까? 물론 안 봐도 뻔한 일이었다.

며칠 후 뉴욕 타임즈에서는, "오르테가 측은 하센푸스를, 니카라과 사람들의 원수라기보다는 미국 정부의 희생양으로 간주했다. 그럼에도, 석방 행사에서 대통령이 미국 조종사와 악수하는 장면은 충격적이었다"라고 보도했다.

1987년 2월 7일 토요일, 산체스 가족이 드디어 애틀랜타 공항에 도착했다. 카터 전 대통령이 그들이 비자 받는 것을 도와준 것이었다. 그렇지 않고서는 미국까지 오는 것이 불가능했다.

대기실로 마중을 나갔는데 그들은 탑승객 중 맨 마지막으로 나왔다. 마음이 따뜻한 몇 명의 승객들과 승무원이 그들과 함께 자리에 서 있었다. 너무나 작고 연약해 보였다. 엘다와 카르멘은 내가 동시에 안을 수 있을 정도였다. 나를 보자마자 아만시오는 함박웃음을 지으며 "형제님 안녕하세요?"라며 인사를 건넸다.

애틀랜타에 있는 친구들이 이들의 의료와 건강문제만큼은 책임을 져 주겠다는 약속을 받아놓은 상태였는데, 산체스 가족이 도착하기 바로 직전 도와주기로 약속했던 의사에게서 예상치 못한 답변이 왔다. 자기가 감당하기에는 업무상 너무 복잡한 일이라는 것이었다. "멕시코 쪽에서 한번 알아보길 바랍니다"라고만 했다. 그 결과 산체스 가족은 의료 지원을 전혀 기대할 수 없는 상태에서 도착하게 된 셈이 되었다.

다음 날 아침, 식사를 하면서 함께 기도를 했다. 그리고 애틀랜타의 에모리대학 건강 과학 센터로 가려고 길을 나섰다. 혹시 우리를 도울 만한 사람이 있을까 싶어 여기저기 물어보았다. 그러다가 중앙아메리카 지역에 특별한 관심이 있는 교수 한 분을 소개 받았다.

교수실로 들어가니 마침 강의 내용을 준비하고 있었고, 몇 분 뒤에는 강의실로 가야 한다고 했다. 나는 서둘러 요점만 간단하게 말씀드렸다.

"돈 모슬리라니, 어디선가 들어 본 적이 있는 이름인데요?"

알고 보니 그분은 '화해의 연대' 회원이었고, 그 당시 나는 의장으로 있었다.

"내일 전화 주세요. 좋은 소식을 드릴 수 있을 것 같습니다"라고 했다.

그는 그 말을 지켰다. 에모리 재활의학센터에서 세 명의 절단환자들이 종합검진을 받게끔 해 주었다. 나는 이 기쁜 소식을 카터 전 대통령에게도 전달했다.

약속시간에 나는 산체스 가족을 데리고 에모리 센터로 갔다. 재활 전문의인 에시옥 붐카 선생이 우리를 친절하게 맞아 주었다. 아만시오가 검진을 받고 있는데, 이어폰을 낀 어떤 키 큰 남자가 진찰실로 들어오는 게 보였다. 이제 비밀 경호원을 가려내는 것쯤은 숙달되어 있었다.

아니나 다를까. 2분 정도가 지나자 카터 전 대통령이 웃음을 머금고 진료실로 걸어 들어왔다. 그는 아만시오 가족을 따뜻하게 환영했다. 그리고 스페인 어로 몇 분간 이야기도 했다. 아만시오는 지뢰로 인한 대참사에 대해 설명했다. 카터 전 대통령은, 하루빨리 이 전쟁이 끝날 수 있도록 노력하고 기도해야 한다고 했다.

에모리 센터 병원장과 병원 간부 몇 사람이 방에 들어왔다. 그러더니 무료로 모든 걸 해결해 주겠다고 약속 했다. 의료용 보조기구 팀에서 일하는 제럴드와 베티 퍼랜드 부부는 의족 네 개를 무료로 해주겠다고 했다.

카르멘은 두 다리에 몇 번의 수술을 더 해야 했는데 역시 수술비 전부가 면제였다. 게다가 의료진은 니카라과 전쟁에서 희생된 사람들을 더 데리고 오면 최소한의 비용이나 무료로 치료해 주겠다고 약속했다. 붐카 선생과 퍼랜드는 만일 필요하다면 니카라과에 정기적으로 방문하겠다고 까지 했다.

한편 산체스 가족은 만나는 모든 사람의 마음을 끌었다. 아내와 나는 아이들과 위층 방을 쓰고 안방은 그들에게 내 주었다. 그들에겐 용수 시설이나 수세식 화장실, 가스 난로, 냉장고 등 모든 게 신기할 따름이었다. 갑자기 우리가 부자가 된 느낌이었다.

카르멘과 대화하고 싶다면서 스페인 어를 구사하는 사람에게 전화 한 통이 걸려왔다. 양손으로 수화기를 얼굴에 댄 그녀는 목소리가 들리긴 들리는데 어디다 대고 말을 해야 할지 몰랐다. 그러다가 순간 그녀의 얼굴에 놀라는 기색이 번지더니, 멀리 워싱턴에 있는 또 다른 여인과 대화를 주고 받기 시작했다.

의족이 만들어지는 동안 우리는 워싱턴에서 한 주 동안 정치적인 문제를 처리했다. 하센푸스 사건으로 인해서 전 국가안보 대통령 보좌관인 브렌트 스코크로프트 씨와 전 상원의원 에드먼드 무스키 의원 그리고 존 타워 의원이 참여하는 특별위원회가 구성되었다. 이들은 이란-콘트라 사건*을 자세히 조사하였으며 그에 관한 상세한 보고서를 준비했다. 몇 주에 걸쳐서 위원회에서 조금씩 흘러나오는 관련 소식들은 많은 미국인을 감질나게 했다. 마침내 타워 위원회 보고서는 2월 26일 그 전체 내용이 공개되기로 날짜가 잡혔다.

우리 측의 기자회견은 하루 전날인 2월 25일로 잡았다. 기자 회견을 후원해 준 사람은 미시건 주의 데이비드 보뉴어 하원의원이었다. 보뉴어 하원의원과 디트로이트의 토마스 검블리톤 주교는 "평화의 목격자"에게서 얻은 시민 79명의 학살과 강간, 납치 그리고 그전 6개월간의 만행에 대해 상세한 기록이 담긴 새 보고서를 발표했다. 표지 사진으로 카르멘의 모습을 담았다—베개에 기댄 채 오른쪽 팔에는 링거를 꽂고 다리에는 커다란 붕대를 감은 한 젊은 여인의 모습. 그녀의 얼굴은 무표정하고 생기가 없었다.

기자회견은 국회의 하원 의사당 회의실 건너편에 있는 방에서 열렸다. 열 두개의 텔레비전 취재팀이 몰려들었고, 미국과 외국의 신문사와 잡지사를 대표하는 수많은 기자들이 몰려들었다.

나는 니카라과에는 대략 2천 명 정도의 신체절단 환자들이 있으며, 그 중 3분의 1은 바로 지난해에 팔이나 다리를 잃었다고 말했다. 수족이 절단당한 사람들을 돕기 위한 '평화롭게 걷기'라는 캠페인에 대해 이야기하면서 아만시오와 그의 가족들을 소개했다.

---

*이란-콘트라 사건은 1986년 미 정부가 레바논의 친 이란 무장단체에 납치된 미국인을 구하기 위해 이란에 무기를 팔고, 그 대금으로 니카라과의 콘트라 반군에게 자금을 지원한 사건.

기자회견이 진행되는 사이에, 우리 오른쪽 맞은편에 있는 의자에 크리스티나가 와서 앉았는데 무릎에는 아기 마쥬리가, 그리고 곁에는 딸 엘다가 앉았다. 그 옆으로 카르멘이, 얼마 전까지만 해도 아름다운 젊은 여인의 건강했던 다리였지만, 이제는 그 흔적만 남은 부분을 담요로 감싸고 휠체어에 앉았다. 기자들이 이들을 향해 플래시를 터뜨리자 엘다가 엄마의 무릎 위로 기어올랐다. 치마 밖으로 드러난 그녀의 의족은, 그 다음 날, 신문의 제일 앞면 사진으로 수백만의 미국인들에게 공개되었다.

아만시오는 수십대의 마이크와 수많은 카메라 그리고 밝은 조명 앞에 섰다. 이마에 땀이 흘렀다. 그는 뒷짐을 지고 서 있었는데 손가락이 떨리는 걸 감추기 위해서였다.

하지만, 기자 쪽에서 보면 굵직한 음성으로 자신감 있게 웃는 한 남자의 모습으로만 비칠 뿐이었다. 지구촌 한 작은 마을에서 어느덧 수백만의 사람들이 지켜보는 공개석상까지 와 있는 신세가 되었지만 나는 그런 그의 모습이 참으로 대견스럽기만 했다. 이런 고통스러운 체험 가운데서도 담대하기만 한 그를 보면서 나의 애정은 그가 받는 고통의 깊이만큼이나 깊어져 갔다. 친구로서 그리고 형제로서 이 자리에 함께 와 있는 나 자신이 자랑스럽기까지 했다.

점잖고 평온한 자세로, 아만시오는 통역관을 통해서 그날 아침의 참사에 대해 말을 꺼냈다. "나사렛 교회 목사님과 얘기를 나누고 있었는데 갑자기 큰 폭발 소리가 들렸습니다. 트럭이 아래로 미끄러졌고 다들 비명을 질렀는데, 그들이 우리를 죽인다는 생각을 했습니다. 나중에 다리 한쪽이 절단당한 채 눈을 떴는데 그전에 무슨 일이 일어났는지는 잘 기억이 안 납니다."

"관심을 가져주신 모든 국민 여러분과 그리스도인 형제·자매님들게 감사드립니다. 여러분들 덕분에 이렇게 미국까지 와서 수술도 받고 제 경험을 들려드릴 수 있게 되었습니다. 그리스도인으로서 간절히 바라는 한 가지는 우리나라에도 부디 평화가 와서 제 가족과 같은 다른 이들이 더 이상은 고통받지 않았으면 좋겠다는 것입니다.”

보뉴어 의원과 검블레톤 주교, 그리고 나는 도로에 지뢰를 매설한 것은 콘트라 반군이 분명하다고 주장했다. 그러나 약속대로 아만시오는 그 말만은 하지 않았다. 콘트라 반군의 보복이 두려웠던 것이다. 그러나 아만시오가 말을 마치기가 무섭게 그동안 질문을 참고 있던 기자들이 손을 흔들면서 질문을 쏟아내기 시작했다.

예상대로 처음 세 기자는 하나같이 똑같은 질문들을 했다. “도로에 지뢰를 묻은 것이 산디니스타가 아니라 콘트라 반군이라는 걸 어떻게 확신하죠?”

기자 한 사람은 유난히 꼬치꼬치 캐물으면서 까다롭게 굴었는데, 기자들의 질문공세가 아마도 가장 골치 아플거라며 미리 귀띔은 해 주었지만, 그 정도일 줄은 나도 예상치 못했다. 뒷짐을 진 아만시오의 손이 떨렸다. 하지만, 그는 불구덩이에서도 살아남은 사람이었다. 평정을 잃지 않고 묻는 것마다 솔직하게 대답을 이어나갔다.

회견 내용은 그날 밤과 다음 날 신속하게 퍼져나갔다. 그러나 대부분의 기사들은 산디니스타 군대가 지뢰 참사를 일으켰다고 하는 국무부의 주장을 싣는 방식으로 심하게 ‘조절’ 되고 말았다. 하지만 “콘트라 반군이 조직적으로 인권을 침해했다는 결정적인 증거는 그 어디에서도 찾아볼 수가 없다”는 게 공식적 발표였다.

기자 중 어떤 이는 콘트라 반군의 대변인인 어네스토 팔라지오의 사견 하나를 더 첨부했는데 “개별적으로 시민들의 권리가 침해되는 사건들이 발생한 적은 있다”며 “그러나 인권침해를 용납하는 그런 일은 항쟁운동의 정책은 아니다”라는 말을 했다.

독자들의 반응은 2대 1로 그 말에 동의하는 쪽이었다. 물론 우리가 지는 쪽이었다.

회견 후 숙소로 돌아와서 나는 아만시오를 부둥켜안고 잘 설명했다고 칭찬해주었다. 얼마나 긴장을 했던지 그의 얼굴은 핏기가 없었으며 창백했다. “형제님, 전 이미 죽은 목숨입니다. 형제님은 미국에 남아 계실 수 있지만 전 다시 니카라과로 돌아가야만 해요. 그러면 오늘 기자회견을 본 콘트라 반군들은 분명히 절 죽일 겁니다.”

일주일 후 아만시오와 가족은 다시 쥬빌리에 와 있었고 그동안의 정신적 고통으로부터 어느 정도 회복이 되어가고 있었다. 가장 기쁜 일은 아만시오와 엘다에게 새 다리가 생겼다는 점이었다. 카르멘은 여전히 몇 차례의 수술을 더 앞두고 있었다.

수술받는 날, 아만시오는 아침 식사 테이블에 앉아 “오늘은 제 일생 최고의 날이 될 것입니다. 제가 결혼한 날이나 예수님을 믿은 날 만큼이나 제겐 중요한 날입니다. 이제 정말 다시 걷게 되었네요!” 아만시오와 엘다가 첫 걸음을 내딛는 순간 그들의 얼굴에서 행복한 미소를 보았다. 그동안의 모든 수고를 넉넉히 보상받고도 남는 것 같았다.

몇 주가 다시 흘렀고, 마침내 카르멘이 수술받는 날이 왔다. 카르멘은 평행봉 사이에 서서, 그녀의 새로운 다리를 만드는 마무리 작업이 진행되는 걸 내려다보고 있었다. 작업이 다 끝나자 보조원이 뒤돌아서면서 말했다. “카르멘 씨, 이제 거울을 보세요.” 카르멘은 고개를 들고 다시 두 발로 서 있는 자신의 모습을 보았다. 그녀는 내 평생에 두 번 다시 보지 못할 너무나 아름다운 미소를 지었다!

산체스 가족의 삶은 마치 끊임없는 기자회견처럼 보였다. 산체스 가족은 우리와 함께 보낸 한 달 동안 거의 매일 한 차례 이상 기자들과 인터뷰를 했다.

자유롭고 개방된 쥬빌리의 분위기 속에서 지내는 동안, 아만시오는 전쟁의 보이지 않는 피해자들의 대변인이 되었다. 엘다는 CNN, ABC 그리고 다른 방송 기자들 앞에서 마치 자랑이라도 하듯이 노래하고 새로 배운 탬버린을 치고, 걷는 실력을 보여주었다. 수줍음 많은 카르멘과 크리스티나는 늘 숨어다녔다.

다시 니카라과로 돌아간 산체스 가족은 사람들의 열렬한 환영을 받았다. 아만시오는 CEPAD의 15회 연차 총회에 모인 수백 명의 목회자의 박수를 받으며 무대로 들어갔다. 구스타포 파라욘 선생도 그를 반겨주었고, 목회자들에게 산체스의 가족이 미국에서 받은 폭발적인 관심이야말로 미국의 많은 국민이 니카라과에 대한 레이건 대통령의 폭력적인 정책을 싫어한다는 증거라고 설명했다.

아만시오와 엘다가 방문해야 할 중요한 곳이 한 곳이 더 있었다. 마나과에 있는 알도 차바리아 재활 병원이었다. 물론 이번에는 병원 복도를 두 발로 당당히 걸어서 갔다. 그때 아만시오와 엘다는 바로 일주일 전에 생긴 의족 작업장을 방문했다. 대부분 인공 수족을 받으려면 몇 달이나 기다려야 했는데도, 그곳에는 전 연령대에 걸친 수족절단 환자들이 물리치료를 받으려고 모여 있었다.

칼린과 캐런 글렌은 미국 ‘그리스도의 연합교회’의 지원을 받고 있었고, 니카라과 국민에게 깊은 애정을 갖고 니카라과에서 활동한 ‘평화롭게 걷기 운동’의 첫 번째 활동가들이었다. 국제적십자위원회는 인공 수족 작업장 개설을 위해서 훈련과 많은 재정적 도움을 제공했다. 이들의 목표는 일 년에 500명의 사람을 재활시키는 것이었다. 하지만, 재활수술을 받으려고 대기하는 환자 수는 그들의 예상을 훨씬 넘어서는 것이어서 도저히 감당할 수가 없었다.

미국 전역에 있는 단체들이 쥬빌리를 통해서 니카라과에 전달되는 기금 모금을 위해서 진행되는 걷기 대회walk-a-thons와 다른 행사들을 후원했다. 매년 평화롭게 걷기 캠페인은 인공 수족 센터를 통해서 정치적인 성향과 무관하게 수백 명의 신체절단 환자들의 재활을 도왔다. 니카라과의 전쟁 피해자들과 다른 재난 피해자들의 구호를 위해서 150만 달러 이상을 송금했다.

1988년 초, 미국의 월간지 「피플」에서 "죄 없는 자들의 고통"이라는 제목으로 우리의 평화롭게 걷기 운동에 대한 기사를 실었다. 기사는 우리의 사역에 대한 설명으로 시작해서, 니카라과에 대한 이야기로 넘어갔다. 그리고 지뢰 사고로 사망하거나 화상을 입거나 전신이 찢겨 나간 어린아이들의 사진을 보관해 둔 마나과의 벨레즈 파이스 어린이 병원의 의사들 이야기도 실었다.

이 기사는 피플지 역사상 최고의 반응을 불러 일으켰는데, 편집장은 대중의 반응에 호응하기 위해서 후속 기사를 계속 쓰고 싶어 했다. 동시에 쥬빌리 파트너에도 전화가 빗발쳤는데 대부분이 어떻게든 아이들을 도와주고 싶어 하는 사람들의 전화였다.

그해 여름 나는 상황을 직접 살펴보고자 벨레즈 어린이 병원으로 날아갔다. 병원 측은 우리의 도움을 고맙게 여겼고, 나는 두 담당자의 안내로 병원 전체를 돌아볼 수 있었다. 그러나 나는 너무나 많은 고통 받는 아이들의 모습에 내 인내심의 한계를 느끼고 말았다.

전쟁의 희생자들이라고 해서 모두 군대의 무기에 직접 피해를 본 사람만 있는 것은 아니었다. 실제로 전쟁의 이차적인 결과 때문에 죽은 아이들이 더 많았다. 특히 상수도 시설의 파괴와 시골 보건소의 파괴로 말미암아 설사로 죽어간 아이들이 많았다. 아주 흔했던 영양실조 또한 전쟁의 직접적인 결과라고 할 수 있는데, 이 때문에 다른 의료상의 문제들이 더 악화될 수밖에 없었다.

　벨레즈 파이스는 니카라과에서 가장 큰 어린이 병원이다. 그러나 그 병원조차도 끝없이 밀려드는 병들고 다친 어린이들을 모두 수용할 수는 없었다. 병실은 말할 것도 없고 복도에도 아이들로 차고 넘쳤다. 병원 바닥에 임시변통으로 만든 침대와 매트리스들이 넘쳐났기 때문에 지나갈 때 아이들을 밟지 않도록 조심해야 했다. 어린 아이 한 사람마다 부모나 친척이 옆에서 돌보고 있어서 번잡함이 더 심할 수밖에 없었다. 밤낮으로 아이들 옆에서 지키고 앉아 있느라 그들의 몰골도 초췌했다.

　화상병동은 보기에도 가여울 정도로 상처를 입은 아이들로 가득했는데, 아이들은 온종일 훌쩍이며 울거나 비명을 질러댔고, 아이들의 처참한 환부는 그대로 노출되어 있었다. "화상병동에 에어컨이 들어온 건 며칠 안 됩니다. 그것도 라미레즈 부통령이 개인적으로 기부해 주신 겁니다." 담당자 한 사람이 말했다. "에어컨이 들어오기 전에는, 화상 입은 아이들이 열 때문에 끔찍한 고통을 받았습니다. 방안을 조금이라도 시원하게 하려고 창문을 열었다 싶으면, 파리들이 날아들어서 전염병이 번지곤 했습니다."

　나는 열 살 쯤 되어 보이는 남자 아이 곁으로 갔다. 보호자가 있는 다른 아이들과 달리 그 아이는 혼자였다. 여기저기 붕대를 감고 있고, 다리 근육이 수축된 상태였지만 아이의 표정은 밝아 보였다. 내가 말을 걸었지만, 웃기만 하고 대답이 없었다.

　어느 의사가 내게 한쪽으로 오라고 손짓을 했다. "저 아이는 일주일 전에 가족과 함께 트럭을 타고 가다가 콘트라 반군의 공격을 받았습니다"라고 설명했다. 그리고 "정면으로 박격포를 맞았습니다. 다른 사람들은 모두 죽고, 저 아이만 살았는데 아직 아무것도 모릅니다. 그리고 저 아이는 아직 쇼크 상태에 있습니다."라고 말을 이었다.

병원의 다른 쪽을 둘러보다가, 파라욘 박사의 사위이자 의사인 데니스 꾸엘라를 만났다. 좁은 병실에서 그는 발목이 뒤틀린 작은 체구의 아이에게 물리치료를 하고 있었다. 꾸엘라의 밝은 성격과 인내심은 병동의 초라함을 무색게 했다. 그는 형편없는 재료들을 갖고도 버팀목을 수리해냈다. 바깥의 대기실에는 온갖 종류의 신체 불구로 고통스러워하는 아이들을 데리고 온 부모들로 만원이었다.

병원의 엘리베이터 한 대는 고장 난 지가 벌써 몇 년째였다. 의약품은 공급이 턱없이 부족했다. 모든 곳에 엄청난 고통이 도사리고 있었다. 나는 어떤 의사가 마취하지 않은 채 팔뚝 뼈가 부러져 비명을 지르는 아이의 뼈를 맞추는 것을 지켜보았다. "우리 수술실에서는 마취제를 꼭 필요할 때가 아니면 사용하지 않습니다. 여분이 전혀 없어서 그렇습니다."

병원을 떠나면서, 만약에 레이건 대통령을 이곳 벨레즈 파이스 병원에 데려와서 단 30분 만이라도 둘러보게 할 수 있다면 이 전쟁은 금방 끝날 것이라는 생각이 들었다.

쥬빌리에서 우리는 평화롭게 걷기 캠페인의 대상을 신체절단의 여부와 상관없이 모든 아이에게로 확대하기로 했다. 우리는 치과병원과 어린이 병원의 다른 특별 프로젝트를 위해서 5만 달러를 빌렸다.

그와 비슷한 시기에 미국 의회는 니카라과의 "어린이 구호"를 위한 특별 절차를 밟기 시작했다. 지미 카터 전 대통령은 미국 의회가 이런 움직임을 보이게 된 것이 평화롭게 걷기 캠페인과 피플지에 실린 기사에 감동한 덕분이었다는 말을 몇몇 의원들을 통해 들었다면서, 쥬빌리 파트너를 공개적으로 치하했다.

일단 우리는 정말로 기뻤다. 그리고 더불어 우리가 조금이나마 이런 일을 이끌어내는 데 도움이 되었다는 자부심도 느꼈다. 그리고 깨알 같이 작은 글씨들을 읽어 내려갔다.

"어린이 구호" 기금은 2,700만 달러에 달하는 콘트라 반군 지원금에 포함된다는 단서 조항이 붙어 있었다. 그리고 CIA가 그 자금을 분배했고, 결국 니카라과 정부와는 아무 상관도 없는 의료기관에만 그 자금이 전달되었다. 다만, 아주 소수의 니카라과 원주민 병원과 프로젝트만이 예외적으로 자금을 받을 수 있었다. 마나과의 침례병원의 이사들도 다른 곳과 마찬가지로 절실하게 도움이 필요한 상태였다. 그러나 그들은 그 문제를 놓고 고심한 끝에 콘트라 반군 지원금 명목으로 지급되는 지원금을 받지 않겠다는 원칙을 투표로 결정지었다.

콘트라 반군을 도우려고 특별히 고안된 프로젝트는 모두 자금 지원을 받을 수 있었다. 놀랄 일도 아니었다. 그러나 니카라과 국내의 대부분의 의료 기관들은 자금지원을 거부했다. 아이들을 죽이라고 콘트라 반군을 지원하는 자금으로 아이들을 치료할 수는 없다는 것이었다.

쉽게 말해서 적대적인 미국 정부가 무슨 사업 하듯이 시작한 동정이 끔찍한 웃음거리로 변하는 걸 보는 기분이었다. 애초에 그 법안을 이끌어내었던 바로 그 고통 받는 아이들은 끝내 아무런 도움도 받지 못했다. 게다가 우리가 여태까지 섬겨왔던 사람 중에 어떤 이들은 미국에 대한 착각에 빠지기도 했다. 우리가 주는 도움은 이제는 필요 없고, 앞으로 워싱턴이 그동안 우리가 주었던 것하고는 비교가 안 되는 엄청난 돈을 줄 것으로 생각했던 것이다.

이보다 더 나쁜 일은 없겠지 라고 생각하고 있었는데, 그때 바로 그런 일이 터지고 말았다.

13
허리케인

  1988년 10월 21일 밤, 시속 200km의 바람을 동반한 엄청난 세력의 허리케인 조안이 동부 해안을 강타했다. 허리케인 조안은 그날 밤과 다음날까지 나라를 가로질러 통과했다. 조안은 마치 성난 거인처럼 지나가는 곳에 있는 모든 것을 파괴해버렸다. 니카라과는 1911년 이후로 허리케인 때문에 직접적인 피해를 보지 않았는데, 이번 허리케인으로 그동안 안 받은 모든 피해를 한꺼번에 보고 말았다.

  불과 24시간 만에 이 작은 나라에 10억 달러에 달하는 피해가 발생했다. 수백 명의 사람이 죽거나 실종됐다. 30만 명이 넘는 사람이 집을 잃었다. 도로는 2천 킬로미터 이상이 심각한 피해를 보거나 완전히 파괴되었고, 70~80개의 다리가 유실되었다. 백만 에이커가 넘는 숲이 사라졌고, 온 나라의 곡식 대부분이 못쓰게 되었으며 동부 해안의 어업은 그 지역의 주요 수입원이었는데, 완전히 주저앉고 말았다.

  1988년 11월 12일, 뉴욕 타임즈의 니카라과 출신 평론가인 소피아 몬테네그로는 고국의 비극에 대한 논평을 실었다. 일생 끊임없이 바윗돌을 언덕으로 밀어 올려야 하는 형벌을 받은 그리스 신화에 나오는 인물을 언급하면서, 그녀는 니카라과를 '시지포스의 나라' 라고 불럿다.

망할 놈의 나라! 또 재앙이라니! 앞으로 얼마나 더 무너진 것을 일으켜 세워야 한단 말인가? 이 새로운 재앙은 전쟁과 적군의 포위로 이미 무너져 내린 나라를 처참하게 하였을 뿐만 아니라 있어서는 안 되는 재앙이었으며, 니카라과를 다시 일으켜 세우려는 노력이 헛된 일이며 이제는 절망뿐이라는 느낌을 주고 말았다. 이번 재앙의 배후를 생각해볼 때, 이번 허리케인은 단순한 자연의 변덕이 아니라, 우리 가여운 인간들의 노력을 훼방하는 인디언 신들의 조롱이자 소름끼치는 음모처럼 보인다. 아무것도 수확하지 못하지만, 끊임없이 심어야 하는 우리의 운명을 거스르는 이 기괴하고 원시적인 반란은 그러나 결국 우리를 이기지 못할 것이다.

백악관은 즉시 성명을 내서, 불과 한 달 전에 자메이카에 허리케인 구호금으로 1억 2천5백만 달러 이상을 지원한 것과는 대조적으로, 니카라과에 단 한 푼도 줄 수 없다고 말했다. "산디니스타 정부가 재난 구호 지원금을 제대로 사용할지 믿을 수 없다"라고 언론 비서관 마틴 피츠워터가 말했다. 그는 다니엘 오르테가는 "허리케인을 콘트라 반군에 대한 선전선동의 도구로 이용"하려고 한다고 말했다.

허리케인이 여전히 기승을 부리던 때에 애리조나 주의 투산 시에서 피난처 운동을 이끌던 팀 논이 우리에게 전화해서 쥬빌리 파트너가 구호작업을 주도하면 어떻겠느냐는 제안을 해 왔다. 해비타트 휴머니티에 있는 동료는 주저하지 않고 우리에게 4만 달러를 빌려주었을 뿐만 아니라, 이후에도 해비타트 휴머니티의 니카라과 프로그램을 동부 해안의 블루필드 주변의 파괴된 집들을 직접 재건축하는 쪽으로 확장해주었다. 잡지사인 소저너스Sojourners와 코이노니아 파트너도 긴급 구호 요청을 홍보해주기로 했다. 쥬빌리에서는 우리를 후원하는 분들에게 레이건 대통령이 외면한 니카라과 사람들을 돕는 데 동참해달라는 호소문이 담긴 거의 만 통에 가까운 편지를 서둘러서 발송했다.

우리의 호소에 대한 사람들의 반응은 감격스러웠다. 허리케인이 니카라과를 강타한 지 단 사흘 만에 쥬빌리와 투산에 모여든 자원봉사자들이 70명이 넘었다. 여기저기서 도움을 주겠다는 전화도 빗발쳤다. 천 건이 넘는 기부금들이 코머 시 우체국을 통해서 쏟아져 들어왔다. 수십 명의 사람이 구호물자를 투산 공항으로 나르고 발송할 준비를 하느라고 밤낮없이 일했다.

우리는 DC-8 비행기를 빌렸고 무료로 니카라과까지 갔다가 돌아올 비행 조종사도 찾았다. 비행기는 마나과 공항에 허리케인이 휩쓸고 간지 정확하게 일주일 후에 도착했다. 첫 번째 구호물자를 미국 사람들이 전달하게 된 것이다.

"아주 아름다웠습니다." 비행기가 착륙하는 걸 본 사람이 말했다. "마치 거대한 은빛 날개를 가진 새가 머리 위를 날고, 선회하다가 황혼녘에 내려앉는 것 같았습니다." 그곳에서 구스타포 파라욘 선생과 몇몇 CEPAD 지도자들이 비행기에서 짐을 내리는 것을 도와주었는데, 트럭 21대 분량의 물품들 목록을 확인하고 재난 지역에 배분했다.

더 많은 미국 교회들이 구호작업에 동참하지 않은 것이 어쩌면 그들 나름의 두려움 때문은 아니었나 하는 생각이 들었다. 여전히 그 이유는 모르겠다. 그러나 파라욘 선생을 통해 알게 된 것은 허리케인이 휩쓸고 지나가고서 6개월 동안 미국의 주류 개신교단들이 보내온 구호물자를 다 합쳐도 재난 지역을 도울 수 있는 통로를 확보한 우리가 애리조나와 조지아의 관심 있는 사람들에게서 끌어모은 것의 극히 일부분에 지나지 않았다는 점이다.

니카라과의 허리케인 피해에 대한 보도가 절정에 다다른 무렵에, 쥬빌리와 친분관계가 있는 목회자 한 분이 자신이 속한 교단 본부에 전화해서 얼마나 기부금을 보내 줄 수 있는지를 문의했다.

"5천 달러는 보낼 수 있습니다."

"왜 그렇게 적죠?" 그 목회자가 되물었다.

이런 대답이 돌아왔다. "솔직히 말씀드리자면, 니카라과를 위한 구호 프로그램을 강조하기에는 시기가 적절치 않습니다. 우리도 더 많이 드리고 싶기는 합니다만…"

기부금과 구호물자들이 계속 쏟아져 들어와서, 우리는 곧 두 번째 니카라과 비행운송 계획을 세웠다. 마나과 공항과 블루필드에 있는 동부 해안의 작은 공항을 오갈 작은 비행기가 절실하게 필요했다. 나라를 가로지르는 모든 도로가 완전히 파괴되었다. 게다가 강들은 여전히 너무 불어 있어서 배로 구호물자를 실어 나르기에는 위험했다. 그런데 인디애나 주에서 우리는 이 일에 아주 적합한 컨베이어 240기 한 대를 찾아냈다.

그러나 그 비행기는 니카라과까지 운행할 수 있는 면허가 없었기 때문에, 승인을 받으려면 '용도변경'이 필요했다. 이 허가권은 연방항공국 국장이 갖고 있었다.

미국 대통령 선거를 바로 며칠 앞두고 있었다. 관계자들은 혹시라도 실수할까 봐 신경을 곤두세우고 있었다. 연방항공국 직원들은 국무부와 백악관의 승인 없이는 우리를 도와줄 수 없다고 했다. "아시다시피 다른 나라도 아니고 니카라과입니다." 한 직원이 거듭 강조했다.

나는 지미 카터 전 대통령에게 전화했다. 잠깐 통화하고 나서, 연방항공국에 직접 전화해주겠노라고 했다. 곧 관계자에게서 기분 좋은 전화가 왔다. 방해되는 요인을 깔끔하게 처리할 수 있게 되어서 기쁘다고 했다. "지금 당장 니카라과로 가시고 싶다면, 그렇게 하셔도 됩니다."

그리고 다음 몇 주 동안 컨베이어 240기는 블루필드에 절실하게 필요했던 물자 100여 톤을 실어 날랐고, 그곳에서 650명 이상을 마나과로 옮겼다. 하지만, 희소식 뒤에는 항상 나쁜 소식이 따르기 마련이라고, 두 명의 비행기 조종사가 어딘지 수상해 보인다는 말이 들려오기 시작했다. 시간이 지나면서 그 예감이 맞다는 구체적인 증거들이 드러났다. 조종사 한 사람이 마나과에서 미국 군관을 만나는 것이 목격되었다. 그리고 나서야 우리는 그 사람이 베트남 전쟁 기간에 라오스에 있는 수상쩍은 '개인' 항공사의 조종사였다는 것을 알았다.

조종사들이 CIA의 끄나풀이라는 사실이 분명해지자, 우리는 그들에게 운항을 당장 그만두고 미국으로 돌아가라고 했다. 그들은 처음에는 그렇게는 못하겠다고 버텼다. 그들을 돌려보내는데 며칠이나 걸렸다. 미국으로 돌아가고서도 그들은 평화롭게 걷기 프로그램을 스폰서로 활용할 수 있게만 해준다면, 구호물자 운송에 드는 모든 비용을 만들어주겠다고 계속해서 주장했다.

며칠 후에 우리는 '쥬빌리 파트너의 사역을 존경하는 플로리다 팜비치에 사는 사람들의 어느 모임'이 걸어온 전화를 받았다. 그들은 우리에게 '거의 백만 달러에 가까운' 비행기 한 대를 사줄 수 있으며, 그 비행기를 전 세계 재난 구호 프로젝트에 지속적으로 사용해주는 조건으로 우리에게 기증할 용의가 있다고 말했다. 하지만, 단 한 가지 조건이 있었다. 그들은 먼저 니카라과에서 그 비행기를 사용하자고 했고, 우리가 그곳에서 줄 곳 함께 일했던 조종사들을 다시 복귀시키자고 했다!

처음에는 무슨 교묘한 말장난 같다는 느낌이 들었다. 그러나 그 일은 심각하고 불길하기까지 한 일이었다. 파라욘 선생은 우리가 어떻게 이런 일이 있을 수 있느냐고 생각하는 것이 오히려 다소 놀랍다는 듯이 말했다. "우리는 처음부터 CIA가 자기들의 목적을 위해서 구호 사업까지 이용하는 것을 그러려니 생각했습니다. 우리에겐 그런 일이 비일비재 합니다."

내가 처음 니카라과에 갔던 때가 생각났다. 내가 이끌었던 파견단은 전쟁의 양편 모두를 만나면서 수십 명과 이야기를 했었다. 하지만, 동부 해안에 사는 미스키토 인디언에서 어떤 일이 있었는지 직접 보고 들은 이야기를 우리에게 해줄 사람을 만날 기회가 없었다. 레이건은 그때 반복해서 산디니스타가 미스키토를 '집단 학살' 했다고 주장하고 있었다.

우리가 마나과 공항의 라운지에서 출발 시각을 기다리고 있었을 때, 존 윌슨 목사가 코스타리카로 가는 비행기 편을 기다리는 것을 보았다. 윌슨 목사는 미스키토 부족이면서 동부 해안 지역의 모라비안 지도자였고, 동부 해안 지역에는 여러 세대에 걸쳐서 많은 모라비안들이 살고 있었다. 윌슨 목사는 라운지의 한쪽 끝에 있는 의자에 앉아 있었다. 열두 명이 넘는 우리 일행이 윌슨 목사 주변으로 모였다.

"레이건 대통령이 산디니스타가 미스키토 부족에게 저질렀다고 하는 '집단 학살' 은 어떻게 된 일입니까?" 일행 중 한 친구가 물었다.

윌슨 목사는 실제로 동부 해안 주민들을 대상으로 한 잔혹 행위가 몇 건 있었다고 말했다. 전쟁이 시작된 3년 전부터 대략 80명 정도가 죽었다고 했다. 그러나 레이건 대통령이 잘못 알고 있든지 아니면 자신의 정치적 목적 때문에 의도적으로 과장하고 있다고 말했다. 그는 이렇게 말했다. "당신네 대통령도 산디니스타 못지않게 우리를 악용하고 있다는 생각이 듭니다." 그는 자기 부족이 워싱턴의 선전도구로 활용되는 것에 대해서 솔직하게 거부의사를 밝혔다. 그리고 확실하게 직접 목격한 사람들의 이야기들을 기록한 것을 보여주었다.

윌슨 목사가 말하는 동안, 몇 미터 떨어지지 않은 곳에 두 명의 미국인이 옆으로 나란히 앉아 있는 것이 눈에 띄었다. 한 사람은 정장을 하고 있었고, 다른 한 사람은 운동복 차림이었다. 한 사람은 신문을 읽는 척했지만 엿듣는 게 분명했다. 그들의 행동거지가 피터 셀러의 영화에 나오는 간첩들처럼 너무나 노골적이고 서툴러서 웃음이 나왔다.

나는 우리 파견단 일행인 밥 밴 디넨드를 팔꿈치로 툭 치면서 물었다. "저 사람들이 CIA 요원인지 아닌지 내기할까?"

"안 그래도 존 윌슨 목사가 하는 말을 녹음기로 녹음하는 저 사람을 보면서 나도 그런 생각을 하고 있었어." 밥이 대답했다. 윌슨 목사와 등을 맞대고 앉아 있는 한 라틴계 미국인이 자기 바로 등 뒤에서 들리는 이야기에는 관심이 없다는 듯이 먼 곳을 멀뚱멀뚱 바라보며 앉아 있었다. 손은 팔짱을 끼고 있었는데, 오른손에는 작은 녹음기를 숨기고 있었고 윌슨 목사의 말을 녹음하려고 녹음기를 왼쪽 어깨너머 쪽으로 대고 있었다.

그 모습이 너무 우스워서 밥과 나는 하마터면 웃음을 터뜨릴 뻔했다. 그리고 한편으론 너무 화가 나는 일이라서 존 윌슨 목사에게 이 사실을 알려서 이 '멍청한 정보원'들을 정체를 폭로해버릴까 생각하기도 했다. 바로 그때 윌슨 목사가 탈 비행기 탑승 안내 방송이 나와서 우리가 말하기도 전에 윌슨 목사가 자리를 떴다.

우리가 목격한 세 명의 남자들은 라운지 한쪽 끝으로 달려갔다. 신속하게 뭔가 상의하는 듯했는데 그 모습이 우리 눈에 훤히 들어왔다. 녹음기 테이프를 열심히 되돌리더니 우리가 나눈 대화 내용이 제대로 녹음이 됐는지 확인하는 것 같았다.

모듣 간첩이 이 사람들처럼 멍청하다면, 니카라과 사람들이 이런 부류의 사람들을 두려워할 이유가 전혀 없겠다는 생각이 들었다. 당연하겠지만, 사실 대부분의 감시활동은 우리가 그날 목격한 것보다 훨씬 정교하게 진행된다.

1987년 말, 나는 동료 한 사람과 함께 평화롭게 걷기를 통해서 지원하고 있던 신체 절단 환자들을 비디오에 담으려고 니카라과로 날아갔다. 그때 나는 그 프로젝트에 쓸 경비로 8천 달러를 가져가고 있었는데, 그 돈을 허리띠 아래 옷 속에 감추고 있었다.

우리는 마이애미 공항에서 탑승해서 이륙을 기다리고 있었다. 몇 분 정도 이륙이 지연되었다. 그때 기내 방송에서 특별 전달사항이 흘러나왔다. "만 달러 이상을 소지한 승객은 이륙하기 전에 미국 세관에 신고하시기 바랍니다."

"이상한데"라고 생각했다. "전에는 한 번도 이런 방송을 들은 적이 없었는데" 몇 달 전에 아내와 여행했을 때를 떠올려 보았다. 그때는 2만 5천 달러를 몰래 가지고 니카라과로 갔었다. 그 돈은 니카라과 어린이들의 의료 지원을 위해 사용해 달라고 들어온 기부금이어서, 그 돈을 파라욘 선생 개인 사무실에서 몰래 전달했었다. 만약에 그때도 그 정도의 돈을 세관에 신고해야 한다는 규정이 있었다면, 우리는 순진하게 그걸 모르고 넘어간 셈이었다.

지난번에 문제없이 넘어간 걸 다행으로 여기고 속으로 쾌재를 부르고 있었는데, 큰 덩치의 미국 세관원 두 사람이 비행기에 오르더니 기내 통로로 걸어오는 게 보였다. 승객들은 가만히 앉아 있었고, 세관원들은 천천히 비행기 안을 걸어 내려오면서 아무 말도 하지 않고 승객 한 사람 한 사람을 유심히 살펴보았다. 그런데 그들이 내 옆에 오더니 무뚝뚝하게 물었다. "몇 분 전에 만 달러 이상 현찰에 대한 방송 들으셨죠?” 놀랄 수밖에 없었다.

흠칫 놀라면서 “네 들었는데요, 왜 그러십니까?”라고 대답했다.

“지금 만 달러 이상 갖고 계신 것 아닙니까?”

“아니요, 그렇지 않습니다.” 대답하면서도 화가 치밀어 올랐다. 한참 동안을 세관원의 눈을 뚫어지게 쳐다보았다. 세관원과 나는 큰소리로 이야기를 주고받은 것은 아니지만, 서로 생각을 읽고 있었다. 이 사람들이 법이 허용하는 것 이상으로 내 행동거지 하나하나를 살피고 있다는 것이 확실하다는 생각이 들었다. 그리고 내가 눈치 챘다는 것을 그들도 알았다.

잠시 침묵이 흘렀다. 그 잠깐 사이에 순간적으로 내가 얼마나 힘없고 나약한 존재인가라는 생각이 스쳐 지나갔다. 그리고 중앙아메리카의 형제·자매들이 미국의 냉혹한 권력과 맞부딪칠 때마다 이런 느낌을 얼마나 자주 받았을까? 라는 생각이 들었다. 잠시 후 세관원들은 다른 사람에게는 한마디도 하지 않고 비행기에서 나갔고, 우리는 니카라과로 출발했다.

비행기가 멕시코만을 지날 때까지도, 나는 조금 전에 일어났던 일의 여파에서 헤어나지 못하고 있었다. 내가 예수님의 가르침을 따르려고 할수록 이전에는 정말로 심각하게 생각하지 않았던 세력들과 충돌하는 자리에 서게 된다는 생각이 들었다. 사실, 얼마 전까지만 해도 나는 이런 위협에서 어느 정도 벗어나 있다고 생각했다. 그리고 나는 미국의 중산층 가정에서 자란 시민이기 때문에 그런 문제에 대해서는 아무 관심도 두지 않았다. 그런 문제들은 나같이 특권을 누리고 살아가던 사람에게는 해당 사항이 없던 것이었다.

나는 또 다른 세상을 경험하고 있었다.

14
끈질긴 싸움

1987년 7월 23일, 그날 아침은 정말로 뜨거웠다. 아내 캐롤린과 아들 코니, 딸 로빈과 함께 그늘막을 친 현관에서 아침 식사를 하고 있었는데, 낯선 사람 둘이 우리를 찾아왔다. 제임스 칼란과 쥬디스 애덤스라고 인사를 했는데, 국세청에서 나온 사람들이었다.

우리가 함께 아침을 들든가 커피라도 한잔하지 않겠느냐고 권했지만, 됐다고 했다. 그래서 식사를 마칠 때까지 현관 옆에 있는 그네에 앉아서 기다려달라고 했다. 그들은 우리가 아이들과 이야기를 나누며 식사를 다 마칠 때까지 차분하게 기다려주었다.

이들의 방문은 전혀 예기치 못한 것이었다. 몇 달 전에 가족과 공동체의 대화 속에서 국세청과 우리의 관계에 대한 이야기들을 여러 번 했던 적은 있었다. 아내와 나는 토니와 로빈에게 여기 와 있는 짐과 쥬디스는 우리가 낸 세금으로 나쁜 짓을 하는 사람이 아니라고 일러 주었다. 아이들에게 이런 일이 다른 집에서도 흔히 있는 일인 것처럼 최대한 자연스럽게 보이려고 했다.

사실 내가 이런 일을 겪게 된 근본적인 원인은 내 어린 시절까지 거슬러 올라간다. 우리 아버지는 텍사스의 성공한 사업가셨다. 덕분에 나는 백만장자의 아들로 부족한 것 없이 자랐다. 본래 나는 아버지의 사업을 이어받을 생각이었지만, 내 인생의 몇 가지 경험이 그런 생각을 송두리째 바꾸어 놓았다.

젊었을 때, 나는 중동과 이집트의 팔레스틴 난민 캠프를 방문한 적이 있었다. 그곳에서 나는 내가 살아온 인생이 전 세계 사람 인생 대부분과 얼마나 다른지를 깨닫게 되었다. 나를 둘러싸고 있던 난민들 그리고 처절하게 가난한 사람들의 절망과 고통 때문에 너무나 혼란스러웠다. 그래서 미국으로 돌아와서 케네디 대통령이 새로 창설한 평화 봉사단에 첫 번째로 가입했다.

나는 거의 5년을 아시아에서 보냈다. 첫해는 말레이시아에서 자원봉사를 했고, 그다음에는 남한에서 평화 봉사단의 부단장으로 일했다. 내가 아시아에 머무는 동안에, 베트남 전쟁은 날이 갈수록 치열해지고 있었다. 나는 캄보디아에도 일주일 동안 머물렀던 적이 있었는데, 내가 그곳을 떠난 직후에 미국의 폭격과 크메르루주의 학정으로 엄청나게 많은 사람이 살해되었다. 남한에서는, 북한과의 소규모 충돌이 빈번하게 벌어지던 '비무장지대' 근처에 머물던 125명의 평화 봉사단의 안전을 책임져야 했다.

그때 나는 일급비밀 취급자격을 갖고 있어서 미군 관계자와 미 대사관 직원들과 함께 여러 차례 비상 브리핑에 참여하기도 했었다. 그러면서 점차 내 고국이 국제적인 군사 그리고 경제적인 관계에서 내가 자랑스럽게 생각하던 그런 역할만 하는 것은 아니라는 것을 깨닫게 되었다. 내가 미국 시민으로 누리던 많은 특권이 약소국가들의 희생을 바탕으로 한 것임을 알게 되었다.

특히 더욱 괴로웠던 것은 우리나라의 지도자들이 전 세계에 벌어지는 갈등들이 대부분 공산주의자의 짓이라고 무턱대고 생각하는 성향이었다. 우리나라의 고질적인 대응방식은 무력으로 위협하거나, 말은 안 하지만 은근히 핵무기로 위협하는 것이었다. 냉전적 시각이라는 것이, 아무리 '안보'라는 명분을 끌어다 붙이더라도, 사실은 끊임없는 군비경쟁을 정당화하기 위한 수단에 불과하다는 생각이 들었다. 미국과 소련의 핵무기는 우리 모두의 안전을 위협하는 엄청난 위협이 되고 말았다.

나는 대학에서 기술 분야를 전공하면서 부전공으로 수학과 역사를 공부했다. 덕분에 나는 기술의 한계만이 아니라 정부의 한계에 대해서도 이해하게 되었다. 마크 하트필드 상원의원의 보고서를 보면 두 달 사이에 소련의 미사일 공격 경보를 울려주는 우리 군의 컴퓨터 시스템이 147회나 오작동 되었다고 한다. 즉, 평균적으로 나흘에 한 번 꼴로 잘못된 경보가 울렸다는 것이다!

몇몇 오작동 경보는 군부 지휘관들이 소련의 공격에 의해서 우리 측이 괴멸되기 전에 우리 측 미사일을 발사해야 할지 혹은 발사하지 말아야 할지 결정하기 위해서 몇 분 동안이나 진땀을 뺐다고 한다. 미사일은 일단 발사하고 나면 돌이킬 수 없다. 이러한 기술적인 문제는 레이건 대통령이 전혀 예상하지 못했던 깜짝 손님당시 소련 공산당 서기장이었던 고르바초프에게 인정한 바 있다. 그럴 때 소련이 어떤 반응을 보일지는 충분히 예상할 수 있다. 5천 개의 핵무기가 있는 이 땅에서는, 단 한 번의 실수가 모든 이들에게 치명적인 결과를 주게 된다.

내가 보기에 핵무기 군비경쟁은 일종의 우상숭배였다. 비록 우리가 미국 달러에 "우리는 하나님을 믿는다"고 적어 놓긴 했지만, 우리의 행동은 트라이던트 핵잠수함, 크루즈 미사일, 그리고 B-1 폭격기를 더 믿는 것이 분명하다. 우리는 매분 백만 달러가 넘는 돈을 전쟁 준비와 이미 종결된 전쟁 뒤처리에 사용하고 있다. 그 때문에 정작 돈이 필요한 교육과 집짓기, 보건 사업에 쓸 돈이 없었다. 그러니 비록 우리가 핵폭탄을 떨어뜨리지 않았다 하더라도, 이미 수많은 사람이 전쟁의 피해자가 된 것이나 마찬가지이다.

이러한 가혹한 현실은 나에게 새로운 깨달음을 주었고 중대한 결정을 내리게 하였다. 사업가 혹은 기술자의 자리를 포기하고, 내가 갖춘 모든 능력을 평화와 정의를 위한 일에 사용하기로 한 것이다. 그저 상징적인 행동만 하는 것에는 관심이 없었다. 실제로 변화를 일으키고 싶었다. 그래서 코이노니아 파트너, 해비타트 휴머니티, 화해의 연대, 쥬빌리 파트너 그리고 다른 비슷한 단체에 참여하기 시작했다. 툭하면 전쟁으로 끌고 가고야 마는 그런 불의들을 제거하는 일에 힘을 실어줌으로써 평화를 가꾸는 일을 하고 싶었다.

또한, 원수를 사랑하라고 가르치신 예수 그리스도를 따른다고 말하면서, 동시에 그 원수들을 죽이는 전쟁에 사용될 세금을 내는 것은 양심상 도저히 할 수 없었다. 우리가 매년 4월에 내는 연방 세금의 거의 3분의 2가 군사적 비용과 관련 사업에 사용된다는 것을 알고, 아내와 나는 더는 우리가 낸 세금이 전쟁에 사용되는 걸 자발적으로 도울 필요가 없다는 결정을 내렸다. 우리가 중앙아메리카에서 미국의 군사주의의 희생자들을 하나하나 만나면서, 우리의 생각은 점점 확고해졌고 신념으로 굳어져 갔다.

수년 동안 우리는 세금 면제 대상이 될 정도로 단순한 삶을 살았다. 단순한 생활을 할 수 있다는 점이 우리가 일부러 공동체에서 살기로 한 이유 중의 하나였다. 그런데 그러던 중 아버지가 사업체를 매각하고 상당한 유산을 물려주고 싶다고 전해 오셨다. 나는 그러지 마시고 그 돈을 자선 기관에 기부하시라고 간청했는데도, 아버지는 그 돈을 내가 어떻게 할 수 없는 신탁 펀드에 넣어두시고 말았다.

아버지와 어머니, 두 분 모두 1977년에 돌아가셨다. 아내와 나는 지금까지 그랬던 것처럼 계속해서 단순하게 살기로 하고 신탁 펀드에서 나오는 연 수익을 잊어버리고 살았는데, 국세청에서는 그 돈을 세금을 내야 하는 수입으로 잡았던 것이다. 우리가 원칙적으로 납세를 거부한다는 것이 아니다. 다만, 우리가 낸 세금이 사회에 유익을 끼치는 일이라면 지방세든 연방세든 언제든지 기꺼이 세금을 내고 살아왔다. 1978년부터 1981년까지 세금 자료를 정리해서 군사비용으로 지출될 것으로 예상한 만큼을 제하고, 나머지를 냈다. 그리고 제한 만큼을 혹은 그 이상을 자선 기관에 대신 기부했다.

1982년에 국세청은 우리가 내야 할 세금과 미납에 대한 벌금과 이자까지 합산해서 그만큼을 우리 통장에서 압류했다. 우리는 새로운 딜레마에 빠지고 말았다. 국세청은 우리가 뺀 것만큼이 아니라 그보다 더 많이 받아갈 것이 분명했다. 그래서 우리는 국세청에 우리 수입에 대한 자료를 제공하지 않기로 했다. 1040 세금 보고서를 제출하지 않았다. 그렇다고 해서 숨기고 싶지는 않았기 때문에, 해마다 우리는 왜 우리가 종교적인 신념 때문에 우리 수입에 대한 정보를 제공하지 않는지를 설명하는 서신을 당시 대통령이었던 레이건에게 발송했고, 복사본은 국세청으로 보냈다.

이 무렵 쥬빌리 파트너의 봉사자로 들어온 맥스와 낸시 라이스 역시 몇 해 전에 했던 결심 때문에 우리와 비슷한 상황에 부닥쳤다. 그 후 수개월 동안, 우리 두 가족에게 계속해서 국세청으로부터 '납세할 마지막 기회'라는 컴퓨터로 작성된 경고장이 날아왔다. 그러다가 라이스 부부에게 국세청의 칼란과 애덤스가 발송한 출석요구서가 날라 왔다. 우리는 칠 주 후에 출석요구서를 받았다.

당시 쥬빌리는 지쳐 있었고 변화의 추이가 엿보이던 시기였다. 카리스와 웨어스 부부는 공동체를 떠나 다른 일을 하기로 마음먹었다. 최근에 들어와 정착한 짐과 멕 폭스보그는 국세청에서 두 번 다녀가던 그 기간에 아이를 낳았다. 토니와 세 명의 다른 쥬빌리 젊은이들이 대학 진학 때문에 공동체를 떠났다. 이런 것들이 물 흐르듯이 그렇게 쉽게 결정된 것은 아니었다. 하지만, 좌충우돌하면서도, 우리는 서로 더 똘똘 뭉쳤다.

아내와 나는 맥스와 낸시 부부와 많은 시간을 보내면서 이 딜레마를 어떻게 헤쳐나갈지 의논했다. 두 가족 모두 우리가 서로 만나기 십 년 전부터 납세 저항을 해왔었다. 그러다가 마침내 그동안의 우리의 삶이 급속도로 어떤 결말을 향해 내달리게 되었다. 한 가지 결정해야 할 큰 문제는 네 사람이 모두 교도소에 가는 위험을 무릅쓰고 계속해서 납세 저항을 할 것인가라는 것이었다. 국세청은 다행히 아내와 낸시의 이름은 출석요구서에서 빼기로 했다. 덕분에 법적인 문제의 초점은 맥스와 나로 좁혀졌다. 하지만, 우리네 사람은 훨씬 더 굳게 뭉쳤다.

이 즈음에 우리 가족은 놀라운 사실을 하나 발견했다. 우리가 무슨 일이 생길 때마다, 그것이 겉으로 보기에 좋은 것이든 나쁜 것이든 간에, 감사하게 받아들이면, 오히려 법적인 절차로 말미암은 압박감이나 두려움이 줄어든다는 것이었다. 그래서 그런 일이 생길 때마다 거의 우리는 피자를 먹으러 나가곤 했다. 맥스와 내가 교도소에 갇힐 것이라는 경고를 받는 것 같은, 더 큰 사건이 닥치면 우리가 좋아하는 중국 음식을 시켜 먹었다.

우리는 언제나 국세청 업무를 수행하는 사람들과 국세청의 전반적인 시스템을 분명하게 구분했다. 그래서 그들 한 사람 한 사람과 진솔한 친분을 가지려고 노력했고, 묻는 말에 최대한 성실하고 솔직하게 대답했다. 심지어 국세청이 실수해서 잘못 기재한 부분이 있으면 설령 침묵하는 편이 우리에게 유리하더라도 바로 잡아 주었다. 그러면 국세청의 사람들도 대부분 우리에게 진심으로 감사하는 태도를 보였다. 어떤 때는 우리를 너무 곤란하게 해서 미안하다는 말까지 건네기도 했다.

1987년 11월 16일, 맥스는 메이컨 시에 있는 법정에서 판사 듀로스 피츠패트릭 앞에서 첫 번째 공판을 진행했다. 밀너 볼이 맥스의 변호사로 참여했다. 밀너는 본래 장로교단에서 파송 받은 조지아 대학교 캠퍼스 사역자였다. 그러다가 베트남 전쟁에 반대하는 학생들에게도 찬성하는 학생들과 동등하게 장로교 학생 센터를 사용할 수 있게 허락해주는 실수를 저지르고 말았다. 사역자의 자리에서 해고되고, 밀너는 법률을 공부하는 것도 사역을 계속하는 길이라고 생각했다. 결국, 그는 미국 헌법을 전공하고 조지아 대학교의 교수가 되었다.

우리가 국세청과 다투고 있다는 말을 듣고, 밀너는 우리와 접촉해서 아무 비용도 받지 않고 정말로 열심히 우리를 도와주었다. 그러면서도 그는 "여러분이 그리스도인답게 살려고 하시지 않았다면, 저도 그리스도인 법률가로서 마땅히 해야 할 이런 일을 하지 못했을 겁니다"라고 말했다. 맥스는 밀너를 자신의 변호사로 선임했다. 하지만, 나는 스스로 변론하기로 했다. "괜찮습니다." 밀너가 대답했다. 대신 그는 법률 자문 역할을 해주었고 법정에 갈 때마다 내 옆 자리에 앉아 주었다.

밀너는 맥스가 국세청이 원하는 정보를 제공해주는 것이 그리스도인으로서의 양심을 침해하는 것으로 생각한다고 주장했다. 그리고 어찌 되었든지 간에, 그런 정보는 여러 해 전에 위스콘신 주에 제출한 바 있으며, 국세청은 그곳에 가면 그 정보를 얻을 수 있다고 주장했다. 밀너는 재차 강조하기 위해서 어떤 판결문을 인용했다. "미국 시민이 종교적인 이유로 미국 헌법 제1조에 호소하는 경우에, 법정은 그 문제에 대해 자세히 살피고 조사하고 명령을 지켜 달라고 요구할 책임이 있다."

검사는 맥스 같은 사람이야말로 조세 질서를 위협하는 인물이라고 반박하고 나섰다. "자발적인 납세는 이미 틀렸습니다. 더는 그런 짓을 못하게 하는 것이 중요합니다." 검사가 단호하게 말했다. "라이스 씨가 협조만 해준다면 얼마든지 제출할 수 있는 정보를 국세청이 위스콘신 주까지 가서 얻어오라는 것은 지나친 요구입니다. 국세청이 그런 식으로 일하는 것은 효율적이지 않습니다."

밀너가 반박했다. "그렇다면, 국세청은 효율적으로 세금을 징수한다는 명분으로 헌법 제1조를 무시할 권한이 있다는 말씀입니까? 바로 이것이 우리 앞에 놓인 문제의 핵심입니다."

판사는 난감한 표정을 지었다. 그는 잠시 휴정을 선포하고 판사실로 들어가서 이 문제에 대해서 고심을 거듭했다. 잠시 후 판사가 다시 입장하더니, 맥스에게 불리한 판결을 내렸다. 판사는 맥스가 자신의 신앙에 어긋나는 행위를 강제하고 싶지 않지만, 어쩌면 이런 판결이 맥스가 양심의 가책을 털어버리는 데 도움이 될 수도 있다고 말했다. 맥스는 법원의 판결을 따르는 것 외에는 다른 선택의 여지가 없었다. 비난은 법원이 받아야 했다.

어떤 경우우라도 종교적인 신념과 종교적인 행동에는 중요한 차이가 있다고 판사가 강변했다. 어떤 신념을 굳건하게 지키는 것에는 동의하지만, 반드시 그 신념에 따라 행동할 필요는 없다는 말이었다. 그 판결을 끝으로, 맥스의 첫 번째 공판은 끝이 났다. 이제는 내 차례였다.

1988년 4월 12일, 성격 좋은 연방 보안관이 법정에 출두하라는 출석

요구서를 전달하러 차를 몰고 왔다. "그냥 이쪽으로 지나갈 일이 있어서 지나가는 것뿐이고요, 그러니까 제가 이걸 선생님 옆에다가 흘리고 가는 거라고 말할 수도 있겠네요." 보안관은 씩 웃었다. 나를 많이 배려해주고 있다는 느낌이었다. 공판 날짜는 6월 1일로 잡혔다.

공판 날이 다가올수록, 우리의 조세 저항에 대한 대중의 관심이 커졌다. 지역을 막론하고 신문에 우리 사건에 대한 기사가 실리기 시작했다.

그런데 이 사건 때문에 특별히 재미있는 상황이 하나 생겼다. 쥬빌리 파트너에서 고속도로를 가로질러가면 나오는 매디슨 카운티 박람회장에서 베트남 전쟁 참전군인들의 정기 추모행사가 열렸었다. 'LZ 프랜들리' ^{'착륙 안전지대' 라고 하는 군사용어}라고 부르는 그 행사는 수백 명의 베트남 참전 용사들이 사흘 동안 마음껏 추억에 잠기는 행사였다. 이들은 야영하면서 지난 기억을 더듬기도 하고, 흘러간 노래를 부르기도 하고, 워싱턴 D.C.의 베트남 전쟁 기념관에 있는 것의 절반 크기로 만든 움직이는 벽Moving Wall 앞에서 오랫동안 서 있기도 했다. 이 행사를 주최한 사람들은 이번 모임이 이 지역 역사상 가장 대규모의 베트남 참전 용사 연례 모임이라고 말했다. 그런데 하필이면 코머 시의 수많은 장소 중에서 쥬빌리 파트너 입구 바로 오른쪽에서 열렸던 것이다.

그 해 'LZ 프랜들리' 모임이 우연히도 우리의 조세 저항에 대한 언론의 관심이 최고조에 달한 때에 열렸던 것이다. 사흘 동안의 행사 기간 내내, 그 지역의 모든 매점에서 아덴스 옵서버Athens Observer라는 주간지를 진열해서 판매했는데, 그 머리기사가 "쥬빌리 파트너, 군사 관련 세금 거부로 징역의 위기에 처하다"였다. 움직이는 벽에서 불과 90미터밖에 떨어지지 않은 곳에 '쥬빌리 파트너' 라는 커다란 안내간판이 눈에 확 띄게 걸려 있었는데, 누군가 그걸 보고 애국심을 참지 못하고 우리에게 달려들지나 않을까 조마조마했다.

아내와 나는 길 건너에 있는 사람들과 우리가 서로에 대해 너무나 모른다는 생각이 들어 마음이 불편해졌다. 그래서 그들을 만나보기로 했다. 천천히 움직이는 벽을 따라 걸으면서 베트남 전쟁에서 전사한 수천 명의 미군의 이름을 찬찬히 살펴보았다. 워싱턴에 있는 더 큰 벽을 본 많은 사람이 그랬던 것처럼, 우리도 마음속 깊은 곳에서부터 울컥하는 마음이 밀려왔다.

그 벽을 따라 걷다가 우리보다 체구가 작으신 노신사 곁으로 가게 됐다. "드디어 이름을 찾았다." 우리 쪽으로 몸을 돌리시면서 갑자기 소리치셨다. "저쪽에서 야영하는 사람들한테 도와 달라고 할까 했는데, 내가 찾았어."

"그러세요? 아시는 분이신가 봐요?"

노신사의 얼굴이 일그러지더니 목소리까지 슬픔에 흔들리고 있었다. "내 아들이요!"

아내와 나는 이 슬픈 아버지의 노여움이 남의 것 같지 않다는 생각이 들었다. 그러자 이 노신사와 우리 주변의 다른 많은 사람에게서 느껴지던 낯선 느낌이 온데간데없어 졌다. 비록 베트남 참전용사들이 우리를 이해할 수 없을지라도, 우리가 저항하는 것은 다른 모든 전쟁 희생자들만을 위한 것이 아니라 바로 그들을 위한 것이었다.

공판을 준비하면서 피츠패트릭 판사 앞으로 "국세청의 소환에 순응할 수 없는 이유"라는 제목의 진술서를 보냈다. 그 서두의 내용은 이렇다.

존경하는 재판관님. 우선, 제가 결과적으로 '법정의 권한' 을 우롱

했다는 말을 저는 이해할 수 없습니다. 판사님이나 법정에 대한 저의 태도는 오히려 그 반대일 것입니다. 미국법이나 미국 의회에 대해 저는 존경을 표하는 사람 중 한 사람입니다. 저는 미국이라는 나라에 대해 하나님께 감사하고 있습니다….

하지만, 그렇다고 해서 미국이나 미국의 법체계가 가장 선할 뿐만 아니라 최고의 권위를 갖는다고는 생각하지는 않습니다. 이점을 처음부터 분명하게 해두고 싶습니다. 한 사람의 그리스도인으로서, 저는 하나님의 나라가 제 인생에서 가장 우선이거니와 그 어떤 법도 주님의 가르침보다 위에 있지 않다고 믿는 사람입니다. 이것은 제가 단지 지식으로 아는 어떤 신학논리가 아니고 매일 제 삶을 이끌어가는 삶의 원칙입니다.

그러므로 제가 판사님 앞에 서게 된 것은 국세청이 제게 요구하는 바와 하나님께서 제게 요구하신다고 믿는 것이 충돌하기 때문입니다.”

그런 다음에 진술서에 아버지의 사업체에서 기술자로 일하던 때부터 아시아에서 보낸 여정을 기술했다. 그리고 내가 점차 전 세계의 고통 받는 이들과 상당 부분 우리나라가 그 고통의 원인을 제공하고 있다는 것에 눈을 뜨게 되었다는 말을 했다. 나는 엄청난 규모의 핵미사일 보관시설의 문제와 우리가 그런 무기를 더욱 신뢰하기 때문에 우리가 전 세계적인 파국에 점점 가까이 가고 있다는 것이 사실상 분명하다는 경고의 말도 적어 넣었다.

그리고 맥스의 공판을 언급하면서, 계속해서 이렇게 썼다.

국세청은 우리가 자발적으로 우리의 재무정보만 넘겨주면, 맥스와 제가 예수 그리스도에 대해서, 세금에 대해서, 혹은 전쟁에 대해서 어떤 생각을 하든지 실제로는 관심도 없다는 것이 분명해 보입니다. 하지만, 이것이야말로 바로 문제의 본질입니다. 우리 각자가 사회를 이루고 살려면 반드시 타협하고 넘어가야 하는 그다지 중요하지 않은 수많은 문제가 있다는 것은 잘 알고 있습니다. 하지만, 동서고금을 막론하고 누군가에게는 타협할 수 없는 더욱 근본적인 문제들은 존재합니다. 따라서 이러한 문제들에서 행동과 신념을 분리하는 것은 개인에게나 국가에 깊은 상처를 주게 됩니다. 그래서 저 자신에게, 그리고 제 삶의 의미에 안식을 주는 제 영적인 중심에 바로 그런 일을 자행하고 싶지 않은 것입니다.

나는 "추상적인 것이 현실로 나타난 경우"에 대해 설명했다. 카르멘과 그녀의 죽은 딸 수아파, 일곱 살 난 엘다와 그녀의 가족들 이야기를 기록한 다음에, 이렇게 진술했다. "비록 우리가 매설한 지뢰가 터져서 제 아내와 제 아이들이 피해를 본 것은 아니라고 하더라도, 더는 그런 일에 제 돈을 내고 싶지 않습니다."

그런 다음에 이렇게 결론을 맺었다.

이 문제는 판사님의 법정이 대표하는 법원이나 미국의 권한을 무시하는 것이 결단코 아닙니다. 이것은 사실상 판사님께서 그동안 생각해 오셨던 그런 애국심보다 훨씬 심오한 차원의 애국심이라고 할 수 있습니다. 이 말은 진정으로 나라를 사랑하는 사람이라면 주위의 어떤 다른 수단보다 우리나라를 진정으로 '하나님의 통치 아래에' 두어야 마땅하다는 뜻입니다. 만일 그렇지 않고 자국의 이익을 하나님의 법보다 우선한다면, 그것이야말로 더욱 중요한 본질을 우롱하는 처사가 될 것입니다.

6월 1일, 메이컨 시의 법정은 쏟아져 들어 온 사람들로 북적였다. 그 사람들 속에서 대여섯 분의 목회자와 멀리 캐나다, 유럽, 그리고 라틴 아메리카에서 찾아준 친구들을 얼굴을 볼 수 있어서 기뻤다. 그 지역의 목회자 한 분이 오셔서 사람들이 인근에 있는 자기 교회에 모여서 나를 위해 기도하고 있다고 말씀해주셨다.

피츠패트릭 판사는 어떤 판결이 나오건 간에, 자신은 이번 공판에 매우 진지한 자세로 임한다고 서두에 밝히고 넘어갔다. 내가 판사에게 스스로 변호하겠다고 하자, 그는 혹시라도 내가 실수로라도 법정에서 얻을 수 있는 특권을 상실하지는 않는지 개인적으로 유심히 지켜보겠다고 약속해주었다. 그리고 밀너가 내 옆에 앉아서 조언을 해주는 것도 흔쾌히 용납해주었다.

사전 질문이 몇 가지 오간 다음에, 검사가 맥스의 공판에서 공략했던 같은 주제를 갖고 심문하기 시작했다.

"국세청이 기도를 못 하게 했나요?" 내게 물었다.

"물론 그런 건 아닙니다."

"그럼 국세청이 찬송을 부르거나 성경을 읽는 것을 방해했나요?"

"물론 그것도 아닙니다."

"그렇다면, 왜 당신은 국세청이 당신의 종교적 자유를 막는다고 주장하시는 겁니까?"

"종교의 자유란 찬송을 부르고 교회에 가는 것 그 이상의 것입니다. 제가 이해하기에는 신앙이란 분명히 그런 것 이상의 것입니다. 이웃을 사랑하고, 심지어 원수까지 사랑하는 것입니다. 그리고 저는 원수를 사랑하라고 주장하면서 동시에 그들을 죽이도록 제 세금을 자발적으로 낼 수 없습니다."

검사는 계속해서 심문을 이어갔다. "그렇다면, 당신이 방해받았다고 특정할만한 어떤 구체적인 종교적인 행위가 있었나요?"

판사가 개입했다. 판사는 우리가 "한밤중에 두 배가 서로 지나쳐가듯이" 너무 빠르게 대화가 진행되고 있다고 지적했다.

그러더니 판사가 내게 물었다. "모슬리 씨, 혹시 법정에 제시할만한 근거 자료를 갖고 오신 게 있습니까?"

"성경을 가지고 왔습니다."

"성경에 나오는 법률적인 언급만 인정하겠습니다." 재미있다는 듯이 웃었다. "다른 것은 없습니까?"

"우리가 낸 세금이 주로 군사적인 목적을 위해 사용된다는 것을 분석한 자료가 있습니다."

검사가 이의를 제기했고, 판사는 그 이의를 기각했다. 그리고 내가 갖고 있던 자료를 증거로 받아들였다. 그 자료는 전국입법친우위원회 Friends Committee on National Legislation에서 작성한 것이었다.

검사는 자신의 주장을 다시 정리해서 세법 준수는 종교적 활동과 무관한 일이라는 주장을 거듭 되풀이했다.

나 역시 그에 맞서서, 내가 생각하는 종교적 자유란 정부 측의 편협한 해석과 다르다는 점을 재차 강조했다. 그리고 내가 좀 더 온순해져야 한다는 검사의 주장을 반박했다.

"저는 하나님께서 우리 중 누군가에게 '너는 2억 5천만 명 중의 한 사람에 불과하니까 그냥 가만히 있어라' 라고 말씀하신다고 생각하지 않습니다. 저는 이 세상의 운명이 하나님의 손에 달렸다고 믿습니다. 그러나 하나님께서는, 저를 통해서 만이 아니라 저와 반대 견해를 보인 분이라 할지라도, 기꺼이 하나님의 뜻에 순종하려는 사람을 통해서 역사 하신다고 믿습니다. 저는 또한 제가 제 나라를 사랑한다는 점을 강조하고 싶습니다." 나는 계속해서 말을 이어갔다. "저는 전 세계를 돌아다녔지만, 그 어디에도 완벽한 나라는 없었습니다. 하지만, 여러 모순점을 안고 있으면서도 미국은 여전히 그 어느 나라보다 자유로운 나라라는 것은 제가 직접 목격해서 발견한 바입니다. 2차 세계대전 이후에 뉘른베르크 재판에서, 우리는 모든 개개인은 잘못된 것에, 심지어 그것이 정부가 명령한 것이고 저항의 대가가 무거운 것일지라도, 저항할 책임이 있다고 선언한 바 있습니다. 만약에 우리가 다른 나라 사람들이 그 법을 따르기를 바란다면, 어느 나라보다 더 많은 자유가 있는 이 나라에 사는 우리가 더욱 기꺼이 그 법을 따라야 하지 않겠습니까? 그리고 그 대가는 다른 나라보다 훨씬 적어야 하지 않겠습니까? 어떤 판결이 떨어지든지 상관없습니다. 바로 이것이 오늘 제 변론의 핵심입니다. 만약 재판관님께서 생각하시는 것이 저와 다르더라도, 기꺼이 그 결정을 감수하겠습니다."

판사는 내가 아주 진지하다는 것과 최소한 어느 정도 내 주장에 설득되었다는 말을 하면서 공판을 마무리했다. 그는 판결을 내리기 전에 며칠 동안 심사숙고할 것이라고 말했다. 그러면서도 상당기간 교도소에 들어갈 각오를 하고 마음의 준비를 하는 것이 좋지 않겠느냐고 말했다.

공판이 끝난 이후의 대화에서 밀너는 국세청 직원인 짐 칼란에게 니카라과 국민에게 치명상을 입힌 것이 바로 미국의 지뢰였다는 걸 이야기해 주었다.

"아, 그게 바로 그 때문이었어요?" 칼란이 말했다. 그는 신발을 벗더니 한쪽이 절단된 발을 보여주었다. "저도 베트남에서 미국의 대인지뢰를 밟아서 사고를 당했었습니다!"

칼란의 생각이 바뀌는 순간이었다. 칼란은 밀너에게 지방의 국세청 사람들은, 자기들에게 권한만 있으면, 우리에 대한 소를 취하하고 싶어 하는데, 자기들은 워싱턴에 있는 상관들의 지시를 받고 있다고 말했다. 우리가 순응하든지 아니면 교도소에 가든지 해야 한다는 걸 이미 워싱턴에 있는 사람들은 결정을 내리고 있었다.

판결 날짜를 가능한 한 지연시키더니('며칠'은 이미 7개월이 되어 있었다), 피츠패트릭 판사는 마침내 맥스와 나를 메이컨 법정으로 불러서 1989년 1월 4일 합동 공판을 열었다. 우리 사건을 본질적으로 같은 사건으로 보았던 것이다. 우리는 오히려 고맙게 생각했다. 그건 우리가 교도소에 가 있는 동안에 같은 방을 사용할 가능성이 크다는 뜻이었기 때문이다.

판사는 자기가 '바위와 광야 사이에' 낀 것 같은 느낌이었다고 말했다. 그는 자기에게 이 문제가 너무나 어려웠다는 점을 강조했다. "두 분 다 그동안 제가 법정에서 만났던 부류의 범죄자는 아닙니다. 사실, 두 분은 초기 교회 사람들의 냄새가 납니다. 혹은 토마스 모어와 잔 다르크에 더 가까운 분들 같습니다. 솔직히 말씀드리자면, 저는 어떤 판결을 내려야 할지 모르겠습니다. 두 분을 교도소로 보내고 싶지 않습니다. 하지만, 저는 이 법정에서 우리가 정의라고 생각하는 것을 수행해야 할 책임이 있습니다. 우리는 이제 이 모든 과정의 마지막, 그러니까 이 동네 사람들이 흔히 말하는 '이러지도 저러지도 못하는 순간'에 와 있다는 걸 이해해주셨으면 좋겠습니다. 정부는 제게 두 분을 무기징역에 처하라고 요구하고 있습니다. 아니면 최소한 두 분이 완전히 정부의 요구에 응할 때까지 교도소에 가두라고 하고 있습니다. 제가 뭘 해야 할지 모르겠습니다. 하지만, 이 점을 강조하고 싶습니다. 만약에 두 분께서 구금되시더라도, 열쇠는 항상 여러분의 주머니에 있습

니다. 즉 여러분께서 어느 때고 국세청에 협조하겠다고만 결정하시면
교도소에서 나오실 수 있다는 뜻입니다. 며칠 내로 제 판결을 받게 되
실 것입니다. 산회합니다."

15

투옥

판사의 판결을 기다리는 동안, 우리가 마땅히 해야 할 일을 했다고 생각하니, 두려움이 사라지고 큰 평화와 기쁨이 느껴지는 것이 놀라웠다.

아내도 같은 마음이었다. "별로 걱정하지 않았어요. 공판이 진행되는 동안에도 역시 그랬습니다. 잘 모르겠어요. 돈과 제가 하나님께 맡기고 하나님께서 상황을 주관하실 것이라고 믿을 수 있었던 것은 순전히 특별한 은혜였다고 생각해요.

돈이 실제로 교도소에 가야 한다고 한다면, 분명히 슬프겠죠. 남편을 많이 그리워하겠죠. 하지만, 절망하거나 두려워하진 않을 겁니다. 무엇보다도 하나님의 은혜가 우리를 지탱해주고 있음을 느껴요."

판결을 기다리는 동안에 우리는 정말로 중국 음식을 많이 먹었다. 맥스와 내가 곧, 그리고 아마도 상당히 여러 개월 동안 투옥되리라고 짐작하고 있었다. 그러나 우리의 기쁨과 서로에 대한 사랑이 이전 어느 때보다 굳건해지면서 처음에 느꼈던 두려움은 점점 줄어들었다. 매일 매일이 은혜였다.

1월 24일 드디어 판결문이 도착했다: "1989년 1월 30일 월요일 아침 9시까지 밀리지빌 시 교도소로 올 것. 형량 최장 60일."

오랫동안 기다려왔던 판결문을 받고 보니 모두 웃음이 나왔다. 국세청이 요구했던 무기징역이나 국세청에 협조할 때까지 가두라는 것을 판사가 거부해준 것이 감사했다. 이제 우리는 기쁜 마음으로 작가 플레너리 오코너 고향의 환영을 받으러 가면 되는 것이다. 그런 경험은 아마 그녀도 해보지 못했을 것이다. 또 한 번 축하할 일이 생긴 것이다.

후에 알게 된 사실이지만, 제2차 세계 대전 이후로 44년 동안 우리처럼 조세 저항으로 투옥된 사람들이 단 18명이 있었는데, 우리보다 더 오래 교도소에 있었던 사람은 딱 한 사람뿐이었다.(우리와 가까운 친구인 랜디 켈러도 세금 낼 돈을 쥬빌리와 다른 자선단체로 빼돌린 죗값으로 10주 동안을 교도소에서 보냈다.)

교도소로 가기 전날 마지막으로 나는 이런 일기를 썼다:

1989년 1월 26일. 이날은 기쁘고도 가슴 벅찬 날이다. 하나님 아버지께서 저를 사랑하심을 느낍니다. 어제만 해도, 기도를 마치고, 운동하러 가려고 준비하면서, 매일 성경 달력을 찢었을 때 이런 말씀을 보았습니다. "하나님은 사랑이시라. 사랑 안에 거하는 자는 하나님 안에 거하고 하나님도 그 안에 거하시느니라." 그리고 저는 밖으로 나가서 상쾌하고 아름다운 아침을 맞이했습니다. 눈을 들어 태양이 떠오른 깨끗한 하늘을 보았습니다. 바로 그때 제 머리 위로 비둘기가 아름다운 달을 스치듯 지나 날아갔습니다…. 이 아름다움에 더 보태야 할 것은 없었습니다. 제 잔은 이미 넘치고 있습니다.

맥스와 내가 밀리지빌 시립 교도소 정문으로 들어서는데, 교도관들의 목소리가 들렸다. "설교자들께서 오셨군!" 그 무렵 신문에서는 우리의 조세저항을 다룬 기사들로 넘쳐났었다. 사람들은 우리가 설교자들이라는 것을 아주 당연하게 여겼다. 하나님에 대해서 귀가 따가울 정도로 말하고 다녔으니 그럴 만도 했다.

교도소의 로비에서 가족과 이별하기가 생각보다 쉽지 않았다. 맥스와 내가 교도소 안으로 들어서자 등 뒤로 곧 문이 닫혔다. 우리는 복도를 따라 내려갔고 겹겹으로 된 철문들을 통과했다. 소지품은 압수됐고 연방 교도소의 수감자들이 입는 군청색 옷을 한 벌 지급받았다.

우리를 안내하던 사람은 어떻게 우리를 대해야 할지 난감해했다. "저 방에 들어가서 갈아입으세요. 모스…. 아, 죄송합니다. 모슬리 목사님 그리고 라이스 목사님."

교도관은 정말로 우리를 어려워했다. 우리는 "목사님"이라고 부르지 않아도 된다고 얘기했지만 듣지 않았다. 맥스와 나는 그냥 포기했다. 좌우간 우리는 새로 들어 온 죄수들은 모두 기본적으로 거쳐야 하는 알몸 수색도 면제받았다. 내 죄수 번호는 82571-020이었고 맥스는 82571-021였다.

마지막 문이 우리 등 뒤에서 쿵 하고 닫혔다. 이곳에 있는 동안에 그 소리를 얼마나 많이 들어야 할 것인가! 이제 그곳에는 우리와 다른 스무 명의 수감자들만 남았다. 처음 느꼈던 불안감은 곧 사라졌다. 그곳에는 연방 수감자들이 얼마 되지 않았다. 연방 수감자들 대부분 마약 사건으로 들어 온 백인들이었다. 그러나 아프리카계 미국인들이 제일 많았다. 우리는 수감자들에게 쉽게 인정을 받았고 우리도 그들과 친해지기 위해서 많은 시간을 함께 했다.

하루 이틀이 지나면서 우리는 반복되는 일상에 적응해갔다. 불이 켜지고, 감방문이 닫히고, 아침이 배달되고, 주로 오전에는 침대에서 생활하고(맥스와 나는 이 시간에 편지를 쓰고 성경을 읽었다.), 점심을 먹고, 소리를 최대한 크게 틀어놓은 텔레비전을 보고, 카드 게임을 하고 저녁 먹을 때까지 잡담하고, 감방문이 닫힐 때까지 같은 일을 계속하다가 잠자리에 들었다.

다른 사람이 깨어 있는 동안 계속해서 TV에서 흘러나오는 불빛이나 엄청나게 피워대는 담배 연기만 아니면, 이곳에서의 생활은 꽤 괜찮은 편이었다. 공기가 연기 때문에 탁했고 바닥에는 담뱃재와 꽁초로 가득했다.

아이러니하게도 우리가 교도소에서 목격한 가장 심한 폭력은 텔레비전 프로그램이었다. '마이애미 바이스'라는 프로그램이었는데, 다른 사람들은 그 프로그램을 열심히 시청했다. 수감자들은 이 연속극을 보면서 최근에 유행하는 무기나 소음장치, 범죄기술을 배울 수 있어서 좋다고 했다. 이런 프로그램이 미국 전역의 거실에서 시청 되고 있었다!

우리는 곧 수감자들 사이에 느슨하지만, 계급이 있다는 사실을 알게 되었다. 프랭크는 덩치가 큰 아프리카계 미국인이었는데 이 교도소에서 여러 달 있었고 다들 우두머리로 인정하고 있었다. 다행스럽게도 프랭크는 힘만 센 것이 아니라 좋은 성품을 가진 사람이었다. 우리는 처음부터 사이가 좋았다.

사실, 내가 매일 성경을 읽는 것에 대해서 처음으로 말을 걸어온 것도 프랭크였다. 코이노니아에서 흑인과 백인이 함께 어울려 행복하게 예배하고, 일하고, 함께 어울려 놀던 일을 프랭크에게 들려주었더니 아주 큰 관심을 보였다. 교도소에 있는 동안 동료가 클래런스 조르단 목사의 설교가 담긴 녹음테이프 몇 개를 보내주어서 갖고 있었다. 프랭크는 금세 그 테이프들을 자기의 워크맨으로 다 들었다. 이따금 무슨 일이라도 벌어진 것처럼 "이봐, 이것 좀 들어 봐! 와, 정말 대단한 걸!" 하면서 큰 소리로 웃거나 고함을 치면, 금세 그 테이프를 들으려고 죄수들이 줄을 서서 기다리는 일이 벌어졌다.

나는 아내에게 이곳 생활에 대해 편지를 썼다.

모든 신학생이 며칠만이라도 이곳에 와서 경험했으면 좋겠습니다. 이곳은 정말 위대한 병원입니다. 이 사람들은 큰 문제들을 안고 있으면서도 쉬운 해결책을 원하지 않는 아주 현실적인 사람들입니다. 그러면서도 이들 중 최소한 몇 사람은 성경 말씀에 목말라 하고 있습니다. 이들 중에는 대학을 나온 사람부터 학교 문턱에도 가보지 못한 사람도 있고, 어떤 사람은 점잔을 빼면서 세상 물정에 밝은 사람도 있지만, 대부분은 지난날에 저지른 죄를 깊이 후회하고 뉘우치고 있습니다.

조금 시간이 지나자 조깅이 하고 싶어졌다. 그러다가 며칠 후에는 매일 반복적으로 운동해야겠다고 마음먹었다. 감방들은 복도를 따라서 서로 붙어 있었고, 양옆에는 막대가 설치되어 있었고, 통로 한쪽 끝에는 텔레비전이 놓여 있었다. 복도는 열아홉 걸음쯤 되었는데, 마흔여섯 번을 왕복하면 약 2킬로미터 정도 되었다. 나는 매일 5킬로미터에서 8킬로미터 정도를 씩씩하게 걸었다.

맥스도 곧 합류했다. 또 며칠 뒤에는 프랭크도 같이하자고 했다. 프랭크에게는 신발이 샤워할 때 신는 슬리퍼밖에 없었는데, 걸을 때마다 덜컥거리는 소리가 크게 났다.

무엇하나 조용하게 넘어가는 법이 없는 프랭크는 동료의 감방 앞을 지나갈 때마다 계속해서, "이봐, 보, 이리 나와. 넌 나보다 운동이 더 필요하잖아. 그리고 저쪽 스텀프, 잠 좀 그만 자고 나오라고!"

프랭크의 권유가 서서히 효과를 내고 있었다. 일주일 정도 지나자 속옷 차림으로 복도를 오르내리면서 '조깅'을 하는 사람이 여덟 명으로 늘어났다.

수백 수천 번씩 조깅하는 사람들의 얼굴이 TV 카메라에 오르락내리락하는 것 때문에 여러 사람이 신경을 쓰게 된 것이 분명했다. 갑자기 방송에서 이런 안내방송이 흘러나왔다: "모슬리 목사님과 라이스 목사님은 짐을 싸서 바깥으로 나오시기 바랍니다!"

수감자 중 한 사람이 곧장 이렇게 말했다. "우와, 봤지? 내가 전에 이런 목사님들은 여기 오래 계실 분들이 아니라고 얘기했잖아. 이제 두 분은 자유의 몸이시네요. 집으로 가시겠군요!"

그때 교도관 중 한 사람이 감방 바깥에 있는 철제 책상 위에 수갑을 내려놓는 소리가 들렸다. 그리고 우리는 집으로 가는 게 아니라는 걸 알게 되었다. 교도소 용어로 '뺑뺑이 치료법'이라는 걸 맛보게 되었다. 이건 우리를 다른 교도소로 옮겨서 우리가 완전히 새로운 일상에 부닥치게 하고, 새로운 이들을 만나게 해서 처음부터 전부 다시 시작하게 하는 방법이었다.

이번에는 알몸수색을 포함해서 다른 수감자들과 똑같은 절차를 거쳐야만 했다. 옷을 다시 입자 우리에게 수갑과 족쇄를 채웠는데, 수갑과 우리 허리에 둘레에는 쇠사슬을 하나 더 채웠다. 마지막으로 우리의 얼굴을 콘크리트벽을 마주 대하게 하고, 다시 부를 때까지 그대로 서 있으라고 명령했다. 우리를 지키던 교도관 세 사람은 총을 갖고 있었다. 우리는 누군가 우리에게 모종의 메시지를 전달하려고 한다는 인상을 받았다. 기다리는 동안에 위를 올려다보았는데 약 2미터 정도 크기로 기록한 문구가 보였다: "모든 사람을 사명이 있는 존재로 대해

주어라. 그러면 그는 가능성을 갖게 될 것이다.”

몇 시간 후에 우리는 플로리다 주 경계 너머에 있는 주립 교도소로 이송되었다. 거기에서 나는 아내에게 이렇게 편지했다.

> 뭐라고 설명하긴 어렵지만, 이 모든 것이 저를 성숙하게 하고 있습니다. 한편으로는 기도하고 성경을 연구하고 제 믿음을 더욱 깊게 하는 시간이기도 합니다. 하지만, 바로 그렇게 같은 과정이 계속되면서 믿음이 깊어지긴 하지만, 수갑을 차고 무장한 교도관의 명령을 받는 이런 일이 “사랑하는” 성도들에게 반복되어서는 안 될 것입니다. 저는 아주 보잘것없긴 하지만, 예수님을 따르는 것 때문에, 저의 십자가를 지고 버림받은 자 중에 거한다는 것이 어떤 것이지 아주 조금 체험하고 있습니다. 그리고 그 버림받은 사람 중 대부분은 아주 사랑스러운 분들이라는 것을 알게 되었습니다. 지금이야말로 부요한 때입니다. 그리고 저는 정말로 이때를 감사히 여기고 있습니다. 저는 온종일 하나님의 임재로 인해 평화를 느끼고 있습니다.

여기에서도 맥스와 나는 거의 모든 수감자와 사이가 좋았다. 우리 같은 사람들이 스스로 자청해서 교도소에 온 이유가 뭔지 잘 모르겠다는 눈치들이었지만, 대부분 어느 정도 이해하고 있다는 눈치였고 우리의 입장을 존중하는 분위기였다. 그들은 우리가 자기들에게 안 좋은 영향을 주는 사람들이라고 놀리면서 우리 별명을 하나씩 지어주었다. 맥스는 ‘식칼’이었고, 나는 ‘미친 개’였다.

우리는 다른 사람들에게 설교하려고 하지 않았다. 다만, 첫 번째 교도소에서처럼 우리는 곧 우리의 믿음에 대해서 대화를 나누게 되었다.

한 번은 폭력과 복음에 대해서 대화를 나누었는데, 조용히 듣고 있던 몇 사람 중에서 한 사람이 불쑥 이렇게 말했다. "우리가 보는 이분들을 더 많은 사람도 알았으면 좋겠습니다." 맥스와 나를 가리키는 말이었다.

또 다른 사람이 말했다. "나는 좀 빨리 교도소에서 나갔으면 좋겠어. 맥스와 돈이 나를 타락시키고 있어."

플로리다 교도소에 있는 동안에 내 생일이 돌아왔다. 같은 구역에 수용된 일곱 명의 수감자들이 직접 만든 생일카드를 주었다. 그 카드 겉에 이렇게 적혀 있었다. "돈, 당신은 참 알 수 없는 사람이야." 그리고 안에는 이런 글귀가 있었다. "우리와 함께 여기서 생일을 보내다니 말이야! (어쨌든 생일 축하해)."

아내와 딸 로빈, 그리고 낸시 라이스와 딸 에이미가 내 생일 즈음에 면회를 왔다. 나는 다음날 아내에게 편지를 썼다.

여기 있는 사람들은 모두 선한 것을 인정할 줄 아는 마음이 따뜻한 사람들입니다. 하지만, 자기를 이해해주는 사람이라는 생각이 들기 전에는 절대로 먼저 마음을 여는 일이 없습니다…. 창문 근처까지 와서 손을 흔들어주어서 고마웠습니다. 당신 눈에도 띄었겠지만, 다른 수감자들도 모두 당신을 보고 싶어 했습니다. 비록 한 번이긴 했지만, 가족들의 면회가 유익한 도움을 주었습니다. 성에 굶주린 남자들이 흔히 내뱉는 말들은 하지 않고, 모두 자기가 가족의 면회를 받은 것처럼 여기는 느낌이었습니다.

맥스와 나는 아주 자랑스러웠습니다. "우리에게는 아들, 아내 그리고 딸이 있기 때문입니다."

나중에 어떤 사람이 이렇게 말했습니다. "당신과 맥스는 참 좋겠습니다. 당신네가 교도소에 들어온 덕분에 결혼 생활이 더 돈독해질 것 아니요."

물론 그는 자신의 처지와 이곳에 있는 사람 대부분의 처지와 우리를 비교해서 그렇게 말한 것입니다. 만약에 그들에게도 아내나 여자 친구가 있다면, 그 관계를 지속할 가능성도 없고, 그래서 범죄나 더 저지르고 후회하게 될 것을 그들도 알기 때문입니다.

맥스와 나는 우리를 염려해주는 편지들을 하루에 수십 통씩 받았는데, 그중에는 유럽, 아프리카, 그리고 중앙아메리카에서 온 편지들도 있었다. 이곳에 수용된 수감자 110명의 편지를 다 합친 것보다 더 많이 받았는데, 그것 때문에 살짝 긴장감이 돌기도 했다. 특히 교도관이 매일 편지를 전달해주면서 소란을 떨어서 더 그랬다. 그는 출입문 앞에 서서 편지 한 통 한통마다 받는 사람의 이름을 불러대면서 창살 사이로 편지를 전달해주었는데, 우리 이름을 부를 때는 목소리를 높였다. "라이스, 모슬리, 모슬리, 라이스, 스미스, 라이스, 모슬리, 웰던, 모슬리…." 우리가 그만 좀 하라고 아무리 부탁해도, 그는 우리가 그 교도소에 있는 내내 들은 척 만 척이었다.

한편, 바깥에서는 쥬빌리 공동체에도 끊임없이 격려의 편지들이 도착했다. 아내는 그중에서도 특히 코머 침례교회 교인들의 카드와 관심에 고마워했다. 아내는 이렇게 그때의 기억을 떠올린다. "우리를 염려하고 있다는 말을 전하려고 일부러 찾아주신 분들도 계셨어요. 그분들이 우리가 하는 일에 대해서 완전히 이해하거나 동의하지 않는다는 걸 알고 있지만, 그분들은 정말 애정을 담아서 우리를 염려해주셨어요."

물론 모든 사람이 가장 예민한 부분까지 이해해주는 것은 아니었다. 이웃 사람 하나가 라비와 초우에게 이렇게 말했다고 한다. "두고 봐. 실제로 뭔가를 위해 싸우는 사람들은, 정부가 집요하게 추적하고 말지. 올리 노스도 그렇고 돈 모슬리도 그렇잖아."

피츠패트릭 판사는 결국 우리의 형량을 60일에서 40일로 감해주었다. 우리끼리 자축하고 있는데, 교도관이 오더니 큰 소리로 말했다. "라이스와 모슬리, 짐 싸서 갑시다!" 몇 분 후 우리는 다시 어디론가 향하고 있었는데, 이번에는 애틀랜타 교도소에 속한 작은 구치소였다.

'구치소'는 다른 교도소에 비해서 아주 좋은 편이었다. 그곳에는 화이트칼라 범죄로 기소된 사람이나 교도소 측에서 위험하지 않다고 판단한 수백 명의 죄수가 구금되어 있었다. 그러나 맥스와 나는 곧 신체검사를 받은 다음에 가장 경비가 삼엄한 곳을 배정받았다. 우리는 교도관과 또 다른 죄수와 함께 언덕을 걸어 올라가서 교도소까지 갔다. 하늘은 잔뜩 흐렸다. 머리 위로 육중한 담장과 교도소의 감시탑들이 보였다. 교도관은 원격 스위치로 첫 번째 옥문을 열었고, 우리는 높다란 콘크리트벽 사이의 좁은 통로로 걸어 들어갔다. 육중한 강철 출입문들이 양쪽 끝을 막고 있었고, 녹슨 철로가 그 한가운데를 지나고 있었다.

첫 번째 문이 쾅하고 닫히자 기다리고 있던 교도관 한 사람이 나를 가리키며, "이쪽으로 와서 옷을 다 벗으시오"라고 했다. 알몸 수색 대상자를 무작위로 뽑아서 조사하는데, 우리 일행 중에서는 내가 뽑혔던 것이다. 1~2분 정도 뒤에 나는 알몸으로 서 있었고, 죄수복이 의자 위에 놓여 있었다. 교도관은 내가 마약이나 다른 금지 품목을 교도소 안으로 가지고 오지 않았다는 것에 흡족해했다.

교도관이 퉁명스럽게 물었다. "여긴 왜 온 거요?"

대답하긴 했는데, 조금 망설여졌다. "네, 친구와 제가 여기 온 것은 전쟁 관련 세금 납부를 거부했기 때문입니다."

"오, 국세청하고 싸우고 오셨구먼!"

재미있어하는 표정이었다. 내가 옷을 주섬주섬 챙겨 입는 동안 여기 저기 소문을 내고 다녔다.

교도관보다 더 친절해 보이는 한 나이 든 수감자가 와서 말을 건넸다. "이봐요, 형씨, 난 당신들이 여기 왜 왔는지 알아. 누군가 당신들 신상기록에 '애틀랜타 교도소'라는 걸 적어 넣고 싶었던 거야. 그래야, 또 당신들이 다음에 반발하면 그걸 핑계로 잡아넣을 수 있을 테니까."

이 교도소에서 저 교도소로 옮겨 다니는 것 때문에 가장 힘들어 한 사람은 아내였다. 우리를 어디로 데려간다는 사전 통보 하나 없었기 때문이다. 1,600킬로미터나 떨어진 텍사스에서 대학교에 다니는 아들 토니는 아버지가 교도소에 있다는 사실 때문에 일상생활에서 곤란한 일을 당하지는 않았다. 하지만, 딸 로빈은 내가 교도소에 있는 것이 고통인 동시에 깨달음을 얻는 계기가 되었다. 로빈은 그 경험에 대해서 이렇게 말한다.

그 경험 때문에 한 사람이 교도소에 갇힘으로써 상처 입은 가족들에 대해서 이해하게 되었다. 그런 가족들은 정신적으로나 경제적으로 어떻게 견뎌내고 있을까? 나는 종종 우리가 공동체에 살고 있지 않았다면 우리도 견뎌낼 수 없었을 것이라고 말한다.

우리는 아빠가 교도소에 계시는 동안 세 번 면회를 갔다. 그 면회를 통해서 교도소가 어떤 곳인지 알게 되었다. 첫 번째 교도소에 갔을 때 아빠를 만질 수도, 아빠의 목소리를 들을 수도 없다는 것이 충격이었다. 아빠는 방음 유리창 너머에 앉아 계셨고, 수화기로만 대화를 할 수 있었다. 한 번에 한 사람씩만 대화를 할 수 있었다. 유리창에는 온통 사람들의 키스 자국으로 얼룩져 있었다. 내가 내 아빠를 만질 수 없게 하는 그 사람들의 태도가 참 충격이었다.

두 번째로 찾아간 교도소는 플로리다에 있었는데 차로 여섯 시간이나 걸렸다. 그때가 아빠의 생일이어서, 아빠를 볼 수 있으리라는 기대감에 부풀어 있었다. 그런데 교도소에서는 우리 가족 전체가 아빠를 만날 수는 없다고 말했다. 유일하게 엄마 한 분만 아버지 맞은 편 테이블에 앉아서 아빠를 만났고, 나는 밖에서 기다려야 했다. 사람들이 아빠를 음향실 같은 방으로 데려다 주었고, 스피커를 켜주었다. 우리는 거기다 대고 아빠에게 "생일 축하합니다" 노래를 불러주었다.

마지막 교도소에서는 아빠가 일주일만 계셨는데, 애틀랜타에 있는 연방 구치소였다. 우리는 아빠와 테이블을 사이에 두고 마주 앉았다. 처음으로 오랫동안 아빠를 안아줄 수 있었다.

나의 투옥 사건에 대한 언론의 보도 때문에 로빈은 학교에서 몇 가지 재미있는 일들을 겪었다. 로빈의 반 아이들 대부분은 무슨 말을 해야 할지 몰랐다. "두 명은 나한테 와서 '안타깝다.' 라고 말했어요." 로빈이 말했다. "그 말은 아빠가 돌아가셨거나 아니면 돌아가실 정도로 심각하다고 생각하고 하는 말 같았어요." 특별히 기억에 남는 사건도 있었다.

졸업하면 해군에 지원한다는 애가 한 명 있었어요. 걔는 완전히 군대 마니아였어요. 걔가 저에게 와서 이렇게 말했어요. "너희 아버지가 세금을 안 내셨다는 게 믿어지지 않는다." 그러면서 그 말이 정말이냐고 물었어요.

그래서 전 "맞아, 사실이야"라고 했어요.

그러니까 "그게 자랑스럽냐?!"라고 하더군요.

"당연하지!"

담임선생님은 신앙심은 있었지만, 매우 보수적인 분이셨어요. 그분은 기독 학생회의 지도교사시기도 했는데, 복음주의자이면서 공화당원이기도 하셨는데, 그걸 정말로 자랑스럽게 생각하셨어요. 걸프전 때, 선생님은 자기가 전쟁을 지지한다는 걸 보여주기 위해서 애국심을 나타내는 핀을 달고 다니셨죠.

그런 그분이 우리의 대화 내용을 듣게 되신 거예요. 어느 날, 교실에서 나오는 절 부르시더니, "로빈, 너무 신경 쓰지 마. 쟤가 아무것도 모르는 것뿐이야"라고 말씀해주셨어요. 그 말씀이 정말 고마웠어요.

맥스와 나는 3월 10일 석방되었다. 때마침 부활절이 다가오고 있었다. 무엇보다도 사순절을 교도소에서 보냈다는 게 기뻤다. 일기장에 이렇게 썼다.

길게만 느껴지던 구금생활도 이젠 다 끝났다. 40일 동안 현대의 광야에서 지냈다. 아내, 로빈, 쥬빌리, 장작 난로 옆에서 커피를 마시며 보내던 조용한 시간과 멀리 떨어져 지냈다. 때로는 계속해서 들려오는 텔레비전의 시끄러운 소리와 고함, 강철 문이 닫히는 소리에 평온한 시간도 집중할 수 있는 시간도 나로선 너무 먼 것이었다. 하지만, 사랑하는 하나님, 하나님의 사랑에서는 결코 멀어질 수 없었다. 나는 소란함이 그런 느낌을 앗아갔던 때에도 하나님의 사랑을 알 수 있었다.

그리고 지금 나는 쥬빌리로 돌아왔다. 그리고 어제 모든 공동체 식구들이 깃발을 흔들고, 안아주고, 축가를 부르고, 애그롤을 만들고, 사랑을 담아서 나를 반겨 주었다. 오늘 이곳엔 나를 향한 아내의 사랑이 있고, 밝은 햇빛이 있고, 사랑하는 친구들이 보내준 편지가 수북이 쌓여 있다. 그리고 조금 있으면 통밀로 구운 맛있는 팬케이크가 아침 식탁 테이블에 올라올 것이다. 사랑하는 하나님, 세상의 많은 사람 중에 왜 제가 이렇게 많은 축복을 받아야 하는지요!

몇 달 후 국세청은 교도소에 가두겠다는 협박으로 우리에게 세금을 강제로 거두려던 시도를 포기하고, 우리를 모욕하던 고발을 '자발적으로 취하' 했다. 그러나 이야기는 거기서 끝나지 않았다.

1990년 4월 맥스와 나는 조세 저항가들인 랜디 켈러와 벳시 코너와 함께 '도나휴 쇼' 에 초대 손님으로 초청받았다. 필 도나휴의 프로그램에 출연한 것이 시청자들에게 우리의 진실성을 새롭게 알리는 계기가 되었다. 그동안 나 때문에 학교에서 다른 아이들에게서 이상하게 살아가는 아이 취급을 받아서 힘들어했던 로빈은 갑자기 학교에서 살짝 유명인사의 맛을 보게 되었다.

일부 이웃 사람들은 놀라는 표정이었다. 내가 3년 동안 정기적으로 주일학교에서 설교하고 가르쳤던 교회에 다니던 어떤 사람은 이렇게 말하기도 했다. "이제야 그동안 당신이 줄기차게 우리에게 말하려고 했던 게 뭔지 이해가 됩니다!" 똑같은 메시지인데도 수천 킬로미터를 날아가 록펠러 센터에 있는 스튜디오에서 텔레비전 너머로 전달되는 메시지가 훨씬 더 신빙성 있게 들린다는 것이 이상하지 않은가!

1991년 어느 국세청 직원이 자청해서 내 납세 기록을 검토하느라 3시간을 보냈다. 그 직원은 국세청이 내가 2년 동안 연방세 납부를 거부한 것을 "없던 것으로" 해주기로 했다고 통보해왔다. 그리고 나머지 기간에 대해서도, 몇 푼만 남기고는 전액 면제받을 방법을 찾아보겠노라고 했다.

"원칙이 원칙인 이상 우리는 계속해서 소액이라도 당신에게 부과할 수밖에 없습니다."

그 직원이 계산을 마쳤을 때, 나에게 부과된 액수가 천 달러가 안 됐는데, 그 액수는 세금, 벌금, 이자, 법정 비용을 다 합친 총액의 5%도 채 안 되는 금액이었고, 이것도 예외적으로 내 경우에만 그렇다는 것을 알고 놀랐다. 그 적은 금액마저 한 푼도 안 내자, 그 이후에 반으로 줄었다. 국세청 직원이 닦달할 때마다, 나는 '원칙상' 한 푼도 낼 생각이 없다고 반복해서 말했다.

그 직원이 이렇게 말했다. "돈 모슬리 씨, 국세청은 이 문제로 더는 당신을 괴롭히지 않을 것입니다. 다른 사람들에게 이 사실을 퍼뜨려서 조세 저항을 주동하지만 않으시면 됩니다."

우리가 전쟁을 위한 세금 납부를 거부하는 문제로 고민할 때마다, 나는 줄 곳 엘다 산체스의 밝은 미소를 마음에서 잊지 않으려고 했다. 나는 그녀나 다른 나이 어린 전쟁의 희생자들을 데리고 올 때마다 우리가 낸 세금으로 그 무기들을 샀다는 것을 떠올렸다. 그러면 내가 어떻게 해야 하는지 다시 한 번 분명해졌다.

냉전은 공식적으로는 끝났다. 하지만, 미국은 계속해서 무기를 만들고 해마다 전 세계에서 그 무기들을 사용했다. 미군에 지원하는 예산은 전 세계 군대의 모든 예산을 합한 액수와 맞먹었다! 그보다 더 슬픈 사실은 사회가 점점 더 폭력에 중독되어 간다는 사실이다. 사랑의 힘과 창조적인 평화를 일구어 낼 수 있다는 우리의 믿음이 점점 그 힘을 잃어 갈수록, 이제 폭력을 쓰는 방법 밖에는 문제 해결 방법이 없다는 생각이 우리 자신도 모르게 점점 더 커져만 가고 있다. 그러는 사이에 무기들은 점점 더 비싸졌다. 이제는 우리가 가진 모든 것을 내놓아야 살 수 있을 정도가 되었다.

전쟁 비용을 내겠다는 결정이 우발적이거나 자기 의사와는 상관없이 자동으로 이루어져서는 안 된다. 법을 짓밟는 행위가 중죄에 해당하는 것과 마찬가지로, 법에 순응하는 것도 중대한 문제를 일으킬 수 있다. 미국 시민으로서, 특히 우리가 예수님을 우리의 주님으로 따른다고 선언한다면, 우리는 어떤 결정을 내리든지 우리가 행하는 바로 인해 초래되는 현실의 문제를 외면해서는 안 된다. 세금을 내는 모든 국민이 자기 팔에 자녀를 안고 어떻게 할지 결정하기를 바란다.

16
소박한 사람들

우리가 하는 사역의 범위가 세계 곳곳의 여러 가지 문제들로 확장됨에 따라, 우리의 작은 고장인 코머 시에 대한 우리의 애정도 더욱 각별해졌다. 코머 시는 전체 인구가 천 명이 넘지 않는다. 대부분의 전형적인 마을들처럼, 마을의 경계는 아주 단순하다. 철로가 주 도로를 가로지르는 지점에서 시작해서 반경 약 1.6킬로미터의 원을 그리면 그게 코머의 경계선이다. 그 원 밖은 다른 세계이다.

금세기 초에, 코머는 지금보다 인구가 두 배는 많은 북적이는 마을이었다. 주말이면 마차와 T 모델 포드를 타고 시장을 보고 사람을 만나러 온 시골 사람들로 북적였다. 기차역 맞은편에는 코머 호텔이 있었는데, 그곳은 성공을 찾아 여행하는 사람들로 만원이었다. 목화는 경제의 버팀목이었고, 코머는 지역 경제 활동의 중심지였다. 지난 두 세대 전이 코머시의 절정기였다.

젊은이들이 들을 수 있는 시간만 낸다면, 그때의 이야기들을 들려줄 사람들이 아직도 코머 시에 살고 있다. 지금 쥬빌리가 들어선 자리인 록키 리지에서 봄이면 교회들이 돈을 내서 큰 바비큐 파티를 열었다고 한다. 사내아이들은 연못에서 풍덩거리며 헤엄을 치고 놀았고, 여자아이들은 그늘진 잔디밭에 긴 치마를 펴고 앉아서 수다를 떨었다고 한다. 그러는 동안에 어른들은 석탄이 타는 그릴 위에 닭고기를 구웠다고 한다. 오늘날 바로 그 자리에서 쥬빌리 사람들이 소풍을 즐기며 예배도 드리고 있다.

화가 노만 록웰이라면 코머 시에서 평생토록 그리고도 남을 정이 많고 재미있는 얼굴들을 찾을 수 있었을 것이다. 그들은 비바람을 견디고 살아남은 농부들이고, 자식들이 도회지를 찾아 떠나면서 홀로 남은 할머니들이며, 우체부들이고, 시의회 의원들이고, 작은 마을을 겸손하게 섬기는 경찰들이다. 그뿐만 아니라 그들은 언어와 문화의 장벽을 넘어 새로운 난민들이 이 고장에 올 적마다 환한 얼굴로 반겨주는 사람들이기도 했다.

클리프 야보로 시장은 늘 인내심과 따뜻함을 보여주셨다. 코머 시의 시장에서는 은퇴하셨지만, 쥬빌리에 축하 행사가 있을 때마다 빠지지 않고 참석하시는 단골손님이셨다. 코머 시 초등학교 교장인 마크 아몬드와 훌륭한 교사진은 마을 아이들의 시야를 넓혀주려고 늘 노력하셨다. 그리고 학교에 다닐 만큼 영어 실력이 되기만 하면 새로 온 난민 아이들도 기꺼이 받아주셨다. 이전에 평화 봉사단에 있었고, 해비타트 휴머니티를 결성한 사람 중 하나인 빌 백스는 매주 화요일마다 쥬빌리에 와서 땔감 준비하는 일을 거들곤 했다. 우리의 이웃들은 이렇게 여러모로 친절을 베풀어주셨다.

짐 윌콕스는 쥬빌리 사람들이 좋아하는 코머 시 토박이 중 한 사람이다. 덩치가 크면서도 온화한 목소리를 가진 그는 늘 마음을 활짝 열고 쥬빌리 사람들과 난민들에게 온갖 호의를 베풀어주었다. 한때는 닭chicken을 사육하기도 했는데, 자기는 "결국, 겁이 나서 그만두고 말았다chickened out"고 한다. 지금은 마을 중심부에서 '즐거운 시간 비디오 가게'를 운영하고 있는데, 그러면서도 음악을 더 좋아하는 사람이다. 일 년에 두 차례씩 그는 쥬빌리에서 길을 따라서 13킬로미터 정도 떨어진 곳에서 '구름이 흘러가는 샛강의 음악 축전'을 열기도 한다. 그 축전은 이곳에서 열리는 연중행사 중 가장 인기 많은 행사가 되었다.

축전의 밤이 오자, 우리는 버스를 타고 22번 고속도로를 타고 내려가서 조지아에서 제일 긴 유개교covered bridge를 지나고, 흙먼지 날리는 길을 따라 내려가다가 클라우드 크릭 침례교회를 지나서, 마지막으로 짐의 텅 빈 닭 사육장 건물들 사이를 지났다. 우리는 버스를 주차하고 숲 사이를 지나서 향기로운 냄새가 나는 곳으로 들어섰다. 연못을 향해 경사진 그곳은 숲이 우거진 언덕이었는데, 여기저기 사람들이 집에서 가져 온 자리를 깔고 앉든가 접이식 의자에 앉은 사람으로 가득했다. 조명은 소나무 위에서 비추고 있었고, 주변에는 사람들이 손수건이나, 핫도그, 컨트리 음악 테이프를 파는 작은 가판대가 일렬로 늘어서 있었다.

저 아래 앞쪽 무대에서는 음악팀들이 번갈아가면서 온종일 거의 밤까지 컨트리 음악이나 복음성가, 그리고 이 고장 특유의 곡을 연주하면서 환호하는 청중들과 함께 어울렸다. 우리가 살아가는 현대 사회에서는 이런 격식 없고 정겨운 느낌을 찾아보기가 어렵다.

월 윈터필드는 그때를 이렇게 추억한다. "해마다 축전에 가면, 사회자가 '오늘 밤 자리를 함께하신 분들은 보스니아에서 오신 난민들입니다'라고 하면서 우리가 데리고 간 난민들을 소개했어요. 그리고 그녀는 그 사람들이 왜 소중하고, 여기에 왜 오게 되었는지를 간략하게 소개했어요. 지역 주민 대부분은 쥬빌리에 온 적도 없고, 우리가 실제로 무엇을 하는지도 몰랐어요. 그러니까 당신들하고 같이 있는 저 사람들이 누구냐고 물어보고 말고 할 것도 없었죠. 그래서 이 축전은 우리를 소개할 수 있는 아주 좋은 기회였죠.

중앙아메리카에서 온 난민 중에는 음악을 할 줄 아는 사람들이 많았어요. 훌륭한 기타 연주자도 있었고 기가 막히게 노래를 잘하는 사람들도 있었어요. 그 사람들을 이 축전에 데리고 오면 정말 신나게 음악을 즐기곤 했습니다. 그 사람들은 이 고장의 음악도 즐길 줄 알았습니다.

중앙아메리카 난민들이 무대에 올라서 노래를 부르기도 했죠. 군중 속에 한 남자가 앉아있었는데, 그이는 30킬로미터 정도 떨어진 하트웰 홀에서 컨트리 음악을 연주하던 사람이었어요. 그런데 그 사람이 "다음 주에 우리 음악 홀에 와서 노래 좀 불러 줄 수 있겠느냐?"라고 말했었죠. 그래서 중앙아메리카 난민들이 컨트리 음악 홀에 가서 열심히 연습했고, 나중에 지방 라디오 방송국에서 녹음도 해가서, 전파를 탔죠.

마지막 날 밤, 그 유별난 난민들이 이동하려고 준비하고 있는데, 하트웰에서 사람들이 갑자기 몰려왔어요. 그러면서 다들 난민들에게 작별 인사를 하고 싶다고 했어요. 그 사람들은 이렇게 말했어요. '아시다시피, 우리는 당신들이 어디에서 왔는지 모릅니다. 그리고 당신들의 사연도 모릅니다. 그리고 당신들처럼 좋은 사람들이 그런 상황을 겪었으리라고 생각지도 못했습니다.'

그러더니 그 사람들이 난민들을 위해서 작별 선물로 특별히 준비한 노래를 불렀습니다. 중앙아메리카 난민들은 정말로 감동하였죠. 그중에 한 살바도르인은 조각가였는데, 그 보답으로 나뭇조각에 옷을 입혀 만든 정말로 기가 막힌 작품을 그분들에게 선물로 줬습니다.

우리는 그렇게 서로 둘러앉아 저녁을 보냈습니다. 즐거운 시간이었죠. 난민들이 영어를 잘 못하고, 악센트도 많이 달라서 의사소통은 어려웠어요. 하지만, 사람들은 자리를 뜨지 않고 계속 앉아서 힘겨운 삶을 살아온 이 난민들하고 대화하려고 노력을 했습니다. 모두에게 충격과 감동의 시간이었습니다.”

최근에 있었던 축전에서 또 하나의 잊지 못할 저녁이 있었다. 우리는 버스 한가득 쥬빌리 식구들과 바로 얼마 전에 도착한 보스니아 난민 가족들을 태우고 축전에 갔었다. 바로 한 주 전만 해도 보스니아 난민들은 인근에 수천 발의 로켓탄이 비처럼 쏟아지는 크로아티아의 카를로바츠에 있는 난민 송환 센터에 붙잡혀 있었다. 그들은 공습 사이렌 소리와 폭탄이 터지는 천둥 같은 소리가 그치기만 기다리고 있었다.

마침내 포위 공격이 끝나자, 그들은 카를로바츠에서 뛰쳐나와서 한꺼번에 25명이 냉동고기 운송트럭에 올라탔다. 그들은 자그레브에 있는 무슬림 사원에서 한참 동안을 대기하다가, 버스를 타고 슬로베니아로 갔다. 그리고 뉴욕을 거쳐서 애틀랜타 공항에 기진맥진한 상태로 도착했다.

“저는 미국이 어디에 있는 나라인지도 몰랐습니다.” 보스니아 난민 한 사람이 말했다. “며칠 동안 우리가 들었던 말은 ‘나가시오.’ 와 ‘저리 가시오.’ 뿐이었습니다. 수도 없이 싸우고 거절당하다 보니, 우리 중 어떤 이는 우리가 체포당해서 교도소에 갈지도 모른다는 생각도 했습니다. 그때 쥬빌리 사람들이 우리말로 ‘환영’ 이라고 쓴 팻말을 든 걸 봤습니다. 그게 누구한테 하는 말인지 잠깐 고민했었습니다. 그리고는 곧 그게 우릴 환영한다는 말이라는 걸 알게 됐습니다. 그리고 이런 생각이 들었습니다. 이제 살았구나!”

시간차도 채 극복이 안 됐지만 우리는 그 사람들을 버스에 태워서 짐의 음악 축전에 데리고 갔다. 나는 그 장면을 절대로 잊을 수 없을 것이다. 보스니아 사람들은 마을 사람들이 자기들을 환영하고 있다는 것을 금방 느낄 수 있었다. 사회자가 이분들은 바로 며칠 전만 해도 주변에 박격포가 터지는 전쟁터에 계시던 분들이라고 소개하자, 언어의 장벽을 뛰어넘어 마을 사람들의 마음을 너무도 잘 전달해주는 환영의 박수가 터져 나왔다.

잠시 후, 밴조와 바이올린이 연주되었고, 뒤로는 연못에 은은한 달빛이 비추고 있는데, 블라스타 장이 보스니아 아이들에게 자기와 함께 축전 무대 한쪽에 있는 나무로 만든 단상으로 가자고 한 아이 씩 구슬렸다. 블라스타는 쥬빌리에서 통역관으로 봉사하는 크로아티아에서 온 침례교인이었는데, 아주 특별한 자원 봉사자 중 한 사람이었다.

'빅 버드와 스플릿 레일 블루그래스 밴드' 가 연주하는 동안, 블라스타는 아이들에게 음악에 맞춰서 춤을 추게 했다. 곧 그 작은 무대는, 전쟁의 공포는 잠시 잊고, 빙글빙글 돌면서 고개 숙여 인사하는 보스니아 아이들의 춤으로 가득 채워졌다. 그 아이들은 공연의 주인공이 되었고, 많은 사람의 눈시울을 뜨겁게 했다.

블라스타가 말했다. "우리 침례교인들은 춤을 잘 안 추지만, 이 아이들의 긴장을 풀어주고 어려움을 잊게 해주는데 이게 아주 도움이 되었어요. 아름답지 않았나요?"

삶의 작은 부분들을 즐기며 감사하지 못했더라면 아마도 매일같이 감당해야 하는 일들과 끊임없이 밀려드는 오갈 데 없는 이들과 고통 받는 이들을 돕는 일을 감당하지 못했을 것이다.

쥬빌리에는 별별 재주를 가진 이들이 많았다. 시 낭송부터 시작해서 엉뚱한 노래를 만들거나, 쥬빌리의 생활을 풍자하는 재미있는 단막극을 만드는 사람들도 있었다. 대학에 들어간 지 수년이 지났는데도, 토니는 에드 와이어가 공동체 팝콘 먹기에 모인 사람들을 흉내 낸 걸 이야기할 때면 아직도 웃음을 참지 못한다. 쥬빌리에 텔레비전이 없었을 때, 우리는 서로 이야기를 나누고 노래를 부르는 것으로 즐거움을 나누었다.

그뿐만이 아니었다. 오락거리는 주변에도 얼마든지 많았다. 더위가 기승을 부리는 여름이면 날마다 연못에 들어가 수영을 했다. 강 하류에는 비버들이 만들어놓은 연못들이 있었는데, 얼음이 얼면 겨울철 놀이터로는 그만이었다. 거기서 빗자루와 집에서 나무로 만든 하키 퍽으로 쥬빌리 특유의 아이스하키를 하며 놀았다. 놀면서도 얼음 위로 삐죽 튀어나온 쇠뜨기 풀이 있는지 조심했고, 얼음이 조금이라도 깨지는 날이면 얼음 위를 살금살금 기어다녔다. 동남아시아와 중앙아메리카에서 온 난민들은 '물 위에 선다' 는 건 상상도 못해본 분들이라서 쥬빌리 하키 게임을 하면 가장 재미있게 놀았다.

2년에 한 번씩은 눈 때문에 영어 수업을 접어야 했다. 그럴 때면 썰매를 만들었는데, 두꺼운 널빤지, 튜브, 금속 조각 등, 뭐든지 미끄러지는 것은 다 썰매가 되었다. 그냥 우리 손으로 마음 내키는 대로 만든 썰매였지만, 눈을 한 번도 보지 못한 열대지방에서 온 난민 아이들은 신나서 어쩔 줄을 몰랐다.

배구는 일 년 내내 인기 있는 종목이었는데, 도저히 기독교 공동체라고 볼 수 없을 만큼 치열한 경쟁이 모래판 위에서 벌어지는 경기였다. 그렇지만, 쥬빌리 배구에는 '8의 배수 규칙' 이라는 은혜로운 규칙이 있었다. 만약에 세 번 만에 공을 넘기지 못하면 여덟 번에 넘기면 됐고, 그것도 안 되면 열여섯 번, 스물네 번째에 넘기면 되는 규칙이었다. 그러다 보니 게임이 엄청나게 길어지는 일이 다반사였다.

지금이나 그때나 일상생활에서 벌어지는 일 중에서 재미있는 이야기들이 많이 나온다. 토니가 제일 좋아하는 이야기는 나와 함께 널빤지로 사슴 모양을 오렸던 때 있었던 일이다.

토니의 기억이다. "처음에는 지금처럼 사슴들이 많지 않았어요. 그래서 사슴이 지나간 흔적만 봐도 굉장히 신이 났었죠. 어느 날 아빠하고 제가 사람들을 속였는데, 마치 모든 사람이 일하고 있는 집을 멀찍이서 쳐다보는 것처럼 보이게 널빤지로 만든 '사슴'을 저쪽 풀밭에 세워놓았어요.

우리가 사슴을 세워놓고 집으로 막 돌아올 때, 레이첼이 그걸 보고 '저것 봐! 사슴이야'라고 소리를 쳤어요. 그 소리가 들리기가 무섭게 사람들이 우르르 쏟아져 나오더니 사슴을 잡으려고 몸을 웅크리고 천천히 조심스럽게 다가가더군요. 아빠와 나는 웃음을 참느라고 혼났는데, 결국 누가 그런 짓을 했는지 사람들에게 들키고 말았죠."

우리는 정말 왕성하게 먹는다. 월은 쥬빌리를 '찜 냄비 마을'이라고 부른다. 우리가 매일같이 쌀과 콩, 우리 닭이 낳은 달걀과 큰 정원에서 가꾼 채소들 같은 간단하게 쪄서 먹는 음식들을 번갈아 먹었으니 틀린 말은 아니다. 하지만, 쥬빌리를 거쳐 가는 다양한 부엌 문화들 덕분에 드문 일이긴 하지만 꽤 괜찮은 진수성찬을 먹곤 했다. 우리는 대부분의 사람보다 훨씬 잘 먹고도, 하루에 한 사람당 2달러가 채 들지 않았다!

공식적인 빈곤 수치 이하의 돈으로도 우리는 그다지 불편함을 모르고 살았다. 그러나 '사회적 하향이동' downward mobility에 우리가 성공했다는 것에 자부심이 생길 때면, 우리가 올바르게 생각할 수 있게 도와주었던 블레이크와 수 바일러 오트만 부부가 떠오른다.

내가 처음 블레이크에 대해서 알게 되었던 것은 내가 지미 카터 전 대통령의 니카라과행을 도와주던 때였다. 우리가 니카라과에 갔었을 때 블레이크도 산살바도르를 방문하고 있었다. 그때 한 친구가 블레이크가 그곳에 잠깐 머물고 있으니까 한번 꼭 만나보라고 권유를 해왔다. 블레이크가 엘살바도르에 처음 간 것은 1979년이었는데, 메노나이트 중앙 위원회의 프로그램을 그곳에서(그리고 이웃나라인 온두라스와 벨리즈에서도) 자리 잡게 하고, 지난 십 년 동안 수십 명의 자원봉사자를 지휘감독 했었다. 수는 그 자원봉사자 중 한 사람이었다. 수와 블레이크는 1986년에 결혼했다. 그들은 1990년까지 메노나이트 중앙 위원회 사업의 공동 책임자로 섬겼다.

비극적인 참사들이 끊이지 않았던 그 십 년 동안 엘살바도르에서 무슨 일이 일어났는지 상세하게 아는 미국인은 그리 많지 않다. 1990년 미국으로 돌아온 블레이크와 수는 중앙아메리카에서 일어난 일에 대한 진실에 귀를 기울여줄 국회의원을 찾느라 그다음 해의 대부분을 워싱턴 D.C.에서 보냈다. 그러나 결국 실패하고 말았다.

"전 너무나 많은 공포와 절박함, 그리고 너무나 많은 불의를 보았습니다. 정말로 울고 싶었습니다." 수가 말했다. 그들의 말에 귀를 기울여줄 당국자들을 찾느라 또 몇 개월을 보내면서, 그녀는 자신이 이 사회에서 태어나고 성장했으면서도 이미 이 사회와 너무 멀어졌음을 느끼게 되었다. "모든 곳이 낯설기만 했습니다."

수와 블레이크가 갈망했던 것은 중앙아메리카에서 경험했던 공동체의 느낌이었다. 특히 시골에서는 "사람들이 공동체를 이루고 살았는데, 그건 공동체로 사는 것이 당시에 유행하던 흐름이기 때문이 아니라, 그것이 그들이 아는 전부였기 때문입니다. 공동체는 그들이 살아남을 수 있는 유일한 방법이었습니다."

수와 블레이크는 엘살바도르에서 공동체가 하나님에 대한 믿음과 아주 긴밀하게 연결된 것임을 목격했다. 블레이크는 이렇게 말했다.

"그곳의 사람들은 우리 같은 미국 사람들이 보기에는 아주 이상하게 생각될 정도로 전적으로 하나님을 의지하고 공동체를 신뢰했습니다."

블레이크와 수는 자신들이 중앙아메리카에서 새롭게 알게 된 가치 있는 일의 연결고리를 찾아서 1991년에 쥬빌리에 왔다. 블레이크는 공동체에 대해서 이렇게 말한다. 공동체는 "어쨌든 그리스도의 몸의 본질이어야 합니다. 예를 들면, 우리가 무엇을 해야 하는지를 말로만 하는 게 아닙니다. 저는 쥬빌리에 있는 우리를 대답을 가진 사람들이 아니라 문제를 보는 사람이라고 생각합니다. 우리는 미국에서 모든 것이 개인주의와 물질주의로 흐르는 것을 분명히 보고 있습니다."

그는 계속 말을 이었다. "미국에 있는 제 친구들 대부분은 우리가 아주 급진적으로 보인다면서 격려해줍니다. 하지만, 그들이 제3세계를 가 본다면, 그렇지 않다는 것을 알게 될 겁니다.

오히려 중앙아메리카에서 사는 것보다 미국에서 사는 것이 더 힘듭니다. 여러 가지 면에서 그렇습니다. 중앙아메리카에 살면서 저는 마치 사도행전에 나오는 초대교회로 돌아간 듯한 느낌이었습니다. 우리가 성경 말씀을 읽으면, 그 말씀은 곧바로 우리 주변에서 행동으로 옮겨졌습니다. 사도행전 4장과 다른 구절들에 나오는, 사람들이 체포되고, 옥에 갇히고, 하나님이 그들과 함께 하시는 이야기들하고 똑같은 일들이 벌어졌습니다!"

우리가 미국에서 자주 당했던 그런 위협은 블레이크와 수가 엘살바도르에서 당했던 것에 비하면 아무것도 아니었다. 게다가 우린 백인이었다. 그러나 미국이라고 해도 우리가 흑인 친구들 편을 들기라도 하는 날이면 상황은 금방 달라진다는 걸 경험했다.

1980년대 중반에 쿠 클럭스 클랜KKK이 우리 지방에서 회원들을 모으려고 시도했다. 매일 흰 옷을 입은 몇 명의 남자들이 여기에서 약 16

킬로미터 정도 떨어진 곳에 있는 카운티 행정 소재지인 대니얼스빌에 있는 메디슨 카운티 고등학교 정문 앞에 서서 안내문을 나누어 주었다. 학교 교장은 조지아 주 법무장관의 후원을 등에 업고, KKK 단원들에게 학교 근처에서 떠나달라고 요구했다. 그들은 조금 떨어진 곳으로 옮기더니 계속해서 같은 짓을 반복했고, 심지어는 통학버스에 올라타서 학생들을 설득하기도 했다.

그 당시에 스프링필드 침례교회라는 아프리카계 미국인이 주로 다니던 교회를 담임하던 리처드 헤인스 목사와 나는 메디슨 카운티 교육위원회의 다음번 모임 때 가능한 한 많이 참석해달라고 사람들에게 전화하기로 했다. 이백 명이 참석하겠다고 대답했는데, 대부분 흑인 학부형들이었고, 그나마 몇 명 되지 않는 백인들은 모두 쥬빌리 식구들이었다. 교육위원회 회원들의 반응이 우리가 기대했던 것에 비해서 신통치 않았다.

우리는 스프링필드 교회에서 공개회의를 열기로 했다. 나는 지역의 열한 분의 백인 목사님들에게 전화해서 참석해달라고 사정했다. 갑작스럽게 부탁을 했는데도, 일곱 분이 참석하셨다. 교회는 사람들로 가득 찼는데, 참석자 대부분은 흑인들이었다. 하지만, 이번에는 쥬빌리 식구가 아닌 백인들도 일부 있었다.

정말 놀라고 기쁘게도, 백인 목사님들이 모두 마이크 앞으로 나와서 KKK가 더는 활동하지 못하도록 자기들이 할 수 있는 일이라면 무엇이든 하겠다고 청중들에게 힘주어 말했다. 한 사람 한 사람 연설을 마칠 때마다 우레와 같은 박수가 터져 나왔다. 그리고 목사님들은 교회로 돌아가서 약속대로 회중들 앞에서 증오와 테러라는 낡은 방식을 거부해야 한다고 설교했다. 어떤 분들은 다음 주 교회 주보에 노골적으로 반-KKK 성명을 싣기도 했다.

학부모 중에는 KKK를 상대로 소송을 건 사람도 있었다. 전에 우리 조세저항 사건을 담당했던 듀로스 피츠패트릭 지방 법원 판사는 이들에게 접근 금지 명령을 내려서 학교에 접근하지 못하도록 했다. KKK는 이 명령에 대한 항의의 표시로 십자가를 불태웠고, 카운티 곳곳에 '앞으로 2주 후 KKK 대회'가 열린다는 안내문을 붙였다.

그리고 "참가하는 모든 사람에게 선물이 있습니다. 가족 모두 오시기 바랍니다"라는 포스터가 붙었다. 그러나 가장 큰 유인책은 스스로 제국의 마법사라고 불렀던 "국제적으로 이름난 강연자이자 전국적인 KKK 조직을 결성했고, 영국을 포함해서 다른 많은 나라에도 KKK를 조직한 짐 블레어"가 온다는 것이었다. 그가 오면 조지아의 그랜드 드레곤도 함께 올 것이 분명했다. 마법사와 용이 함께 하는 대단한 구경거리가 될 것임을 예고한 것이다. 두건을 쓴 KKK 단원들이 분위기를 돋우려고 픽업트럭에 가득 올라타고 코머 시 중심가를 오르내렸다.

어느 날 저녁 쥬빌리 파트너의 여성 봉사자 두 명이 코머 시에서 가장 큰 편의점인 브래드 바스켓의 창문에 KKK 안내문이 붙어 있는 것을 보았다. 지배인은 자기는 누가 갖다 붙였는지 모르는 일이라고 끝끝내 잡아뗐다.

테리 콘웨이는 "그러시다면, 우리가 포스터 떼는 일을 도와드릴게요"라고 대꾸했다. 그들은 포스터를 구겨서 쥬빌리로 가지고 왔다.

그로부터 한 시간 만에 차에 한가득 사람들이 타고 쥬빌리 한가운데로 슬그머니 들어왔다. 쥬빌리 식구 몇 사람이 손전등을 들고 한꺼번에 달려 나와서 잽싸게 차량 번호를 적었다. 차는 재빨리 방향을 틀더니 달아났다. 그 후 사흘 동안 밤마다 똑같은 일이 반복됐다. 사람들이 다가가면 차가 도망가는 일이 반복됐다.

드디어 KKK 대회가 열리는 밤이 왔다. 우리는 얼마나 많은 이웃이 그 대회에 참석할지 걱정했다. 맥스 라이스도 어쩔 수 없이 지켜보는 수밖에 없었다. 그는 남부 조지아에서 시민 인권운동이 일어났던 때에 심하게 맞아서 머리에 상처자국이 아직도 선명하게 남아있었다. 라이스는 KKK 대회가 어떻게 진행되는지 돌아가는 상황을 지켜보았다. 라이스와 두 명의 다른 쥬빌리 식구가 차를 타고 고속도로를 수차례 왕복하면서 모임 장소를 살펴보았다.

집으로 돌아오면서 그들은 웃으면서 아주 좋은 소식을 전해주었다. 겨우 여덟 명만 그 자리에 있었다고 했다. 한 남자가 픽업트럭 뒤에 서서 나머지 일곱 명에게 연설했다고 한다. 짐작건대, 제국의 마법사와 그랜드 드래곤이 군중의 4분의 1 정도를 차지했을 것이다. 우리는 흑인과 백인 공동체들이 단결해서 사람들이 KKK에 호응하지 않게 했다는 것이 기뻤다.

그로부터 몇 주 후에, 어떤 사람이 한밤중에 차를 몰고, 소리치면 들릴 정도로 아주 가깝게, 쥬빌리를 지나가면서 "공산주의자들!"이라고 소리쳤다. 우리는 그냥 웃었다. 자기들의 가장 가까운 이웃들에게까지 따돌림을 당한 KKK 단원이 분풀이로 하는 소리라는 걸 알기 때문이었다.

코머 시에서는 교회들이 중요한 사회 구성체 역할을 했다. 여전히 예전의 낡아빠진 불문법의 효력이 작동하고 있고, 그것이 습관으로 남아서 지속되고 있는데, 세 교회는 주일마다 백인들만 모여서 예배를 드리고 있고, 한 교회는 흑인들하고 일부 쥬빌리 식구들만 모여서 예배를 드리고 있다. 수년에 걸쳐서 쥬빌리 식구들은 주일 아침마다 보이지 않는 장벽을 넘나들어야 했다. 그 결과 서서히 그 장벽들이 무너지기 시작했다.

백인이든 흑인이든 우리 이웃의 절대다수는 과거의 인종 장벽을 넘어서는 걸 기꺼이 환영하는 분위기다. 여기엔 좋은 지도자들의 도움이 있었다. 새로운 시장인 더들리 하텔은 클리프 야보로 시장의 뒤를 이어서 코머 시의 모든 구성원의 평화와 화해를 꾀하는 정책을 계승했다.

주로 아프리카계 미국인들이 참석하는 스프링필드 침례교회에서 시무하는 레리 블런트 목사는 이렇게 설교했다. "두려움을 몰아내는 가장 좋은 방법은, 그리고 인종 차별에 대한 두려움에 가장 잘 대처하는 방법은 사람들이 함께 모여서 서로 알아갈 기회를 주는 것입니다…. 우리는 모두 그리스도인들입니다. 우리는 모두 같은 주와 구원자를 섬기고 있습니다. 비록 성례전과 예배의 형태가 다를지 몰라도, 우리는 모두 같은 하나님의 말씀을 가장 권위 있는 것으로 인정하고 있습니다. 우리 사이에는 차이점보다 공통점이 더 많습니다."

백인들이 모이는 코머 침례교회의 담임목사인 톰 던 목사도 이에 동의하면서 이렇게 덧붙였다. "인격적으로나, 신뢰에 있어서나, 친근함에서, 쥬빌리 사람들은 이 마을에서 환영받는 분들일 뿐만 아니라, 고마운 분들입니다. 이분들 덕분에 마을의 분위기가 훨씬 부드러워졌습니다. 그리고 이분들이 있어서 백인 공동체와 흑인 공동체가 서로 대화할 수 있었습니다."

1994년 봄, 우리는 남아프리카공화국에서 진행되는 역사적인 선거의 공식적인 감시요원으로 윌을 파송했다. 윌은 그런 일에 천부적인 재능이 있는 사람이었다. 윌은 1977년에서 1980년까지 남아프리카공화국이라는 큰 나라에 거의 둘러싸이다시피 한 작은 나라인 스와질랜드에서 일했었다. 커다란 테디 베어 곰 인형 같은 큰 미소를 머금고, 언제고 노래와 이야기를 들려줄 준비가 되어 있고, 아프리카 사람들을 사랑하는 윌은 이 긴장된 시기에 평화를 가져다줄 아주 훌륭한 사람이었다.

떠나기 전 주일날, 윌은 스프링필드 교회의 회중 앞에 서서 자기가 그곳에 가는 이유에 대해서 설명했다. "남아프리카공화국 교회 협회는 전 세계에서 삼백 명이 넘는 사람들에게 선거 감시를 해달라고 초청했습니다. 우리가 할 일은 주로 아파르트헤이트가 진짜 민주주의로 전환되는 이 기간에 공정한 선거를 독려하고 폭력을 막는 것입니다.

하지만, 제가 가는 또 다른 이유가 있습니다. 저는 들으려고, 또 배우려고 가는 것입니다. 미국은 그동안 정말 많은 발전을 이루었습니다. 하지만, 다 아시다시피 아직도 미국에는 추악한 인종차별이 너무나 많습니다. 저는 남아프리카공화국에서, 특별히 자기 국민을 이 위대한 순간으로 인도한 그곳에 있는 교회의 흑인과 백인 지도자들에게 배우고 싶습니다.

그래서 저는 여러분에게 이 선거가 비폭력적으로 잘 치러질 수 있도록 만이 아니라, 제가 이 나라의 우리 국민의 화합을 위해 이바지할 수 있게 더 잘 준비되어서 돌아올 수 있도록 기도해주시기 바랍니다."

스프링필드 교회의 회중들은 환성을 지르며 박수를 보냈다. 그로부터 몇 달 동안 우리는 주일 아침마다 윌이 보내오는 보고를 들으면서 "아멘", "주님을 찬양합니다", "예수님 감사합니다"를 합창하듯이 외쳤다. 윌은 쥬빌리 만이 아니라 스프링필드가 파송한 대사나 마찬가지였다.

남아프리카공화국에서 윌과 그의 동료는 한 행사장에서 다른 행사장으로 바쁘게 뛰어다녔다. 그들은 정치 집회, 교회 예배, 청소년 모임, 심지어 큰 생일잔치에도 참석해서 의도적으로 국제적인 관심을 드러냄으로써 평화로운 행동을 고무시켰다.

"우리 남아프리카공화국 사람들도 다른 나라 국민하고 똑같습니다.” 한 정부 관리가 말했다. “외부에서 온 사람들이 지켜보고 있으면 훨씬 행동을 조심하죠.”

마침내 그 위대한 날이 도래했다. 월과 다른 감시관들은 투표 진행 과정을 돕는 일에 동원되었다. 투표라는 것 자체가 엄청난 모험이었다. 투표하는 사람들 절대다수가 살면서 투표라는 것 자체를 해본 경험이 없었다. 심지어 압도적인 승리를 눈앞에 둔 넬슨 만델라 후보조차도 단 한 번도 투표해본 적이 없었다.

월이 투표를 도와준 대부분의 사람이 투표용지를 읽을 수조차 없는 사람들이었다. 그중에 한 나이 든 여성분은 월을 보고 웃으며 “그냥 댁이 알아서 그 사람을 찍어줘”라고 말했다.

선거규칙과 엄격한 중립원칙을 지켜야 했기 때문에, 월이 그녀에게 살짝 물었다. “그 사람이 누구예요?”

“왜 있잖아, 그 사람.”

결국, 그녀는 수줍은 듯이 투표용지 위에 있는 만델라의 사진을 가리켰다. 월은 그녀의 뜻대로 기표해주었다. 그녀는 자기 나라 민주주의의 발전을 위해서 한 몫을 감당했다는 자랑스러운 표정으로 당당하게 일어나서 자리를 떴다.

귀국 후에 들려준 월의 이야기는, 남아프리카공화국 사람들에게 더욱 친근감을 느끼게 해주었을 뿐만 아니라, 더 고맙게도 바로 여기 코머에 있는 우리를 더욱 가깝게 만들어주었다. 인종차별정책이 대서양 양쪽의 나라 모두에게 영향을 끼쳤던 것이다.

17

기차 추적

우리는 처음부터 이웃들과 진솔한 유대관계를 가꾸어나가려고 노력했다. 우리 이웃들도 우리의 태도에 열심히 호응하려고 한다는 걸 알게 되었다. 이웃들의 공감 어린 호응 덕분에 우리가 다양한 시민 활동에 폭넓게 참여할 수 있었다. 우리는 시가행진용 학교 홍보 무대를 만들기도 하고, 교회들의 건축 프로젝트에 참여하기도 하고, 시민 공원에 농구 코트를 만들었고, 지역 위원회에서 섬겼으며, 약물 각성 캠페인에 활발하게 참여하기도 했고, 마을 언저리에 커다란 "코머 시에 오신 것을 환영합니다."라는 간판을 만들어 세우기도 했다.

반면에 좀 이색적인 일에도 참여했는데, 일반적으로 작은 마을들에서는 볼 수 없는 일이었다. 정확하게 코머 시 한 가운데를 지나는 철로는 쥬빌리에서 불과 몇백 미터 거리밖에 되지 않았다. 그 철로는 하루에도 수십 대의 기차가 지나가는 주요 물자 운송노선이었다. 그런데 많은 기차가 군수물자들을 실어 나르고 있었는데, 그중에는 탄약과 미사일 부품들도 포함되었다. 멤피스, 테네시를 거쳐서 사우스캐롤라이나의 찰스턴 시까지 남부 전역을 가로지르는 그 철도 노선 덕분에 우리를 포함해서 수백 명의 사람이 하나로 단결하게 되었다.

작가이자 실천가인 짐 더글러스는 비폭력에 대한 예수님의 가르침을 우리 시대의 문제에 적용하는데 특히 열심인 분이었다. 나와 아내는 코이노니아에 들어가기 전부터 그분의 저술들을 통해서 도전을 받곤 했다. 코이노니아에 간지 얼마 안 돼서 그분을 만날 기회가 있었다. 그리고 그분과 그분의 아내 셸리와의 교제는 그 후 늘 우리에게 힘과 영감의 원천이 되었다.

하루는 짐이 시애틀 근방에 있는 자택에서 나에게 전화했다. "180개의 핵탄두를 실은 기차가 있어요. 근데 이게 텍사스의 애머릴로에 있는 핵무기 조립 공장으로 가는 게 분명한데, 그 길에 사우스캐롤라이나의 찰스턴을 거쳐서 가게 되거든. 그러니까 이 기차가 코머를 지나간다고 볼 충분한 근거가 있는 거야. 이 기차를 추적하고 이 기차가 지나가는 노선을 따라서 평화 시위를 조직하는데 우리 좀 도와줄 수 있을까?"

짐은 이미 내가 어떤 대답을 할지 알고 있었다. 물론 다른 쥬빌리 공동체의 식구들과 먼저 얘기를 해봐야 하는 문제지만 이미 답은 뻔했다. 한 시간 안에 우리는 방안에 여러 대의 전화기를 설치했고, 벽에는 철도 노선 지도를 걸었고, 언론매체의 전화번호와 남부 전역에 있는 동료의 연락망을 준비해두었다.

우리가 이 일에 기꺼이 동참하게 된 동기는 무엇보다도 군비 경쟁이야말로 집단적인 공포를 가장 극적으로 드러내는 것이라는 그리스도인으로서의 강한 확신 때문이었다. 군비 증강은 적들과 평화하기 위해서 진지하고 창조적으로 노력하겠다는 것이 아니라 적들을 몰살시키겠다는 국가의 의도를 나타내는 것이다.

게다가, 무기 운송과 관련된 것들이 비밀이라는 것은 일차적으로 미국 국민에게 무슨 일이 벌어지고 있는지를 감추겠다는 것이고, 그럼으로써 아무도 그 문제에 대해서 이의제기를 할 수 없게 하겠다는 의도였다. 소련이 핵무기 운송에 대해서 알든 모르든 그건 전혀 관심 사항이 아니었다. 미국 유일의 핵무기 최종 조립 공장인 팬텍스에서 정기적으로 핵탄두가 벌링턴 노던이라는 기관차가 끄는 독특하게 디자인된 긴 기차에 실어서 운송되어 나갔다. 모든 기차 차량이 다 흰색이었다. 각각의 기차는 15개의 특별 화물 객차로 구성되었다. 소련의 위성이 쉽게 따라잡을 수 있을 정도로 눈에 잘 띄었다.

특수 보안 열차 차량이 기차 사이사이에 나란히 붙어 있었는데, 각 차량 지붕의 돌출 부위에는 에너지 국의 '특수요원들'이 탑승하고 있었다. 에너지 국의 말에 의하면, 이들 특수요원은 기관총, 장총, 그리고 수류탄으로 무장하고 있었다. 그리고 누구든지 기차를 위협하는 자에게는 발포하라는 명령을 받았었다고 한다.

그렇게 신경을 쓸 만한 충분한 이유가 있었다. 우리가 관찰한 바로는 운송 화물은 대부분 거대한 핵잠수함에 탑재할 미사일의 탄두였다. 기차 한 대가 운송하는 핵탄두의 폭발력을 합치면 1945년에 일본 히로시마에 떨어진 원자폭탄보다 오백에서 천 배나 강했다.

기차는 첩보 위성에 잘 띄었다. 하지만, 미국 시민은 그런 엄청난 무기들이 바로 자기 마을을 통과한다는 사실조차도 아는 사람이 거의 없었다. 우리는 그런 사실에 화가 났었으며, 곧 기차가 지나는 인근 마을에 사는 대부분의 사람도 우리와 같은 생각이라는 것을 알게 되었다. 그중 어떤 이들은 다른 마을로 무기가 운송되었으면 좋겠다는 정도의 불쾌함을 표현하는 것에 그치기도 했다. 그러나 대부분은 이것을 아주 큰 문제라고 생각했다. 그들은 이런 세계를 위협하는 일이 시민의 이름으로 진행되면서도 정작 자신들은 그것에 대해서 무지했다는 것에서 모종의 위험을 발견했던 것이다.

사람들의 반응은 조지아 주 몬테주마의 어떤 남자가 했다는 반응과 거의 비슷하다. "제기랄, 누군가 이 빌어먹을 것을 경찰한테 고발해야 해!" 간혹 지방의 사법 경찰들은 자기들에게 신고해준 것에 대해서 고마워했다. 그러면서 연방 정부가 비밀리에 진행하는 것을 자기들은 지켜보기만 해야 하는 것에 절망감을 나타냈다.

우리는 거의 나흘 동안을 꼬박 쉬지 않고 내내 기차가 동쪽으로 진행하는 것을 주시했다. 그리고 우리는 신문사, 라디오 그리고 텔레비전, 종교 지도자들과 평화 단체들에 수백 통의 전화를 걸었다. 그러자 기차가 지나가는 곳곳에서 저항하는 군중이 점점 늘어갔다. 그들은 기도도 하고, 찬송도 하고, 낮에는 깃발을 높이 들었고 밤에는 촛불을 켰다. 기차 한 대가 지나갈 때마다 많은 사람들이 우리에게 전화해서 통과한 시각과 속력 그리고 방향에 대한 정확한 정보를 알려왔다.

이렇게 전력을 기울였는데도, 기차가 미시시피 동북쪽으로 갑작스럽게 방향을 바꾸는 바람에 놓치고 말았다. 거의 24시간 동안 우리는 사람들을 동원해서 몇 개의 주를 넘나들면서 기차의 행방을 추적했다. 마침내 애틀랜타 TV 방송국에서 나온 헬리콥터의 도움으로, 남부 조지아에서 다시 기차를 따라잡을 수 있었다. 그 소식이 다시 퍼져 나갔다. 불침번들이 계속해서 기차를 추격했다.

쥬빌리 식구들은 사바나로 달려가서 그곳의 시위대와 합류하기로 했다. 존 다비드와 바바라 보그만은 아이들 셋도 함께 데리고 갔는데, 막내는 겨우 한 살 반이었다. 몇 년이 흐른 지금도 그날 밤의 기억은 여전히 생생하다. 존 다비드는 기차와 맞닥뜨렸을 때를 이렇게 떠올린다.

"온통 깜깜했어요. 그러다가 갑자기 저 멀리 기차가 지나가는 걸 발견했죠. 그리고는 그게 바로 그 기차인지 아닌지도 모른 채, 다음 건널

목에 가서 확인해보려고 속력을 냈습니다.

손에는 벌써 깃발을 들고 있었어요. 제가 기억하기에는 제일 큰 깃발에 큰 글씨로 '생명을 택하라' 라고 적혀 있었어요. 흥분됐죠. 차를 주차하고 밖으로 나왔어요.

'특수요원들'은 우리가 거기 있는 걸 보자마자, 우리에게 조명등을 쏘아댔어요. 완전히 빛에 휩싸여서 전부 하얗게 보였는데, 그 흰색이 아주 기분 나빴어요. 그 하얗고 유령 같은 그 기차가 무섭기까지 했어요.

정 중앙에 경호차량이 있었어요. 그리고 그 사람들은 실제로 기관총을 들고 있었고요. 완전히 군수창고에 온 기분이었어요. 오로지 운송하는 동안 철통같이 방어하겠다는 의지밖엔 보이지 않았어요. 그걸 위해서는 뭐든지 할 것 같았어요. 어떤 돌발 상황에도 대처할 준비가 돼 있었어요. 그러다 보니 공포마저 느껴졌어요. 저 사람들이 우리를 어떻게 생각하고 있을까에 대한 두려움이었죠. 아무튼, 우리는 우리가 기차에 간섭하거나 위해를 가한다는 느낌을 주지 않은 채 우리가 접근할 수 있는 데까지는 최대한으로 가까이 접근해보려고 했어요.

"우리의 저항은 대부분 참 사소한 것이었어요. 경호차량에 탄 누군가가 우리가 쓴 구호를 볼 수도 있었을 겁니다. 그 사람들은 노골적으로 조명등을 전부 우리에게 쏘아댔으니까요. 하지만, 아시다시피 우리는 정말로 고양이 앞의 쥐 신세였죠. 우리가 이 기차를 멈추게 한다는 건 불가능한 일입니다. 계란으로 바위를 치는 격이죠. 제 생각엔, 우리 가족이 거기에 간 건 막강한 세력에 저항하는 연대의 상징이라고 봅니다."

아란 보그만은 그때 열 살이었는데, 그 꼬마 여자 아이가 할 수 있는 일은 그냥 기차를 향해 혓바닥을 내밀고 메롱 하는 것뿐 이었다. 바바라는 그 기차가 마치 '다른 세계'에서 온 것 같았다고 말했다. 그녀는 사람들이 비밀리에 진행되는 핵무기 운송에 저항해서 담대히 맞서는 것이 중요하다고 생각했다. 그 가족은 그 현장에 담대히 나섬으로써, "당신들이 하는 짓을 우리가 보고 있고, 또 알고 있다. 당신들은 이런 짓을 몰래 할 수 없다"고 말했던 것이다.

많은 사람도 똑같은 마음이었다. 다음 흰색 기차 운행이 시작될 무렵에, 전국에서 그 기차에 문제에 대해서 문의하는 전화가 걸려왔다. 전국적인 방송망을 가진 텔레비전 방송국 기자들과 심지어는 영국의 BBC 방송국까지 상황이 어떻게 돌아가는지 신속하게 확인하기 위해서 수시로 연락을 해왔다.

흰색 기차는 동부 해안으로 세 번을 더 왕복했다. 우리는 그 기차의 운행과정을 좀 더 정확하게 예측하기 위해서 컴퓨터 프로그램을 준비했고, 사람들을 보내서 멤피스에서 미시시피 강을 건너는 동부 행 기차를 확인하게 했다. 또 차량으로는 24시간 내내 남부 전역에 걸쳐서 건널목에서 건널목으로 움직이며 기차를 추적해서, 그 상황을 쥬빌리에 보고하게 했다. 그곳에서 들어 온 정보들은 여러 기관으로 전파되었고, 시위 군중은 계속해서 늘어났다.

기차에 탑승하고 있던 사람들도 쥬빌리 차량에 익숙해졌는지, 긴장감을 늦춘 것을 느낄 수 있었다. 한번은 경호차량의 좁은 창문으로 누군가가 다정하게 손을 흔들어주는 것을 보기도 했다.

하지만, 워싱턴의 누군가는 기차에 세간의 관심이 집중되는 것이 못마땅했던 게 분명하다. 쥬빌리에 전화 요금 통지서가 나왔는데, 우리가 기차 때문에 사람들과 통화했던, 정확하게 그 나흘 동안 사용한 기록이 빈칸으로 되어 있었다. 우리는 전화회사에 계속해서 그 이유를 문의했는데, 회사 측에서는 반복해서 일부 기록이 "일시적으로 빠졌다"고만 대답했다. 결국, 애틀랜타에 있는 전화국 관계자는 나의 끈질 긴 질문에 이렇게 답했다. "죄송합니다. 하지만, 지금 그 문제에 대해서 자유롭게 얘기할 상황이 아닙니다." 한 달 후에야 빠진 요금이 청구되었다.

재미있는 일들도 많았다. 어느 추운 날 저녁 앨라배마의 한 작은 마을에서 기차를 추적하던 우리 차량이 그만 기차를 놓치고 말았다. 우리 운전사는 두 작은 집 사이에 있는 차고 진입로로 재빨리 차를 돌렸다. 그러자 쥬빌리 자원 봉사자로 있던 카드몬 위티가 차에서 뛰어내리더니 맨발로 뒷마당 끝 부분과 나란히 지나가는 철로 쪽으로 내달렸다. 그러고 있는데, 한 아프리카계 미국인 여성이 뒷문으로 나오더니 무슨 일인가 쳐다보았다. 운전사는 급히 사과하면서 설명을 덧붙였다. "조금 있으면 이백 개의 핵탄두를 실은 기차가 여기를 지나갈 겁니다!"

"글쎄, 난 뭐 그런 건 모르겠는데, 저기 발에 신도 안 신고 뛰는 저 남자가 감기에 걸릴 거라는 건 확실하게 알겠네."

에너지국은 기차를 위장하려고 열차 차량 옆면을 밝은 색으로 칠하는 애처로운 짓을 했다. 하지만, 기차의 색깔에 상관없이 기차를 알아본 수천 명의 사람이 철로 주변에 늘어서 있었다. 결국, 그 기차는 운행을 중단했다.

가장 아이러니한 일이 소련이 붕괴하고 일 년 혹은 이 년 후에 발생했다. 나는 뉴욕 타임즈에 실린 작은 기사를 보자마자 짐 더글러스에게 전화를 걸었다. 미국 정부가 그 기차를 러시아의 무기 운송을 도우려고 기증하기로 했다는 기사였다. 아마도 무기를 해체하기 위해서 한 곳에 모으는 것으로 보였다. 짐과 나는 정말로 기분 좋게 웃었다. 오랜 친구가 다른 나라로 이민 가는 기분이었다.

우리가 노력한 덕분에 흰색 기차에 전국적인 관심이 쏠리긴 했지만, 정작 우리가 사는 지역 주민들의 반응은 시큰둥했다. 전국 대부분의 사람에게도 그렇듯이, 이 지역 주민들에게도 군비경쟁은 관심을 두기에는 너무 복잡하고 큰 문제였다. 그러다 보니 이 문제에 쥬빌리가 어떤 역할을 했는지 우리 이웃들 대부분은 전혀 몰랐다.

하지만, 우리가 하는 일에 다 그런 반응을 보인 것은 아니다. 사형제도 문제만큼은 달랐다. 이 문제에 대해서는 우리의 이웃들도 각자 자기의 의견이 있었고, 소수지만 어떤 이들은 쥬빌리의 생각에 동의하기도 했다.

쥬빌리의 모든 식구는 인간의 생명은 신성하다는 강한 확신을 하고 있었다. 우리는 인간이 잉태되는 순간부터 모든 인간의 생명은 존중되고 보호받아야 한다고 생각한다. 그래서 같은 그리스도인으로서 (우리와 마찬가지로) 낙태에는 반대하면서도, 전 세계의 기근과 질병으로 고통받는 아이들을 돕는 일에는 별 관심을 보이지 않고, 우리와 다른 나라라고 해서 수많은 사람을 아무렇지도 않게 죽이거나, 범죄자를 사형시키는 일에 무조건 찬성하는 사람들을 보면 마음이 불편했다.

미국 국민 대부분이 선호하는 다른 나라들은 이미 오래전에 사형 제도를 폐지했다. 사형 제도가 살인을 단념하게 하기는커녕 오히려 살인을 용납하는 분위기를 만든다고 하는 수많은 증거가 있다. 특히 미국의 남부지역에서는 사형당하는 사람들의 절대다수가 가난하고 소수민족 출신자들이다.

만약에 이런 모든 이유로도 사형 제도를 폐지할 수 없다고 하더라도, 우리는 사형 제도가 예수 그리스도의 정신과 가르침에 정반대되는 행위라고 확신한다. 사형 제도를 폐지해야 한다는 말은 범죄자들이 남들에게 무슨 짓을 하더라도 용서해야 한다는 말이 절대로 아니다. 단지, '신속한 처리'의 유혹이나 범죄를 저지른 사람에 대한 복수의 유혹을 뿌리치자는 것이다. 예수님은 우리가 언제나 그런 사람들을 돌이키는 일에 힘써야 한다고 가르치셨다. 물론 그들 자신과 타인의 안전을 위해서라도 마땅히 교도소에 가야 하는 사람들은 있다. 하지만, 그들을 처벌할 때에도 불쌍히 여기는 마음을 잊어서는 안 된다.

1983년 12월, 존 엘돈 스미스는 17년 만에 처음으로 조지아 주에서 사형당했다. 애틀랜타의 열린 문 공동체에서 노숙자들과 교도소 수감자들을 섬기던 우리 친구인 머피 데이비스 목사는 정기적으로 스미스에게 면회를 갔었다. 그녀는 스미스에게 쥬빌리에 작은 공동묘지가 있으니 원한다면 그곳에 묻어 주겠다는 말을 했다. 그는 교도소의 묘지에 묻히느니 그곳에 묻어 달라는 말을 전해왔다. 사형은 사람들의 높은 관심 속에 집행되었고, 스미스가 쥬빌리에 묻혔다는 말이 새어 나가자 항의 전화가 수차례 걸려오기도 했고 편지도 있었다.

사형 선고를 받은 다른 수감자들도 스미스의 얘기를 듣고 자기들도 쥬빌리 묘지에 묻힐 수 있겠느냐고 문의해왔다. 지금은 본래 쿠바 난민인 지저스 토레스 형제가 묻혔던 곳에 십여 명의 다른 분들이 근처에 묻혀 있는데, 그중에는 애틀랜타에서 가난 속에 죽어간 여러 사람의 무덤도 있다.

죠시 윈터펠트는 우리가 사람들의 반대를 무릅쓰고 이들을 매장할 때마다 느꼈던 강렬한 감정을 잘 표현해준다.

"누군가를 묻어 줄 수 있다는 게 얼마나 영광입니까? 전에 어떤 문화에서는 누군가를 묻어주는 일은 아주 가까운 가족이나 친구들만이 할 수 있다는 말을 들었습니다. 이것이야말로 사랑하는 이에게 해줄 수 있는 사랑을 나타내는 마지막 행위라는 것이지요. 저도 그렇게 생각합니다.”

그녀는 조지아 주립 교도소에서 사형을 당하고 이곳에 묻힌 조 뮬리건에 대해서도 말했다.

“정말로 믿을 수 없을 만큼 놀라운 체험이었어요. 조 뮬리건은 아프리카계 미국인이었습니다. 가족은 고향에 그를 묻을 형편이 안 됐고, 그곳 목사님도 뮬리건이 그곳에서 범죄를 저질렀다면서 거절했었죠. 그에게는 대가족이 있었지만, 그분들은 우리가 누구인지도 몰랐고, 장례를 치르려면 뭘 해야 하는지도 몰랐어요.

가족들은 제일 좋은 옷을 입고 장례식에 왔어요. 우리도 나름대로 괜찮은 옷으로 입고 나갔지만, 그분들하고 똑같을 순 없었죠. 그런데 그분들이 어떤 생각을 하고 있는지 그분들의 표정에서 다 드러나더군요. ‘도대체 이 이상한 곳은 뭐 하는 데야?’ ‘이런 곳에 우리 가족을 묻어야 하나?’ 무거운 분위기 때문에 공기까지 얼마나 무겁게 느껴졌던지, 칼로 공기를 잘라보았다면 아마 상당히 두꺼웠을 겁니다. 저는 그분들이 정말로 무섭다는 생각이 들었어요, 그분들에게도 이곳이 끔찍했겠죠. 가족들은 무슨 말을 해야 하는지도 몰랐어요. 그분들하고 우리는 공통점이 없다는 생각이 들었습니다.

그리고 우린 조의 시신을 들고 길을 따라 내려갔어요. 시신을 운구하는 그 자리에 조의 변호사도 오셨고, 열린 문 공동체에서도 조문객들이 오셨고, 조의 가족들도 함께 있었어요. 중앙아메리카 분들도 같이 있었고요. 서로 전혀 모르는 여러 각지에서 오신 분들이 자리를 함께한 거죠.

우리가 시신을 운구할 때, 어떤 사람이 모슬리 당신 어깨를 살짝 치면서 ‘저도 함께 운구하게 해주시면 안 될까요’ 라고 했죠. 그래서 그 사람도 함께 묘지까지 운구했지요. 그런데 우리가 시신을 운구하던 그때 말로 설명할 순 없지만 어떤 변화가 일어나고 있었어요. 당신도 느끼셨겠지만.

그리고 모두 고인의 무덤 앞에 서 있었는데, 누군지는 모르겠는데 그 중 한 사람이 우리가 함께 길을 따라 내려오면서 같이 고인의 시신을 운구할 때 있었던 일을 얘기했어요. 그러자 우리가 공동체가 되었구나, 우리가 바로 형제요 자매들이라는 생각이 들었습니다.

중앙아메리카 형제들에게는 무슨 일이 있었는지, 이 고인이 누구인지, 이곳에 왜 묻히게 되었는지 별로 얘기하지 못했어요. 그런데도 장례식에서 그 형제들이 이런 말을 하더군요. ‘바로 이 사람을 죽인 그 힘이 우리를 모국에서 도망치게 했고, 이 사람을 죽인 그 힘이 우리 가족들도 죽였습니다.’

그런데 중앙아메리카에 대해서 잘 모를 것 같은 아프리카계 미국인들이 고개를 끄덕이며 ‘예, 그렇습니다’ 라고 말하면서, 그곳에 있던 중앙아메리카 사람들을 모두 안아 줬어요. 그건 아주, 아주 놀라운 경험이었어요.”

라비가 덧붙였다. “조지아 주에서 처형을 집행하기 시작한 이후로 이곳에 장례가 있을 때마다, 중앙아메리카 형제들이 무덤 파는 일을 도와줬어요. 끝끝내 자기들이 하겠다고 덤볐어요. 그들은 그 일을 거의 종교의식처럼 해냈어요. 그 사람들에겐 이 일이 일종의 종교적인 체험이었어요. 왜냐하면, 대부분 이들은 중앙아메리카에서 살해당한 사랑하는 사람들을 위해 그렇게 해줄 수 없었기 때문이죠. 그래서 이 나라에서 처형당한 누군가를 위해서 무덤을 파 준다는 것은 그분들이 느껴볼 기회조차 박탈당했던 감정의 흐름을 노출하는 것이었어요.

쥬빌리 땅 중에도 여기는 워낙 돌이 많아요. 땅속에 돌이 가득해서 곡괭이로 돌을 깨면서 파야 하죠. 이런 척박한 조지아 주의 땅에서 무덤을 파려면 시간이 오래 걸려요. 정말 열심히 파면, 한두 사람 들어가서 곡괭이질을 할 만큼 밖에 공간이 생기는데, 그래야 있는 힘을 다해서 곡괭이질을 할 수 있어요.

제가 내려가서 열심히 땀 흘리면서 한참을 돌을 파내고, 중앙아메리카 형제에게 넘겨줬어요. 그 형제가 파 내려가는데, 우리가 깨뜨리려고 했던 돌에서 불꽃이 튀더군요. 곡괭이를 내리칠 때마다 그 형제가 '에스테 에스 파라 미마드레' Este es para mimadre...이건 내 어머니를 위한 것이다라고 말하더군요. 그리고 엘살바도르에서 죽거나 처형당한 사람들의 이름을 연달아 부르기도 했어요. 이 사람들이야말로 국가에 의해서 처형당한다는 것이 무엇인지 아는 사람들이죠. 그리고 그들은 국가가 처형한 또 다른 누군가를 위해서 무덤들을 팠던 겁니다.

거기서 진정한 힘을 느꼈어요. 이래저래 사회에서 거부당한, 그리고 사회에서 볼 때 전혀 쓸모없는 이 사람들에게서, 그리고 그 장례식에 왔던 사람들에게서 하나님의 임재를 정말로, 아주 분명하게 느낄 수 있었어요.

바로 그것이 성경에서 오래전부터 말하던 것입니다. 하나님은 가난한 자의 하나님이라. 하나님은 세상이 아무짝에도 쓸모없다고 생각하는 그런 사람들과 함께 하십니다. 그걸 뭐라고 딱히 설명은 못 하겠어요. 능력, 감동, 종교적 체험, 다 맞는 것 같아요. 거기서 느꼈던 것을 설명해주는 정확한 말이 떠오르질 않습니다. 하지만, 하나님께서 거기 함께 계셨다는 건 제가 압니다."

우리와 우리 이웃들은 서로 간의 차이와는 상관없이, 우리는 해마다 크리스마스를 축하하려고 '시내'에 모이는 걸 좋아했다. 우리 작은 마을 크리스마스의 따뜻함이 난민들의 아픔을 덜어주는 걸 보면서, 1989년 한해가 내게는 더욱 특별하게 느껴졌다.

크리스티나는 지난 11월에 열한 살 된 후안과 열 살 된 베로니카 두 아이를 데리고 쥬빌리로 왔다. 세 사람은 모두 환하게 웃는데 은사가 있었다. 하지만, 곧 우리는 그들이 바로 얼마 전만 해도 비극적인 고통을 겪었다는 걸 알았다. 엘살바도르에서 온 다른 많은 가족과 마찬가지로, 크리스티나의 가족도 전쟁으로 이산가족이 되었다. 그녀의 배 다른 형제는 그녀의 삼촌 두 사람을 죽이는 일에 가담하기도 했다.

크리스티나는 남편에게 거의 도움을 받지 못하고 두 아이를 키워야 하는 버거운 짐을 지고 살았다. 그녀의 남편은 아내에게 말하면 안 되는 위험한 방법으로 정치 투쟁에 가담하고 있었다.

가끔가다가 왜 그렇게 힘들어하느냐고 물으면, 늘 "애들 키우는 것도 힘들잖소. 이건 내가 해결할 문제요. 당신까지 괴롭게 하고 싶진 않소"라고만 대답할 뿐이었다.

그러면서 남편은 "만일 내게 무슨 일이 일어나면 애들을 데리고 캐나다로 가시오. 내 친구 중에 캐나다로 몸을 피한 사람이 몇 있소, 살기 좋은 곳이라고 합디다"라고 말했다.

그 해 5월 1일, 산살바도르에서 곳곳에서 태업, 데모가 일어났고, 심각한 충돌들이 봇물 터지듯 터지고 말았다. 크리스티나의 남편은 평상시처럼 오토바이를 타고 출근을 했지만, 사무실까지 가지도 못했다. 남편의 상관이 전화를 걸어온 것은 몇 시간이나 지난 후였다. 남편이 아무래도 안 좋은 일을 당한 것 같다면서, 크리스티나에게 몸조심하라고 당부했다. 남편의 오토바이는 이튿날 집에서 약 1.6킬로미터 떨어진 공원에서 발견됐다. 다행히도 폭행의 흔적은 없었다. 그래서 크리스티나는 몇 주 동안 남편이 아직 살아있으니까 조만간 다시 만날 것이라는 희망을 굳게 붙들고 기다렸다.

남편이 정치적인 활동에 가담하고 있다는 것을 크리스티나보다 훨씬 먼저 알고 있었던 남편의 상관은 그녀에게 계속 전화해서 아이들과 엘살바도르를 떠나라고 촉구했다. 7월이 되어서야 크리스티나는 그렇게 하기로 마음먹고 엘살바도르를 떠났는데, 멕시코 한복판에서 붙잡혀서 결국 추방되었다. 크리스티나는 탈출을 시도했기 때문에 이전보다 훨씬 더 위험해진 것을 알고, 친구의 집에 몸을 숨겼다. 그러면서도 그녀는 남편을 포기하지 않고, 그녀가 살던 집 주변의 믿을만한 이웃들에게 남편의 모습이 보이는지 계속 지켜봐 달라고, 그리고 만약에 남편을 보거든 어떻게 하면 그녀를 다시 만날 수 있는지를 일러주면서 남편에게 전해달라고 부탁하고 다녔다.

그녀는 어느 교회 관계자로부터 그녀가 지금 매우 위험한 상황에 부닥쳐 있으며, 현재 도와줄 사람을 물색하고 있다는 편지 한 통을 받았다. 편지를 받은 직후, 그녀는 다시 북쪽으로 떠났는데, 교회에서 교회로 옮겨 다니면서 멕시코를 통과했다. 몇 주 후에 그녀는 아이들을 데리고 리오그란데 강을 건넜고, 이들을 불쌍히 여긴 리오그란데 벨리 지역 교회의 어느 목사님을 통해 피신할 수 있었다. 그때 그녀가 묵었던 곳이 레퓨지오 델 리오 그란데Refugio del Rio Grande였는데, 이곳은 쥬빌리가 코이노니아 동료의 도움으로 브라운즈빌 인근에 세운 쉼터였다.

9월에 크리스티나는 산살바도르에 있는 남편의 상관에게 전화를 걸어서 남편에 대한 소식을 들었는지 물어보았다. 소식이 있었다. 3일 전에 그녀의 남편이 가족을 찾으러 집에 왔다가 현관에서 총에 맞아 사망했다는 것이다.

크리스티나는 일주일 내내 슬피 울더니, 지금이야말로 남편의 충고대로 행동해야 할 때라는 판단을 했다. 그녀는 캐나다로 가려고 끊임없이 시도했다. 하지만, 그녀는 곧 국경 순찰대에게 붙잡히고 말았다.

다행히도 쥬빌리에서 파견한 사람들의 귀에 이 소식이 들려왔다. 그리고 이민국은 그녀와 아이들을 아노 데 쥬빌리 프로그램에 들어가는 조건으로 풀어주었다.

크리스티나와 아이들이 쥬빌리에 도착하고 얼마 안 있어서 코머 시의 크리스마스 파티가 열렸다. 작은 마을에 살아서 좋은 점 중 하나는 그런 행사가 있을 때마다 우리 난민들을 마을 사람들에게 소개할 수 있다는 것이다. 그때마다 코머의 시민은 우리 난민들을 따뜻하게 맞아 주었다.

마을 사람들이 전부 시청 옆 주차장과 짐 윌콕스 비디오 가게 앞에 모였다. 코머 연합감리교회 교인인 메리 스트릭랜드와 라트렐리 에드리지가 커다란 통에 뜨거운 코코아를 가지고 왔고, 코머 제일침례교회에 다니는 에이미 야보로는 엄청나게 높이 쌓아올린 집에서 만든 초코칩 쿠키를 지키고 있었다. 제르 아이어스는 붐비는 사람들 사이를 조용히 돌아다니며 그 분위기에 흠뻑 젖어 있었다. 아마도 모든 사람이 다음 수요일자 코머 신문의 첫 페이지에서 이런 기사를 읽게 될지도 모르겠다. "코머 시의 가장 오래된 전통이 올해에도 본래 그 자리에서 거행되다."

본격적인 행사에 앞서서 그런 식으로 분위기를 고조시키는 것이 전통이었다. 뜨거운 코코아, 쿠키를 먹으면서, 여기저기 돌아다니며 구경한 시간을 충분히 보내고 나면, 마이크에 대고 훅훅 거리면서 여러 번 점검하는 소리가 들린다. 그러면 우리는 안내방송을 따라서 큰 도로 한가운데 있는 안전지대 옆에 모여들었다. 이때쯤이 되면 날은 어두워지고, 사람들은 추위에 떨기 시작한다. 하지만, 곧 킹스웨이 바이블 교회 성가대를 따라 "기쁘다 구주 오셨네", "고요한 밤 거룩한 밤", "동방 박사 세 사람" 같은 귀에 익은 성탄절 찬송을 따라 불렀다.

앰프에 연결된 연장선이 발에 차여서 계속 빠지는 것도 별문제가 안 됐다. 우리는 마이크에서 흘러나오는 사회자의 큰 소리와 군중이 내는 소리를 뒷편에 있는 목장을 타고 내려오는 우리 목소리하고 비교해가면서 구분했다. 음악의 질은 그다지 중요하지 않았다. 노인들이 돌아가시고 젊은이들은 큰 도시로 나가서, 해마다 크리스마스에 사람들이 조금씩 줄어드는 걸 생각하면, 우리가 모두 함께 모여서 오래된 전통을 이어간다는 사실이 더 중요했다.

크리스마스 캐럴을 부르다가, 스프링필드 침례교회의 수석 집사인 프랭크 홀과 눈이 마주쳤다. 서로 윙크하며 인사했다. 백인과 흑인이 함께 어울려 축하하는 모습을 보니 우리 두 사람 다 뿌듯했다.

킹스웨이 성가대를 보면서 작년, 우리가 중앙아메리카 난민들을 버스 한가득 태우고 크리스마스 파티에 오느라 고생했던 것이 생각났다. 우리는 행사가 시작하고 20분이 지난 다음에야 도착했고, 정말 안타까웠던 것은 킹스웨이 성가대가 우리 난민들을 환영하기 위해서 스페인 어로 준비한 노래가 방금 끝났다는 것이었다. 코머의 역사상 가장 심혈을 기울여 준비한 외국어 찬양이었는데, 우리가 그만 놓치고 말았던 것이다!

찬양과 크리스마스의 의미에 대한 목사님의 짤막한 설교가 끝나고 늘 그렇듯이 마지막 순서로 큰 이벤트가 진행된다. 클리프 야보로 시장이 플러그를 꽂아서 점등하면, 시에서 만든 크리스마스트리가 시내 큰 도로와 73번 고속도로 한 모퉁이에 환하게 불을 밝히고 서서 대강절 주간이 시작되었음을 알렸다. 해마다 회로 차단기에 자주 문제가 발생하곤 했지만, 그래도 크리스마스트리는 언제나 아름답게 빛났다.

올 크리스마스는 유난히 날씨가 추워져서 행사가 취소될 것이라는 말이 있었지만, 결국 전통이 이겼다. 대담한 군중이 약 200명가량이

나 모였던 것으로 집계되었다.

나는 후안과 베로니카를 데리고 가서 따뜻한 코코아를 먹였다. 그러다가 문득 이 아이들의 삶이 최근 몇 달 사이에 얼마나 처참하게 무너졌는지가 떠올랐다. 이번 크리스마스가 아버지 없이 보내는 첫 번째 크리스마스였다.

고등학교 밴드부가 크리스마스 캐럴 몇 곡을 연주하려고 했는데, 관악기의 마우스피스가 너무 차가워서 아이들이 연주하는데 애를 먹었다. 그러자 지휘자가 두 곡을 삐걱거리더니 연주를 포기하고 말았다. 하지만, 시청 직원인 스티브 솔렉스는 용감하게 기타를 들고 무대에 올라가서 마이크 앞에 섰다.

스티브가 얼어붙는 추위에도 아랑곳하지 않고 "그 옛날 베들레헴"을 한 구절 한 구절 부를 때, 어린 베로니카가 심하게 추위에 떠는 것을 보았다. 나는 베로니카를 내 코트 안에 들어오게 하고 꼭 안아 주었다. 베로니카의 키가 정확하게 내 옷깃에 닿을 만큼이라서 베로니카는 고개를 삐죽 내밀고 하나도 놓치지 않겠다는 듯이 열심히 바깥을 내다보았다.

스티브가 노래하고 클리프 시장이 크리스마스트리에 점등할 준비를 하는 동안에, 나는 서로 다른 이 모든 사람이 하나가 된 이 순간이 너무나 놀랍고 또 우리 쥬빌리 식구들에게 믿을 수 없을 만큼 축복의 순간이라는 생각에 잠겼었다. 그토록 아름답고 각기 다른 하나님의 자녀와 함께한다는 것은 놀라운 특권이었다!

나는 베로니카를 더 꼭 안았다. 그러면 이 크리스마스에 아빠의 빈자리가 조금은 덜 느껴질 것 같았다. 품 안으로 더 파고드는 아이를 보면서, 주체할 수 없을 만큼 눈물이 흘렀다. 상관하지 않았다. 정말로 기뻐서 흘리는 눈물이라서, 부끄럽지 않았다.

18

바그다드로

1991년 3월이었다. 우리 쥬빌리 밴은 한 용감한 여인과 그녀의 자녀를 만나려고 애틀랜타 공항으로 가고 있었다. 이 가족은 우리가 캐나다에서 남편과 상봉하게 도와주었던 첫 번째 팀 네 가족 중 하나였다.

우리는 거의 일 년 가까이 이 가족을 위해서 애를 썼었다. 그들은 길고도 위험했던 여정의 거의 막바지에 와 있었다. 이들은 그 여정의 대부분을 '숨어서' 지내야 했다. 그 기간은 우리 모두에게 손에 땀을 쥐게 하는 시간이었다. 하지만, 내게는 잊지 못할 시간이기도 했다. 그들이 도착하기 2시간 전, 나는 바그다드로 가는 비행기에 타고 있었다.

작년 8월, 이라크 군대가 쿠웨이트를 침공했다. 그로부터 한 달 후, 나는 플레인즈에서 지미 카터 전 대통령 부부와 함께 조깅하면서 그분들의 자택 서쪽에 있는 땅콩 농장을 지나고 있었다. 달리면서 많은 얘기를 주고받았는데, 얘기는 계속해서 페르시아 만 주변에서 벌어지는 폭발 직전의 상황으로 돌아갔다.

카터 전 대통령은 이 갈등이 심각한 전쟁으로까지 번질 가능성이 있다는 것을 잘 알고 있었다. 다음날 아침 주일학교 강의에서, 카터 전 대통령은 앞으로 몇 달간이 아주 중요한데, 미국은 상황을 극단으로 몰아가고 전쟁을 일으킬지도 모르는 말과 행동을 하지 말아야 한다고 강조했다. 미국의 다른 많은 국민과 마찬가지로, 우리 쥬빌리도 실제로 전쟁이 일어날 거라는 생각을 애써 외면하면서 걸프전으로 치달아가는 모든 상황을 예의주시하고 있었다.

카터 전 대통령은 부시 행정부의 정책을 노골적으로 비판하면서, 전쟁에 대한 국민의 생각을 불식시키려고 전력을 기울이고 있었다. 부시 대통령은 이라크를 쿠웨이트에서 철수시키기 위한 유인책인 국제 평화 회의를 지원할 수 없다고 분명하게 거절했다. 그뿐만 아니라 부시는 이 두 가지 사안은 아무 상관이 없다고 잘라 말했다. 카터 전 대통령은 부시가 실수하고 있다고 주장했다. 유일한 중동 평화 협정인 캠프 데이비드 협정을 고안한 카터는, 전쟁이 몰고 올 참상에 비하면 모든 이해관계국이 합리적으로 양보하는 것은 '사소한 일'이라고 주장했다.

카터 전 대통령은 소련의 지도자인 미하일 고르바초프와 다른 중요 외국 지도자들이 대안들을 충분히 살펴보기도 전에 이라크에 대한 군사 행동을 승인하라는 압력을 받고 있다고 주장했다. 그는 이 지도자들에게 비군사적인 대안을 적용해보기 전까지는 군사행동을 지지해서는 안 된다고 권고했다.

1990년 10월, 열여덟 명의 미국 교회 지도자들이 평화를 위해 중동으로 날아갔다. 소저너 잡지사의 편집장인 짐 월리스의 요청을 받아들인, 에드먼드 브라우닝 주교, 그리고 전국교회협의회 사무총장 당선자인 조안 브라운 캠벨 등으로 구성된 대표단은 평화를 위해 결성된 최고 수준의 미국 교회 지도자들의 모임이었다.

종교 지도자들이 돌아와서 공동 성명을 발표했다. 그들은 이렇게 공표했다. "우리는 크리스마스를 기한 중동 순례를 통해 전쟁은 해답이 아니라는 것을 더욱 확신하게 되었습니다. 우리는 걸프 위기를 막대한 무력으로 해결하려는 의지는 정치적으로나 도덕적으로 옹호될 수 없다고 생각합니다."

이 성명은 '신중하고 실제적인 교섭'을 감동적으로 주장하고 나서 마지막을 이렇게 마무리했다. "이 시점에서 기적이 일어나지 않는 한 걸프 위기는 해결되지 않을 것입니다. 그러나 우리는 이 크리스마스를 즈음해서 중동이야말로 기적의 요람이라는 것을 떠올리게 됩니다. 그 기적은 반드시 일어나야 하고 또 그렇게 되도록 기도해야 할 것입니다."

나는 교회 지도자들과 카터 센터를 연락해주는 역할을 했다. 나는 계속해서 스스로 되뇌었다. '이런 훌륭한 분들과 함께 열심히 일하면, 전쟁은 분명히 비켜갈 수 있을 것이다. 특히 미국 국민과 의회 대다수가 전쟁에 강력하게 반대하고 있다.' 그러나 내 생각은 완전히 빗나갔다.

백악관과 국방부의 막강한 힘이 대중의 생각을 조작할 수 있다는 걸 미처 깨닫지 못했던 것이다. 우리는 그 힘이 극적으로 발휘되는 것을 보고 있었다.

1월 16일에 폭격이 시작되었다. 밤사이에 이라크 문제에 개입하는 것에 의구심을 품던 국민의 생각은 전쟁에 대한 강력한 지지로 바뀌었다. 쥬빌리에 사는 우리는 텔레비전도 없이 살아가는 사람들인 것 같은, 그래서 우리가 이 나라에서 유일하게 전쟁터에서 전달되는 화면을 보지 않는 사람들 같다는 생각이 들었다. 가는 곳마다 사람들은 전날 저녁에 본 것을 얘기하고 있었다. 대개는 놀라워하는 목소리였다. "이봐, 자네 목표물에 레이저가 고정되면, 미사일이 정확하게 날아가서 때리는 거 봤나? 미사일이 레이저를 따라서 내려가더구먼! 난 지난밤에 그 장면을 보고 또 봤네."

로스앤젤레스에 걸려 있는 어느 전쟁 반대자의 플래카드 내용처럼 소리치고 싶었다. "텔레비전 좀 그만 보고 생각들 좀 하세요."

국방부는 미국 국민에게 내보낼 화면과 내용까지 통제했다. 그래서 자유롭게 다니면서 보도하는 것을 제한하고 군인들의 통제 하에 극히 제한된 기자들만 취재할 수 있었다. 연합군 사령관인 노먼 슈워츠코프 장군은 기자회견에 자주 얼굴을 내비쳤다. 폭격이 시작되고 며칠 후에 라디오에서 어느 '발이 묶인' 기자 중의 한 사람이 대담하게 슈워츠코프 장군인지 보좌관인지에게 이런 질문을 던지는 것을 들었다. "그동안 대략 이라크 시민이 얼마나 희생당했는지 말씀해주실 수 있습니까?"

즉각 대답이 돌아왔다. "이 전쟁 통에 시체 자루나 세고 있을 때가 아닙니다. 다음 질문." 그 대답을 듣는 순간, 찌르는 듯한 고통을 느꼈고 동시에 분노가 일었다. 우리 민주주의 체계의 근간이 바로 우리 눈앞에서 무너지고 있었다. 지난번에 핵탄두가 우리 고장을 통과해서 철도로 운송된다는 것을 들었을 때처럼, 또다시 저항해야 한다는 강한 충동을 느꼈다. 하지만, 아직 무엇을 해야 할지 분명하게 떠오르지 않았다.

쥬빌리 파트너는 온 나라를 휩쓰는 전쟁 열풍에 대한 건설적인 대응 방안을 찾는 사람들을 모아서 이틀간의 회의를 열었다. 일단 우리가 너무 나약하다는 것과 평화 운동가들로서 별 영향력을 끼치지 못하고 있다는 점에는 모두 동의했다. 짐 더글러스는 상황이 이럴수록 우리가 온 힘을 다해서 신속하게 기도로 하나님께 돌이켜야 한다고 강조했다. 그는 워싱턴으로 가서 국회의사당 앞에서 금식하겠다고 했다. 그 방에 있던 사람들 몇이 함께 금식하겠다고 했다.

며칠 후인, 2월 13일 수요일에 낸시 라이스와 나는 쥬빌리를 대표해서 국회의사당 동편 잔디밭에서 22명이 모인 그 자리에 함께했다. 우리는 당시 벌어지고 있던 그 거대한 사건들 앞에서 우리가 얼마나 연약하고 왜소한지를 새삼 깨달았다. 하나님께서 세상에 있는 모든 힘보다 강하시다는 확신에 우리의 희망을 걸었다. 함께 기도하면서 나는 계속해서 간절히 구했다. "주님, 이 비극에 사랑의 마음으로 어떻게 대처해야 하는지 알려주십시오."

국회의사당 아래 편에 주차를 해놓은 탓에 매시간 기도 모임에서 빠져나와서 주차미터기에 동전을 넣어야 했다. 그러다가 다시 동전을 넣으러 갔는데 마침 정각 다섯 시였다. 그래서 헤드라인 뉴스를 들으려고 차에 타서 라디오를 켰다.

"내 아내가! 오, 내 아내가! 아무한테도 상처주지 않은 그렇게 착한 여자가…." 남자의 화난 목소리가 내 몸을 도려내듯 사무치게 들려왔다. 무슨 일 때문에 저러는지 계속 앉아서 들었다.

기자들은 바그다드의 아메리아 방공호가 파괴된 사건을 끔찍할 정도로 자세하게 보도하기 시작했다. "아침 이른 시간에 하나 혹은 그 이상의 미사일이 이곳을 때렸습니다…. 수백 명이 사망한 것으로…. 이라크 당국의 주장을 따르면 이곳은 여자와 아이들로 가득한 곳이었는데…. 구조작업을 시작하기에는 현재 너무 뜨겁습니다."

그리고는 가족들이 아직 그 파괴된 방공호에 남아있다고 흐느껴 우는 남자와의 인터뷰를 계속해서 내보냈다. 폭격이 시작되고 나서 나는 그때 처음으로 슬퍼 울었다. 사랑하는 아내와 아이를 잃은 그 남자와 함께 울었다.

그런데 곧바로 이어진 백악관의 반응을 듣고 내 슬픔은 분노와 뒤섞이고 말았다. 말린 피츠워터 백악관 대변인은 이렇게 발표했다. "우리는 왜 그 방공호에 시민이 있었는지는 모릅니다. 그러나 우리는 사담 후세인이 인간 생명의 존엄성에 대한 생각이 우리와 다르다는 것은 알고 있습니다.” 이 말 속에는 수치스러워하는 흔적도, 우리가 저지른 엄청난 실수에 대한 손톱만큼의 뉘우침도 찾아볼 수 없었다. 오로지 자기들이 내세우는 원칙이 무조건 옳다고 하는 독선적인 오만함만이 있을 따름이었다.

사담 후세인은 전혀 존경할만한 인물이 아니라고 생각했다. 그러나 언론을 검열하고, 적군을 비인간화하고, 그리고 우리가 그들에게 저지르는 것은 무엇이나 이런 식의 말로 정당화시키는 것은 옳지 않다고 생각했다. 짐 월리스가 주장했듯이, “사담 후세인이 악하다고 해서 우리가 저절로 선해지는 것은 아니다. 사담 후세인에 맞서 싸운다는 명분 때문에 우리가 행하는 모든 일이 도덕적으로 정당화되는 것은 아니다.”

일주일 후 나는 ‘화해의 연대’ 의 대표 자격으로 바그다드 파견단을 이끌어 달라는 요청을 수락했다. 폭격 피해자들을 직접 만나볼 필요가 있다고 생각했기 때문이다. 나는 그들도 인간이라는 사실을, 그리고 우리도 인간이라는 사실을 주장하고 싶었다. 그리고 국방부가 전쟁에 대한 보도를 조작하고 있다는 것을 참을 수 없어서, 그 언론 통제에 도전해서 지금 이라크 국민에게 어떤 일이 벌어지고 있는지에 대한 직접적인 보고를 갖고 돌아오고 싶었다. 그런 목적 때문에 파견단에 다섯 명의 작가들과 사진 전문가들을 포함했다. 그리고 화해의 연대에서 보낸 다른 파견단이 지난 몇 달 동안 했던 것처럼 이라크 국민과 요르단 국민에게 나누어 줄 의약품 몇 톤을 가지고 가기로 했다.

쥬빌리에서 우리는 좀 엉뚱한 생각을 했었다. 주소를 아는 모든 후원자에게 연락해서 이라크 국민에게 사과의 편지를 보내달라고 부탁해보면 어떨지에 대한 생각이었다. 확신은 없었다. 당시에 전쟁은 여전히 맹렬했기 때문에, 아마 어떤 사람은 후원을 끊겠다고 할 수도 있는 일이었다. 하지만, 출국이 며칠 안 남았지만, 그 안에 어느 정도라도 긍정적인 반응이 오기를 희망했다.

이틀 후에 우리는 편지가 제때 도착하지 못해서 우리가 원하는 시간까지 답장이 도착하지 못할 분들도 계실지 모른다는 양해의 말씀과 함께 속달 편지로 9,500 통을 발송했다. 모든 편지 안에는 영어와 아랍어로 된 모범 편지가 들어 있었다. 그 편지는 이렇게 시작했다. "친애하는 이라크의 친구에게, 잠깐만이라도 두 나라의 정치적인 차이를 잊고 그저 서로 간에 하나의 인격체로서 대화를 나누고 싶습니다." 이어서 편지를 받는 분들에게 수백만이 넘는 미국 국민이 우리의 무기로 이라크 국민이 죽임을 당하는 이 고통을 슬퍼하고 있다고 말씀드렸다.

편지는 계속해서 이렇게 이어졌다. "이라크 국민과 모든 아랍 세계의 국민이 역사를 통해서 기독교를 사랑과 이해의 종교가 아니라 폭력의 종교로 경험하는 것은 비극이 아닐 수 없습니다. 바로 그렇게 우리는 예수님의 가르침과 정반대의 방향으로 가는 것입니다. 예수님은 제자들에게 모든 사람을 사랑하라고 가르치신 위대한 사랑을 가지신 분이셨습니다. 기독교인이든 혹은 이슬람교도이든 혹은 그 밖의 다른 종교를 믿는 분이시든, 우리가 우리의 믿음에 더 진실할 수 있도록 도와주시기 바랍니다."

편지는 우리가 노력하면 최소한 미래에는 우리의 아이들이 서로 싸울 일이 적어지게 할 수 있을 것이라는 희망으로 끝을 맺었다. "부디 우리를 용서해주시기 바랍니다. 그리고 여러분에 대한 이해와 사랑이 더욱 증진될 수 있도록 우리나라에서 노력할 것을 약속드립니다."

우리가 생각했던 최대치를 훨씬 넘어서는 반응이 왔다. 수백 통이 아니라 수천 통이 쏟아져 들어왔다. 그 양이 너무 많아서 편지를 개봉해서 이라크로 전달할 준비를 하는 일에 매일같이 열댓 명씩 매달렸다. 그것 말고도 수백 명이 FEDEX나 UPS편으로 편지를 부쳐왔고, 그중에는 투산에서 피난처 운동을 하는 친구들이 보낸 삼백 통을 한데 묶어서 소포로 보낸 것도 있었다. 그 친구들은 만약에 시간이 한 주만 더 있었더라도, '투산 주민의 절반은 편지를 보냈을 것'이라고 했다. 그리고 새로 산 팩스로도 4백 통 이상이 도착하는 바람에, 사무실 바닥에 커다란 파일 뭉치가 쌓이기도 했다.

긍정적인 편지에 비해서 부정적인 편지는 거의 5백 대 1을 넘는 수준이었다. 출국하던 날에, 나는 8,200통의 편지를 가지고 갔다. 우리가 쥬빌리에서 사역을 시작한 이래로 정말로 많은 사람이 평화와 화해를 염원한다는 것을 그렇게 분명하게 확인한 적은 없었다.

우리가 편지를 개봉하고 출국 준비를 하는 동안, 이라크에서는 '백시간의 지상전투 작전' one hundred hour ground war이 전개되고 있었다. 이라크는 연기를 내뿜고 있었다. 우리 소규모 파견단 일행은 요르단의 수도 암만으로 향했는데, 며칠 후에 우리도 그곳에서 이라크에 입국할 특별 허가를 받으려고 안간힘을 써야 했다. 이라크에 입국한다는 것 자체가 기적이었다. 당시에는 모든 외국 기자들도 입국을 거부당하고 있었기 때문이다. 우리가 거의 일주일 뒤에 도착했는데도, 그때까지도 여전히 문은 굳게 닫혀 있었다.

우리는 요르단 적신월사赤新月社, 서구의 적십자사에 해당하는 이슬람권의 인도주의적 구호기구의 손님 자격으로 여행했다. 우리가 탄 밴은 고대에 상인들이 사막을 건너다니던 길을 따라 난 고속도로를 달렸는데, 그 길을 따라가다 보면 아브라함 시대부터 여행객들이 쉬어가던 오아시스들도 지나게 된다. 그러나 우리는 지나가는 길에서 전쟁으로 파괴된 흔적들만 거듭 보았다. 폭탄이 터져 생긴 구덩이, 파괴된 발전소, 무너진 중계탑, 검게 그을린 채 버려진 버스와 트럭들. 우리 밴을 몰고 가던 두 명의 요르단 운전사인, 알리 알-하디와 모하메드 알-보다위는 가끔 손을 뒤로 뻗어서 뒷좌석에 앉아있는 내 무릎을 툭툭 치면서 제대로 다 보았느냐는 신호를 보냈다. 나는 그때마다 고개를 끄덕이며, 사진을 찍었고, 노트에 적었다.

알리가 고속도로를 지나면서 보았던 사람들 때문에 가슴 아파하는 것을 보고, 나는 곧 그가 남달리 마음이 따뜻한 사람이란 걸 알 수 있었다. 그 사람들은 빈 가스통을 쥐고 있거나 태워달라고 애원했다. 알리는 운전하는 내내 정중하게 손짓과 몸짓으로 그 사람들에게 미안하다는 표현을 했다. 바그다드에서 서쪽으로 160킬로미터 정도 떨어진 곳에서부터 굶주린 아이들이 처절하게 고속도로에 뛰어들어서 팔을 흔들면서 음식을 구걸하는 모습이 눈에 띄기 시작했다. 알리는 울먹이다시피 하면서도, 조심조심해서 그 아이들을 피해서 운전을 했고, 아무 도움을 줄 수 없어서 미안하다고 손을 들어 흔들면서 안타까워했고, 계속해서 깊은 한숨을 내쉬었다. 알리가 소리쳤다. "보이시죠! 이게 바로 당신네 대통령 부시의 귀에는 절대로 들리지 않을 전쟁의 비극입니다."

유프라테스 강에 도착해서야 다리의 앞부분이 폭격당한 것을 알았다. 부서진 잔해가 강물 위 높은 곳에 해먹처럼 매달려 있었는데, 휘어 있는 중간 부분의 보강재가 금방이라도 무너져 내릴 것만 같았다. 강 위쪽으로 제일 높은 지점에 이르자 운전사가 뒤를 한번 힐끗 보더니 기어를 한 단 내리고 매달려 있는 다리의 가장자리 쪽으로 넘어갔는데, 앞쪽으로 차가 기울 때는 차 바닥이 심하게 긁히는 소리가 났다.

밑으로, 옆으로, 그리고 다시 위쪽으로 후진. 그리고 다시 다리의 안전한 부분에 올라섰다. 그러자 다들 약속이나 한 듯이 한숨이 내쉬었다.

그리고 잠시 후 우리는 바그다드에 들어섰다. 사막에서 보았던 염소와 낙타를 몰고 다니는 베두인족의 작은 야영지와는 달리, 바그다드는 크고 현대적인 도시였다. 넓은 가로들을 따라서 가정집과 아파트를 줄지어 있는 모습이 미국의 여느 대도시 못지않았다. 지난 두 달 동안 퍼부은 폭격에도, 일부를 제외하고는 건물들이 폭격의 피해를 보지 않은 것처럼 보였다.

하지만, 더 고층인 공공건물들은 그렇지 않았다. 크루즈 미사일과 레이저 유도 폭탄들의 주 공격 대상이었기 때문이다. 그 건물들은 이젠 뒤틀린 철근 더미들로 변해버렸고, 그 건물들이 주저앉아 있는 주변에는 마치 동네 이웃들이 모여 있는 것처럼 그 건물에서 떨어져 나온 잔해들이 무더기를 이루고 있었다. 드넓은 티그리스 강을 가로지르는 다리들도 대부분 파괴되거나 심각한 손상을 입었다.

그 후 며칠 동안, 우리는 적신월사의 안내로 바그다드를 둘러보았는데, 그때마다 한두 사람씩 이라크 인들이 동행했다. 이 사람들과 함께 다니면서, 이라크 사람들이 일부 개인적으로는 몰래 비판하긴 하지만, 사담 후세인 정권을 드러내놓고 비판하는 걸 두려워한다는 걸 쉽게 눈치 챌 수 있었다. 우리 동료 중 몇 사람은 따로 다니면서 혼자 간단하게 둘러보기도 했지만, 우리는 원하는 만큼 자유롭게 도시를 둘러볼 수 없었다. 심지어는 시내 지도조차도 주지 않았다. 나도 여러 번 간청해보았지만 허사였다.

일부 전쟁이 일어난 나라를 포함해서 그동안 전 세계 여러 나라를 다녀보았지만, 이번 여행에서 만난 이라크 인들처럼 그렇게 우리를 두려워하고 주눅이 들어 하는 분위기를 강하게 풍기는 사람들은 처음이었다. 그러나 따지고 보면 우리는 바로 며칠 전까지만 해도 수천 톤의 폭탄을 비가 퍼붓듯이 이 도시에 떨어뜨린 엄청난 힘을 가진 나라에서 온 사람들이었다. 또한, 우리 군대가 이라크를 점령했을 뿐만 아니라, 우리 지도자들은 끊임없이 매일 모욕적인 언사들을 남발했다. 우리가 그곳에 있던 동안에도 마찬가지였다.

처지를 바꾸어 놓고 한 번 생각해보자. 폐허로 변한 미국의 수도에 이라크인들 한 떼가 몰려 와서 손에는 노트를 들고 카메라로 여기저기 찰칵거리며 찍어대면 우리는 기분이 어떻겠는가? 그런 상황인데도 이 사람들은 친절하고 신실했다.

우리는 이라크에서 가장 큰 아동 병원에도 가 보았다. 병원장인 Q. M. 이스마일 박사는 우리를 만나자 어린 환자들이야말로 전쟁의 첫 번째 피해자라고 말했다. 첫 번째 폭격이 있던 날 저녁에 병원에 있던 모든 어머니가 공황 상태에 빠졌었다고 한다. 어머니들이 달려들어서 링거 바늘을 아이의 팔에서 뽑고, 인큐베이터에 있는 아이들을 들고, 폭탄을 피해서 지하실로 내달렸다고 했다. 폭탄이 시내 곳곳에 떨어지는 동안에, 병원은 거의 직접적인 피해를 보지 않았는데도, 약 50명에 달하는 아이들이 목숨을 잃었다고 했다.

"그리고 지금 우리 어린 환자들은, 실제적인 전투는 종결되었다곤 하지만, 여전히 견디기 어려운 고통을 당하고 있습니다"라고 이스마일 박사가 슬픈 목소리로 말했다. "이곳은 전국의 아이들이 치료를 받아야 하는 중앙 병원입니다. 하지만, 아이들에게 먹일 우유조차도 거의 다 떨어져 갑니다. 우유 공장을 '군사적 목표'라고 폭격했기 때문입니다. 발전소마저도 충분한 전기를 공급해주지 못하고 있습니다. 그래서 수술실도 절반 밖에 가동할 수 없습니다. 그리고 무엇보다도 가장 시급한 것은 약품도 거의 다 떨어져 간다는 것입니다."

아동 병원을 떠나오기 전에, 우리는 화상병동에 있는 아이들 모두가 끔찍한 고통을 참는 모습을 보았다. 대부분의 아이가 부모들이 끊어진 전기와 연료 대용으로 임시변통으로 만든 전구나 난로 때문에 불에 타거나 데인 아이들이었다.

알리가 무리에서 이탈해서 밖으로 나가는 것이 보였다. 몇 분 후에 알리를 찾아 나섰다. 알리는 밴에 기대있었다. 분노를 참을 수 없어하는 그의 얼굴에 눈물이 흘러내리고 있었다. "저 조그마한 녀석들이 저렇게 아파하는 걸 도저히 눈 뜨고 볼 수 없습니다. 저 아이들이 이런 꼴을 당할 이유가 없어요!"

나는 이 요르단 무슬림 형제의 마음과 거의 같은 심정으로 그리고 그의 슬픔에 공감하며, 몇 분 동안 그 옆에 그냥 서 있었다. 내가 이렇게 말했다. "알리, 내가 한 가지는 약속할 수 있습니다. 미국으로 돌아가면 최대한 많은 사람에게 이 사실을 알리겠습니다."

우리는 티그리스 강 끝 부분에 있는 바그다드 시에서 가장 인구가 밀집된 지역인 아타미야로 갔다. 그 지역에 들어서자마자 지역 주민들이 몰려와서 우리를 에워싸더니, 우리를 건물 잔햇더미 너머로 데리고 갔다. 사람들의 말에 의하면 지난 2월 24일 저녁에 폭탄 두 개가 거기에 떨어졌다고 했다. 사람들은 자기들이 비행기 소리를 들었는데, 비행기 모습이 보이지는 않았다고 했다. "강력한 폭발에 넘어졌다가, 다시 일어섰는데, 두 번째 폭발에 또 넘어졌습니다." 어떤 사람이 말하자, 네다섯 명이 그렇다고 고개를 끄덕였다. "우린 정신없이 내달렸습니다."

그날 밤새도록 그리고 다음날도 그들은 이웃과 친구들을 구조하려고 애를 썼다. 40명이 사망했고 그보다 더 많은 숫자가 다쳤다. 가옥 아홉 채가 완전히 무너졌다. "전 지금 우리가 서 있는 이 자리에서 죽은 제 친구의 얼굴이 불에 타던 모습을 절대로 잊을 수 없습니다." 어떤 사람이 말했다. 몇 분 뒤에 바로 이 남자가 우리를 자기 집으로 정중히 초대했다. 가족들을 소개해주더니 함께 식사를 하자고 권유했다. 밖에는 다른 일행들이 이미 밴을 다고 다른 장소로 가려고 기다리고 있었다. 나는 어쩔 수 없이 식사초대를 거절하고 동료와 합류했다. 동료는 그런 예상치 못한 환대에 어리둥절해하고 있었다.

우리 여행에서 가장 힘든 부분이 우리를 기다리고 있었다. 우리는 바그다드 서부에 있는 야르무크 병원으로 갔는데, 외과부장인 폴 보고시안 박사가 우리를 반갑게 맞아 주었다. 그는 바그다드, 영국, 그리고 미국의 월터 리드 병원에서 공부한 사람인데, 능변인데다가 감화력 있게 말을 할 줄 아는 사람이었다. 게다가 그는 웬만한 미국인들보다 정부의 핵심적인 인물이 누구인지, 그리고 그들이 어떤 식으로 의사결정을 하는지 잘 알고 있었다.

보고시안은 새카맣게 타버린 시신들을 아메리야 방공호에서 치우는 일을 책임지고 있었다. 첫째 날에는 53구, 둘째 날에는 90구 이상을 치웠고, 그리고 그 이후로도 며칠에 걸쳐서 엄청나게 많은 수의 시신들을 치워야 했다. 그가 말해준 바로는 일부 노인들을 제외하면, 전부 여자와 아이들의 시신이었다고 한다.

그가 말했다. "처음에 꺼낸 시신들을 확인하려고 눕혀 놓고, 텔레비전 기자들을 데려오라고 엘 라시드 호텔로 트럭 한 대를 보냈습니다. BBC 카메라 기자가 한 아이의 시신을 찍는 걸 거부하더군요."

"왜 그렇니까?"라고 제가 물었습니다. "이렇게 사람을 죽이는 건 사람이 할 짓이고, 그 죽은 시신을 바깥에 공개하는 건 사람이 할 짓이 아니라서 그렇니까?"

보고시안이 갑자기 "따라오세요. 제가 직접 방공호를 보여 드리겠습니다"라고 말했다.

밴을 타고 조금 가서, 단층 짜리 콘크리트 건물 앞에 차를 세웠다. 그 건물 주변에는 비비 꼬이고 부서진 침대와 가구 잔해들이 여기저기 쌓여 있었다. 한쪽에는 소방차가 와서 방공호 내부에서 더러운 물을 바깥으로 빼내고 있었다.

"지하층에 있는 물을 빼내는 중입니다." 보고시안이 설명했다. "지하층에 더 많은 사람이 있을 것으로 보고 있습니다. 몇 명이나 더 있는지 모릅니다. 이 물은 화재를 진압하는 과정과 소수 생존자를 구출할 수 있도록 건물을 냉각시키는 과정에서 방공호 안으로 퍼부었던 것입니다."

두 개로 된 육중한 철문을 지나서 방공호 안으로 들어갔는데, 방 중앙에 있는 희미한 불빛에 의지해서 잔해들 사이에서 발 디딜 곳을 찾으며 들어갔다. 보고시안 박사가 계속 말을 이었다. "이 방공호는 이스라엘의 핵 공격에 대비해서 만든 것입니다. 바그다드 근방에 이런 방공호가 몇 개 더 있습니다. 보시다시피, 지붕과 벽이 상당히 두껍고, 출입문은 아주 강하게 만들었습니다."

약 2미터 두께의 강화 콘크리트가 뚫리면서 생긴 구멍으로 햇빛이 스며들어 방을 비취는 모습이 섬뜩했다. 이 구멍은 레이저 유도탄 두 발 중에 첫 번째 것이 뚫고 들어와 생긴 것인데, 콘크리트가 뚫린 원인은 폭발력 때문이 아니라 폭탄 자체의 엄청난 무게 때문이었다. 첫 번째 폭탄이 지붕을 뚫고 들어와 터진 것이 오전 4시 30분이었고, 그때 우리가 서 있던 큰 방에 있던 사람들 대다수가 즉사했다.

첫 번째 폭탄이 터질 때 살아남은 몇몇 생존자들은 그 아수라장 속에서도 철문 하나를 통과했지만, 결국 바깥 철문이 잠겨 있어서 나가지 못했다. 첫 번째 폭발이 있고 약 4분 후에 두 번째 폭탄이 정확하게 첫 번째 폭탄이 만들어 놓은 구멍으로 들어와서 더 아래 지하층까지 뚫었고, 두 개의 철문 사이에 갇힌 몇 사람을 제외하고는 모든 사람을 죽였다. 그때 사망한 사람 중 대다수는 구조대원들이 바깥문을 여느라고 걸린 그 몇 시간 사이에 열기 때문에 사망했다.

보고시안은 방공호가 처음에는 자기 같은 의사나, 행정가들, 교수들, 그리고 정부 관리들을 위해 마련된 곳이었다고 했다. 그런데 전쟁이 터지고 처음 며칠이 지나자, 그들은 병원의 환자들이나 갈 곳이 없는 사람들을 내팽개치고 방공호에 숨을 수는 없다고 판단했다고 한다. VIP들이 방공호 사용을 포기하자, 아메리야 지역의 주민들이 방공호에 들어갈 수 있게 해달라고 부탁해서 그렇게 하라고 허락했다는 것이다.

방공호의 수용인원은 대략 2,000명 정도라고 하는데, 이번 폭탄 공격으로 사망한 숫자는 대략 500명에서 1,500명 정도로 추산한다고 들었다. 이 처참한 현장을 둘러보면서 내가 지금 무고한 사람들이 타 죽은 재 위에 발을 딛고 서 있고, 그들의 아내와 아들과 딸이 우리 주위에 아직도 살아 있다는 생각을 하니 끔찍스러울 정도로 괴로웠다. 나는 숨을 깊숙이 들이쉬고 마음을 가다듬고 나서 그 가족들을 만나러 바깥으로 나갔다.

숯등걸이 된 방공호 안에서 나오자, 이맘imam, 이슬람 성직자나 지도자를 가리키는 말이 길 건너편에 있는 미너렛minaret, 이슬람 사원 바깥에 있는 첨탑에서 고통스러운 목소리로 기도 시간을 알리는 소리가 들려왔다. 기도 시간을 알리는 그 소리가 당시 내 심정과 정확하게 맞아떨어졌다. 할 수만 있다면 곧장 아무도 없는 곳으로 달려가서 기도하고 싶었다.

그러나 곧 우리는 호기심 어린 눈으로 쳐다보는 군중으로 둘러싸이고 말았다. 미국인들이 방공호에 왔다는 말이 삽시간에 퍼졌던 것이다. 폭격이 멈춘 이후로 우리가 그곳을 찾아온 첫 번째 서구사람인 때문인 것 같았다. 우리는 그 거리가 '여자들이 없는 거리'라고 한다는 말을 들었다. 부인들과 여자 아이들이 우리가 쏜 레이저 폭탄에 불타서 재가 돼버렸기 때문이었다.

우리 요르단 친구들과 보고시안이 우리 옆에 바짝 붙어서 사람들이 하는 말을 일일이 통역해주었다. "인간이라면 어떻게 이런 끔찍한 일을 저지를 수 있어요?" 한 남자가 계속해서 큰 소리로 말했다. "내 아내와 아이들이 바로 당신들의 그 대단한 무기에 죽고 말았습니다. 왜 그래야 하죠? 그들이 뭘 잘못했습니까?" 그 남자가 말하는 동안, 한 노인분이 그 옆에 묵묵히 서 있었는데, 눈물이 턱 끝으로 흘러내리고 있었다.

두 번째 남자가 대들었다. 영어가 능숙한 사람이었다. "내 가족도 방공호에 있었습니다. 미국이 자랑하던 그 고상한 가치는 다 어디 갔습니까? 링컨과 프랭클린 루스벨트와 존 F. 케네디가 말한 그 가치는 어디 갔습니까?" 방공호를 가리키며 말했다. "이게 CIA가 보여준 가치입니다. 당신들이 저지른 만행도 만행이지만, 조지 부시와 슈워츠코프 장군은 날이면 날마다 잔인한 말로 우리를 모욕하고 있습니다."

우리가 만난 희생자 중에서 중동의 아픔을 가장 잘 보여주던 사람은 모하메드 아흐메드 카데르였다. 우리 일행은 안내자의 도움 없이 모하메드를 만났고, 가까스로 비공식적으로 여러 시간을 보낼 수 있었다.

팔레스타인 사람인 모하메드는 어렸을 때부터 난민으로 힘겹게 살아야 했다. 그는 리비아에서 대학원을 졸업해서 석사학위를 받고 아비다와 결혼했다. 그런 다음에 이라크로 와서 아메리야 지역에서 집을 장만했다. 모하메드는 바그다드 대학교에서 교수로 일했다. 폭격이 더는 버틸 수 없을 만큼 심해지자, 그는 아내와 네 딸을 아메리야 방공호로 보냈다. 모하메드의 가족은 암만에 있는 친척들과 함께 살려고 요르단으로 가보려고 시도했지만 그러지 못했다. 바그다드로 돌아오고, 2월 14일에 다시 요르단으로 가보려고 마음먹고 있었는데, 아비다와 네 딸은 단 하루를 남겨 놓고 폭격을 당했던 것이다.

폭격이 끝나고, 모하메드는 불타버린 방공호 앞에서 망연자실 슬피 우는 남자들 틈에 끼게 되었다. 어쩌면 내가 워싱턴에서 라디오에서 들었던 그 목소리의 주인공이 그 일지도 모른다는 생각이 들었다. 그러다가 텅 빈 집으로 돌아간 그는 분신자살을 시도했다고 한다. 이웃 사람이 말리는 바람에 살아남을 수 있었다. 아내와 아이들이 그의 곁을 떠난 지 벌써 여러 주가 지났지만, 아홉 살 먹은 막내딸 가나가 아직도 학교에서 돌아오는 길모퉁이에서 뛰어올지도 모른다는 생각에 가끔 집 앞으로 나가곤 한다고 했다.

아내와 아이들 초상화 옆에 앉은 모하메드의 사진을 찍고 있는데, 모하메드가 나지막이 말했다. "정말 예쁘고 정말 똑똑한 아이들이었어요. 하지만, 이젠…" 모하메드는 목이 메 더는 말을 잇지 못했다.

모하메드와 긴 인터뷰를 끝내고, 난 바그다드의 어두운 거리로 걸어나갔다. 마음을 추스르고 싶었다. 마치 완전히 산산이 조각난 유리잔이 된 기분이었다. 한참 후에야 대추야자 나무와 유칼립투스 나무들 사이로 보름달이 환하게 비추고 있다는 걸 느낄 수 있었다. 그리고 주변에서 나는 감미로운 재스민 향기를 맡을 수 있었다.

그 순간, 갑자기 머리 위에서 제트기가 큰 소리를 내며 지나갔다. 불빛도 켜지 않고 저공비행으로 날아가면서, 바그다드에 있는 수백만의 주민들에게 이라크는 미국에 패전했으며, 미 공군이 이라크의 하늘을 통제한다는 것을 일깨워주기 위해서 야간 시위를 했던 것이다. 수천 명의 어린 아이들이 이 야간 비행 때문에 얼마나 공포에 떨지를 생각하니 순간 분노가 치밀어서 참을 수가 없었다. 부모들은 아이들이 야간에 비행기가 저공비행으로 지날 때마다 비명을 지르면서 침대 밑으로 숨어들어 간다고 했다. 이제는 이 부모들이 얼마나 절망스러운 분노를 느끼는지 이해할 수 있었고, 비행기를 저주하고 싶었다.

하지만, 점차로 마음이 진정되면서, 며칠 동안 만났던 수많은 사람의 사례에서 내가 무언가 배워야만 한다는 생각이 들었다. 이 사람들은 슬픔과 좌절과 분노 가운데서도 거의 언제나 인터뷰가 끝나면 악수를 청했고, 웃어주었고, 심지어 식사에 초대하기도 했다. 그뿐만 아니라 온갖 수모를 다 겪고 있음에도 용서하고 친구가 되려는 강한 의지를 보였다.

그날 오후 이른 시간에 나는 전국여성연맹의 대표에게 가지고 온 묵직한 편지 꾸러미를 전달했다. 그 대표에게 미국 각지에서 어린아이들이 손수 그려 보내온 여러 장의 그림을 보여주면서 이라크 국민에게 미국이 끼친 고통을 부디 용서해달라는 어려운 부탁의 말을 건넸다. 그녀는 감사히 받으면서 학교들과 다른 기관들을 통해서 이라크 국민에게 전달해주겠노라고 약속했다.

"하지만, 전쟁을 막기에는 너무 늦었다는 생각이 드네요." 그녀가 슬픈 목소리로 말했다.

그녀의 말에 동의했다. 하지만, 더 많은 이야기를 나누면서, 우리는 또 다른 전쟁을 막기 위한 일을 지금부터라도 시작해야 한다는 데에도 동의했다.

삼 일 후 암만으로 돌아왔다. 요르단 타임즈라는 영어 신문 한 부를 집어 들었다. 바그다드 야간 비행을 마치고 돌아온 미국 공군 조종사와의 인터뷰 기사가 눈에 들어왔다. 내가 바그다드에 있을 때 나를 놀라게 하고 화나게 했던 바로 그 야간 비행을 한 조종사가 분명하다는 생각이 들었다.

"밤에 바그다드 상공을 비행하는 기분이 어땠나요?" 신문 기자가 물었다.

"지루했습니다." 그가 답했다. "아주 따분했습니다. 폭격하던 때처럼 신나진 않더군요."

걸프전은 전쟁은 국가 간의 갈등을 해결하는 방법이 아니라고 전쟁에 반대하던 사람들에게 고통스러운 자기 성찰과 혼란의 기간이었다. 걸프전 후 인기가 치솟던 부시 대통령은 '베트남 신드롬'만이 아니라, 미국이 세계의 정의로운 경찰 역할을 해야 하는지에 대한 모든 질문은 이제 끝났다며 거만을 떨었다. 이 전쟁에서 극소수의 병사만이 피해를 보았다는 행복감이 온 나라를 휩쓸었다. 양심의 가책이라곤 전혀 없었고 이라크 국민이 얼마나 극심한 고통 가운데 있는지도 전혀 몰랐다.

오랜 세월 동안 폭력적인 비디오 게임과 영화에 길든 이 사회에서, 걸프전은 초 현실 세계에서 벌어진 일이었다. 이전의 전쟁과는 달리, CNN에서 실시간으로 보여주는 장면들을 대중들이 흥분하면서 시청하는 사이에, 이 전쟁은 우리의 집단적인 기억 속에 차가운 점들, 똑똑한 레이저 빔들, 그리고 목표물을 정확하게 때려서 점수를 올리는 무기들로 각인되었다. 승리를 만끽하고 있던 미 공군 조종사들은 이라크가 공식적으로 항복을 선언한 이후에 후퇴하는 부대를 살육하면서 '칠면조 사냥'처럼 아무렇지도 않게 생각했다.

예수님이 가르쳐주신 평화의 길을 따르고자 했던 그리스도인들은 걸프전이 진행되는 동안에 평화운동에 동참하던 후원자들이 저지르는 짓을 보고 뒤통수를 맞는 느낌이었다. 비록 베트남전과 니카라과

전쟁이 괴로울 정도로 오래가긴 했지만, 그 전쟁에 대한 우리 정부의
정책에 불만을 느낀 국민이 다소간의 영향력을 행사해서 그 전쟁들을
누그러뜨릴 수 있었다. 하지만, 걸프전에서는 그런 것을 전혀 찾아볼
수 없었다. 종교 지도자들부터 거리의 시위대에 이르기까지, 그리고
의회부터 카터 대통령 센터에 이르기까지 덜 폭력적인 방법을 찾는
데 주력해야 한다고 주장하는 사람들은 뭔가 잘못 짚은 "정신 나간 사
상가"로 치부되고 말았다.

19

또 다른 전방

걸프전이 끝나고 불과 몇 개월 만에, 소련 연방은 동유럽에 대한 통제력을 상실했고, 결국 소련 연방은 붕괴하였다. 이런 붕괴가 많은 이들의 눈에는 순식간에 이루어진 것처럼 보였겠지만, 사실은 그 연원이 오래전으로 거슬러 올라가는 비폭력 운동의 영향이 컸다. 주로 교회 지도자들이 그 방향을 선도한 비폭력 혁명은 폴란드, 동독, 헝가리, 체코슬로바키아, 불가리아, 라트비아, 리투아니아, 그리고 에스토니아를 성공적으로 휩쓸었다. 걸프전의 승리로 의기양양한 (미국의 폭력적인 만행에 격분한 아랍 세계의 수백만의 국민에게 사담 후세인이 영웅이 돼버렸다는 것은 무시한 채), 부시 대통령은 소련 연방의 붕괴가 미국이 성취한 또 하나의 승리라고 선언했다.

비폭력 평화운동에 헌신하는 미국의 평화 운동가들에게, 이 시기는 흥분되면서도 고통스러운 때였다. 이때 우리는 미국민 대다수와 점점 멀어지는 것을 느꼈기 때문이다. 이 시기는 우리의 기본적인 신념들을 재점검해보고 평화운동에 재헌신을 다짐하는 시기였다. 평화 운동가 중 어떤 이들은 발칸 반도의 전쟁 때문에 어려운 일들이 가중되는 상황 속에서도 진지한 자기성찰을 멈추지 않았다.

유고슬라비아는 1차 세계대전 이후에 세르비아, 크로아티아, 무슬림 그리고 다른 여러 지역 소수민족들의 동맹으로 형성된 나라였다. 2차 세계대전 동안에, 히틀러는 1941년에 모스크바로 진군하는 도중에 유고슬라비아를 점령하기 위해 부대를 파견하는 엄청난 실수를 저지른다. 히틀러의 부대는 유고슬라비아 전체를 통제할 수 없었던 것이다. 그 때문에 나치는 너무 오랜 시간을 허비했고, 결국 러시아 겨울의 혹독한 추위라는 재앙에 직면해야 했다.

2차 세계대전 기간에 떠오른 티토 장군은 유고슬라비아의 확실한 지도자였다. 그는 1980년 사망할 때까지 유고슬라비아를 통치했다. 티토의 철권통치가 끝나자, 유고슬라비아는 서서히 분리되기 시작했다.

1991년 6월, 사막의 폭풍작전 부대가 중동에서 철수하고 있던 때에, 슬로베니아와 크로아티아가 유고슬라비아로부터 독립을 선언했다. 그리고 한 달 안에 슬로베니아가 유고슬라비아 군대를 축출하는 데 성공했다. 하지만, 크로아티아와 세르비아 간의 전투는 더 오래갈 기미를 보였다. 보스니아-헤르체고비나는 그 사이에 끼고 말았는데, 큰 지역 간 전쟁에 연루되었을 뿐만 아니라, 세 소수민족 간의 내전까지 벌어지고 말았다.

발칸반도의 유혈 충돌이 일 년 내내 계속되고 있던 때에, 오랜 친구인 빌 클락의 전화를 받았다. 빌과 나는 오랫동안 해비타트 휴머니티와 다른 기관에서 함께 일했었다. 지금 빌은 국제 난민기구의 의장으로 있는데, 얼마 전에 유엔 난민 고등 판무관인 사다코 오가타 여사를 만났다고 했다. 그 자리에서 오가타 여사는 기독교인, 무슬림, 그리고 유대교 지도자들이 함께 모여서 발칸 지역의 평화를 위한 기도회를 개최하려고 하는데 빌에게 도움을 요청했다고 한다. 그래서 빌은 나에게 부탁을 했던 것이고, 쥬빌리는 곧 파견단을 구성하게 되었다.

1992년 12월, 열 사람이 크로아티아의 자그레브에서 만났다. 두 사람은 무슬림이었고, 한 사람은 유대인, 그리고 일곱 명은 여러 기독교 전통에서 온 사람들이었다. 자그레브는 온통 눈에 뒤덮인 아름다운 도시였다. 건물들도 매력적이었고 구불구불한 도로들을 따라서 서리가 낀 창 사이로 크리스마스 장식들이 반짝이고 있었다. 그리고 밝은 표정을 한 사람들이 서로 반갑게 인사를 주고받고 아늑한 카페에서 과자를 먹는 걸 보면서, 내가 지금 엉뚱한 곳에 와 있는 것은 아니냐는 생각이 들었다. 세르비아의 박격포와 로켓포의 사정권 안에 들어와 있다는 것이 믿기지가 않았다.

하지만, 며칠을 보내는 동안 전쟁의 실체를 실감했다. 우리는 구호 기관 관계자들, 유엔 대표들, 그리고 이 복잡한 전쟁을 우리에게 설명 해주실 수 있는 분들과 함께 많은 시간을 이야기했다. 말하는 사람마 다 이 전쟁은 근본적으로 '종교 전쟁'은 아니라고 강조했다. 하지만, 희생자와 난민들 대다수가 동방정교계인 세르비아 혹은(간혹 가다가) 가톨릭계인 크로아티아의 공격을 받은 보스니아의 무슬림들이었다. 그중에서도 가장 심각한 희생자들은 세 민족 간에 서로 다른 민족끼 리 결혼한 수십만 명에 달하는 가족들이었다.

우리는 여러 관계자로부터 많은 사실에 대해 들었는데, 난민들을 만 나서 들었던 이야기들이 가장 인상 깊었다. 크로아티아는 평화롭던 시절에도 인구가 5백만 명이 채 안 되는 나라였는데, 지금은 난민이 백만 명에 육박하고 있다. 우리는 난민들과 많은 시간 동안 인터뷰하 면서 2차 세계 대전 이후로 가장 잔혹한 유럽의 모습에 대해서 자세하 게 들을 수 있었다.

우리는 어느 수녀원으로 가서 15년 동안 간호사로 일하고 있던 강인

한 크로아티아 수녀 한 분을 만났다. 지난 18개월 동안 실비아 수녀는 주로 세르비아의 군인들에게 강간당한 피해자들을 돌보아 주는 일에 헌신하고 있었다. 그 여성들 대부분이 보스니아-헤르체고비나에서 온 난민들이었다.

"거의 2년 동안 도와달라는 전화가 쉴 새 없이 걸려왔습니다. 하지만, 대부분은 제가 할 수 있는 일이라곤 그 여성들을 끌어안고 기도해 주는 것밖에 아무것도 없었습니다. 하지만, 그게 그 여성들에게 가장 필요했습니다."

실비아 수녀는 강간 피해를 본 여성들의 이야기에 근거해볼 때, 보스니아에 최소한 네 곳 이상의 "강간 수용소"가 있는 게 분명하다고 말했다. 피해자들은 성인 여성에서 어린 소녀에 이르기까지 전 연령대에 걸쳐 있었다. 그 중엔 임신한 지 몇 개월이 되거나 병들어 거의 죽게 되어서 풀려난 이들도 있었다.

실비아 수녀는 그 여성들을 데리고 와서 돌봐 주었고, 덕분에 대부분 건강이 훨씬 좋아졌다. 그리고 자그레브 근처에 그들이 거처할 수 있는 곳도 알아봐 주었다. 실비아 수녀는 피해 여성들을 위해서 방을 알아보면서 가끔 '거짓말을 조금' 하기도 했다고 고백했다. "제가 수녀로 일하던 습관대로 일단 집으로 올라가요. 그리곤 '배도 고프고 머물 곳도 없어요' 라고 말하죠. 그래서 집주인들은 저를 들어오라고 하면, 그제야 저는 다른 여자들도 있다고 말하죠. 그러면 대개 집주인들은 당황하면서 저는 되지만 다른 사람들은 안 된다고 해요."

실비아 수녀는 우리에게 기적적인 이야기도 하나 들려주었다. 서른 다섯 살 된 다섯 아이의 엄마인 한 무슬림 여성에 관한 얘기였다. 이 여인은 암으로 고통받고 있었는데 강간까지 당했던 것이다. 고통 때문에 거의 정신이 나가버린 이 여인은 계속해서 괴성을 지르면서 자기 머리카락을 쥐어뜯고 벽에다가 머리를 박아댔다.

실비아 수녀가 이 가련한 여인을 만났을 때, 그녀는 "당신이 믿는 하나님에게 기도해서 날 좀 구해줘!"라고 소리를 질렀다고 한다.

실비아 수녀는 그녀의 손을 붙잡고 30분 정도 그녀를 위해 기도했다. "30분쯤 되었는데, 그녀가 평안해지더니 병까지 치료되었어요!" 실비아 수녀는 이렇게 말했다. "그녀가 말했어요. '당신이 믿는 하나님은 살아 계시군요. 그분이 제게 평화를 주셨어요.' 그리고 무슨 일이 벌어졌는지 의학적으로는 설명이 안 되지만, 며칠 후에 그녀는 병원에서 건강해져서 나갔어요."

틈틈이 다른 수녀들이 와서 실비아 수녀와 상의하느라고 자주 방해를 받긴 했지만, 그래도 두 시간이 넘도록 가슴 저리게 아픈 이야기들을 들었다. 그 이야기 끝에, 그녀는 이런 말로 이야기를 마무리했다. "제게 힘을 주시는 분은 하나님이십니다. 저희는 하루에 한 시간씩 이 여인들을 위해 기도합니다. 하나님이 아니시면 전 이 일을 감당할 수 없거든요."

어느 날 저녁 우리는 애초에 이곳으로 오게 된 목적인 종파 간의 연합을 위한 예배를 드리려고 어느 커다란 예배당에 모였다. 크로아티아 프란체스코 수도회의 수장이신 미르코 마타우식 신부님이 예배를 인도하셨다. 우리 일행은 여러 종파에서 오신 지역의 종교 지도자들과 함께 강단 위에 앉았다. 우리가 함께 찬양하고 기도할 때 놀라운 성령의 역사가 있었다. 어느 정교회 사제가 말한 바대로, 우리의 노력은 지금 벌어지는 일에 비해서 지극히 작지만, "큰 어둠을 몰아내는 것은 작은 불빛이다."

여행이 끝나갈 무렵에, 우리는 차를 타고 자그레브에서 40킬로미터 정도 떨어진 칼로박에 갔다. 칼로박에는 세르비아에서 석방된 죄수들을 위한 유엔의 임시 캠프 본부가 있었다. 나무도, 연못도, 그리고 우리가 고속으로 달려온 고속도로까지 모든 것이 얼음으로 뒤덮여 있었다. 오면서 두 곳의 사고 현장을 보았는데, 그 중 한 곳은 유엔 트럭이 전복돼서, 구호품이 고속도로 사방에 흩어져 있었다.

우리의 목적지는 칼로박 중심가에 있는 삼 층짜리 커다란 막사였다. 막사 건너편에는 무너진 정교회 건물이 있었다. "솔직히 말하자면," 안내원이 말했다. "많은 크로아티아 사람들이 세르비아 사람들의 집과 교회를 파괴했습니다." 북미 침례교 평화 연대의 책임자인 켄켄 세스티드는 17세기 유럽의 어느 장군이 했던 말을 인용했다.

첫 번째 만행이 저질러지면, 그다음 만행은 정의가 된다…. 그러다 보면 폭력의 악순환이 끊임없이 이어지게 된다. 누구도 첫 번째 만행을 기억하지 않는다. 그리고 모든 새로운 만행은 만행을 저지르는 자의 마음속에서 눈에는 눈이라는 정의로 정당화된다.

불과 몇 시간 전에 이 건물에 천 명에 가까운 남자들이 도착했다. 오마르스카에 있는 끔찍한 세르비아 교도소에서 곧바로 데리고 온 사람들이었다. 우리는 오마르스카라는 이름을 여러 번 들었는데, 그때마다 사람들이 다카우와 아우슈비츠 같은 악명 높은 장소를 부를 때 같은 느낌으로 말한다는 것을 알 수 있었다. 당시에는 오마르스카에 대해서 우리 중 아무도 몰랐지만, 그곳에서 온 사람 중 세 사람은 그로부터 6개월 후 쥬빌리에 온 첫 번째 보스니아 난민이 되었다.

수백 명의 사람이 건물 앞에 모여 있었는데, 그중 많은 이가 미친 듯이 남편을 찾는 아내들이었다. 이따금 다시 만나게 된 부부가 기뻐서 환호하는 소리가 들렸다. 그러나 생존자들의 입을 통해서 그들의 사랑하는 이가 수용소에서 사망했다는, 가장 우려했던 내용을 확인하는 사람들의 모습도 보였다.

우리는 사람들 사이를 헤집고 지나가서 작은 방으로 들어갔는데, 거기서 유엔 난민 이송센터의 책임자로 있는 알렉산드라 모렐리로부터 간략한 설명을 들었다. 알렉산드라는 아주 젊은 이탈리아 수녀였다. 그 방의 한쪽 벽 높은 곳에 손으로 쓴 글씨가 보였다. "이곳은 세상의 관심이 필요하다. 하지만, 세상도 이곳이 필요하다."

알렉산드라 수녀는 우리가 만났던 사람 대부분이 궁금하게 생각했을 법한 질문으로 설명을 마무리했다. "도대체 무슨 일이 일어나고 있는지 모르겠습니다…. 그런데도 왜 우리는 이걸 멈출 수 없는 걸까요?"

우리 일행 중 몇 사람은 위층으로 올라가서 사람들로 북적대는 방을 옮겨 다니며 최근에 석방된 사람들과 얘기를 나누었다. 건물 안에 있는 모든 사람이 한꺼번에 담배를 피워대는 것 같았다. 우리가 담배 연기에 질식해 죽겠다는 시늉을 했더니, 사람들이 웃으면서 영어로 말했다. "금연, 금연!" 그러나 그들은 너무나 오랫동안 이 순간을 그리워했을 게 분명하다.

우리는 스물여섯 살 먹은 남자 하나를 복도에서 만났다. 수척한 그의 얼굴에는 과거와 현재의 고통이 고스란히 드러나 있었다. 유소프는 발을 다쳤었는데, 그 때문에 우리와 얘기하는 내내 지저분한 창문에 기대고 서 있었다. 유소프는 여덟, 아홉 살 정도 돼 보이는 조카딸을 데리고 있었는데, 그 예쁜 아이가 슬픈 얼굴을 하고서 삼촌이 얘기하는 동안 삼촌의 손을 꼭 잡고 있었다.

"저는 92일 동안 교도소에 있었어요. 그런데 어느 날 세르비아 사람들이 버스와 트럭 열한 데를 가져오더니 거기다 우리를 태웠어요. '해치지 않을 테니 걱정하지 마라. 너희는 트라브닉으로 가서 석방될 거다’ 라고 말하더군요.

우리를 블라식 산에 있는 기지로 데려갔어요. 거기서 우리를 내리라고 하더니 냇가로 가서 물을 마시라고 했어요. 여자와 아이들은 버스 몇 대에 태우더니 어디론가 데리고 갔고, 약 260명쯤 되는 남자들만 남았죠. 그러나 갑자기 우리한테 욕을 하더니 버스 두 대에 구겨 태우더군요. 그리고는 몇백 미터 아래쪽으로 내려가더니 절벽 옆에서 멈췄어요.”

유소프는 말하다가도 이따금 북받쳐 오르는 감정을 억눌러야 했다. 유소프는 입술을 살짝 깨물면서 우리의 시선을 피해 다른 곳을 멀거니 바라보았다. 그러자 조카 아이가 삼촌의 손을 더 꼭 쥐고 삼촌 옆으로 바짝 붙어 섰다. 잠시 후 유소프는 그 슬픈 이야기를 마저 했다.

“5분 정도 지났는데, 소총 소리와 기관총 소리가 들렸어요. 무슨 일이 벌어지는 지 볼 수도 없었어요. 그러자 버스 앞문이 열리더니 남자들을 한 번에 세 명씩 끌어냈어요. ‘너, 너, 그리고 너’ 일단 불려나가면, 총으로 쏴 죽였어요. 그리고는 또 ‘너, 너, 그리고 너’ 그리고 또 쏘고. 저는 지금도 꿈에서 그 ‘너, 너, 그리고 너’ 하는 소리가 들려요.”

유소프는 그 버스에서 마지막으로 불려 나갔다. “충격을 받은 상태에서 버스 바깥으로 나갔어요. 체트니크(세르비아 군인) 일곱 명이 눈앞에 보였어요. 저는 순간적으로 그들의 얼굴을 똑바로 바라보았는데, 총살을 집행하던 세 사람이 욕을 해댔어요. 그 사람들은 우리더러 돌아서라고 말했어요. 저는 미처 돌아서기도 전에 총에 맞았어요.”

잠깐 말을 멈추고 셔츠를 벗어서 총알이 관통한 자리를 보여주었다. 심장 바로 윗부분이었다.

“총알에 맞고, 길옆에 쓰러져서 절벽 아래로 굴러 떨어졌어요⋯.”

1~2분 정도 멈췄다가 계속해서 말을 이었다. "제가 굴러 떨어진 곳에 소나무가 있었어요. 저하고 소나무하고 거리가 한 30미터 정도 됐는데, 다른 사람들도 거기에 많이 굴러 떨어져 있었어요. 저는 시체들 사이에 떨어졌는데, 어떤 사람은 아직 움직이고 있었어요. 제 뒤로도 열두 명 정도 더 처형당했어요. 그리고는 세르비아 군인 한 사람이 아직 살아있는 사람들을 확인사살하려고 내려왔어요. 저는 덤불 아래로 기어들어 갔는데도, 그 사람한테 다리에 총을 맞았어요. 그러다가 확인사살도 끝나고 버스가 떠나는 소리가 들렸어요."

얼마간 시간이 지나자, 유소프는 안간힘을 써서 시냇가로 내려왔다. 다른 두 사람도 그 학살에서 살아남았다. 한 사람은 유소프와 함께 남았다. 둘 다 다리에 부상을 당했지만, 계곡 아래쪽에 있는 시냇물을 따라서 천천히 기어갔다. 닷새 동안을 그렇게 기어갔는데, 유소프가 너무 쇠약해지는 바람에 다른 사람을 먼저 보냈다.

이틀 동안을 더 유소프는 혼자 몸부림을 쳤다. 상처 난 곳이 감염돼 상태가 악화되었고, 급기야 의식마저 오락가락하게 되었다. 그러다가 마침내 군인들에게 발견되었다. "저는 그 군인들이 저를 죽이려고 온 줄 알았습니다. 하지만, 그때 군복 위로 '체스판'(크로아티아 군인들의 표시)가 보이더군요." 몇 시간 후에, 유소프는 병원으로 안전하게 이송되었다.

끔찍한 고문과 변태적인 성폭력, 그리고 살려달라고 애원하는 아이들을 죽인 이야기들을 하나씩 들으면서, 도저히 믿고 싶지 않은 이야기를 듣고 있다는 생각이 들었다. 최소한 나는 그런 엄청난 규모의 혐오스러운 일들은 반세기 전에 나치의 몰락과 함께 영원히 사라졌다고 믿고 싶었다.

쥬빌리 파트너로 돌아와서도 나를 회의론자로 몰고 가려고 유혹하던 내 속에 가득 차 있던 그 감정을 어떻게 표현할 수가 없었다. 걸프전 이후로 내 마음속에 생겨났던 절망스러움이 이번 여행으로 더욱 깊어졌다. 그런 엄청난 악과 고통 앞에서 내가 그렇게 무능력해 보일 수 없었다.

무엇보다 나를 괴롭게 했던 것은 분쟁이 벌어진 곳마다 그리스도인들은 주로 가해자였다는 것이었다. 전체적으로 볼 때, 우리는 나사렛 예수의 자비하심을 닮은 것이 아니라, 뒤에 숨어서 무기를 갖고 비기독교 국가의 국민을 공격하도록 조종하고 있다. 그리고 이런 짓을 너무 자주 하고 있다.

물론 우리 파견단은 감격스럽게도 크로아티아에 있는 작은 침례교 공동체를 포함한 예외적인 분들을 만나보았다. 쥬빌리에서는 구호물품을 구매하기 위한 기금모금에 들어갔다. 이렇게 해서 마련된 물품들은 크로아티아 침례교회들과 보스니아의 무슬림들을 통해서 유엔조차 손이 닿지 않는 전쟁 때문에 고립된 마을들에 전달되었다.

우리는 앨버트 아인슈타인이 유대인들을 나치로부터 구출하기 위해서 60년 전에 설립한 국제구호위원회와 손을 잡았다. 국제구호위원회는 수천 명의 보스니아-헤르체고비나 난민들이 유럽과 북미의 여러 나라에서 정착할 곳을 찾는 일을 돕고 있었다. 우리도 1993년 여름부터 그들을 받기 시작했다. 그 후 2백 명 이상이 쥬빌리를 거쳐 갔다. 그리고 우리는 전쟁으로 이산가족이 된 수백 명이 다시 가족을 만날 수 있도록 돕기도 했다.

이 무슬림 형제, 자매들과 함께 일하고, 놀고 또 축하하면서 우리의 신앙도 더욱 깊어졌다. 우리는 그들이 이전에 경험하지 못했던 기독교의 또 다른 면을 보여주려고 온갖 노력을 다했다.

어느 날 저녁 쥬빌리는 조지아를 여행하던 화해를 위한 살인 피해자 가족들'이라는 모임 회원들을 맞이했다. 이 모임의 회원들은 모두 사랑하는 가족들을 살인사건으로 잃은 분들이었다. 그리고 이 회원 모두가 슬픔과 비통을 벗어나 살인자를 용서하는 것이 자신들이 치유되는 데 도움이 된다는 것을 깨달으려고 노력하고 있었다. 이들은 1994년 의회 선거 직전에 조지아 주 전 지역을 다니면서 용서의 메시지를 전파했는데, 그때만 해도 복수라는 말이 흔히 사용되던 때였다.

어느 날 저녁, 조지 화이트 씨가 쥬빌리 공동체 앞에서 남부 앨라배마에서 자기 아내가 살해당한 이야기를 했다. 조지도 그때 총을 맞아 부상을 당했는데도, 지방 법원은 그가 살인자라고 판결했다. 그는 무죄를 입증하기 전까지 여러 해를 교도소에서 보냈다. 그 기간에 그때 십대였던 아이들이 아빠 옆에서, 그의 삶을 거의 파괴하고만 살인자와 오심을 내리는 데 가담한 모든 사람에 대한 증오를 극복할 수 있게 해주었다.

조지가 말하는 동안에, 영어가 짧은 열여섯 살 된 보스니아 소녀가 무슨 말을 하는지 알아들으려고 열심히 애쓰는 것이 눈에 띄었다. 조지의 말이 끝나고, 나는 그 소녀에게 가서 물어보았다. "무슨 말인지 알아들었니?"

"예, 알아들었어요. 하지만, 이해할 수 없어요. 자기 부인을 죽인 사람을 용서한다고요? 어떻게 그게 가능한지 전 이해할 수 없어요!"

보스니아 소녀는 자리에서 일어났다. 눈에는 눈물이 가득 고여 있었다. "저도," 소녀가 머뭇거리면서 말했다. "저도 그 사람처럼 십 년 안에 세르비아 사람들을 용서할 수 있었으면 좋겠어요."

나는 조지를 불러서 그 소녀가 한 말을 전해주었다. 조지는 그 소녀의 어깨 위에 자기 손을 부드럽게 얹고 이렇게 말했다. "얘야, 노력해보자. 그것만이 이 아픔을 치유하는 유일한 길이란다."

20
사랑의 침략

1993년 11월, 쥬빌리 파트너는 중앙아메리카로 또 하나의 파견단을 보냈다. 죠시 윈터펠트와 나는 그 파견단의 협력 사역자로 섬겼다. 우리는 먼저 과테말라에서 며칠을 보낸 다음에, 이번 여행의 주 목적지인 니카라과로 이동했다.

지난 십 년 동안, 나는 일 년에 적어도 한두 번은 니카라과에 갔었다. 작년 여름에는 아내와 나, 그리고 짐과 사라 혼스비가 함께 한 달 이상 그곳에서 일했다. 짐과 사라는 니카라과 북부 중앙 산지에 있는 마을인 마타갈파로 갔는데, 그곳에서 그들은 '청소년의 삶'이라는 국제 복음주의 청년 기구의 지부를 설립했다. 아내와 나는 청소년의 삶 야영지를 새로 만드는 일을 도왔다.

마타갈파는 짐과 사라에게 제2의 고향이나 다름없는 곳이었다. 거기서 한 블록도 안 되는 곳에 아만시오 산체스와 그의 가족이 살고 있었다. 엘다는 종종 청소년 활동에 참여했고, 아만시오는 지역 교회들을 다니면서 청소년의 삶 프로그램에 대한 이해를 돕고 후원하는 사역을 했다. 그러면서 비공식적이지만 직원들을 위한 목회자로 섬기면서, 가끔 기도회를 인도하기도 했다. 그의 겸손함, 관대함, 그리고 두 그룹의 중재자로 사람들을 기쁘게 섬기는 자세는 늘 보는 이들을 감동시켰다. 그의 집과 혼스비의 집은 늘 니카라과 청년들로 북적였는데, 이들은 그 나라의 고질병인 총체적인 절망과는 너무도 대조적인 사랑과 희망에 이끌려서 온 청년들이었다.

나는 니카라과를 방문할 때 며칠에서 몇 주까지 머무르곤 했는데, 늘 놀라운 사건들을 경험했다. 옛날 할리우드의 장편 서사 영화 속 장면들을 보는 듯했다. 위대한 꿈과 엄청난 노력이 보이는가 하면, 곧바로 몰락과 끔찍한 고통이 이어지고, 모든 통계학적인 가능성을 초월하는 자연 재앙들이 일어났다. 당시 니카라과는 정치적 혼란과 경제적 붕괴의 조짐이 보였다.

우리는 이 마을 저 마을로 다니면서, 우리에게 반복해서 영감을 불어넣어 주는 그런 난관들과 맞서서 꿋꿋하게 싸우는 옛 친구들을 틈틈이 만났다. 그러나 우리는 니카라과에서 점점 희망이 사라져가고 있다는 걸 보게 되었다. 우리가 늘 니카라과 사람들의 눈에서 보았던 결의에 찬 광채는 점점 빛을 잃어가고, 이제 그 자리를 너무나 엄청난 절망으로 말미암은 생기 없는 눈빛이 대신 차지하고 있다.

산디니스타가 미국의 지원을 받은 후보인 비올레타 차모로에게 1990년 선거에서 패했는데도, 미국 정부의 강경 보수파들은 니카라과의 경제를 질식시키기 위해서 할 수 있는 모든 짓을 다 했다. 제시 헴스 상원의원은 니카라과 정부에 대한 산디니스타의 영향력이 아직도 너무 강하다고 주장하면서, 끊임없이 원조 계획에 반대하고 나섰다. 그는 소모사 정권이 몰락한 이후로 마이애미로 이주해 온 니카라과의 부유층들이 본국에 두고 온 재산은 본래의 주인들에게로 환원되어야 한다고 주장하기도 했다.

그런 주장은 '소모사 일당'이 도망치기 전에 그 토지의 대부분이 이미 은행에 저당 잡혀 있었다는 것을 노골적으로 무시하는 발언이었다. 그리고 그 토지는 이미 오래전에 십여 차례의 해비타트 휴머니티 프로젝트를 통해서 지어 준 가옥에서 사는 수많은 사람을 포함해서, 전에 땅을 갖지 못했던 수천 명의 농부에게 골고루 분배되었다.

우리가 가장 최근에 니카라과에 갔던 1993년만 해도, 니카라과 노동자의 60% 이상이 실직상태였다. 그리고 국민 대부분의 1인당 하루 소득이 미국 달러로 1달러 미만으로 떨어졌다! 차들이 밀집한 교차로 주변에는 껌이나 자질구레한 장신구를 팔려고 가난한 사람들이 엄청나게 몰려 있다. 남자 아이들은 운전자가 하지 말라고 하는데도, 차의 후드에 올라가서, 재빠르게 앞유리를 닦고 동전 한 닢이나 두 닢을 구걸한다. 중앙아메리카의 빈곤층과 미국의 부유층의 간격은 점점 더 커져만 가는데, 아이러니하게도 이와 동시에 우리나라 언론의 보도를 보면 미국의 경제 문제에 대한 점증하는 우려에 대한 기사로 가득하다.

우리는 이 문제를 놓고 CEPAD의 사무국장인 길베르토 아구이르 씨와 얘기를 해보았다. 그는 "당신들은 아주 부자예요. 사실 얼마나 부자인지조차 본인들은 모르죠!"라고 했다.

구스타보 파라욘 선생은, 의사의 처지에서 보았을 때, 미국에 만연하는 질병과 니카라과 빈곤층에 만연하는 질병 사이에는 현격한 차이가 있다고 지적했다. 미국인들의 건강상의 문제는 대부분 과식, 운동 부족, 근심과 상관이 있고, 반면에 니카라과에서는 건강상의 문제는 주로 오염된 물, 영양부족, 임산부를 위한 돌봄의 부족 그리고 아동들을 위한 예방 접종 프로그램의 부족 같은 가난의 문제와 관련이 있다고 했다.

우리가 수년 동안 진행하던 프로젝트에 참여하고 있던 친구들을 방문했을 때, 그들이 얼마나 절실하게 도움이 필요한 상태인지를 볼 수 있었다. 우리가 미국으로 돌아가서 그들을 위해서 기금을 마련하도록 우리를 설득할 수 있느냐의 여부에 자기들의 프로젝트를 계속해서 진행할 수 있는지가 결정된다는 것을 그들도 잘 알고 있었다. 경제적인 위기 때문에 우리가 도와주어야 할 프로젝트 간에 이상하고도, 난처한 경쟁을 하는 상황이 빚어지고 말았다.

내 오랜 친구인 아만시오 산체스와 대화하면서 바로 그 점이 가장 아프고도 분명하게 느껴졌다. "저는 지금도 여전히 제 교인들에게 희망에 대해 설교합니다. 하지만, 제가 거짓으로 웃는 광대 같다는 생각을 많이 합니다. 우리 교인들은 대부분 여자와 아이들입니다. 그리고 그들은 몹시 가난하고 굶주린 사람들입니다. 저는 그들에게 용기를 주려고 노력합니다. 하지만, 저는 그들에게 일자리를 줄 수도 없고, 그들을 가난에서 벗어나게 해줄 아무런 방법이 없습니다."

서글픈 미소를 띠는 아만시오를 마주 보고 서 있는 동안, 무슨 말을 해야 할지 생각이 나질 않았다. 아만시오가 섬기는 교회를 위한 긴급 기금을 모아야겠다는 생각을 이미 하고 있긴 했지만, 그게 전부가 아니라는 생각이 들었다. 일주일 내내 우리가 만났던 수많은 니카라과 사람들처럼, 아만시오의 작은 교회 성도들이 겪는 경제적인 아픔은 돈 몇 푼으로 해결하기에는 너무 깊고 큰 상처였다. 내 오랜 친구를 부둥켜안고 그를 위해 기도할 것을 약속하고 돌아오는데 무거운 마음이 나를 짓눌렀다.

여행의 마지막 날 저녁에, 우리 일행들은 이런 너무도 명백한 절망적인 상황 앞에서 용기를 잃지 않으려고 몸부림을 쳤다. 하지만, 내가 마지막 저녁을 마나과의 가장 가난한 지역인 바타홀라 노르테에서 보낼 예정이라고 하자 다들 반기는 기색이 아니었다. 부유한 나라에서 온 대부분의 방문객처럼, 우리도 그냥 눈 딱 감고 공항으로 달려가서 도망치듯이 집으로 가고 싶은 생각이 굴뚝같았다.

바타홀라 노르테의 주민은 만 명이 넘었다. 주민들은 서로 다닥다닥 붙은 작은 집에서 모여 살았는데, 그 옆으로 좁고 지저분한 도로가 나 있었고 그 집들 사이로는 꼬불꼬불한 골목들이 나 있었다. 우리는 전에 평화롭게 걷기 캠페인을 통해 지원한 알도 차바리아 병원과 의족 공장을 방문하면서 인근에 있는 바타홀라 주변을 수차례 지나간 적이 있었다. 니카라과를 방문하기 시작하던 때 한 번은 그곳에 있는 작은 노천 교회의 예배에 참석한 적이 있었다. 가장 기억에 남는 것은 목사님이 직접 기타를 손에 쥐고 기쁨에 찬 모습으로 예배를 인도하시던 모습이었다. 하지만, 그 주변 지역이 얼마나 가난한 곳이었는지는 잊어버렸다.

교회는 세 곳이 트여 있었는데, 그곳으로 예배 시간에 새들이 날아다녔다. 성도들은 소박한 의자와 장의자에 앉아 있었고, 정면 강대상 뒤에는 알록달록한 벽화가 보였다. 그 벽화를 보면 아기 예수님은 구유에 누워 계시고, 그 주변에 중앙아메리카 사람들이 겸손하게 둘러서 있는데, 그들 중에는 오스카 로메로 대주교도 있다. 그리고 아우구스토 산디노*는 조금 떨어진 아래쪽에서 챙이 넓은 솜브레로(멕시코 전통모자)를 쓰고 그 모습을 바라보고 있다.

교회 건물은 처음 왔을 때보다 늘어났다. 몇 개의 부속건물들도 생겼는데, 그 건물들이 온통 밝은 색깔의 벽화들로 뒤덮여 있었다. 어디를 보나 알록달록한 벽화들과 꽃으로 가득했다.

교회 안으로 들어가면서, 어린 소녀들이 플라스틱으로 만든 플루트

---

* Augusto Nicolás Calderón Sandino, 1927년에서 1933년까지 미국의 침략에 대항해 맞서 싸운 니카라과의 혁명가이자 라틴 아메리카의 영웅.

를 연습하는 곳을 지나갔는데, 삑삑거리는 날카로운 소리가 나면서
불협화음을 내고 있었다. 십 대로 보이는 소년은 의자 끝 부분에 걸터
앉아서 프렌치 호른을 연주하고 있었는데, 어찌나 열심히 악보를 보
는지 외국사람들이 줄줄이 자기 옆을 지나가도 전혀 신경 쓰지 않는
눈치였다. 관상식물과 약용식물로 만든 정원이 주변을 감싸는 교회
바깥에서는 두 젊은 음악가가 첼로 교습을 받고 있었다. 그 짧은 시간
안에 그동안의 피로와 낙심했던 마음은 사라지고 그곳의 매력에 빠져
들었다. 곳곳에서 보이는 밝은 색채들과 행복한 모습들 덕분에 우리
의 영혼에도 새 힘이 솟아났다.

바타홀라 노르테 센터는 스페인 출신의 도미니카 수도원 소속 사제
인 엔젤 토렐라스와 북미에서 온 마아지('마가리타'의 애칭) 나바로
수녀의 비전에서 비롯되었다. 그분들은 이 지역에 10년 전에 오셨는
데, 그때는 전쟁이 한창이었고, 미국의 침공이 임박했다고 생각하던
때였다. 그분들은 아름다운 음악과 예술을 통해 믿음이 표현되는 센
터를 시작함으로써 전쟁의 비극에 맞서야겠다고 결심하셨다.

전문적은 음악 교육을 받으신 엔젤 신부님은 몇몇 청소년들을 데려
와서 간단한 악기와 합창을 가르치셨다. 마가리타 수녀님은 다른 수
업을 지도하셨는데, 점점 규모가 커져서 새로운 선생님들을 고용했
다. 학생들은 그림, 타자, 컴퓨터 기술, 재봉, 요리, 전기, 건강관리, 그
리고 여러 가지 기술들을 배울 수 있었다.

수십 명의 젊은이가 저녁 예행연습을 위해 한자리에 모였다. 엔젤
신부님도 도착하셨는데, 손에는 기타를 들고 계셨고 신부님의 눈은
반짝거리며 빛나고 있었다. 신부님은 조금도 머뭇거림 없이 젊은이들
앞에 서시더니 활기찬 노래를 연달아 지휘하셨다.

우리는 모두 매료되었다. 노래가 주는 벅찬 기쁨 속으로 순식간에

빨려 들어간 것이다. 젊은이들은 엔젤 신부님에게 완전히 집중하고 있었다. 이들이 서로 사랑하고 있다는 것을 생생하게 느낄 수 있었다. 우리는 매우 특별한 손님이 된 기분이었다. 아름답고 희망이 넘치는 이 작은 공간에 머무는 동안, 우리는 고통의 바다에서 허우적대던 순간을 잠시나마 잊을 수 있었다. 그런데 저렇게 밝은 얼굴을 한 아이들이 이 저녁이 지나면, 미국 같았으면 사람들이 저주하면서 불도저로 밀어버렸을 정도로 사람이 살기에는 너무도 부적합한, 저 빽빽하게 밀집해 있는 작은 집들로 뿔뿔이 흩어져 돌아가야 한다는 것이 도저히 믿을 수가 없었다.

노래가 계속되는 동안에, 우리는 감동을 주체할 수 없어서 자리에서 일어나 무대 한쪽으로 다가갔다. 니카라과의 젊은이들은 우리를 보고 웃어주면서 온 마음을 다해 노래를 불렀다. 우리는 그 젊은이들에게 완전히 빠져들었다. 그 젊은이들이 "Cuando Venga La Paz, Mi Amor"("사랑하는 이여, 평화가 오면")을 부를 때, 우리 중 대부분은 스페인 말을 한마디도 알아들을 수 없었는데도, 다들 벅찬 감동을 받았다. 평생 전쟁과 가난밖에는 모르고 살았던 이 아름다운 젊은이들이 마치 거리에는 꽃들이 가득하고 강들이 노래를 부르며 흘러가는 시절을 사는 듯이 노래를 부르는 모습을 보고 우리의 눈시울은 뜨거워졌다.

예행연습이 끝나고 마가리타 수녀님이 우리를 소개했다. 수녀님은 우리가 쥬빌리 파트너에서 온 파견단이고, 쥬빌리 파트너가 평화롭게 걷기 캠페인을 통해서 니카라과의 신체 절단 환자들에게 의족 수술을 받을 수 있게 도움을 준 바로 그 공동체라고 설명했다. 그러자 젊은이들이 내 평생 저녁에 들었던 박수 소리 중에 제일 큰 박수를 우리에게 보냈다.

눈물이 하염없이 흘러내렸다. 그리고 우리를 이 지역의 아이 중에 사랑이 역사하고 있음을 확인한 이곳으로 인도하신 하나님께 감사했다. 우리 일행 중 몇 사람은 이 아이들의 이런 모습을 미국에도 소개해야 한다는 말을 주고받더니 그 자리에서 합의를 이끌어냈다. 그러는 사이에 나는 아이들에게 달려가서 아이들을 모두 안아주었다.

쥬빌리로 돌아와서, 우리는 곧 바타홀라 노르테 합창단을 초청해서 미국 순회공연을 열기로 했다. 니카라과 쪽에서는 전적으로 찬성이었지만, 자기들은 이미 수차례 비자가 거절당한 적이 있다고 전해 왔다. 레이건 시절에, 뉴잉글랜드에 있는 친구들이 이 팀을 초청해서 순회공연을 하고 싶어 했는데, 두 번이나 거절당했었다는 것이다. 부시 행정부 하에서는 심지어 캐나다로 가는 것까지 방해를 받았는데, 그 비행기가 로스앤젤레스에 잠깐 들른다는 것이 이유였다! 그래서 결국 공연일정을 변경해서 멕시코에서 밴쿠버 직행노선을 타고 가야 했다.

나는 국무부에 전화를 걸어서 클린턴 정부하에서는 상황이 변했지 않느냐고 설득했다. 결국, 필요한 비자가 발급되었다. 하지만, 니카라과의 젊은이들은 개별적으로 마나과에 있는 미국 대사관으로 가서 순회공연이 끝나면 집으로 반드시 돌아오겠다는 서약을 해야 했다.

몇 개월에 걸친 집중적인 준비를 거쳐서, 드디어 미국에 도착할 날이 왔다. 비행기가 애틀랜타 공항에 착륙했고, 아이들이 내렸다. 인솔자 세 명과 서른여덟 명의 밝게 웃는 아이들이 왔는데, 그중 서른 명 이상은 이번이 난생처음 해보는 외국 나들이였다. 아이들은 나이도 열두 살에서 스물여섯 살까지 있었는데, 대부분이 십 대 청소년이었다. 엔젤 신부님은 공항에 있던 사람 중에서 제일 환하게 웃으면서 "기적입니다! 이건 정말 기적입니다!"를 반복하셨다.

그 후 18일 동안 이 도시에서 저 도시로 이어지는 열정적인 콘서트,

화려한 색상의 민속 의상을 입고 펼치는 '민속춤', 수십 번의 뜨거운 기립 박수, 열광적인 환대로 정신이 없었다. 그리고 그때마다 엔젤 신부님은 "기적입니다. 이건 기적이에요!"를 외치셨다.

우리는 쥬빌리 버스와 밴을 타고 이동했는데, 주로 아내가 밴을 몰았고 나와 맥스가 번갈아가며 버스를 몰았다. 니카라과에서 온 발성 지도자인 도로시 반하우스와 바타홀라와 쥬빌리에서 자원봉사자로 섬기고 계신, 일흔이 넘으셨지만, 원기 왕성하신 헬렌 힐이 지원팀으로 함께 했었다.

콘서트 중간마다 우리는 조지아의 레드 힐부터 버몬트와 뉴햄프셔의 붉은 낙엽에 이르기까지 가능한 한 많은 곳을 돌아다니며 구경했다. 산, 동굴, 박물관, 기념관 등등 불과 3주도 못되어서 이들은 보통 미국인들보다 미국 동부를 더 많이 관람했다. 우리는 이런 사랑과 친교를 나눌 수 있게 허락하신 하나님께 하루에 열두 번도 더 감사를 드렸다.

워싱턴 D.C에서는 처음에 허락받는데 어려움이 없지 않았지만, 결국 국회의사당 서쪽 계단에서 공연할 수 있었다. 의사당 관계자들은 니카라과 사람들이 '시위'가 아니라 공연을 한다는 것을 믿지 못하는 눈치였다. 공연하기 며칠 전까지도 악기들을 사용하지 못하게 막았다. 악기를 무기로 사용할지도 모른다는 두려움 때문이었다! 그러다가 아름다운 민속 의상을 입고 웃는 아이들을 보더니, 안심하는 눈치였다. 덕분에 공연이 순조롭게 진행될 수 있었다.

마가리타 수녀님과 나는 순회공연을 하는 동안 번갈아가며 사회를 보았다. 의사당 공연 사회는 내 차례였다. 사회를 보면서, 그동안 니카라과의 평화를 위해 이곳에 수도 없이 드나들었던 것이 기억났다. 공연은 보통 "당신은 가난한 자의 하나님"이라는 가사로 시작되는 "농부의 미사"로 시작하곤 했다. 나는 노래들을 한 곡 한 곡 소개할 때마다, 그리고 이 서른여덟 명의 니카라과 젊은이들이 마음을 다해 노래하는 것을 보면서 뿌듯했고 또 행복했다.

"주님, 자비를 베푸소서"라는 곡이 연주될 때, 나는 아만시오 산체스 형제가 적대적인 기자들의 질문 공세에 시달렸던 그 기자 회견 장소로 잠시 눈길을 돌렸다. 그리고 레이건 대통령의 니카라과 침공 경고와 그에 맞선 토마스 보르게스의 반응을 떠올렸다. 나는 조용히 혼자 웃으며 생각했다. 바로 이것이 보르게스가 말했던 "사랑의 침공"이구나!

마침내, 다른 나라들의 운명을 아무렇게나 결정해버리는 이 거대한 건물의 아래쪽 계단에서 진행된 이 젊디젊은 중앙아메리카 인들의 공연은 부드러운 저항으로 막을 내렸다. 그들은 "니카라과, 내 가여운 니카라과"라는 노래로 모국에 대한 사랑을 노래했다. 관중의 박수소리에 행복해하는 걸 보면서 이 순회공연을 위해 들였던 모든 수고가 정말 값진 것이었다는 생각을 했다. 엔젤 신부님이 나지막한 목소리로 내게 말씀하셨다. "돈 모슬리 씨, 전 만족합니다."

합창단은 이 외에도 열 곳의 대학교와 교회 십여 곳, 그리고 학교와 시민 센터 여러 곳에서도 공연했다. 니카라과를 위한 문화 교류와 홍보차원에서 진행되었던 순회공연은 우리가 기대했던 것 이상으로 성공적이었다. 그러나 순회공연하러 다니는 동안 일부 지역에서 조금 미묘한 일들이 있었다.

공연을 했던 도시에서 합창단을 초청했던 분들에게서 처음 그런 조짐을 보았다. 저녁에 콘서트가 끝나면 우리는 늘 니카라과 청년들을 둘에서 넷씩 나누어서 합창단을 초청해준 지역 사람들의 집에서 자고 올 수 있게 했다. 그러면 초청하신 분들은 열이면 열 니카라과 아이들에게 독방을 사용할 수 있게 해주셨다. 그런데 다음 날 아침에 이분들이 가보면 니카라과에서 온 아이들이 다 한 침대에서 자고 있더라고 하셨다. 아이들은 이렇게 설명했다. "우리는 그런 방에서 혼자 자본 적이 없어요. 실제로 우리 집 전체를 다 합친 것보다 여기 침실들이 더 커요."

나는 초청하신 분들이 니카라과 아이들을 차에 태워서 드라이브하러 나가는 것을 여러 번 목격했다. 그런데 그런 일은 니카라과에서는 제일 부자들만 해줄 수 있는 대접이었다. 가끔 어떤 애들은 휴대전화로 자기들이 지금 어디를 가고 있다고 전화를 걸어오기도 했다. 니카라과의 젊은이들이 이런 경험을 어떻게 받아들일지 걱정스러웠다. 그 아이들 가족의 수입은 미국 중산층 가정의 백 분의 일밖에 되지 않았기 때문이다.

비슷한 걱정 때문에, 몇 해 동안 우리는 쥬빌리에 온 난민들에게 북 아메리카의 풍요로운 생활을 소개했었다. 하지만, 이건 경우가 달랐다. 결과가 어떻게 되든, 난민들은 미국 사회의 일원이 되려고 온 자기 발로 찾아온 사람들이었다. 이들은 미국의 풍요로움을 누리기로 선택한 사람들이고 또 그럴 가능성도 있었다. 이들과는 달리, 이 젊은이들은 모두 순회공연이 끝나면 비행기에 오르기로 서약했기 때문에 대부분의 초청 가족들이 레스토랑에서 가족들이 외식하는 데 쓰는 비용보다 훨씬 못한 한 달 수입으로 살아가는 집으로 돌아가야 했다. 나는 이 아이들이 이런 풍요로움에 현혹되어서 니카라과로 돌아가기 싫어하게 되면 어쩌나 염려가 되었다.

하지만, 그게 쓸데없는 걱정이었다는 걸 알게 되었다.

어느 교회에서 니카라과 합창단원들과 그 동네의 비슷한 또래의 미국 아이들 열댓 명하고 이야기할 기회가 있었다. 처음에는 조금 어색해하더니, 어느새 열심히들 이야기를 나누고 있었다. 그 동네에 사는 어떤 여자 아이가 스스럼없이 물었다. "사는 게 지루한 적은 없었니?"

또다시 저 말을 들었다. 중동에서 미군 조종사의 그 말을 들은 이후로, 이 말만 나오면 신경이 곤두서곤 했는데, 나이 어린 미국 여자 아이의 입에서 그 말을 또 들었다. '지루함'이란 말은 영화 구경을 하거나, 학교 수업시간이나, 혹은 다른 사람과 이야기를 할 때 사용할 수 있는 가장 저주스러운 말이다.

니카라과 아이는 무엇을 묻는 것인지 잠시 혼란스러워했다. 결국, 그 두 녀석은 지루함이라는 게 자기들에게는 그리 중요한 얘깃거리는 아니라고 마무리하고 넘어갔다.

하지만, 교육에 대해서는 열심히 이야기했다. "미국에서 학교 다니는 건 어때?" 합창단원 중에서 어느 아이가 물었다. 다른 친구들을 한 번 쓱 보더니 조금 주저하면서 그 동네 아이 중에서 한 아이가 말했다. "글쎄, 우린 그런 거에 대해서 별생각 안 해. 가야 한다고 하니까 대부분 그냥 다니는 거지."

니카라과 아이들로서는 이해하기가 어려웠다. 자이로 앰피라는 아이가 다른 아이들을 대신해서 이렇게 말했다. "니카라과에서는 고등학교만 마칠 수 있어도 운이 좋은 거야. 그리고 제일 운이 좋은 아이들만 대학교에 갈 수 있어." 그리고 나지막한 목소리로 이렇게 덧붙였다. "다른 나라에 사는 대부분의 아이는 이곳에 사는 너희만큼 운이 좋지 않다는 걸 너희 친구들에게도 얘기해주면 좋겠다."

이 두 무리의 젊은 아이들이 서로 주고받는 진지한 대화를 들으면서, 양쪽 모두 때문에 마음이 아팠다. 그때까지만 해도 나는 니카라과의 극심한 물질적인 빈곤으로 말미암은 문제들에만 온통 마음이 쏠려 있었다. 그런데 이제는 우리나라의 젊은 아이들이 겪는 또 다른 빈곤과 고통에 대해 깊은 통찰을 하게 되었다. 니카라과 아이들의 시각이 큰 힘이 되었다. "가난한 자는 복이 있나니"라는 예수님의 말씀이 새로운 의미로 다가왔다.

합창단 순회공연이 쥬빌리에서 멀지 않은 마을에서도 열렸었는데, 공연 바로 직전에 나온 설문조사 결과가 또 다른 충격을 주었다. 쥬빌리 인근에 거주하는 주로 중산층 가정의 중, 고등학생 약 300명을 대상으로 전문적인 조사팀이 설문조사를 했다. 학부모들과 지역의 관계자들은 그 팀에서 제시한 아이들이 느끼는 불행지수에 충격을 받았다. 고등학교 여학생의 3분의 1과 거의 절반에 가까운 중학교 여학생들이 작년에 자살을 생각해본 적이 있었다고 대답했다. 남학생의 5분의 1도 같은 생각을 했었다고 답했다.

애틀랜타의 질병관리 센터의 추가 설명에 의하면 미국 전 지역에서 열 살에서 열아홉 살 아이 중에서 자살률이 지난 십 년 사이에 두 배 이상 증가했다고 한다. 자살은 백인 젊은이들의 사망 원인 중에서도 높은 순위를 차지했다. 그리고 실제로 자살이 한 건이 발생하면, 성공하지 못한 자살 시도는 스무 건이라고 한다. 미국이 엄청난 풍요를 누리지만, 걱정과 스트레스는 계속해서 증가하고 있다. 질병관리센터에서 발표한 바와 같이, 우리의 '지원 시스템'이 무너지는 것이다.

순회공연이 끝나가고 있을 무렵에, 엔젤 신부님과 마가리타 수녀님은 아이들이 '재입국 충격'을 받을 수도 있다고 걱정하셨다. 그뿐만 아니라 그분들은 함께 오지 못하고 니카라과에 두고 온 열댓 명의 합창단 아이들의 분위기도 염려하셨다.

니카라과로 돌아가는 비행기 안에서, 바타홀라 노르테의 젊은이들은 자기네 나라 대통령인 비올레타 차로모^{Violeta Chamorro, 니카라과 48대 대통령, 1990년~1997년까지 재임} 대통령이 같은 비행기에 탄 걸 알고 깜짝 놀랐다. 차모로 대통령은 자신만 아는 몇 가지 이유 때문에, 자기 나라의 이 생기 넘치는 젊은 애국자들의 존재를 인정할 수 없었다. 그녀는 이 젊은이들이 니카라과의 민간 교류 중에서 근래에 없었던 가장 성공적인 업적을 이루었다는 것을 전혀 모르는 것처럼 보였다. 그래도 괜찮았다. 같은 비행기 안에 푸에르토리코 출신의 젊고 잘생긴 인기 가수도 타고 있었다. 애들은 대통령의 사인 세 장보다 이 가수의 사인 한 장을 더 좋아했다!

비행기가 마나과 공항에 도착하자, 대기실은 소리를 지르며 손을 흔드는 사람들로 만원이었다. 차모로 대통령은 너무 많은 사람이 자기의 귀국을 환영해주러 나온 것이 놀랍다는 듯이 밝게 웃으며 답례로 손을 흔들어 주었다. 놀랄 만도 했다. 거기에 모인 군중 중 대부분은 바타홀라 노르테에서 온 사람들이었다. 그분들은 합창단을 환영하러 나오느라고 그 지역에 있는 모든 차량의 절반을 임대하거나 빌려서 타고 오셨다!

승리의 행렬이 바타홀라 노르테 센터까지 이어졌는데, 그곳에는 돌아온 영웅들을 환영하기 위해서 더 많은 사람이 모여 있었다. 사람들은 젊은이들에게 집에서 손수 요리한 쌀과 콩으로 대접했다. 순회공연에 함께 가지 못했던 사람들은 3주 동안 연습한 노래와 춤으로 환영해주었다. 완벽한 귀환이었다.

여러 달이 지나고 나서도 마가리타 수녀님은 순회공연을 통해 일어난 변화 때문에 여전히 흥분을 감추지 못하셨다. "새로운 아이들이 프로그램에 많이 합류하고 있는데, 아이들의 영혼이 그렇게 예쁠 수가 없어요. 그리고 우리 아이들이 공동체를 섬길 계획을 세우고 다른 지역의 아이들에게 음악을 가르치고 있어요. 주님께서 우리에게 이런 축복을 주시다니 너무도 감사해요!"

이 모든 일이 이루어지는 것을 목격하는 내내, 내 머릿속은 시간이 갈수록 온통 요한 일서의 첫 번째 구절로 가득했다. 내가 보기에, 요한은 성경의 그 어느 저자들보다도 예수 그리스도의 메시지를 가장 멋있고 감동적으로 전해주고 있다.

요한은 이렇게 편지를 시작한다. "태초부터 있는 생명의 말씀에 관하여는 우리가 들은 바요 눈으로 본 바요 자세히 보고 우리의 손으로 만진 바라 이 생명이 나타내신 바 된지라 이 영원한 생명을 우리가 보았고 증언하여 너희에게 전하노니"요일1:1-2a

요한은 거듭거듭 말한다. "하나님은 사랑이시라" 그리고 "사랑 안에 거하는" 자들은 "하나님 안에 거하"는 것이며, 하나님께서 그들 안에 거하신다고 말한다.4:16 그리고 요한은 이렇게 힘주어 말한다. "자녀들아 우리가 말과 혀로만 사랑하지 말고 행함과 진실함으로 하자"3:18

그러나 요한이나 예수님이나 그런 삶이라고 해서 아무런 문제도 없는 인생이 될 거라고 말씀하신 적이 없다. 예수님은 오히려 자기를 따르는 자들에게 많은 문제가 있을 것이라고 말씀하셨다. 그리고 예수님은 또한 우리의 최악의 상황에서도 우리와 함께 하시겠다고 약속하셨다. 지난 1995년 봄, 우리는 그 말씀을 아주 극적으로 체험했다.

5월 중순 아만시오 산체스 형제는 이번에도 트럭 뒤에 몸을 싣고, 거의 십 년 전 자신의 다리를 앗아간 지뢰 폭발 사고가 있던 곳에서 불과 몇 킬로미터 떨어지지 않은 거친 산길을 달리고 있었다. 그때와 마찬가지로 이번에도 결혼 준비를 위해 가는 길이었다. 아만시오의 큰딸이 지금 트럭을 모는 젊은이와 얼마 안 있어 결혼할 예정이었다.

그런데 갑자기 트럭이 커다란 구덩이에 부딪히더니 길 위에 옆으로 미끄러져 넘어지고 말았다. 아만시오는 트럭에서 떨어졌는데, 트럭이 그의 몸 위를 구르고 지나가는 바람에, 아만시오의 몸은 부서지고 말았다. 아만시오는 마나과의 병원으로 신속하게 이송되어서, 응급처치를 받고 할 수 있는 모든 치료를 다 받았다. 며칠 동안 아만시오는 그 상태를 이겨내기 위해 안간힘을 쓰는 것처럼 보였다.

짐과 사라 혼스비가 쥬빌리로 전화를 걸어서 우리를 찾았다. 우리는 그를 살리기 위한 모든 치료를 제공하기 위해 기금을 모으기로 했다.

짐은 아만시오를 보러 마나과로 갔다. 아만시오는 혼수상태였고, 산소호흡기의 도움으로 겨우 생명을 유지하고 있었다. 짐은 아만시오 침대 곁에 서서, 친구를 위해 눈물로 기도했다. 짐은 병원에서 나와 파라욘 선생님을 만났는데, 아만시오가 너무 심각하게 다쳐서 의사들은 그가 살아날 가망성이 없는 것으로 보고 있다고 짐에게 말해주었다.

다음 날 토요일 오후에 짐은 청년부 성경공부를 인도하러 마타갈파로 돌아갔다. 그날은 마태복음에 나오는 사두개인들이 사후엔 부활이 없다고 주장하는 부분을 읽었다. "예수께서 대답하여 이르시되 너희가 성경도, 하나님의 능력도 알지 못하는 고로 오해하였도다." 그리고 "하나님은 죽은 자의 하나님이 아니요 살아있는 자의 하나님이시니라 하시니"마22:29,32라는 부분까지 읽어 내려가고 있었다.

짐이 내게 이렇게 말했다. "바로 그 순간, 뭔가 이상한 일이 일어났어. 자네도 알다시피 난 신비주의자가 아니잖아. 그런데 바로 그 순간 내 주위에 있던 아이들이 시야에서 사라지면서 나도 모르게 갑자기 막 눈물이 나기 시작하는 거야. 애들은 도대체 이게 무슨 일인지 이상하게 생각했을 거야. 그런데 내 마음속에 예수님과 아만시오가 만나서 웃고 끌어안고 서로 아주 행복해하는 장면이 강하게 떠오르는 거야. 예수님과 아만시오는 베란다에 서 있는 것처럼 보였어. 근데 아만시오는 힘이 있고 건강했고 두 발로 다시 서 있었어. 나는 곧 아만시오가 방금 죽었거나 죽음의 문턱에 다다랐다는 생각이 들었어. 그래서 내가 막 소리쳤어. '주님, 제발 안 됩니다. 청년 사역을 하려면 아만시오가 있어야 합니다. 그의 가족에게도 그가 있어야 합니다. 우리 목회 팀에도 아만시오가 꼭 있어야만 합니다….'"

짐이 우느라고 목이 메서 잠시 기다렸다가 다시 말을 이었다. "그게 너무 강렬했기 때문에 뭐라고 말하기가 어려워."

"그때 나는 예수님이 아주 가까이 계시다는 느낌을 강하게 느꼈어. 바로 내 곁에 계셔서, 나에게 대답하셨어. '그래 맞다. 짐. 너는 아만시오를 절대로 잃지 않을 것이다. 그와 나는 여기 네가 일하는 바로 이곳에 있단다.' 그리고 너무도 놀라운 사랑과 평강이 느껴졌어!

그리고 다시 내 주위에 있던 청년들이 눈에 보이기 시작했는데, 방금 무슨 일이 있었는지 설명할 수가 없었어. 그리고 그날 저녁에 아만시오가 죽었다는 소식을 들었지."

그날 밤 아만시오의 시신이 마타갈파로 운구되었다. 그리고 주일 아침부터 조문이 시작되었는데, 온종일 수백 명의 조문객이 다녀갔다. 조문이 진행되는 동안 짐은 지기가 본 환상을 사람들에게 들려주었다.

월요일엔 교회에 천명이 넘는 사람들이 모여들었다. 3킬로미터 정도 떨어진 묘지에 아만시오를 안치하러 가는데 그 도시에서 지금껏 그렇게 길게 이어진 행렬이 없었다고 한다. 그곳에 도착해서 우리는 주변 모든 사람에게 놀라운 감동을 주었던 한 겸손한 사람의 생애를 기리는 예식을 성대하게 거행했다. 사람들은 아만시오가 콘트라 반군이 매설한 지뢰에 큰 사고를 당해 거의 죽게 될 지경으로 다치기 전까지 판타스마의 작은 마을에서 어떻게 목회했었는지를 이야기했다. 사람들이 그런 이야기를 주고받는 동안, 카르멘과 엘다 그리고 나머지 가족들은 그 이야기들을 들으며, 그 끔찍하고도 아픈 기억을 돌이켜

보았다.

추도사를 낭독했던 사람들은 산체스 가족이 쥬빌리로 오게 된 사연과, 그리고 아만시오가 워싱턴으로 가서 니카라과의 수많은 전쟁 희생자들을 위해서 대담하게 증언하던 일을 이야기했다. 그리고 다시 귀국해서 교단의 지도자로 섬기면서 신학교에서 가르치고 많은 이들을 목회하면서, 서로 다른 입장의 그리스도인들 사이에서 중재 역할을 하는 등, 사람들을 깨우는 일에 솔선수범했던 이야기들을 했다. 마지막으로 한 사람이 아만시오가 생전에 가지고 있었던 원대한 소망에 대해서 말했다. 그의 꿈은 니카라과의 많은 젊은이를 가르쳐서 니카라과를 재건하는 그리스도인 지도자가 되게 하는 것이었다고 말했다.

아만시오 형제는 우리도 같은 목표를 향해 출발하고 있었다는 것을 몰랐다. 그리고 그는 마가리타 수녀님이 2월의 어느 토요일 아침에 나에게 전화했었다는 것도 몰랐다. 마가리타 수녀님은 미안하다는 말 먼저 하셨다. "이런 일로 귀찮게 해 드려서 죄송해요. 하지만, 어떻게 해야 할지를 몰라서 전화 드렸어요. 우리 애 중에 스물일곱 명이 고등학교를 막 졸업했어요. 이곳 학교는 아시다시피 12월에 졸업을 하잖아요, 그런데 이 애들이 공부를 계속해서 하고 싶어 해요.

그래서 제가 캐나다와 미국에 있는 친구들에게 전화해서 돈을 좀 모았는데, 여섯 아이 몫 밖에 되질 않아요. 그런데 월요일이 대학교 등록 마감일이에요!"

조금 당황했지만, 한 아이 당 일 년 학비가 얼마나 되느냐고 물었다. 대학교에 다니는 두 아이의 아버지로서, 미국의 학비는 대충 알고 있었다. 엄청난 액수일지도 모른다고 생각하고 마음을 단단히 먹고 있었다.

"일 년에 약 오백 달러 정도예요."

"마가리타 수녀님," 나는 안도의 한숨을 내쉬며 말했다. "전부 다 월요일까지 대학교에 등록할 수 있다고 애들에게 말해주실래요? 제일 운이 좋은 아이들만 대학교에 갈 수 있다' 라고 자이로가 그때 얘기했었죠? 자이로하고 다른 애들에게 얘기해주세요. 공책 준비하라고. 그 아이들은 모두 제일 운이 좋은 아이들이 될 겁니다."

월요일 아침에 나는 그 아이들의 공연에 오셨던 분들에게 기금 모금을 위한 편지를 발송했다. 그리고 곧 기부금들이 들어 왔다. 어떤 분들은 한 아이의 일 년 학비 전액인 500달러를 보내오시기도 했다. 물론 적은 액수가 대부분이었는데, 어떤 분들은 여럿이 돈을 모아서 한 학생을 돕기도 했다.

대학교 캠퍼스에서 합창단의 공연을 보았던 미국 학생들이 놀라운 생각을 했다. 미국 대학에서 한 학생에게 들어가는 돈이면 니카라과 아이들 이삼십 명이 대학교에서 공부할 수 있다는 것을 알고, 이 아이들 마음이 편치 않았다. 그래서 각자 주머니를 털어서 니카라과 아이들이 대학교에 다닐 기회를 주자고 생각한 것이다. 일주일에 약 10달러만 모으면, 니카라과 친구 한 사람을 도울 수 있었다.

이제 우리의 꿈은 바타올라 노르테를 넘어서 마타갈파와 다른 지역 아이들을 위한 장학 프로그램으로 확장되었다. 아만시오 형제가 알았다면 그 누구보다 기뻐했을 것이다. 그는 우리와 함께 평화롭게 걷기 프로젝트를 설립해서 수족이 절단된 환자들과 허리케인 희생자 구호 사업, 아동을 위한 의료 프로그램, 그리고 그 외 여러 프로젝트를 도왔었는데, 이제 그 평화롭게 걷기 캠페인이 이 젊은 니카라과 청년들의 약속된 미래를 만들고자 새로운 방법으로 돕게 된 것이다.

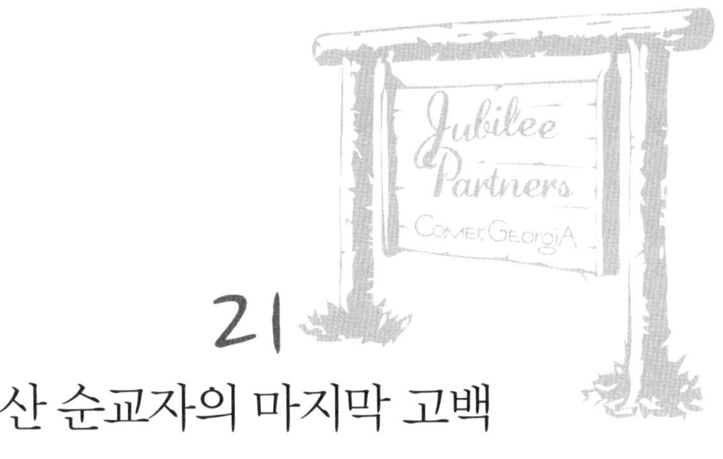

21
산 순교자의 마지막 고백

요즘은 수천 명의 방문객이 쥬빌리에서 일어나는 일을 보려고 다녀간다. 어떤 분들은 3개월에서 5개월씩 자원봉사자로 오시기도 한다. 이분들에게는 음식과 단출한 방 한 칸, 그리고 일주일에 10달러를 제공한다. 이렇게밖에 못 해 드리지만, 이분들은 그리스도인들의 공동체를 섬기겠다는 높은 이상과 열정으로 이곳을 찾아오신다.

우리의 주 사역은 여전히 난민을 돕는 일에 집중되어 있다. 지금까지 전 세계의 열두 개 국가에서 2천 명에 가까운 난민들이 쥬빌리를 거쳐 갔다. 현재 머무는 난민들은 대부분 끊임없는 '인종청소'로 인해 고향에서 쫓겨난 보스니아 무슬림 가족들이다. 우리는 이들에게 그리스도인 공동체 안에서 친절과 사랑을 경험하게 해 드리려고 열심히 일하고 있다. 우리가 말하는 사랑이 "말뿐이 아니라는 것"을 보여주고 싶기 때문이다.

주로 아프리카계 미국인들이 모이는 교회를 담임하시는 래리 블라운트 목사님은 우리가 일하는 방법에 대해서 최근에 교인들에게 이런 말씀을 하셨다고 한다.

"쥬빌리 사람들은 우리 증조 할아버지 할머니들이 비밀운송작전을 통해 자기들의 생명과 자유를 건졌던 방법을 잘 알고 있습니다. 그렇지 않습니까?"

그 방에 모여 있던 사람들은 그렇다고 동의했다.

"그렇습니다. 저는 오늘날 코머 시에서 똑같은 일이 일어나고 있다는 걸 여러분이 아셨으면 좋겠습니다. 바로 저 건너 쥬빌리에서 말입니다. 지금 우리와는 다른 민족들이 새로운 인생을 찾고 있습니다. 하지만, 저들이 원하는 건 똑같습니다. 성경에서 우리에게 가르치는 대로, 우리 사랑을 행동으로 보입시다! 할 수 있는 한 온 정성을 쏟아봅시다."

흑인과 백인을 막론하고 우리 지역 이웃들이 쥬빌리를 후원하는 모습과 점차 흑백 간의 장벽들이 사라지는 모습은 코머 시에 살면서 경험하게 된 아주 놀라운 사건들이다. 우리가 교회의 페인트를 칠하는 작업을 도와주고, 교회에 차량봉사를 해주면, 교회에서는 쥬빌리를 찾아오는 무주택자들을 위해 옷가지들을 모아주시거나 난민 아이들이 뛰어놀 수 있는 새 농구장 만드는 일을 도와주셨다. 이런 일들을 함께 하면서, 뭔가 좋은 일이 일어나고 있다는 생각이 들었다. 이런 모습은 미국 남부와 미국 전역에 아직도 남아 있는 일반적인 흐름과는 정반대의 것이다. 우리는 이 모든 것에 감사하지 않을 수 없었다.

몇 년 전에 우리는 우리 공동체의 정신을 간략하게 표현하기 위해서 '신앙고백문' 하나를 채택했다. "우리는 예수님을 주님으로 고백합니다. 우리 모두의 삶은 예수님의 삶과 돌아가심, 그리고 부활하심에 대한 고백입니다. 우리는 하나님을 사랑하고 이웃을 우리 몸과 같이 사랑하라고 하신 예수님의 부르심을 믿으며 기쁘게 따릅니다."

이제 우리는 '결과에 연연하지 않고' 믿음으로 사는 삶이 어떤 것인지 예전보다는 더 많은 것을 알게 되었다. 그러나 우리는 아직도 배우고 있다.

우리는 미국에 사는 특혜 받은 아이들은 한 번도 생각해보지 못한, 이 세상에 존재하는 악의 영향력과 세력에 대해서 많은 것을 배웠다. 그 과정 속에서 우리는 이 세상의 엄청난 문제들을 신속하고 쉽게 해결할 수 있을 것 같았던 초기에 가졌던 환상을 포기하게 되었다. 그리고 이 모든 현실 앞에서, 우리는 두려움 때문에 아무것도 하지 못하고 얼어붙어 있을 수도 있었고, 현실을 부정하려는 방법으로 대중적인 신앙이나 문화로 도피할 수도 있었다.

그러나 우리는 세상의 악이 만들어내는 최악의 상황조차도 극복하게 하시는 하나님의 사랑이라는 위대한 힘을 통해서 더욱 심오한 믿음이 무엇인지 발견했다. 그래서 우리는 모두 사랑이라는 믿을 수 있고 효과적인 방법을 통해서 우리가 해 오던 일에 더 열심히 임하고 있다.

우리가 발견한 이것을 신학자인 월터 윙크는 『사탄의 체제와 예수의 비폭력Engaging the Powers』이라는 책에서 이렇게 쓰고 있다.

우리는 모든 것을 하고, 모든 것을 치유하고, 모든 것을 변화시키라고 부름 받은 것이 아니다. 다만, 하나님께서 우리에게 명령하시는 것만 하도록 부름 받았을 뿐이다. 그리고 부르실 때에는 반드시 그것을 감당할 수 있는 능력을 주신다. 세상의 엄청난 필요와 우리의 상대적인 무력함에 압도되어서 무기력에 빠질 필요가 없다. 또 모든 상처받은 사람을 치유하려고 노력하는 메시아 과대망상증에 빠질 필요도 없다.

만약에 하나님께서 우리에게 원하시는 것이 무엇인지 정확하게 주목한다면, 우리는 하나님의 능력 안에서, 아주 겸손하게 불가능한 일을 해낼 수 있을 것이다. 우리는 기적을 기대할 수 있다…. 아니 우리는 기적을 기대해야만 한다. 왜냐하면, 바로 이 지금 우리를 행동하라고 부르신 하나님께서 우리 안에서 역사하고 계시기 때문이다.

래리 블라운트 목사님은 어느 날 스프링필드 침례교회에서 하신 설교 말씀에서, 믿음이 빠진 행함, 하나님이 살아 계시고 임재하신다는 생각이 없는 행함에 대해서 경고하셨다. "믿음이 없으면, 그리고 하나님이 함께하신다는 믿음이 없으면 우리의 사역은 고역이 됩니다. 그리고 잠깐일지라도 우리 자신이 스스로 고단해지게 됩니다. 그러다가 결국 우리가 잘 알고 있듯이 '탈진' 하게 됩니다.

하지만, 우리가 주님의 부르심을 받은 사람처럼 사역하면 달라집니다! 바울 사도 말하고 있듯이, 주님을 섬길 모든 기회에 감사하게 됩니다."

플레인즈의 지미 카터 전 대통령은 주일학교 성경공부 반에서 우리가 애정을 가지고 다른 사람을 섬길 때 어떤 일이 일어날 수 있는지 생각해보라고 사람들에게 도전하곤 한다. "내가 별것 아닌 자기중심적인 삶을 깨뜨렸을 때, 내 삶이 비참해지지 않았습니다. 오히려 모험과 예상하지 못했던 일들과 신나는 일들이 넘치게 되었습니다!"

중앙아메리카 혹은 중동 혹은 보스니아의 전쟁이 종식되기를 바라던 우리의 염원은 현실과는 거리가 먼 것이었다. 우리가 온갖 노력을 했음에도, 여전히 핵무기들은 지구 위의 모든 생명을 위협하고 있다. 미국에서는 사형제도가 점점 호응을 받고 있다. 전쟁 피해자들에게 피난처를 제공해주던 오래된 전통은 난민들을 거부하는 분위기로 바뀌고 있다. 오히려 난민들의 숫자는 우리가 난민 사역을 시작했을 때에 비해서 전 세계적으로 두 배 이상 증가했다. 그리고 마틴 루터 킹 주니어, 클라렌스 죠르단, 그리고 용기와 비전을 품은 무명의 사람들이 비폭력 운동을 통해 이루어 놓은 많은 업적을 되살아난 '인종차별'의 분위기가 뒤집어엎고 있다.

그러나 바로 그런 때에, 모든 것이 가장 절망적이고 우리 자신의 힘이 한계에 도달했을 때에, 하나님은 우리의 기도를 들으시고 우리 가운데서 기적을 행하신다. 권력의 중심부에서는 전혀 예상하지도 못했던 방법이지만 혹은 저녁 뉴스에서도 보도할 가치가 없다고 생각하는 그런 방법이지만, 사랑을 행동으로 보여주면 변화는 일어난다. 오직 절망과 고단함만 있던 곳에 새로운 힘, 새로운 희망, 그리고 새로운 비전이 생겨난다.

이건 단지 희망사항이 아니다. 현실이다. 우리는 자신 있게 말할 수 있다. 우리는 그것을 우리 눈으로 직접 보았다!

사건연대기

1979 2/19, 코이노니아가 쥬빌리 파트너를 세우기 위해 조지아
　　　주 북동쪽에 258에이커 땅을 삼
　　　7월, 난민 환영 센터를 세움
　　　7/19, 니카라과에서 산디니스타가 승리함
　　　9/26, 마이애미 수용소에서 14명의 쿠바인인 첫 난민 쥬빌
　　　리 도착

1980 1/20, 레이건 대통령 취임
　　　3/24, 엘살바도르에서 오스카 로메로 대주교 암살
　　　9/26, 39명의 쿠바 난민들이 쥬빌리 도착

1981 베트남, 라오스, 캄보디아 난민들이 쥬빌리 프로그램 참여

1982 과테말라에서 Efain Rios Montt가 정권에 오름. 폭동 심
　　　화됨
　　　1월, 투산 장로교인들이 중앙아메리카 난민들을 위한 피난

처로 예배당 헌납

11월, 아 노데 쥬빌리오 프로그램 설립

12월, 미국 의회가 볼랜드 수정안 통과 (니카라과 정부를
　　　전복시키기 위한 미국 원조 금지 명령)

1983　1/19 첫 중앙아메리카 난민 쥬빌리 도착

3월, 쥬빌리 묘지에 첫 사형수 안치

11월, 니카라과에 "평화의 증인" 단체 설립

10/11-14, 쥬빌리, 첫 핵무기 기차 추격

1984　1/21, 레이건 대통령 재취임

2/4-22, 니 카 라 과 와 온 두 라 스 에 Fellowship of
　　　Reconciliation and Witness for Peace가 지원하
　　　는 파견 팀 파견

2월, 쥬빌리 사역자들을 무비자 난민들을 이송한다는 죄
　　　명으로 체포

4/7, 지미 카터 대통령과 로살린 여사를 만남. 카터 대통령
　　　이 해비타트 휴머니티 프로젝트 임원으로 가입

1985　1월, 피닉스 법정, 존 파입 목사와 짐 코벳을 포함한 16명
　　　의 불법 입국자 보호 운동가 고발

5/1, 레이건 대통령, 니카라과에게 통상금지 명령

6/12, 미 의회, 콘트라 반군에 2천7백억 달147러 지원

1986   1/9-11, 쥬빌리, 해비타트 휴머니티 콘퍼런스 개최

2/3-13, 카터 대통령 중앙아메리카 방문

2/19-21, 핵무기 기차가 역사 속으로 사라짐

8/13, 미 의회, 다시 콘트라 반군 지원

10/5, 하우세푸스 비행기, 니카라과에서 폭발

10/20, 판타스마 부근에서 지뢰 폭발,

10/20-11/1, 온두라스와 엘살바도르, 니카라과로
쥬빌리 팀 파견

11/25, 이란 무기를 판매한 돈이 불법으로 콘트라 반
군에게 넘어옴

1987   2-3월, 워싱턴에서 산체스 가족 기자회견. 평화롭게
걷기 운동 설립

여름, 이란과 콘트라 반군 청문회

6/4, 미 국세청, 맥스 라이스에게 법정 소환

6/23, 미 국세청 돈 모슬리에게 법정 소환

11/16, 국세청과 맥스 라이스의 청문회

11/25, 올리버 노쓰 해방

12월, 엘살바도르 정부에 매년 5억 달러 지원 시작

1988   2월, 미국 「피플」 잡지에 쥬빌리 사역 소개

5월, 쥬빌리, 니카라과 아동 병원에 5만 달러 지원

6/1, 국세청과 돈 모슬리 공판

10/22, 허리케인이 니카라과 강타

10/24, 쥬빌리, 니카라과에 허리케인 구제작업 시작

10/29, 평화롭게 걷기 프로젝트 운송기, 30톤의 물품 지원

1989   1-3월, 맥스와 돈, 40일 실형 선고

2월, 부시 대통령 취임

1990   8월, 이라크의 쿠웨이트 침공

9월-12월, 캐나다에서 중앙아메리카 난민들 가족 상봉

11월, 아노 데 쥬빌리오, 최종 참석자 쥬빌리에 도착

12월, 18명의 교회 지도자들, 중동으로 파견

1991   1/16, 이라크에 폭격

2/13, 아메리아 방공호 폭격

2/20, 쥬빌리, 후원자들에게 9,500통의 편지 발송

3/23-4/3, 바그다드로 평화 파견단 파견

1992   7-8월, 돈 모슬리, 니카라과로 파견

10월, 니카라과를 위한 20만 달러 기금

10/26, 미국 정부 보스니아 난민 입국 허락

12월, 크로아티아로 파견

1993   6/17, 첫 보스니아 난민, 쥬빌리 도착

11/9-20, 과테말라와 니카라과로 쥬빌리 파견

1994   4/4-5/13, 윌 윈터필드, 남아프리카의 선거활동 감독자로
파견

9/10-29, 니카라과 합창단 28회 순회공연

10/1-15, 희망의 여정 – 화해를 도모하기 위한 희생자 유
가족(MVFR) 순회공연

1995   2월, 마나과에 바타홀라 노르테 장학단체 설립

5월, 아만시오 산체스 형제 사망

1996   3월, 니카라과에 쥬빌리 파견

마타갈파에 아만시오 산체스 장학재단 설립

쥬빌리 장학금으로 70여 명의 대학 등록금 지원